指挥与控制系列丛书

战场态势认知理论与方法

王珩 李婷婷 葛唯益 著

电子工业出版社
Publishing House of Electronics Industry
北京·BEIJING

内 容 简 介

战场态势认知是作战指挥控制中的关键环节,是快速、准确地做出指挥决策的前提。在新型作战样式和认知科学、人工智能等新技术发展的共同驱动下,智能化战场态势认知的重要性已经凸显,急需一套理论和方法来促进该领域的研究快速发展。本书作者及团队是国内最早从事该领域研究的专业队伍之一,经过十余年的潜心深耕,将相关成果汇集为这本战场态势认知方向的专著。

本书主要涵盖了战场态势认知概念、基本原理、组成要素等方面的理论研究成果,以及技术方法和实践案例,可供指挥控制理论及系统研发人员借鉴,也可作为指挥控制相关专业军事人员、研究人员和师生的参考书。

未经许可,不得以任何方式复制或抄袭本书之部分或全部内容。
版权所有,侵权必究。

图书在版编目(CIP)数据

战场态势认知理论与方法 / 王珩,李婷婷,葛唯益著. —北京:电子工业出版社,2023.4
(指挥与控制系列丛书)
ISBN 978-7-121-45372-4

Ⅰ.①战… Ⅱ.①王… ②李… ③葛… Ⅲ.①作战指挥-研究 Ⅳ.①E141.1

中国国家版本馆 CIP 数据核字(2023)第 060471 号

责任编辑:李树林　　文字编辑:苏颖杰
印　　刷:北京天宇星印刷厂
装　　订:北京天宇星印刷厂
出版发行:电子工业出版社
　　　　　北京市海淀区万寿路 173 信箱　　邮编:100036
开　　本:787×1 092　1/16　印张:17.75　字数:461 千字　黑插:1
版　　次:2023 年 4 月第 1 版
印　　次:2025 年 6 月第 8 次印刷
定　　价:108.00 元

凡所购买电子工业出版社图书有缺损问题,请向购买书店调换。若书店售缺,请与本社发行部联系,联系及邮购电话:(010)88254888,88258888。
质量投诉请发邮件至 zlts@phei.com.cn,盗版侵权举报请发邮件至 dbqq@phei.com.cn。
本书咨询和投稿联系方式:(010)88254463,lisl@phei.com.cn。

序

纵观人类战争史，从冷兵器时代到热兵器时代，再到机械时代和当下的信息时代，战争形态的演变无不伴随着科学技术的进步和发展，科学技术在战争中的主导作用不断加强。在步入信息时代的今天，人工智能技术已由感知智能阶段发展到认知智能阶段，各种智能化装备更新换代，新型作战样式层出不穷。可以预见，智能化将成为未来战争的重要特征之一。从近年来的几场局部战争中可以看出，作战空间已由传统的物理域拓展到认知域，带动指挥信息系统的能力从数据与信息处理层面，延伸到"认知"层面。

战场态势认知在整个作战指挥中起着不可或缺的作用，它通过将战场上的各类信息进行关联、整合，形成对战场状态与形势的综合判断结论，为作战指挥人员进行决策和采取行动提供依据。在未来的智能化作战中，认知优势的地位或将更加凸显，认知的速度、广度、精度的优势会在决策和行动中得到放大，并深刻影响战争走向。然而，实现智能化战场态势认知并非易事，该领域不仅是人类智能与机器智能的融合，更是科学与艺术的融合，涉及心理学、认知科学、计算机科学、系统工程等多个学科，是十分复杂的领域。

《战场态势认知理论与方法》的出版，高度契合了时代的发展，是一本成体系论述战场态势认知的著作，充分体现出作者对该领域的需求把控力和技术敏感性，以及深厚的学术造诣，是其团队近十年研究成果和实践的凝练总结。该书的特点之一是具有全面性，内容涵盖了战场态势认知概念、基本原理、要素体系、面向群组和体系的态势要素认知方法、战略形势研判方法、态势要素组织运用和可视化方法等，给读者以全面的介绍；特点之二是具有创新性，书中引经据典，对战场态势认知概念进行溯源，厘清了态势认知、态势感知、态势理解等概念，并结合指挥人员思维方式和认知行为建模原理，创新性地提出战场态势认知机制；特点之三是具有实践性，书中结合战场态势认知的应用需求，从具有代表性的问题切入，对战场态势认知特点进行剖析，给出了具体的方法、途径和有益的实践案例，可供相关领域的研究人员参考借鉴。

战场态势认知是复杂的智能活动，该领域的研究尚处于起步阶段，距离实战化应用还有很长的路要走，迫切需要相应理论和方法的指导。该书作为战场态势认知领域的前沿专著，可以预见，将受到相关领域读者的高度关注，并将推动战场态势认知理论和方法的进一步发展，为指挥与控制理论研究和系统建设提供重要启示和宝贵经验。

中国工程院院士　蓝羽石

前 言

战场态势认知（Situation Awareness）并不是一个新事物，从冷兵器战争到热兵器战争，从机械化战争到信息化战争，对战场态势的认知一直以不同的形态存在于作战指挥流程中，并发挥着不可或缺的重要作用。早在两千多年前，《孙子兵法·谋攻篇》里就提出"知彼知己，百战不殆"，阐述了战场态势认知的重要性。以往的"战场态势认知"更多地作为动词使用，指的是作战指挥人员根据对战场形势的理解和判断，形成战场态势研判结论的过程。这种过程主要存在于人脑之中，是作战指挥人员的大局观、作战谋略与指挥艺术发挥作用的隐形战场。随着"分布式作战""多域战"等一系列作战概念的提出，特别是近几年"联合全域作战""马赛克战"等新型作战概念的兴起，战场态势的复杂性、动态性、不确定性骤然提高，颠覆传统以人为主的认知模式迫在眉睫。以人工智能、认知科学为代表的新一代信息技术的深度应用，特别是人工智能已发展到认知智能阶段，认知科学也使得对人脑和人类心智的研究成为前沿性尖端学科，为揭开心智秘密提供了条件。因此，在作战需求和技术赋能的双重驱动下，"战场态势认知"一词在指挥控制领域逐步演化为"利用机器进行科学化、智能化态势研判"的代名词。战场态势认知已经成为指挥控制智能化领域的热门研究方向，为揭示战争制胜机理、高效认知决策提供重要的支撑。

我们是国内最早一批从事战场态势认知研究的团队。2011 年，我们开始了赛博空间（Cyberspace）安全领域的态势认知理论方法研究。当时，赛博空间被认为是人类自由的新领域，赛博空间安全开始受到世界各国的高度关注，赛博态势认知（Cyberspace Situation Awareness）也迅速成为学术界、工业界的研究热点。我们通过坚持不懈地攻关，探索形成了面向赛博空间的态势表征、态势要素综合辨识、态势关联分析、态势可视化等一系列研究成果，为后来开展战场态势认知研究打下了坚实的基础。2014 年，我们开始探索大数据事件智能认知，通过全球开源新闻大数据感知全球媒体，捕捉新闻事件，认知全球态势，评估风险，预测趋势。那时恰逢大数据概念与技术兴起，团队基于自然语言处理、情感分析、知识图谱等技术开展攻关，并取得了一定成果，实现了全球 200 多个国家之间关系的量化分析、全球各国（地区）恐怖袭击事件的分析预测，可以说开展了认知域对抗的前瞻性探索，吹响了向认知域进军的号角。

2016 年，AlphaGo 战胜了围棋世界冠军李世石，全球掀起了研究人工智能的热潮，促使人工智能技术快速向军事领域渗透。同年，美国辛辛那提大学开发的"Alpha AI"机器飞行员完胜人类飞行员；美国陆军启动了指挥官虚拟参谋（Commander's Virtual Staff，CVS）项目，着力打造未来态势预测等能力，以实现决策支持工具自动化，帮助减轻指挥人员的认知负担。那一年，军民科技领域的这些人工智能热点事件，以及智能化战争、智能化指挥控制等概念的兴起并引起广泛关注，加快了我们对战场态势认知研究的步伐。

时至今日，战场态势认知成为一个热门研究方向不过七八年时间，我们通过十余年在该领域的深耕，在概念、机理、方法、系统研制等方面取得了一定研究成果。纵观国内，学者们尽管针对各专业领域的战场态势认知问题开展了广泛的研究，但对概念的理解还缺少共识，对技术方法的系统性探讨较少，鲜见全面阐述战场态势认知基本概念与方法的科技类图书，我们因此产生了编写本书的想法。本书的出版，一是对团队近些年研究成果的总结，以便更好地前行；二是抛出我们的认识，供同行探讨、批判，以促使战场态势认知技术更好地向前发展。在撰写本书的过程中，团队始终在不断地自我推翻与重新认识，数易其稿。尽管如此，本书也只是刚刚揭示了战场态势认知领域的"冰山一角"。由于我们的认知有限，本书提出的观点难免有所偏颇，恳请广大读者朋友给予意见和建议。

本书内容共9章，第1章为引言，介绍了战场态势认知的演化与本书的研究背景；第2章对战场态势认知的概念进行了辨析；第3章阐述了战场态势认知基本原理；第4章分析了战场态势认知要素体系；第5、6、7章分别针对群组、体系和战略形势研判的典型态势认知问题，给出了相关实现方法；第8章讨论了战场态势要素组织运用和可视化方法；第9章对战场态势认知发展趋势和技术挑战进行了展望。

最后，感谢为本书的出版做出巨大贡献的团队成员。感谢毛少杰研究员、梁维泰研究员、易侃研究员、闫晶晶研究员，他们为本书提出了很多宝贵的思路和建议。感谢团队成员孟祥夏、饶佳人、刁联旺、谢策、王晓璇、姜晓夏、方玉杰、谢科、金欣、李子恒，他们为本书重要章节提供了技术思路和试验分析。感谢贺成龙、吴姗姗、罗子娟、王羽、刘亚军等为探索大数据事件智能认知做出的贡献。

特别要感谢蓝羽石院士一直以来对我们的悉心指导和鼓励，他不仅带领我们探索赛博态势认知、事件认知等理论方法，而且对本书进行了审阅并作序。国防科技大学张维明教授对本书的撰写思路给予了悉心的指导，在此深表感谢！

本书引用和参考了大量国内外文献，由衷感谢给予我们启发的相关作者，以及由于篇幅原因未在参考文献中一一列出的作者，正是基于有益的思想碰撞，我们的认识才得以不断深入。

对战场态势认知的研究一直在路上，道阻且长，行则将至，行而不辍，未来可期！

作　者

2023年1月

目 录

第1章 引言 ··· 1
  1.1 战场态势认知是作战指挥决策的基础 ·· 2
    1.1.1 掌握战场态势的重要性 ··· 3
    1.1.2 战场态势认知的发展历程 ·· 4
  1.2 战场态势认知是信息化战争高效指挥的重要抓手 ································ 5
    1.2.1 战场信息过载要求信息处理能力更强 ··································· 5
    1.2.2 作战节奏加快要求认知占比时间更短 ··································· 6
    1.2.3 作战空间广阔要求认知思维广度更宽 ··································· 7
  1.3 战场态势认知是影响未来战争胜败的关键因素 ··································· 7
    1.3.1 体系化要求更连续的认知能力 ·· 8
    1.3.2 智能化呼唤更精准的认知能力 ·· 8
    1.3.3 无人化追求更快速的认知能力 ·· 9
  1.4 本书研究背景 ·· 10
  1.5 本书内容组织架构 ·· 11
  本章参考文献 ·· 12

第2章 战场态势认知概念 ··· 14
  2.1 "态"与"势" ·· 14
    2.1.1 "态"的概念 ··· 14
    2.1.2 "势"的概念 ··· 15
    2.1.3 "态"与"势"的关系 ·· 17
    2.1.4 "势"的相关概念辨析 ·· 18
  2.2 战场态势认知 ·· 19
    2.2.1 认知的概念 ·· 19
    2.2.2 基本概念 ··· 22
    2.2.3 定位与作用 ·· 25
    2.2.4 相关模型 ··· 29
  2.3 战场态势相关概念辨析 ··· 33
    2.3.1 态势感知与态势认知 ·· 33
    2.3.2 态势理解与态势认知 ·· 36
    2.3.3 态势估计与态势认知 ·· 37

2.4 外军战场态势认知发展情况 ·· 39
   2.4.1 美军发展情况 ··· 39
   2.4.2 俄军发展情况 ··· 48
   2.4.3 北约发展情况 ··· 49
   2.4.4 外军发展趋势 ··· 50
2.5 本章小结 ··· 50
本章参考文献 ·· 51

第3章 战场态势认知基本原理 ··· 53

3.1 指挥人员的思维方式与思维特征 ··· 53
   3.1.1 指挥人员的思维方式 ··· 53
   3.1.2 指挥人员的思维特征 ··· 59
3.2 认知行为基本原理 ·· 61
   3.2.1 认知行为模型 ··· 62
   3.2.2 认知系统运作机制 ··· 64
3.3 战场态势认知机制 ·· 68
   3.3.1 典型战场态势认知思维流程 ··· 68
   3.3.2 战场态势认知机制分析 ··· 70
   3.3.3 战场态势认知应用举例 ··· 76
3.4 本章小结 ··· 78
本章参考文献 ·· 78

第4章 战场态势要素分析 ··· 80

4.1 海陆空域战场态势要素 ·· 81
   4.1.1 军用装备、设施及其运用 ··· 81
   4.1.2 作战部队 ··· 82
   4.1.3 作战部署与行动 ··· 83
   4.1.4 后勤保障部署与行动 ··· 88
4.2 太空域战场态势要素 ·· 89
4.3 赛博域战场态势要素 ·· 91
4.4 电磁域战场态势要素 ·· 92
4.5 战场环境要素 ··· 93
   4.5.1 战场自然环境 ··· 93
   4.5.2 战场信息环境 ··· 96
   4.5.3 战场社会环境 ··· 97
4.6 认知对象视角下的战场态势要素及特征 ··· 98
   4.6.1 目标认知要素及特征 ··· 98
   4.6.2 群组认知要素及特征 ··· 101

  4.6.3 体系认知要素及特征 ··· 104
 4.7 本章小结 ··· 109
 本章参考文献 ·· 109

第5章 面向群组的战场态势要素认知方法 ······································ 111

 5.1 群组识别方法 ·· 111
  5.1.1 群组识别过程 ··· 111
  5.1.2 几何位置聚类方法 ·· 113
  5.1.3 动态轨迹聚类方法 ·· 115
 5.2 群组行为意图识别方法 ·· 123
  5.2.1 意图的分类与层次 ·· 124
  5.2.2 战法样式匹配方法 ·· 128
  5.2.3 贝叶斯网络推理方法 ··· 136
 5.3 群组作战能力量化方法 ·· 141
  5.3.1 概念与方法 ··· 141
  5.3.2 水面舰艇群组作战能力量化方法 ·································· 144
  5.3.3 作战飞机群组作战能力量化方法 ·································· 147
 5.4 群组威胁估计方法 ·· 158
  5.4.1 威胁估计过程 ··· 158
  5.4.2 群组威胁因子分析 ·· 159
  5.4.3 模糊多属性决策方法 ··· 161
  5.4.4 梯度提升决策树方法 ··· 168
 5.5 本章小结 ··· 171
 本章参考文献 ·· 171

第6章 面向体系的战场态势要素认知方法 ······································ 174

 6.1 体系关键节点评估 ·· 174
  6.1.1 体系关键节点评估过程 ·· 174
  6.1.2 基于拓扑结构的评估方法 ··· 178
  6.1.3 基于体系效能的评估方法 ··· 184
 6.2 战场局势综合评估 ·· 189
  6.2.1 战场局势量化评估方法 ·· 190
  6.2.2 战场局势发展趋势预测方法 ·· 194
 6.3 本章小结 ··· 203
 本章参考文献 ·· 203

第7章 战略形势研判方法 ··· 205

 7.1 战略形势研判概述 ·· 205
  7.1.1 概念内涵 ··· 205

7.1.2 技术框架……………………………………………………………206
　7.2 事件库构建方法……………………………………………………………208
　　　7.2.1 事件建模方法…………………………………………………………208
　　　7.2.2 事件抽取方法…………………………………………………………213
　　　7.2.3 事件要素编码与规范化方法…………………………………………218
　7.3 重大事件的分析、预测方法………………………………………………221
　　　7.3.1 重大事件的全维画像分析方法………………………………………221
　　　7.3.2 危机事件预测方法……………………………………………………226
　7.4 战略形势量化分析方法……………………………………………………230
　　　7.4.1 各国稳定性分析方法…………………………………………………231
　　　7.4.2 国家关系分析方法……………………………………………………233
　7.5 本章小结……………………………………………………………………240
　本章参考文献……………………………………………………………………240

第8章 战场态势要素组织运用和可视化方法……………………………242
　8.1 战场态势要素组织运用方法………………………………………………242
　　　8.1.1 组织运用现状…………………………………………………………242
　　　8.1.2 组织运用过程…………………………………………………………245
　　　8.1.3 基于情境感知的方法…………………………………………………246
　　　8.1.4 基于注意力机制的方法………………………………………………251
　8.2 战场态势要素可视化方法…………………………………………………257
　　　8.2.1 可视化概念与现状……………………………………………………257
　　　8.2.2 可视化原则与方法……………………………………………………259
　　　8.2.3 战场态势要素可视化方法……………………………………………262
　8.3 本章小结……………………………………………………………………268
　本章参考文献……………………………………………………………………268

第9章 战场态势认知发展趋势和技术挑战………………………………270
　9.1 战场态势认知发展趋势……………………………………………………270
　9.2 战场态势认知技术挑战……………………………………………………271
　9.3 本章小结……………………………………………………………………274

第 1 章 引言

克劳塞维茨在《战争论》中写道:"所有信息通常的不确定性代表了一个特殊的问题:所有的军事行动发生在某种黄昏,……像迷雾一样。战争是不确定性的王国。战争所依据的四分之三的因素或多或少被不确定性的迷雾包围着,……指挥官必须在这样的环境中工作:他的眼睛无法'看见',他的最佳推断力并不总是很彻底,并且由于环境的变化,他几乎无法洞察周围的环境。"[1]可见,克劳塞维茨用"迷雾"描述的是战争特有的不确定性现象——"战争迷雾"。在军事哲学中,不确定性是一个与确定性相对立的范畴,用以衡量事物发生或发展的可能性的程度。就战争活动而言,不确定性是指战争具有许多不稳定的或使参战者难以明确的因素。不确定性一般由自然因素和人为因素造成。自然的不确定性主要是指战争中由自然因素(诸如地形、气候、季节、昼夜等条件)的状况及变化引起的不确定性;人为的不确定性则是指战争中根据固有条件或刻意创造条件而人为制造的不确定性,其目的是迷惑敌方,创造对己有利的战机,诸如战略上的欺骗、战术上的隐真示假等均属于此类。指挥人员处理不确定性可以分为搜集、理解和判断三个层次。指挥人员首先要通过各种手段,深入侦察、搜集自己所需要的数据和信息,并将这些数据和信息进行整理归类;然后对获取的数据和信息进行理解分析,得出结论;最后根据对信息的理解做出判断,定下决心。在这三个层次中,对信息的理解这一环节尤为重要,它是指挥员做出决策的依据,在信息匮乏、信息模糊、信息矛盾及信息繁杂等状况下,能否对现有信息做出正确理解将直接关系到战争的胜负。

无处不在、无时不有的不确定性的累积构成了"战争迷雾"。宏观上,造成"战争迷雾"的主要因素可能有气象、地形、敌情、通信、指挥、技术和运气等多个方面的。对这些因素可以从三个层面分析:一是这些因素本身是不稳定的,处于不断变化之中,如敌我双方兵力、兵器的状态和损耗;二是这些因素本身是稳定的,但由于某种原因在人的视域中呈现某种程度的模糊性,如空中编队中飞机的架数;三是这些因素本身就是不确定的,如新型武器装备和创新的军事理论都会给战争方式和结果带来巨大的影响,黎以战争、叙利亚战争及俄乌冲突等局部战争实践表明,战争形态正在发生重大变化,正规和非正规作战趋于模糊、作战样式趋于融合的混合战争已成为威胁国家安全的新形态。

战争实践表明,不确定性仍是战争中最为活跃的因素之一。从认识论上讲,人类认识和改造世界离不开信息,但有了信息不等于就有了知识。认知过程大体上循着"(对事物的)反映→数据(或符号标记)→信息→知识→智慧"的链路递进(详见本书 2.2.3 节)。这一链路上任一环节的改善都有助于提高知识、智慧生成的质量和效率。在机械化战争以前,此链路中的各个环节主要依靠人的身体、感官和大脑完成；之后，"反映→数据→信息"的环节逐步由信息技术物化的传感器、通信设备、计算机等机器替代完成，但是"信息→知识→智慧"环节仍然主要依靠人脑来完成。在高技术运用于战争以前，指挥人员虽然想方设法去搜集敌方的情报，但由于受技术手段的限制，往往难以获得有效的信息，此时不确定性主要是由信息匮乏引起的，我们称之为传统"战争迷雾"，其根源在于信息获取、传输等手段十分有限，信息资源严重匮乏。然而，随着大量的信息装备和精确制导武器在作战指挥和作战行动中的运用，自然条件的变化已基本可以预测，在相当程度上减少或消解了传统"战争迷雾"。但海湾战争、伊拉克战争和阿富汗战争等高技术局部战争实践表明，尽管卫星、光纤、传感器和计算机网络技术等高技术在军事上应用，以求达到消除"战争迷雾"的目的，但事实好像并不乐观，不确定性在信息化战争中非但没有削弱，反而使战场变得更加扑朔迷离。正如阿富汗战争中美军"蟒蛇行动"的军事指挥官哈根贝克所言："我们可能仅有 50%的情报是准确的。"[2]其主要原因，一是陆海空天电网等多种战争形态的并存加剧了战争的不确定性；二是信息技术的发展只是提高了信息搜集能力，增加了信息数量，却不会相应地提高信息的清晰度，无法降低理解和判断等高层次的不确定性，更无法消除敌我双方运用各类手段制造的混乱、欺骗和误导。这些手段在不同条件下以不同方式起着不同作用，必然形成有意破坏规律、打破平衡的对抗活动，造成新的战争不确定性，我们称之为"新战争迷雾"[3]，其根源在于信息过载。信息过载是联合作战指挥人员面临的一个大问题，尤其在战役级和更高级别的指挥层级上，指挥人员拥有的战场信息已远远超出人类处理能力的极限。例如，在海湾战争中，多国部队的信息系统平均每天要保持 70 多万次电话呼叫、15.2 万次电文传递。面对如此巨大的信息洪流，没有哪个指挥人员能够全部读完或消化（研究表明，人类大脑每秒能接收 1000 万比特的信息量，但其中只有 50 比特是在有意识的状态下处理的，其他 99.99%的思维都是无意识的[4]），80%的指挥人员陷入了对信息的处理之中。

战争指挥史的核心就是对确定性的无尽追求，其内容涉及共同构成作战环境的天候、地形、放射性和化学战剂等各种因素，敌我双方的状态、意图和行动等诸多方面[5]。虽然随着信息技术的发展及其在军事领域中的广泛应用，信息获取、生成、存储、传输、处理和利用等手段逐步"自动化"，使传统"战争迷雾"逐渐消散，但在今天的战场上，战场信息量却产生了数以万倍的增长，造成新的战争不确定性。利用认知科学、人工智能等先进技术消解"新战争迷雾"，让机器的精准性和人脑的创造性有机结合，通过智能增加知识和增长智慧，以使战场态势认知更及时准确，战机捕捉、目标识别定位能力更强，决策质量和效率更高，进而实现先敌决策、先敌行动，从而掌握并保持战争和作战的主动权，必将成为未来智能化战争交战双方夺控的焦点，也是指挥、控制、通信、计算机、情报、监视、侦察（Command, Control, Communication, Computer, Intelligence, Surveillance, Reconnaissance，C^4ISR）技术领域极具挑战性的技术难题。

1.1 战场态势认知是作战指挥决策的基础

战争是敌我双方的活力对抗[6]。敌我双方施谋用诈，行动导致反行动，使得战场情况瞬息万变，指挥员只有具备机敏的眼光和思维，才能根据战场态势的发展变化，弄清楚敌方的意图，预判敌方的行动，"致人而不致于人"。

1.1.1 掌握战场态势的重要性

战场是敌我双方战斗力对抗的舞台，战场上的各方作战力量、自然环境及敌我双方的作战行动和变化所形成的战场态势，映射到敌我双方指挥人员的大脑之中，构成双方指挥决策博弈的思维空间。决策活动是指挥人员对本级的作战目的和作战行动进行运筹谋划、做出决定和制订作战计划的思维活动和工作过程。它是指挥人员最重要的作战指挥活动。作战决策活动的一般工作程序分为六个步骤[7]，如图1-1所示。

了解任务、判断情况 → 确定作战企图 → 确定作战部署、区分作战任务 → 筹划作战行动 → 评估优选方案 → 制订作战计划

图1-1 作战决策活动的程序

了解任务是指挥员及其指挥机关理解所受领的作战任务的活动，主要包括理解上级的意图，把握本级作战部队的任务及其在完成上级作战任务中的地位和作用等；而判断情况则是指挥员和指挥机关对完成与作战任务有关的各种情况进行分析并得出结论的活动。判断情况主要包括三个方面：一是判明敌方的作战企图、兵力部署和作战能力及强弱点等；二是确定我方参战部队的作战能力及对抗措施、准备时间等；三是分析作战地区的地形、气象、水文、社情等战场环境及其对作战的影响等。确定作战企图是在了解任务、判断情况的基础上对参战部队的作战目的和行动做出总体设想的活动。确定作战部署、区分作战任务是指挥员及其领导的指挥机关对所属部队的作战编成、配置和所担负的作战任务的规定。筹划作战行动是研究、筹划部队作战行动步骤和方法的活动。评估优选方案是对拟制的作战预案进行比较、分析和评判，从而确定最佳行动方案的活动。制订作战计划是使作战决心更加细化、更加具体化的过程，是决策活动中的关键环节。可见，了解任务、判断情况是指挥员定下作战决心的前提和基础，对战场态势的精准掌握是敌我双方指挥人员决策博弈的首要环节。

两千多年前，被称为"兵学圣典"的《孙子兵法》的"虚实篇"中指出"故知战之地，知战之日，则可千里而会战"[8]；"势篇"中指出，"故善战者，求之于势，不责于人，故能择人而任势"；"形篇"中指出，"故善战者，能为不可胜，不能使敌之必可胜"等；阐述了战场环境、兵力部署、军事力量和军事谋略及其运用对作战的影响。"谋攻篇"中又提出，"知己知彼，百战不殆"，进一步突显出了掌握战场态势的重要性，这也是《孙子兵法》中最著名的军事论断之一，揭示了指导战争的普遍规律，是孙武"知战"思想最核心的内容[9]。

被誉为"当代孙武"的刘伯承元帅指挥作战时最喜欢说的一句话是"五行不定，输得干干净净"[10]。"五行"本是中国古代哲学中用来概括金、木、水、火、土五个"原素"的术语，而这里的"五行"指的是战斗任务、我情、敌情、时间和地形。其中，战斗任务是

中心，明确战斗任务是完成任务的重要前提；敌情是重点，要研究打胜仗的方法，首先就要研究敌人的特点；我情是主体，是同敌人做斗争的主观条件，只有熟知部队的长处和短处，才能正确地使用并充分发挥战斗力；时间和地形是约束，是敌我双方交战的特定客观环境。这五个基本因素互相联系、互相制约，并随着战争的发展变化而不断发展变化[11]。因此，指挥人员对这些因素的综合估计和考虑是打仗时做出兵力部署、定下决心的基础，也是夺取战场胜利的关键。

总之，无论当代作战指挥理论，还是古今著名军事家的论述，都清晰地表明，指挥员掌握战场态势是指挥决策的重要前提。特别是在当今信息化战争中，作战力量最重要的因素不再只是兵力、兵器的质量和数量等有形因素。信息，尤其是战场态势信息已成为战场的关键，决定和引导着物质和能量流的流向、流速和强度，在战场上发挥着决定性的作用。敌我双方制信息权的争夺已成为信息化战争的制高点。

1.1.2　战场态势认知的发展历程

战场态势认知的发展历程伴随着人类社会战争的作战指挥实践不断地演变[12]。在冷兵器战争中，由于古代社会生产力低下，军队兵种又少，武器装备简单，交战双方主要通过白刃格斗决定胜负。因此，作战指挥主要是将帅亲临战场，在战阵内发号施令，直接指挥或派传令兵进行指挥。那时候的指挥机构比较简单，战场态势主要依靠少量谋士和辅助人员协助国王或将帅进行分析，作战指挥的主体是以指挥人员"个体"为主，战场态势既可以依赖于地图进行研判，也可以利用简单的沙盘或简易的兵棋进行推演。当然，指挥人员处于居高临下的地理位置亲临战场进行作战指挥也十分常见。

而在热兵器和机械化战争中，新式枪炮逐渐代替了旧式火器，蒸汽装甲舰取代了木帆船，铁路、电报等新式交通、通信工具有了很大的发展，科学技术广泛运用于军事领域，许多国家相继建立了庞大的陆军、海军，使得军队数量和兵种不断增多，战争规模日益扩大，军队作战指挥增加了运用火力、组织兵种协同等内容，战斗编组、后勤保障、战场管理等指挥内容也比以往更复杂。这就在客观上为作战指挥由"个体"向"群体"过渡创造了前提条件。18 世纪至 19 世纪在一些国家（如法国、普鲁士和俄国等）最终出现总参谋部。正如恩格斯所言，"为了使军团司令、军长和师长能够在自己的职权范围内指挥所属部队，除了英国军队，所有国家的军队都设有由军官组成的一种专门的业务机关，叫作司令部"。[13]指挥员主要通过司令部对军队实施作战指挥，组织步、骑、炮等作战部队进行协同作战。这一时期的战场态势研判工作主要由司令部的参谋人员在参谋部门（司令部）首长的领导下完成，由于战场空间变得更加广阔，军队作战行动中陆海空诸军兵种的协同动作更加复杂，在战役，特别是规模巨大的会战中，指挥人员的战场态势研判工作主要依赖于军事地图和沙盘进行。当然，指挥员对战场的现地勘察也是十分重要的。

进入 20 世纪后期，在信息化战争中，现代信息化条件的高技术局部战争的作战指挥发生了质的变化[14]。由于战场空间更加广阔，战机瞬息万变，部队高度机动，作战节奏加快，精确打击实施频繁，这就要求作战指挥必须高效灵敏、迅速准确，因而也就对作战信息获取、生成和传输等提出了更新、更高的要求。与高技术局部战争的发展相适应，单靠指挥人员与参谋人员的大脑来对联合战场态势做定量分析、定性判断，已无法实现，必须从改善情报信息处理和指挥决策手段上寻找新途径。这主要表现在两方面，一是基于指挥信息系统的情报处理，利用先进的信息处理技术并结合高素质的指挥人员，提高情报信息的利用率，系统替代指挥人员处理大量事务性工作，让其集中精力从事创造性的思维，提高了指挥决策的科学性；二是基于指挥信息系统的指挥决策，利用计算机仿真技术、大数据处理技术和人工智能等新技术手段，不仅能综合考虑军事、政治、经济和外交等因素，实时地向指挥人员提供大量的指挥信息和多种备选决策方案，而且能在一定程度上直接参与指挥人员的决策过程，在特定条件下代替指挥人员进行有限的决策，大大提高了指挥效率。总之，高技术局部战争的战场态势认知，使指挥人员不再只是在纸质地图和实物沙盘上进行战场态势研判，而是在指挥信息系统中进行作战信息处理、战场态势研判、作战方案推演和协调控制等业务操作和处理。基于指挥信息系统的作战指挥已成主流。

1.2　战场态势认知是信息化战争高效指挥的重要抓手

信息化战争的作战空间之广、作战行动之快、信息量之大是前所未有的，加之侦察和反侦察手段的广泛运用，情况更加复杂多变、真假难辨，仅依靠情报侦察系统进行捕捉，有时难以达到目的，必须依靠指挥员机敏的洞察力和判断力，拨开各种"面纱"和"迷雾"而判未成之"势"，并预测其发生、发展和变化的趋向。

1.2.1　战场信息过载要求信息处理能力更强

战场认知客体是与战场认知主体相对应的相关事物，是主体的战场认知活动所涉及或指向的一切对象。哪些事物成为战场认知客体，不仅取决于该事物的性质和状况，而且取决于战场认知主体的需要和能力。纵观整个人类战争史，战场认知客体随着科学技术和战争实践的发展，以及战场认知主体认知能力的提高而日趋复杂。

首先，当战争进入信息时代后，进入战场主体认知范围的客体急剧增多，大量的"潜客体"不断涌现，其属性也愈加复杂。一方面，网络空间、电磁和太空等新作战域中涌现出大量新的战场认知客体，战争的复杂性要求部队在实施作战行动时必须关照到更多"客体事件"；另一方面，原先的战场认知客体进一步细化，如精确作战对战场目标不仅要掌握性质、形状、地理位置，而且要掌握它的内部结构、要害部位及其与周围事件的关联等多种信息。这就无形中带来战场认知客体原始素材的急剧增多，于是指挥人员的思维活动常常被淹没在客体信息的汪洋大海之中，从而使战场认知活动变得更为复杂和艰难。

其次，在信息化战争中，战场情况和目标信息的获取手段多样，来源渠道也十分广泛。例如，海湾战争中，在太空，以美国为首的多国部队共动用了33颗军事侦察卫星；在空中，美军共动用各种侦察监视飞机113架；在地（水）面，美军在海湾地区部署了10个电子战情报营、11个航空装甲侦察营，同时还建立了39个无线电监控站，另有特种部队3000人专司地（水）面侦察之责。同时，作战双方都采取各种欺骗措施，有意释放大量虚假和无用，甚至相互矛盾的信息。因此，所获取的信息种类繁多、粗精不一、真伪掺杂，极易形成信息冗余、信息过剩、信息过载，有价值的信息被淹没在信息海洋之中。

发展先进的情报信息处理技术，对原始信息进行"去粗取精、去伪存真、由此及彼、由表及里"的判断，在信息泛滥的环境中剔除"信息淤泥"，甄别"信息矛盾"，获得真实可靠、与本部队作战行动强相关的高价值、关键性的信息，生成面向用户任务需求的态势信息，为指挥决策服务，是指挥控制领域需要突破的重大技术方向。

1.2.2　作战节奏加快要求认知占比时间更短

时间是战争的基本要素。随着科学技术的发展、战争形态的演变，战争持续时间呈现逐渐缩短的趋势，这似乎成为战争发展的一个规律。据史料记载，超过5年以上的战争，在17世纪约占40%，18世纪约占34%，19世纪约占25%，20世纪约占15%。而在最近的几场局部战争中，主要军事行动的持续时间急剧缩短，海湾战争为42天，科索沃战争为78天，阿富汗战争为2个月，伊拉克战争为4周[15]。促使战争时间变得迅疾短促的主要因素有以下四个。

一是信息化武器系统的快速作战能力，使战争时效性明显增强。作战平台的战场移动速度快，信息化武器作战距离远，能迅速实施远距离兵力投送和作战效能的聚焦，使作战的时效大大提高。

二是信息化武器的精确作战能力，大大提高了毁伤效能。精确作战武器的打击精准性本身就提高了作战效能，可以直指敌人的作战重心，在短时间内给以准确而致命的打击，必然使得敌人的抵抗意志崩溃，从而使作战时间大大缩短。例如，美军空袭利比亚，作战行动只持续了15 h，其中，空袭行动时间为18 min，攻击主要目标的持续时间仅为11 min；在伊拉克战争中，美英联军更是创下了40 h向敌方纵深推进360 km的战争记录[12]。

三是战场信息流动速度的加快，大大缩短了作战周期。武器的信息化和指挥系统的一体化，使战场信息的获取、传输、处理实时化。在信息化条件下的战场上，尽管作战程序和信息流程没有发生根本性变化，但信息流动速度的加快使得作战进程由发现目标、进行决策、下达指令到部队行动，几乎实时同步进行。如1991年的海湾战争中，美军完成一个杀伤链约需要90 min，到2003年的伊拉克战争，时间缩短到约6 min，而到2008年年底以色列对加沙地带实施代号为"铸铅行动"的军事打击，这一周期已不足 1 min[16]。可见时间要素不断升值，战争进入"秒杀"时代。无人机和智能化武器装备的大量使用将使战斗行动时间"越打越短"，轻轻敲击键盘即可完成打击任务。

四是信息化战争的高消耗性客观上要求作战速战速决。信息化武器的高造价和高维护费，使得即使像美国那样的发达国家也难以维持长时间的信息化战争的消耗。如在海湾战争中，美军平均每天消耗11.6亿美元[17]，若战争长时间拖延，国家经济将难以承受，这就在客观上要求速战速决，尽量缩短战争持续时间。

在信息化条件下，军事行动跨越和克服空间障碍的能力空前提高，战争的进程/节奏不断加快，持续时间高度压缩，时间和速度在军事上的价值日益增大[18]。作战双方都想在有限的时间内认知战场，迅速形成决策，先敌采取行动，以争取战争的主动权；同时又企图通过各种谋略和技术手段，干扰和破坏对方的认知活动，延缓对方的认知速度，降低对方的认知正确性，从而使战场认知的对抗变得更加激烈和紧张。信息化条件下联合作战的特点决定了战场态势的生存周期是极为短暂的，甚至是瞬间，因此必须大力推进指挥信息系统的战场态势认知功能的研究，唯有如此才能实现及时的态势感知、正确的态势理解和精确的态势预测，为指挥人员的决策和作战单元执行决策赢得时间，适应不断加快的作战节奏。

1.2.3　作战空间广阔要求认知思维广度更宽

随着科学技术和武器装备的发展，作战空间呈现日益拓展的趋势[19]。在人类早期的战争中，作战行动在地面上进行，水战出现之后则在水面上进行，作战空间一直呈二维平面形态。虽然人类生活在三维物理空间中，但作战空间只发生在贴近地面"一人之高"的范围内，整体上战场呈平面二维状。飞机的问世和航空技术的发展，使作战空间发生了革命性变化，战场物理作战空间由陆海平面战场发展成为陆海空三位一体的立体战场。几乎与此同时，电报、雷达等战场电子系统出现，人类的战争空间又延伸到电磁空间；而航天技术的发展，使作战空间又一次发生了革命性变化，战场物理空间由陆海空三维空间扩展到太空，形成了陆海空天四维物理战场空间。随着以电子技术和计算机技术为核心的信息技术的飞速发展和广泛应用，作战空间再一次发生了更为深刻的革命性变化，出现了充斥于陆海空天物理空间的信息空间。信息空间包括电磁空间、网络空间和心理空间。物理作战空间由陆海空向太空无限扩展，信息空间的"无疆无界"，使信息化战争的作战空间呈现超大、多维、领域无限广阔的特征。这就使得提高信息化条件下的战场感知能力具有无比的重要性，同时客观上对全域多维的联合战场感知的信息呈现大数据的特点[20]。指挥人员要从这些战场情报信息等第一手资料中敏锐捕捉、及时了解和把握各种客观情况，把有价值的信息鉴别、选择、分离出来，既做到见微知著，又能够对纷繁复杂的战场情况有宏观整体的把握，其难度之大，已使之成为部队信息作战能力强弱的重要标志之一。综合运用虚拟现实技术与大数据、智能控制、云计算等先进技术，将广阔的战场空间"挤压"，并以崭新的模式呈现在指挥人员面前，使指挥人员能够在有限空间中掌控急剧扩展的战场环境，实现对联合作战力量的高效统一指挥，是一条可行的技术途径。

1.3　战场态势认知是影响未来战争胜败的关键因素

未来战争是体系与体系的对抗。随着作战空间的扩展、无人作战系统比重的提高和智能武器装备的增加，智能自主交战等作战形式成为趋势，这就要求指挥员能够主动进行"头脑风暴"，在智能"外脑"的辅助下，强化自身大脑，在认知领域获得先手之势，快速布势、灵活用势，以始终掌握战场局势主动权，快速达成作战目的。

1.3.1　体系化要求更连续的认知能力

态势信息的间断性和连续性历来是指挥员认知战场态势的一对主要矛盾。在以往的战争中，受技术水平的限制，对战场情况的认知是间断的，而战场情况的变化却是连续的，二者的矛盾冲突十分尖锐，使许多情况难以得到全面、完整的表达和认知。信息系统的重要功能是把人类对客观事物认知和表达的间断与连续的矛盾，在计算机信息处理的速度和方式上取得了统一。只有战场态势认知突破战场态势信息的间断性与战场态势的连续性之间的矛盾，在新的高度上达到统一，通过网络化的联合作战体系获得连续不断的战场态势信息，才能创造出"发现即摧毁"的战争奇迹。2021年5月10—20日，以色列军方对哈马斯发起"城墙卫士"行动，由于极度依赖机器学习和大数据收集和分析技术，人工智能第一次成为作战的关键组成部分和战斗力倍增器。以军将其称为"第一场人工智能战争"。在这场战争中，以军编制的"炼金术士（Alchemist）""福音（Gospel）"和"智慧深度（Depth of Wisdom）"等高级人工智能程序对以军近两年内收集的信号情报（SIGINT）、视觉情报（VISINT）、人类情报（HUMINT）、地理情报（GEOINT）等进行数据分析、战略提醒与地图绘制等处理，帮助以军进行即时瞄准，指导部队进行了上百次精确打击。

云联支撑的作战体系使联合作战综合信息处理能够在大数据和云计算等信息网络技术的支撑下，将广泛分布于太空、空中、地面、海上和水下等各域作战平台的战场情报信息融为一体，实现战场信息跨域融合、高效共享。有了信息共享就可能在认知、行动方面达成一致，进而实现联合作战体系的自组织、自适应和自协调。但是，我们要清醒地认识到，高新技术的发展和不断突破虽为目前指挥信息系统的信息获取和存储能力提供了充足的资源，但在联合战场态势认知能力上依然存在间断性与连续性的矛盾，难以满足联合作战指挥决策的需要，成为制约联合作战体系发挥整体作战效能的瓶颈问题。

1.3.2　智能化呼唤更精准的认知能力

战争活动极其复杂，但总体上可以分为认知域和行动域两大类。在冷兵器和热兵器时代的战争中，认识行为基本由指挥人员完成。在信息化战争中，计算机技术、网络技术拓展了武器系统认知和理解战场的能力，但目前仍然没有改变战争认知系统落后于行动系统的状况。在未来的智能化作战中，形态各异的智慧兵器将成为主角，其对战场的共同认识和理解将成为作战要素、作战单元协同行动的前提条件。换句话说，只有大幅度提升智能化战争认知能力，改变战争认知系统长期落后于行动系统的状态，才能充分发挥智能化武器装备的作战效能。据《纽约时报》报道，在2022年2月24日爆发的俄乌冲突中，美军将美国和北约的卫星、预警机、无人机等发现的情报及乌克兰各地的战场情报，还有俄军军事手册等全部输入美军AI系统进行分析，由人工智能大数据系统通过算法来研判俄军的行动——俄军会向哪个地方移动、会在哪个方向可能有怎样的作战行动等，然后在 1 h 内将侦察和分析结果直接传输给乌军指挥部。这是乌军能够对俄罗斯指挥部的位置，运输车队的出发时间、地点和终点，以及护卫情况等动态的精准预测和预判的主要原因之一。

未来智能化战场态势的瞬息万变催生了智慧感知需求，包括：分散部署的智能化侦察预警设备实现全方位、多维度捕获战场态势信息，并运用人工智能手段进行战场态势信息融合处理，实时响应指挥员决策"关键信息需求"，实现对战场态势的精准认知[21]；采取作战云模式对态势信息进行统一管理，按需、按权限分发共享态势信息，构建时空基准统一、标准规范一致的联合战场态势图，实现智慧兵器对战场态势的共同认识和理解。

1.3.3 无人化追求更快速的认知能力

无人机、无人车辆和无人艇等无人化作战平台在军事强国的各军兵种中大量使用，其任务领域已覆盖包括电子干扰、侦察预警、通信中继、排雷排爆和火力打击等传统有人作战领域，军事力量正产生有人/无人力量混合编队、无人力量独立编队等新的组织形态，推动着作战方式由人参与作战到人遥控作战，向无人化力量自主作战的发展，使其成为部队主导性武器系统之一，引起了作战方式的深刻变革，尤其是其精确化、智能化水平的不断提升，已成为各军事大国武器装备发展的重点方向[22]。无人作战系统具有三大特点：一是任意播撒，可以形成理想的分布结构，使得侦察更全面、情报更准确、态势更实时，为快节奏作战提供了保障；二是自持力强，不知疲劳，可长时间、持续保持进攻态势；三是具有多功能，侦察、打击一体化，能够发现即打击、打击即摧毁，大大压缩了从传感到射击的时间。2020 年 9 月 27 日，阿塞拜疆和亚美尼亚两国就纳卡地区的归属问题爆发冲突。在此次冲突中，不算阿军缴获的装甲车，亚美尼亚共损失 60 多套防空系统（包括 S-300 防空系统）、250 多辆各种型号的坦克（阿军仅损失 30 辆）、24 辆装甲车、约 20 辆步兵战车、120 门牵引火炮和 17 门自行火炮等。纳卡冲突展现了装甲车，尤其是坦克在面对无人机，特别是土耳其的高科技 TB-2 攻击型无人机时是多么脆弱。在以往的战争中，无人机主要承担的是侦察任务，火力打击主要由有人机完成。但是，纳卡冲突中的无人机完成了从配角到主角的转变，在战场上空实现了"致盲—斩手—断链"的体系化应用。据不完全统计显示，阿军对亚军的攻击 75%以上是由无人机完成的，无人机几乎成了纳卡地区上空的主宰。

战争实践表明，无人机可以根据作战需要实施有针对性的重点侦察，获取最关心的态势信息，保障在作战全过程中对重点区域态势的实时感知，这就需要更快的数据处理速度，以快速生成对指挥决策具有指导作用的情报信息和及时准确的战场态势评估。同时，由于无人化作战不存在作战阶段的转换或战役暂停，因此"持续打击""一口气战争"成为基本作战形式，这同样也对战场态势认知的时效性、准确性和快速性提出了更高的要求。美军为适应无人化、智能化战争的技术需求而提出"算法战"，就是想通过推动人工智能、大数据和机器学习等"战争算法"的关键技术研究，使得机器能够在人机协同作战中扮演不可或缺的"参谋"角色，从而达到加快战场态势认知速度的目的。

1.4 本书研究背景

  多域联合作战打破了军种、领域之间的界限，在陆海空天等各作战域及电磁频谱、信息环境和认知维度等领域进行密切协同，使各军种的作战力量能够从"联合"转变为真正的"融合"。多域作战行动的多领域、多角度和多方向，不同作战域的作战行动相互配合、互为支撑，作战效果叠加补充，使得指挥人员根据局部战场态势准确识别敌方作战体系的作战意图、判断敌人的攻击方向变得更加困难，战场态势认知面临更加严峻的挑战。

  从目前国内外整体发展水平来看，指挥信息系统具备了将广域分散的陆海空天电网各类态势感知资源获取的多源态势信息接入与叠加显示、情报关联分析、印证判读、综合处理的能力，可初步形成敌情、我情和战场环境一体的战场综合态势"一幅图"[23]，具备了对目标作战能力计算、航迹预测和历史活动规律统计分析能力等初步的"势"的机器分析功能，但态势融合和信息关联等态势认知核心工作仍以人工为主，缺乏对敌方企图判断、行动预测和态势优劣研判等深层次的"势"的机器辅助支撑能力。指挥信息系统在态势认知技术方面，总体上仍处于"点"智能状态，尚未形成体系化的态势认知智能辅助能力[24]。

  随着互联网的不断普及、各种先进传感器在战场上的广泛应用，战场大数据时代已悄然来临，大数据分析、虚拟现实和人工智能技术等智能化技术的快速兴起，为解决战场大数据难题提供了技术驱动力。首先，在战场智能感知方面，采用智能传感与组网技术，广泛、快速部署各类情报、侦察、监视等智能感知节点，面向作战任务主动协同探测获取了大量战场信息，这些战场大数据的积累效应已远远超出了指挥人员的获取、分析和处理能力。数据挖掘和知识图谱技术，以及深度神经网络和小样本学习等机器学习方法，为开展多源情报融合、战场情况研判等方面的智能化处理，拨开"战争迷雾"、透析敌方作战意图、预测战场局势发展等开拓了一条前景十分广阔的技术途径[25]。其次，在战场布势方面，信息化战争的参战力量多元、战法选择多样，造成以指挥人员的经验、思索和推断来驾驭谋局布势、方略筹划、战场局势掌控等军事问题十分困难。通过构建作战智能体、战争模型和战法规则等，运用虚拟现实、智能体仿真推演技术和机器智能博弈等智能化手段打造"指挥大脑"，以机器智能拓展指挥员智慧，在仿真环境中学习运用战争规律和指挥艺术，辅助指挥人员在战略、战役、战术等多级筹划、规划和临机处置中实现快速决策是一条可行的技术途径。最后，在战场局势预测方面，战争实践表明，指挥人员对作战过程的预想应考虑多种可能性，预想得越周全，对把控战场局势就越有利。基于战争因素的高度不确定性和作战体系的复杂性，以及在时间紧迫的压力下，指挥人员只能依靠兵棋推演、智能博弈等手段才能及时高效地制订、分析、比较和优选作战方案。综合利用语义理解、虚拟增强现实、可视化分析技术等智能交互技术实现作战方案的多分支推演，辅助指挥人员感知战场、理解态势、预判态势演化趋势是一条很有潜力的技术路线。

  总之，随着战争的复杂性日益增加，"战争迷雾"越来越浓厚，人的认知能力越来越无法适应高度复杂的战场环境，迫切需要机器的智能辅助。充分发挥人与机器的优势，通过逐渐提升机器对战场态势认知的速度和深度，实现由机器辅助人的认知，到人机共同认知，再到机器代替人认知的逐级目标。

本书的研究是在新时代战争需求的牵引和前沿技术发展两方面推动下形成的初步成果，通过对战场态势认知理论和方法的总结，以期推动该领域的快速发展。

1.5 本书内容组织架构

本书内容共分为 9 章，讨论和阐述战场态势认知的基本概念、理论与方法，其组织架构如图 1-2 所示。

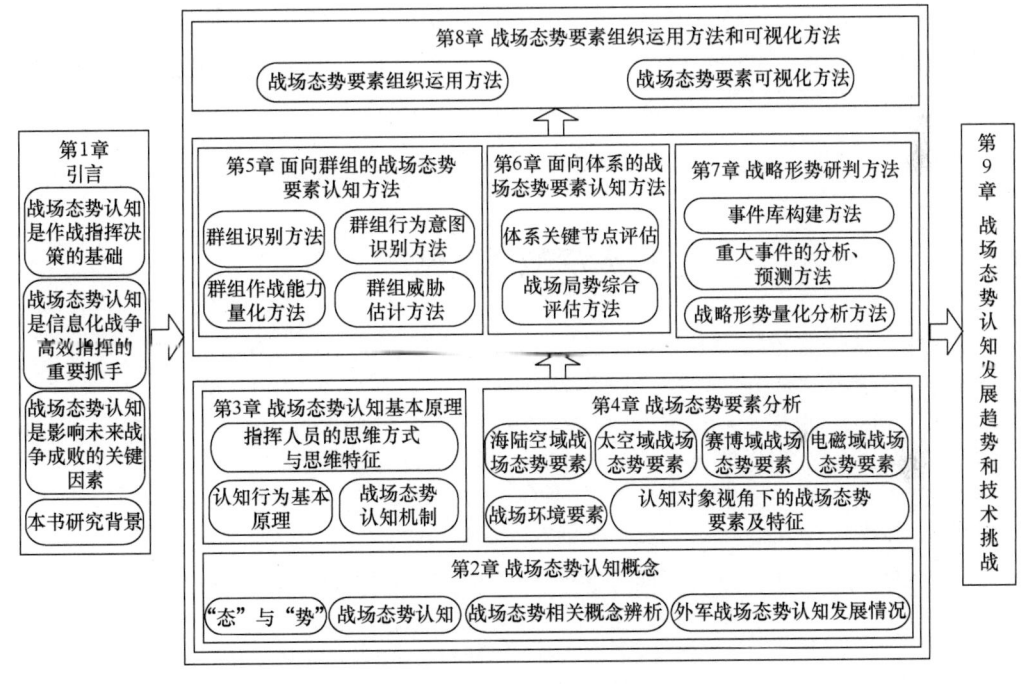

图 1-2 本书的组织架构

第 1 章为引言，分析对战场态势认知在整个人类战争中的作用和地位，指出当前信息化战场中对战场态势认知的新挑战，提出未来体系化、智能化、无人化等新战争形式下对战场态势认知能力的新需求，介绍本书研究的背景及组织架构。

第 2 章对战场态势认知相关概念进行辨析，从心理学、认知科学角度进行溯源，对"态"与"势"、战场态势认知、态势感知、态势理解、态势估计等概念的内涵、区别与联系进行剖析，给出作者对战场态势认知概念的理解，最后体系性地梳理美军、俄军、北约的战场态势认知发展情况和趋势。

第 3 章对战场态势认知基本原理进行剖析，分析作战指挥人员的思维方式与特征，介绍几种经典认知行为模型并探讨其运作机制，最后构建几种战场态势认知模型，为态势认知技术研究提供理论指导。

第 4 章对战场态势要素进行分析，梳理各作战域中的战场态势要素，并以认知对象视角分析目标、群组和体系三类认知对象的组成要素和特征。

第 5~7 章分别从面向群组的战场态势要素、面向体系的战场态势要素、战略形势研判三个层面进行态势认知方法的讨论。其中，第 5 章针对面向群组的战场态势要素认知问题，给出群组识别、群组行为意图识别、群组作战能力量化、群组威胁估计四类认知方法，并结合试验案例分析方法的有效性；第 6 章对体系关键节点评估、战场局势综合评估进行初步探讨；第 7 章针对全球国家整体战略形势的研判问题，以事件认知为核心技术，探讨重大事件分析、预测方法，战略形势量化分析方法。

第 8 章针对战场态势要素的组织运用和可视化问题，给出结合作战指挥人员需求和战场态势要素按需精准推荐的方法，并给出几种战场态势要素的可视化方法，供读者参考。

第 9 章对全书进行总结，提出战场态势认知发展趋势和技术挑战。

本章参考文献

[1] 克劳塞维茨. 战争论 [M]. 中国军事科学院, 译. 北京：解放军出版社，2004.
[2] 吴旭丰, 石育良. "蟒蛇行动"中的联合特种作战[J]. 军事文摘, 2017(10)：66-69.
[3] 李立伟, 朱连宏, 赵巍. 利利用人工智能拨开"新战争迷雾"刍议[J]. 中国军事科学, 2018(3)：43-50.
[4] 鲍勃·尼斯. 决策的力量[M]. 高尚平, 译. 北京：中信出版社，2017.
[5] 马丁·范克里韦尔德. 战争指挥[M]. 吴丽, 朱勤芹, 译. 北京：新华出版社，2022.
[6] 李炳彦, 孙兢. 军事谋略学[M]. 北京：解放军出版社，1989.
[7] 王光宙. 作战指挥学[M]. 北京：解放军出版社，2000.
[8] 孙武. 孙子兵法 [M]. 李零, 译. 北京：中华书局，2009.
[9] 熊剑平. 孙子以情报为先导的兵学思想体系[J]. 情报杂志，39(9)：11-15.
[10] 黄迎旭. 刘伯承兵法[M]. 北京：中共党史出版社，2004.
[11] 单秀法. 论刘伯承军事辩证思维特征[J]. 中国军事科学，1996(2)：124-430.
[12] 杨金华, 黄彬. 作战指挥概论[M]. 北京：国防大学出版社，1995.
[13] 李章瑞, 黄培义. 作战指挥发展史[M]. 北京：军事科学出版社，2003.
[14] 汪江淮, 卢利华. 联合战役作战指挥[M]. 北京：国防大学出版社，1999.
[15] 郭群武. 论军事时间[M]. 北京：国防大学出版社，2008.
[16] 路卫红. 再谈现代战争的本质特征[J]. 国防，2019(5)：15-20.
[17] 黄星. 解析信息化战争的基本特征[J]. 装备，2003(6)：52-55.
[18] 章沁生. 信息化战争的基本特征与发展趋势[J]. 中国军事科学，2003，16(2)：63-72.
[19] 马平, 杨功坤. 联合作战研究[M]. 北京：国防大学出版社，2013.
[20] 杨建. 基于大数据的态势感知运用分析[J]. 国防科技，2018，39(5)：6-10.
[21] 李婷婷, 刁联旺, 王晓璇. 智能态势认知面临的挑战及对策[J]. 指挥信息系统与技术，2018，9(5)：

31-36.

[22] 赵新路，李兵，陈华. 岛礁无人作战体系面临的挑战及关键技术分析[J]. 无人系统技术，2021，4(2)：56-61.

[23] 汪跃，唐志军，车德朝. 战场态势一张图技术综述[J]. 指挥信息系统与技术，2020，11(1)：12-17.

[24] 戴静泉，李婷婷，杜蒙杉，等. 联合作战态势认知技术研究现状与发展建议[J]. 指挥信息系统与技术，2021,12(3)：1-6.

[25] 崔令飞，郭永红，邵鹏志，等. 运用时空大数据增强战场态势感知能力[J]. 国防科技，2021，42(2)：127-132.

第 2 章 战场态势认知概念

"战场态势认知"作为一个术语,自 2016 年前后被国内学者广泛使用。该概念较为新颖,尚未在业界形成统一认识,对战场态势认知概念进行剖析有助于加强对其内涵、边界范畴的界定。本章首先剖析中国传统兵学视角中的"态"与"势"的概念与关系;其次从心理学、认知科学出发,对认知的概念进行溯源,并综合了权威出版物、国内外学者的主要观点,结合笔者的研究与实践,给出战场态势认知的概念,分析态势认知的定位及态势认知经典模型;接着针对态势领域相关概念混用的问题,对态势感知、态势理解、态势估计与态势认知的关系进行辨析;最后按概念发展、系统装备发展、重要技术与项目、演习试验四条主线,梳理外军战场态势认知领域的发展情况,供读者参考。

2.1 "态"与"势"

战场态势的一般定义是敌对双方力量对比、部署、行动和环境条件等方面形成的状态和形势。在信息化条件下,战场信息爆炸式增长,作战指挥人员一方面需要掌握及时、准确、连续、完整和一致的战场状态,另一方面也需要研判战场状态背后隐含的作战企图、作战威胁、战局走向等战场形势。由于战场状态感知与战场形势研判两者解决的问题和处理的技术均有所不同,因此可以将"态"与"势"进行适当分离讨论。此外,对于将"态"与"势"分开讨论,在我国历史上的周、秦时代即有相关论述,极具中国传统兵学特色。

2.1.1 "态"的概念

"态",即状态,是人或事物表现出来的形态,是指现实(或虚拟)事物处于生成、生存、发展、消亡时期或各转化临界点时的形态。在科学技术中,"态"指物质系统的状况,也指各种聚集态,如物质的固、液、气态等。在作战指挥中,"态"主要涉及敌方、我方、环境三方面的状态,如敌我双方作战实体的运动状态、毁伤状态、机动状态和作战能力状态等,敌我双方作战部队的机动、防护、聚集及伤亡等的状态,战场环境的建设、破坏和修复等的状态。

1. 作战目标的状态

战争是敌对双方的对抗性活动。在作战过程中,敌对双方作战目标的状态是指挥人员十分关注的信息,既包括一些相对来讲保持不变的状态信息,如目标的属性、类型及相关的战术性能指标,也包括随作战进程或时间不断发生变化的状态信息,如目标的位置、航向、运动状态、数量、伤亡和战术技术指标的下降等信息。在信息化条件下，随着作战空间向陆、海、空、天、网、电等维度扩展，掌握作战目标状态信息需求巨大。

2．作战部队的状态

由于作战双方在战场上的对抗是有组织的作战行为，因此敌对双方的作战部队必定会根据作战任务、战术战法和地形条件，确定兵力的纵深、梯次配置，使任务要求得到满足。

（1）作战部队的编成、编制状态及其变化的信息：如编成结构、指挥层次结构、通信网络系统结构等。

（2）作战部署状态及其变化的信息：作战部署是指挥人员对作战力量的任务区分、兵力编组和配置做出的安排。在信息化条件下的联合作战中，作战编组是要素集成、任务匹配、多级融合的单元模块化合成的编组，即通过通信网络系统的交互连接，将各作战力量按照其基本性能和作战优势，编组为具有特定作战功能的模块化单元，如信息作战单元、火力打击单元、兵力突击单元、指挥控制单元、后装保障单元等。这些单元的状态及其变化的信息是状态信息的一个重要方面。

（3）作战行动的状态及其变化的信息：即表示兵力遂行各种作战行动状况的信息，如陆军作战部队的地面机动路线、反冲击路线、穿插迂回路线和撤离路线，以及反映敌对双方进行交战的作战线、探测线和跟踪线等；海军舰队的航行拒止、拦截和航行线等；空军作战飞机可能的交战区、禁飞区和竞争区等。

3．战场环境的状态

战场环境的状态及其变化的信息包括自然环境、人文环境、网络电磁环境及战场建设情况的信息，主要有地形特点，部队机动、伪装、防护和工程构筑的条件，政治、经济和社会状况，气象、水文特点，网络、电磁环境，可供利用的资源等情况。历史上多场战争都体现了掌握战场环境的重要性，在赤壁之战中，孙权、刘备利用临时性的东南风大胜曹操，从而奠定了三国鼎立的基础；在解放战争末期的金门战役中，我军没有考虑渡海作战中潮汐的影响，导致产生重大损失。正确判断与利用气象和地形条件的指挥人员，即可享有决定性优势，如桥梁、道路、设备、设施等基础设施的状态及其毁伤情况是十分关键的信息。

综上，战场状态是对战场客观信息的直接表达和呈现，战场状态观测的完备性，对指挥人员掌握战局、引导行动和临机指挥控制意义重大。在信息化战争中，战场信息爆炸式增长，给战场状态的实时掌握带来严峻挑战；同时，高超声速武器、隐身武器的使用，也使得掌握尽可能完备的"态"成为信息优势的重要体现。参战方的战场感知资源（手段）的丰富性和感知能力的强弱决定了其掌握战场状态的能力强弱。

2.1.2 "势"的概念

"势"是具有浓郁东方色彩的中国传统兵学概念，到目前为止，军事学术界对于"势"

的理解仍然是仁者见仁、智者见智，甚至大相径庭。国外翻译的中国兵书往往因为难以准确把握"势"的含义，而无法找到对应的词汇，经常采用其汉语拼音代替。

繁体字中"势"的写法为"勢"（读 shì），在古代，"埶"（读 yì）通"勢"。《说文解字》中写道："埶，種也，同（藝）（读 yì）。（勢），盛力權也。"根据这种解释，"势"的原义可以理解为"种植"权力，使其兴盛。

在军事上，"势"这一概念最早出现在《孙子兵法》中，如"激水之疾，至于漂石者，势也""势如彍（读 guō）弩""故善战人之势，如转圆石于千仞之山者，势也"。（《孙子兵法·势篇》）。

一般认为，《孙子兵法》中的"势"与"形"是相对的概念，"形"是指有形的军事力量，"势"则是对这些军事力量的运用。这种理解虽抓住了"形"和"势"的本质，但对"势"的表述并不准确。因为"对军事力量的运用"仍然让人无法捉摸。那么究竟如何把握"势"呢？孙子通过对流水、张弓、滚石等自然现象的观察，用激水漂石之势、彍弩之势、高山圆石之势来比喻军事力量部署和运用的状态，就是告诉战争指导者应把自己的军事力量运用得如漂石之水、拉开满弓之弩、高山之巅的圆石一样，通过物质的急剧运动来增强其活力和能量，形成一种势不可当的有利阵势、一种蓄势待发的力量状态。因此，孙子所说的"势"，就是运用军事力量形成的有利阵势。

在战争中，"形"和"势"是两个十分重要的军事概念。军事力量有强弱之分，强者不一定能够战胜弱者，其原因就在于力量弱者造成了一种强有力的力量布局和行动状态，这体现了军事力量运用水平的高低，是指挥艺术发挥作用的领域。不仅仅军事力量的运用可以形成一定的"势"，其他力量的运用也可以形成一定的对战争胜负产生影响的"势"，如政治力量、民众力量、经济力量等。这点在中国的革命战争中已经得到证实。陈毅元帅曾指出："淮海战役的胜利是靠老百姓用小车推出来的，渡江战役的胜利是靠老百姓用小船划出来的。"在近年的伊拉克战争、阿富汗战争和利比亚战争中也得到了证实。例如，美国2007—2011年时任国防部长罗伯特·盖茨在其2014年出版的回忆录《责任》中，对其领导的战争回忆道："我还意识到，美军在战争中对敌人和战地局势一无所知。美军在入侵和控制伊拉克时，全然不知伊拉克的分裂程度。……我们对阿富汗的复杂性，它的部落化、民族风俗、政治关系网、村庄、地形和位置一窍不通。因此，我们在这两个国家的局势比预期的更严峻。美国最初制订的战争目标脱离战场实际，导致我们对实际情况一无所知。"

研究"势"必须从"消灭敌人、保存自己"这一战争本质入手。因此，指挥人员的所有工作都围绕着如何将己方现有的战斗力最大限度地发挥出来以消灭敌人，将敌方现有的战斗力最大限度地压制下去以保存自己。这点无论对战术行动还是战役行动都是一致的。"势"具有多重所指，是多因素形成的综合之力，笔者认为至少应包含如下三个方面。

（1）从"势"的构成要素看，"势"具有敌我双方力量显在性之义，即在事物时空部署中显露出来的力量。"势"表现为敌我双方力量的威慑、作用范围，可简称"布势"，是敌我双方在一定时空条件下的作战部署、作战装备客观状态所蕴含的战斗力，具有横向的多面性和纵向的多层次性。构成"势"的力量、势力这一概念内涵的要素是多方面的，这就要求作战指挥人员通过对作战双方的作战部署和战场环境进行全盘综合，以判断敌对双方对抗的作战布势。综合的内容涉及在一定的时空条件下所掌握的作战情报、敌我双方兵力部署、作战行动、作战构想和战场环境等诸多方面。

（2）从"势"的动态演化过程看，"势"具有敌我双方力量潜在性之义，即事物内部尚未显露出来的力量。"势"表现为敌我双方力量主要作战行动的趋向和趋势，可简称"趋势"，是对敌我双方潜在作战能力的理解和预测，具有当前时刻的生成性和未来时刻的趋向性。这就要求作战指挥人员不仅要对当前的战场态势进行全盘考虑研判其优劣，而且要对未来敌对双方态势的可能演变情况进行深入思考，以判断敌对双方战场态势在未来可能发生的优劣转换。其中，"势"的多面性和多层次性，主要从"势"的空间性角度出发；而"势"的生成性和趋向性，主要是从"势"的时间性角度出发。

（3）从"势"的认知过程看，"势"具有敌我双方力量对抗的多种可能性之义，即事物联系中显露出来的力量。"势"表现为敌我双方力量的可行作战行动选择的灵活性，可简称"变势"，是敌我双方在作战空间多维对抗中所蕴含的作战能力，具有人为认知的主观性和军事知识运用的规律性。在作战过程中，作战指挥人员与"势"处在相互映射的张力关系中。一方面，人是"势"意义生成结构中最主要的一环。战场中"势"的生成过程，除了"自然之势"，基本上都有人的参与，可以理解为"人设之势"，其中包含人的目的、愿望是不言而喻的，因此要准确地"猜"出对方的意图难度很大，难免带有指挥人员认知的主观性和偏差性；另一方面，"势"的生成并非主观臆造，在作战过程中，敌我双方都必然遵循其军事条令、条例，尊重战争这一事物的本质和发展规律。另外"势"具有阶段性，"势"一旦形成并非固定不变，而是随着敌我双方的战场态势的变化而发展变化，具有复杂系统突变的涌现性。

《孙子兵法·势篇》中深刻阐述了统兵者如何通过对作战部队在一定时空中的巧妙部署和兵力机动而形成强大且有效的战斗力——潜在时对敌构成威慑力，显现时对敌形成攻击力。实质上，"势"主要是指统兵者通过作战部署和兵力机动对作战力量的灵活运用，旨在提高甚至倍增己方作战部队的战斗力，同时压制甚至倍减敌方作战部队的战斗力。在以步（骑）兵为主的平面战争时代，孙武对"势"的认知无疑对指挥人员作战指挥具有重大指导意义，但笔者认为对于信息化时代的多域作战，这是不够的，作战力量的多军兵种、作战空间的立体多维化、作战和杀伤手段的多样化将导致敌我双方对抗在陆海空天电网等多个作战域发生，势的认知不仅指统兵者通过对兵力、兵器的巧妙部署和机动形成强大的战斗力，更为重要的是要针对敌方作战体系的强弱点、重要节点进行作战力量的灵活运用，强调的是体系对抗、多域联合打击、体系破击。

2.1.3 "态"与"势"的关系

"态"与"势"是认知战场的两个视角，"态"是对战场状态的直观描述，侧重对战场状态感知的准确性、全面性；"势"带有对战局的主观判断和理解，是作战指挥人员对战场状态的分析结论，侧重对战场状态理解的深度和广度。两者在分析对象、应用场景等方面具有区别与联系。

1. "态"是"势"的基础

"态"是"势"得以成立的前提，"势必因态而立"。孙武以高山上的圆石之势来比喻军队的"势"，圆石置于高山，是一种状态，士兵将圆石安置在高山之上供战斗使用，便形成了一种震慑之势。物理学中把占有优胜形态的物体所储的能量叫作势能，它是因位置、形态的差异而产生的，如具有相对位置高度的重物、绕紧的发条、压缩的弹簧、张满的弓，都具有此种能量。从静态来看，一个人拉满弓，是一种状态；从动态来看，将弓逐渐拉开的过程形成了力量的威慑。总之，力量威慑的前提离不开事物的状态。

2. "态"与"势"的侧重不同

战场状态的充分掌握是正确判断战场形势的前提。"态"侧重对战场情况全面、准确、客观的掌握，是作战指挥人员制订计划、实施行动控制的基础。在信息化战争中，海量信息充斥着战场，包括伪造的虚假信息，要想形成对战场形势正确的判断，就必须依赖完备、准确的战场状态观测。"势"是作战指挥人员对战场状态进行综合分析研判得出的认知结论，与个人经验、主观理解相关，主要作用是将状态转变为高价值知识以支撑指挥人员的决策。

如果说准确、完备的"态"是获取信息优势的核心，那么由"态"生"势"就是信息优势转化为决策优势的关键，也是未来智能化指挥控制的重要发展方向。

2.1.4 "势"的相关概念辨析

中国军事文化贯穿中华民族几千年文明史，内涵丰富，博大精深。与"势"相关的概念如"态势""形势""布势""局势""趋势""情势"等在军事领域被广泛使用，这些概念的意义较为相近，但追根溯源又有一定的不同之处。

结合前文所述，"态势"泛指事物发展的"状态"和"形势"，这里的"形势"一般指在周围环境中所处的情形或在一定时间内各种情形的相对或综合的状况。此外"形势"还可指地面高低起伏的状况，也可指政治、经济等的情况和势态。"形势"一般强调在范围较大、时间较长的状况下发生的缓和的变化，适用范围较广，常见的相关词语有"发展形势""战略形势""经济形势""形势险要"等。

"布势"一般特指战役布势，是对战役编成内的力量所做的任务区分、兵力编组和配置，是战役筹划和战役实施的一项重要内容，是科学制订和调整战役计划的基础，关乎整个战役的成败，是战役指挥人员谋略水平的集中体现，需要综合任务、敌情、战场环境和战役的性质、样式等因素。

"局势"原指棋局的形势，唐代诗人章孝标在《上太皇先生》一诗中写道："围棋看局势，对镜戮妖精。""局势"也泛指一个时期内的发展情况，通常用于军事、政治方面，常见的相关词语有"控制局势""扭转局势"等，也常见于对局势的描述如"局势严重""局势紧张"等。在军事领域，广义的"局势"泛指一个时期内国际上的权力格局或国家与国家之间在军事、政治、经济、外交、科技、文化、宗教等方面的全面斗争所呈现的综合态势。狭义的"局势"常用于对局部战争战局的发展情况的综合概括,如杨胜利在《信息化条件下局部战争战局控制研究》一文中给"战局"下的定义是"从广义上理解,战局是指某一时期或某一地区的战争局势……"。因此,不能脱离背景去讨论"局势"的内涵。"局势"具有综合性的特点,除战场上呈现的局势外,还有政治、经济等其他领域的局势,而这些领域的斗争也将对战场局势的稳定或走向产生深刻的影响。综上所述,局势一般用于作战范围大、力量多元、周期长、对抗复杂的局部战争。

"趋势"有两层含义,一是指趋奉权力,如《三国志·魏志·董昭传》中的"国士不以孝悌清脩为首,乃以趋势游利为先";二是指人或事物发展的动向,一般表示一种动向尚不明确的,或者只是为了模糊的遥远目标持续发展的总的运动,常见的相关词语有"全球化的趋势""扩大化的趋势"等。战场的趋势,常指在未来一段时间内战场态势的走向。

此外,与"态势"相近的用词还有"情势",一般泛指事物的状况和发展的趋势。也有人认为,"情势"强调事物变化的趋向,多用于范围微小、时间较短、变化较快的情况。

2.2 战场态势认知

战场态势认知是新兴的研究方向,在国内尚未形成公认的、统一的概念。美军术语"Situation Awareness"经常被翻译成"态势感知",在一定程度上造成了概念的混用,实则其内涵等价于态势认知。本节对战场态势认知的概念、定位及其经典认知模型进行综合性探讨。

2.2.1 认知的概念

"认知"一词源于拉丁语词根"真知"(gnosis),可以追溯到15世纪,意味着了解和学习。

通常认为,认知是对感觉、知觉、记忆、判断、思维、分析、求解等一组意识活动的总称,是感知并理解的完整信息处理过程,是对事物规律的总结。认知的概念很广,多个学科都有涉及,不同学科对认知有不同的定义,如表2-1所示。

表2-1 不同学科对认知的定义

学 科	认知的定义
心理学	认知心理学认为,认知过程是一个主动寻找信息、接收信息、存储信息,并在一定的认知结构中进行信息加工的过程。 美国心理学家Houston等人归纳了认知表现的五种主要类型: ① 认知是信息处理过程。 ② 认知是思维的过程。 ③ 认知是心理学中的符号运算。 ④ 认知是对问题的求解。 ⑤ 认知是一组相关的活动,如知觉、思维、学习、记忆、判断、推理、问题求解、概念形成、想象、语言使用等

(续表)

学 科	认知的定义
心理学	美国心理学家Bloom制定的"教育目标分类法",将认知教育目标分为六个层次:知道、领会、应用、分析、综合、评价。 ① 知道(知识)是指认识并记忆。这一层次所涉及的是具体知识或抽象知识的辨认,用一种非常接近学生遇到的某种观念和现象时的形式,回想起这种观念或现象。 ② 领会(理解)是指对事物的领会,但不要求深刻地领会,而是初步的,可能是肤浅的,包括转化、解释、推断等。 ③ 应用是指对所学习的概念、法则、原理的运用。它要求在没有说明问题解决模式的情况下,学会正确地把抽象概念运用于适当的情况。这里所说的应用是初步的直接应用,而不是全面地、通过分析综合地运用知识。 ④ 分析是指把材料分解成它的组成要素部分,从而使各概念间的相互关系更加明确,材料的组织结构更为清晰,详细地阐明基础理论和基本原理。 ⑤ 综合是以分析为基础,全面加工已分解的各要素,并把它们按要求重新组合成整体,以便综合地、创造性地解决问题。它涉及具有特色的表达,制订合理的计划和可实施的步骤,根据基本材料推出某种规律等活动。它强调特性与首创性,是高层次的要求。 ⑥ 评价是认知领域里教育目标的最高层次。这个层次的要求不是凭借直观的感受或观察到的现象做出评判,而是理性地、深刻地对事物本质的价值做出有说服力的判断,它综合内在与外在的资料、信息,做出符合客观事实的推断
语言学	语言学认为认知是人类对语言的处理过程,从四个方面概况了语言和认知的关系: ① 认知是人类语言产生的原因。 ② 语言是人类认知的对象。 ③ 语言是人类认知的表达。 ④ 认知的发展带动语言的发展
哲学	哲学从四个层次对认知进行了定义: ① 认知是人类认识客观事物、获得知识的活动。 ② 认知是人类知觉、记忆、学习、言语、思维和问题解决的过程,是人类对外界信息进行积极加工的过程。 ③ 认知可以表示为目标、信念、知识和知觉,以及对这些表示实施、操作的计算。 ④ 认知可以回答"什么、谁、何时、哪里、怎样"这几个问题
计算机科学	认知是人脑的一种计算。计算机科学认为人类的认知和其他任何具有输入/输出关系的函数一样,都是可定义、可计算的

认知科学是研究人、动物和机器的智能本质和规律的科学,研究包括知觉、学习、记忆、推理、语言理解、注意、感情等统称为意识的高级心理现象。认知计算侧重于研究可模拟人类的认知功能的计算原理和方法,源自模拟人脑的计算机系统的人工智能。

算法、数据、算力三方面相关技术水平的提升,促成了最近一次人工智能大发展,人工智能正在从感知智能走向认知智能。目前,感知智能已经取得了很大的突破,语音识别、语言聊天、图像识别、运动机器人已在日常生活中得到广泛应用。而认知智能还处于起步阶段,智能问答机器人"沃森(Watson)"战胜人类、谷歌无人驾驶领取驾照属于比较接近认知智能的典型应用,也给认知智能向更多领域的探索带来了信心。

近年来,"认知"一词已成为的高频词汇,如"认知智能""认知学习""认知系统""认知智能体"等。在 CNKI-KNS(知识网络服务平台)中以"认知"为检索条件,对近 10 年来题目包含"认知"一词的学术论文、硕博论文进行筛选,结果如图 2-1 和图 2-2 所示。从发文量来看,2012 年有近 2.7 万篇,2019 年达到高峰,有近 4.5 万篇,可见对"认知"领域的研究呈现逐年火热的状态。从研究类型分布来看,应用研究类占比达 38%以上,合计 38564 篇;技术研究-临床研究类占比达 17%以上,合计 17483 篇,其次为技术开发类。可见,对"认知"领域的研究类型更侧重于应用研究。

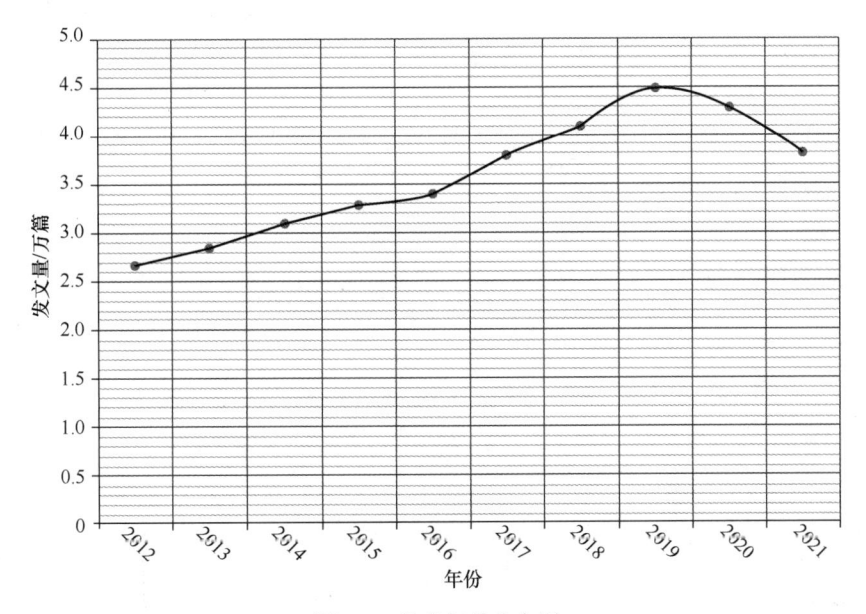

图 2-1 发表年份分布图

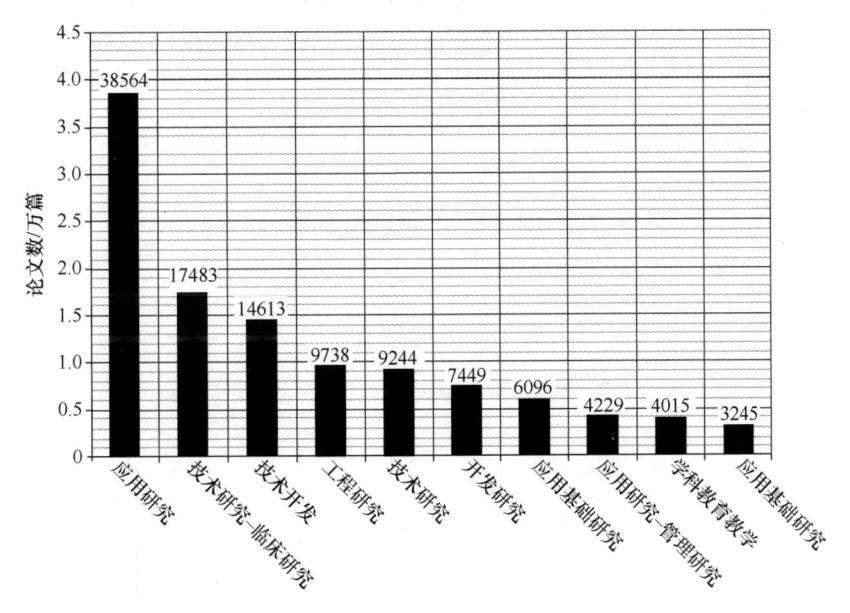

图 2-2 研究类型分布图

2.2.2 基本概念

本小节对国内外专家学者关于态势认知概念内涵的论述进行总结，给出笔者对战场态势认知内涵的理解和定义。

1. 国外相关概念

态势认知（Situation Awareness，SA）这一术语可以追溯到第一次世界大战期间，由 Boelke 提出，他指出"先于敌方获取态势认知并设计达成方法的重要性"。20 世纪 90 年代，态势认知的概念开始逐渐被接受，并随着赛博空间（Cyberspace）的兴起而升级为"赛博态势认知"（Cyberspace Situation Awareness，CSA），它是指在大规模赛博环境中对能够引起赛博态势发生变化的安全要素进行获取、理解、显示，以及最近发展趋势的顺延性预测，而最终的目的是要进行决策与行动。

态势认知的定义有如下诸多表述。

- 维基百科定义：态势认知是指对环境要素和事件在时间或空间上的感知、对其意义的理解，以及对其未来状态的预测。
- 美国前空军首席科学家、心理学家 Endsley 博士定义：态势认知是对一个时空范围中的环境元素的感知，对其含义的理解和其未来状态的预测[1]。
- 美国陆军作战条令（FM 3-0）中的定义：态势认知是对当前作战情况、地理限制的及时了解，更简单地说，是士兵理解周围正在发生的事情。态势认知发生在士兵的头脑中，而不是一种显示或常规的操作画面，是对展现或观察到的战场情况的解释。

美国国防部指挥与控制研究计划（Command and Control Research Program，CCRP）负责人、国际指挥与控制学会（International Command and Control Institute，IC^{2}I）主席 David S. Alberts 博士认为，在讨论指挥与控制时引入"认知"一词，是为了在可用信息或"通用作战图"中显示的信息，以及个体认知态势信息之间进行区别[2]。传统上，指挥与控制系统的分析使用信息质量代替认知质量进行度量，直到人们拥有了深入探讨网络中心战理念的意愿后，才需要直接度量认知质量。认知质量的度量指标反映了与信息质量相关的指标。战场态势的构成，包括任务及任务的约束条件（如交战规则）、相关部队的能力与意图，以及环境的主要特征等。环境的相关因素包括地形、天气、社会、政治及经济因素。对绝大多数军事领域的态势来说，时间与空间关系及与部队相关的机会和风险，都是关键因素。态势认知是由以前的知识与当前信息相结合产生的，包括各种参与者，即包括蓝方、红方、其他方的能力、意图与价值，当前任务的类型、意图、限制和环境的相关特性，关注目标的过去与现在的状况、位置、状态等。

Alberts 博士还给出了战场态势认知构成的参考模型，如图 2-3 所示。他认为当作战空间中的人员构建态势认知时，对战场态势的认知是在认知域建立的。人们通过将实时信息与其作战经验方面的知识相结合来建立态势认知。相关的知识包括敌对国海军及空军部队的能力、战术、技术与程序,在认知域有助于作战指挥人员了解复杂态势的模式及关系。

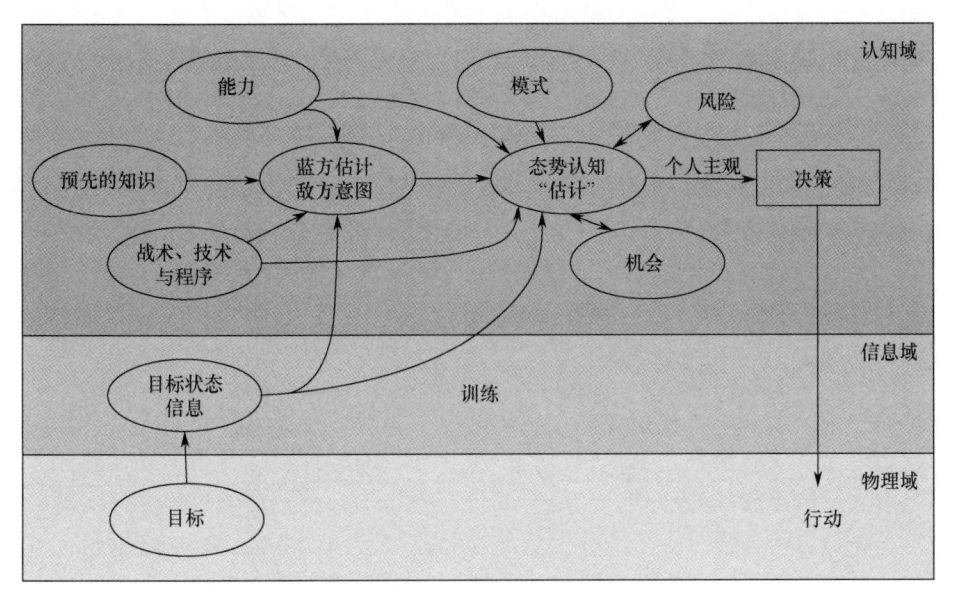

图 2-3　战场态势认知构成的参考模型

综上,Endsley 博士的定义通常用于人工操作的情境,从心理学角度出发,从时间的认知和各种元素的时间动态变化的角度阐述了态势认知的作用;维基百科的定义与 Endsley 博士的定义类似;美国陆军作战条令的定义从应用的角度描述了态势认知的目标;而 Alberts 博士对态势认知的理解更侧重于在认知域中讨论其发挥的作用和意义。

2. 国内相关概念

百度百科中尚没有关于"态势认知"的词条,而是将英文"Situation Awareness"翻译为"态势感知",并给出如下定义:"态势感知是一种基于环境的、动态、整体地洞悉安全风险的能力,是以安全大数据为基础,从全局视角提升对安全威胁的发现识别、理解分析、响应处置能力的一种方式,最终是为了决策与行动,是安全能力的落地"。百度百科的定义已经超出了态势感知的本身范畴,其内涵更接近于态势认知,并且主要面向赛博空间的态势认知问题,实际上并不准确。

对"战场态势认知"这一新名词的内涵和外延,国内学者展开了热烈的讨论。参考文献[3]中认为,"Situation Awareness"通常翻译成"态势感知",而其内涵已经超出了"感知"的范围,还包含了印证、分析、判断、理解等一系列活动,与认知过程基本等价,因此更准确的含义是"态势认知"。参考文献[4]中认为,态势认知是一个复杂动态的过程,表现为不断循环且不断提升的螺旋形过程,在螺旋上升的每个周期内又都包括初步融合、态势理解、态势预测、给出优势策略、态势认知过程优化五个部分。态势认知是从态势察觉中对数据信息的初步融合起,到态势理解、预测、决策中对各种对策、假设进行比较分析从而给出优势策略的过程,再到态势认知过程的优化,还要实现对态势的再认知,从而不断提升认知深度、认知质量等的整个过程。参考文献 [5] 中认为，态势认知是通过印证、分析、判断、理解等一系列活动，评价系统已经发生和正在发生的事件，评价其潜在的意义和可能对系统产生的影响。态势认知是对系统态势的整体认识，是决策者进行决策、规划和实时操作控制的基础，通过态势要素获取、融合、综合、研判态势要素，在对态势理解的基础上，共享、展示和运用态势，揭示态势因素对系统的影响，获取对系统态势的整体认识，利用这种认识，改变对系统不利的影响，实现对系统的服务。参考文献 [6] 中认为，战场态势认知是在战场态势感知的基础上，从全局视角对战场敌我双方的实体、活动及相互作用关系的识别、理解与分析研判的过程，涵盖指挥人员依据作战知识和经验，鉴别、分析获取的信息，并试图理解战场情况、判断可能影响、预测未来趋势的全过程。态势认知的结果是指挥人员决策、筹划和实施行动控制的基础，包括察觉、理解、预测和评估。

可见，由于战场态势认知概念较为新颖，对于态势认知概念的内涵在学术界并没有达成共识。笔者基于 2.1 节对"态"与"势"概念分析的结论，综合学术界主流观点，给出对战场态势认知概念内涵的理解。一是"战场态势认知"并不是一个新事物，在自古至今的作战中，对于战场态势的认知是恒久不变的命题。"认知"作为动词，是指挥人员通过对战场态势的理解判断，形成态势研判结论的过程，是指挥人员大局观、作战谋略、指挥艺术发挥作用的隐形战场。二是智能化时代的到来赋予了"战场态势认知"新的内涵。随着科学技术的发展，促使计算机更多地替代人工进行战场态势认知成为可能，尤其是人工智能技术从感知智能走向认知智能，使战场态势认知成为军事领域研究的热点，战场态势认知逐步在指挥控制领域成为一个新的技术研究方向。三是长期以来，国内基本将"Situation Awareness"翻译成"态势感知"。然而，通过以上分析可以看出，"Situation Awareness"包括态势理解、态势预测的含义，属于意识的高级心理活动，其内涵已超出了"感知"的范畴。"感知"原本的内涵是感觉和知觉，具体参见 2.3.1 节。因此，笔者认为在新时代，将"Situation Awareness"译成"态势认知"，而将"Perception"译成"感知"更为合适，并且"感知"是"认知"的第一阶段。

战场态势认知一直以来多采用 Endsley 博士的定义，随着战争形态的演进和科学技术的发展，单从心理学角度定义，难以体现当下新技术对战场态势认知的影响和推动作用。结合研究，笔者给出对战场态势认知概念的理解如下。

战场态势认知是一种综合指挥人员作战知识、经验，借助认知科学、人工智能等智能分析手段，对获取的战场信息进行鉴别、分析，并试图理解战场情况、判断可能影响、预测态势走向的过程。

该定义包含以下内涵：首先，对战场态势的认知不仅限于通过人脑，作战指挥人员还综合利用地图、沙盘、兵棋、计算机等多种手段辅助认知战场态势。其次，在多种学科的共同发展与促进下，以计算机进行智能认知辅助逐渐成为新的研究方向，但是在未来一段时间内依然离不开人的智慧。最后，战场态势认知中的感知、理解、预测三个环节并不是按固定顺序进行的，在一般情况下是并行且不断循环的，态势认知也在不断的循环过程中得到深化。

2.2.3 定位与作用

战场态势认知是作战指挥过程中不可或缺的重要环节，本小节分别以作战域视角、指挥控制过程视角和信息处理视角论述战场态势认知的定位和作用。

1. 作战域视角

随着信息技术的发展，战场中各类信息剧增，识别各种行动和任务相关的信息和关联，建立态势认知比以往更具有挑战性，信息环境在指挥控制中具有重要作用已成为各国的共识。美军联合出版物 JP3-13 中将信息环境（Information Environment，IE）描述为三个互相关的"域"，即物理域、信息域和认知域[7]。David S. Alberts 博士在《理解信息时代的战争》一书中，对物理域、信息域和认知域的内涵进行了分析，如图 2-4 所示[8]。

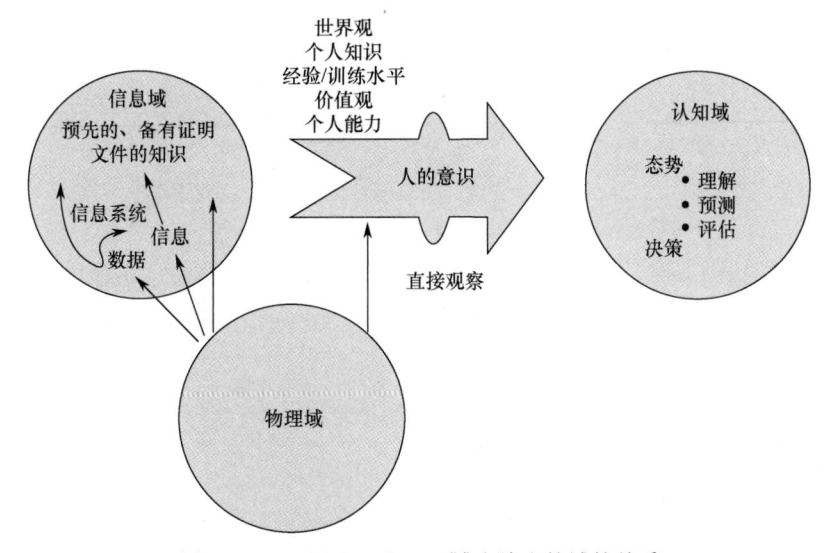

图 2-4 David S. Alberts 博士给出的域的关系

物理域是部队企图影响的态势存在的领域，是在陆海空与太空环境中实施打击、保护及机动的领域，也是物理平台及连接物理平台的通信网所在的领域。物理域包括人，但是不包括人的决策。

信息域是信息存在的领域，是信息的生成、处理与共享的领域。信息域也是现代部队指挥与控制命令传输的领域，指挥官的意图在该领域得以传递，这个域中的行动将影响信息的内容和信息的流动。

认知域存在于作战指挥人员的头脑中，是态势理解、预测、评估、信念及价值观存在的领域，是通过一系列认知活动做出决策的领域。认知域也是众多战斗和战争胜败实际发生的地方。这是一个无形因素的领域，这些无形因素包括领导才能、士气、部队凝聚力、训练水平与经验水平、态势感知及公众舆论等。认知域的内容都是经由我们称之为"人的意识"的"滤镜"处理后得到的。这里的"滤镜"受到个人世界观、理解态势的个人知识、经验/训练水平、价值观及个人能力等的影响。

在传统哲学中,世界被划分为物质和精神两个领域。信息技术的迅猛发展动摇了传统哲学把世界划分为物质域与精神域的基本信条,信息域从物质域中脱离出来成为一个独立领域,并深刻地改变着世界。一般认为,认知域是对信息进行加工的领域,与信息域从物质域中分离出来类似,认知域也从精神域中分离出来成为一个相对独立的领域,深化了我们对世界的认知[9]。

上述三个域中,认知域是信息环境中最主要的组成部分,并且依赖物理域和信息域两个较低层级的域。对战场态势的认知活动主要涉及对态势的感知、理解、预测三方面,是基于与物理域、信息域的相互作用,而后进入认知领域的过程。因此,战场态势认知对三个域都有所涉及,核心的理解和预测部分属于高层级的认知活动,在一定程度上可以认为主要还是隶属于认知域的范畴。

2. 指挥控制过程视角

20 世纪 80 年代后期,美国著名的空军战争理论家 John R. Boyd 提出的 OODA(Observe,Orient,Decide,Act)环模型,是一个典型的指挥与控制过程模型,并获得了广泛的应用。OODA 环模型将作战过程抽象为"观察－判断－决策－行动"四个环节不断循环更新。

(1)观察(Observe):用户或组织与环境进行交互,典型方式是通过传感器进行控制、对用户需求进行检索,以及从显示器提取观察结果等信息。观察不是行动的唯一基础,却是行为过程中获取新信息的主要来源。

(2)判断(Orient):用户或组织从数据中提取信息,通过对环境的相关评估,形成关于态势的认识理解,以确定事态的相关状况。

(3)决策(Decide):用户从判断环节中汲取态势知识,并据此对计划/结果进行优先级排序与选择。

(4)行动(Act):用户或组织执行一项处理方案,且该方案能够满足当前需求。

一般认为,观察与行动主要在物理域和信息域,判断与决策主要在信息域与认知域,如图2-5所示。战场态势认知是决策的基础,态势认知中的态势感知、理解和预测对应OODA环中的观察、判断环节,并主要作用于判断环节。战场态势认知的对象,即战场态势认知要素覆盖了三个域,详见本书第 4 章。

战场态势认知的目标是形成对战场情况的判断,也是影响整个 OODA 环循环的关键。在 OODA 环模型的扩展版本中,Boyd 将第二个阶段"判断"居于循环的核心位置,强调了判断环节的重要性,如图 2-6 所示。首先,Boyd 认为判断塑造了观察、决策和行动,并反过来被进入我们的感觉或观察窗口的反馈和其他现象所塑造。如果没有判断这个背景,则大部分观察活动是没有意义的。在一个复杂的、不断变化的冲突世界里生存和成长,必须具有洞察力和眼光、聚焦点和方向。也就是说,我们需要迅速和准确地产生心理意向,从而更好地理解和应对战场。其次,OODA 环模型中构成判断的信息因素有以往的经验、基因遗传及文化传统等，这些人的意向还要与输入的新信息进行比较，来证明现有的种种模式，从而得出判断结论。整个 OODA 循环是一个回路，而判断过程的本身就具有回路特征。最后，当观察的结果与某种心理模式相一致时，就做出决策和实施行动。

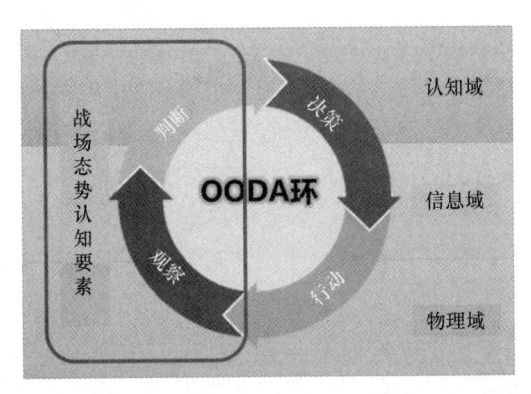

图 2-5　战场态势认知要素及 OODA 环模型与三个域的关系

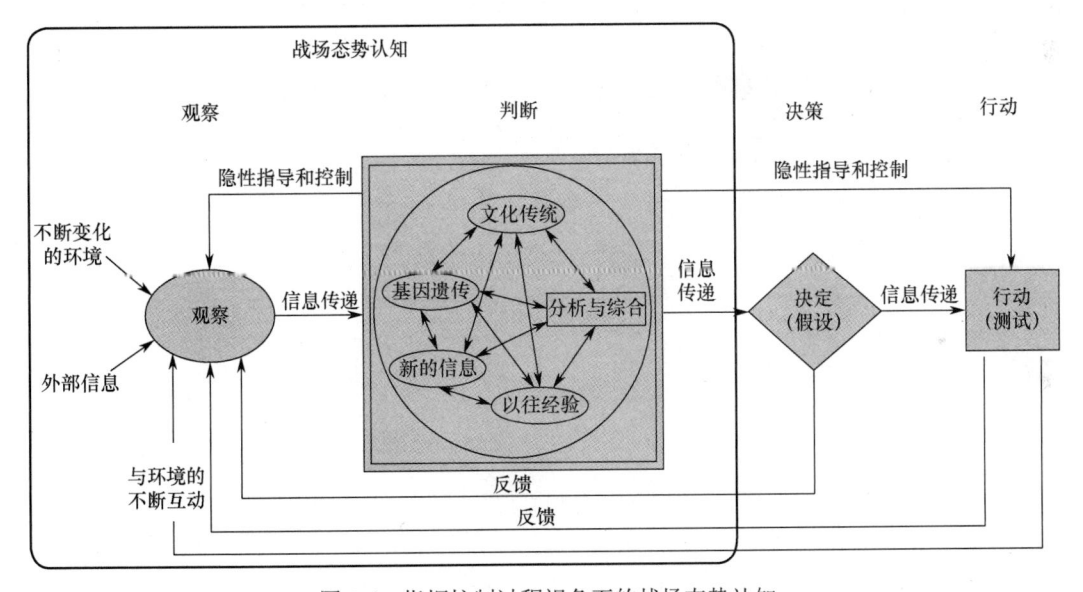

图 2-6　指挥控制过程视角下的战场态势认知

对战场情况的判断，指的是指挥人员和指挥机关对完成作战任务有关的各种情况进行分析并得出结论的活动，包括对敌情、我情、战场环境的综合分析。对敌情的判断，主要包括判明敌人的作战企图、作战能力和强弱点、主要作战方式和手段，以及敌人指挥对抗的企图、可能采取的指挥对抗形式、手段和行动方式方法等；对我情的判断，包括判明我方编成内各部队的作战能力及指挥对抗能力、作战准备所需时间、完成任务的有利条件和不利因素；对战场环境的判断，包括判明作战地区的地形、气象、水文、社情状况及其对作战行动的影响等。

扩展的 OODA 环模型提供了一个判断过程的详细版本，在随后面向系统设计时还出现了更多的衍生模型，如模式 M-OODA[10]、认知 C-OODA[11]，以及技术、情感、教育和知识 TECK-OODA[12]等，这里不再赘述。

3. 信息处理视角

以信息处理视角，Zeleny 提出的 DIKW（Data, Information, Knowledge and Wisdom）模型描述了信息的处理和加工的过程是如何影响个人决策的[13]，如图 2-7 所示。DIKW 模型将信息处理过程描述成数据、信息、知识、智慧四个层级的结构，采用三角形的形式，表示在处理的每个步骤中都会丢弃一些信息，将大量物理世界的数据逐步提炼压缩，直到形成凝练的智慧，这种丢弃和创造信息的过程是由物理、社会和人的因素共同决定的。例如，数据的过滤可能是因为我们没有在正确的地点和时间使用正确的传感器，进而造成数据的缺失，也可能是因为不符合我们事先的意愿而被过滤掉。此外，该模型也将信息的处理描述成一个闭环过程，来自物理世界的数据，首先被过滤形成有含义的信息，而后信息被聚合形成知识，最后知识被综合产生智慧，智慧又会影响人的行动，进而改变物理世界，得到新的数据。

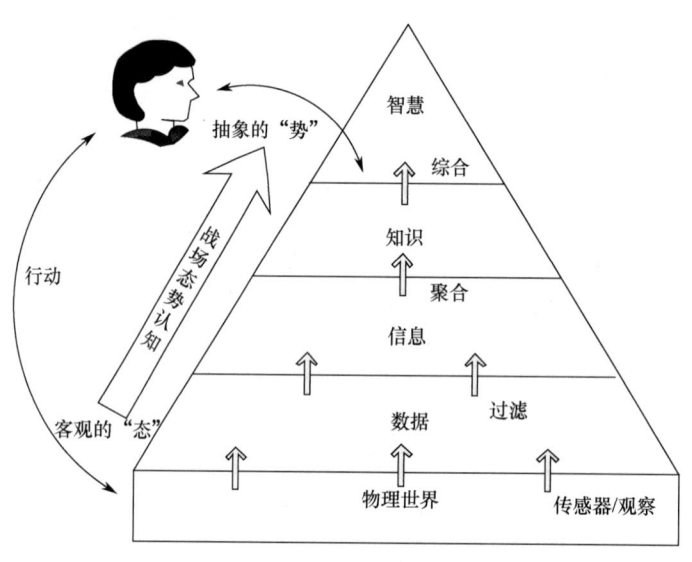

图 2-7 信息处理视角下的战场态势认知

对战场态势认知来说，其认知过程是"从物理世界中摄取数据—转化为信息—提炼为知识—升华为智慧"的过程。这样的过程使得战场信息从庞大无序到具有应用价值，即将客观战场的"态"，经过筛选，提炼为抽象的"势"。其中，从数据到信息的过滤，是对原始传感器和观察到的战场数据经过清洗、融合等处理，得到富有含义的战场信息。美国信息管理专家霍顿（Horton F.W.）给信息下的定义是："信息是为了满足用户决策的需要而经过加工处理的数据"，即可认为信息是数据处理的结果。例如，雷达获取的目标点迹数据经过加工得到目标航迹数据，即为获取信息的过程。"知识"一词在百度百科中的定义为："人类在实践中认识客观世界的成果，包括事实、信息的描述或在教育和实践中获得的技能"。信息到知识是对信息的再加工，将信息背后隐含的关联、模式、规律进行总结提炼，形成战术战法类、活动规律类等知识。例如，通过与历史活动规律相比对，进一步推理出该雷达航迹信息极可能是某型军用飞机时。"智慧"在百度百科中的定义为："生命所具有的基于生理和心理器官的一种高级创造思维能力，包含对自然与人文的感知、记忆、理解、分析、判断、升华等所有能力"。知识到智慧，可以理解为对各类知识融会贯通的运用，得到超出知识本身的认识。例如，发现兵力转场在某段时间内活动频繁，且军用物资产量增加，可能预示着战争将一触即发等。

在 DIKW 模型各阶段的转化过程中，人的参与程度是不同的，随着信息融合技术、知识抽取技术等的发展，对低层级的处理，人参与的程度逐步减小，而高层级的处理还主要依赖人的分析。在当前信息化作战，以及未来的体系化、智能化、无人化作战背景下，探索结合机器智能的认知辅助，提升机器高层级的理解、分析、判断、预测能力，是解决战场态势认知问题的关键所在。

2.2.4 相关模型

根据对态势认知的不同理解，学者们提出了不同的态势认知模型，如以认知流程为视角的 Endsley 模型、以活动性方法为视角的 Bedny 模型和以感知周期为视角的 Smith 模型，这三种模型在参考文献[14]中进行了探讨。其中，最经典和经常被研究人员探讨和引用的模型是 Endsley 三级态势认知模型，本小节对其在作战应用领域中的内涵进行分析。此外，美国国防部实验室联合理事会（Joint Directors Laboratories，JDL）提出的 JDL 信息融合模型，在战场态势认知领域被广泛应用，已成为态势认知技术的经典模型。

1. Endsley 三级态势认知模型

自 20 世纪 90 年代起，"人因"（Human Factors）被引入态势认知研究领域，并迅速成为研究热点。1995 年，美国前空军首席科学家、心理学家 Endsley 提出了完备的态势认知理论框架，并将态势认知概念扩展到更广泛的应用领域。在该框架中，态势认知的正式定义分为三个层次，即态势要素感知（Perception）、态势理解（Comprehension）和态势预测（Projection）。三级态势认知的信息处理模型符合人类的常规认识过程，为许多应用领域，特别是那些状态随时间变化的动态系统，如军事、医疗、航空、安全系统的构建提供了相关的理论框架，具有良好的通用性。图 2-8 所示是将三级态势认知模型嵌入一个描述人类活动的动态系统模型的框图。

在军事领域，Endsley 三级态势认知模型也是最常被学者参考和讨论的经典模型。以该模型为基础，笔者对其在战场态势认知中的内涵给出如下理解。

1）一级：态势要素感知（Perception）

在作战指挥过程中，指挥人员需要接收状态、归属和环境中的相关要素，包括现在和历史上的我（友邻）方和敌方单元活动、类型、威胁和环境，感知环境中相关元素的状态、属性和动态。战场态势感知主要是对战场中敌情、我情、战场环境等各类作战要素的感知，包括对战场中实体、环境、事件等的发现、定位、识别，判断目标的身份和属性、实体间的关联关系，以形成对战场态势的客观认识。

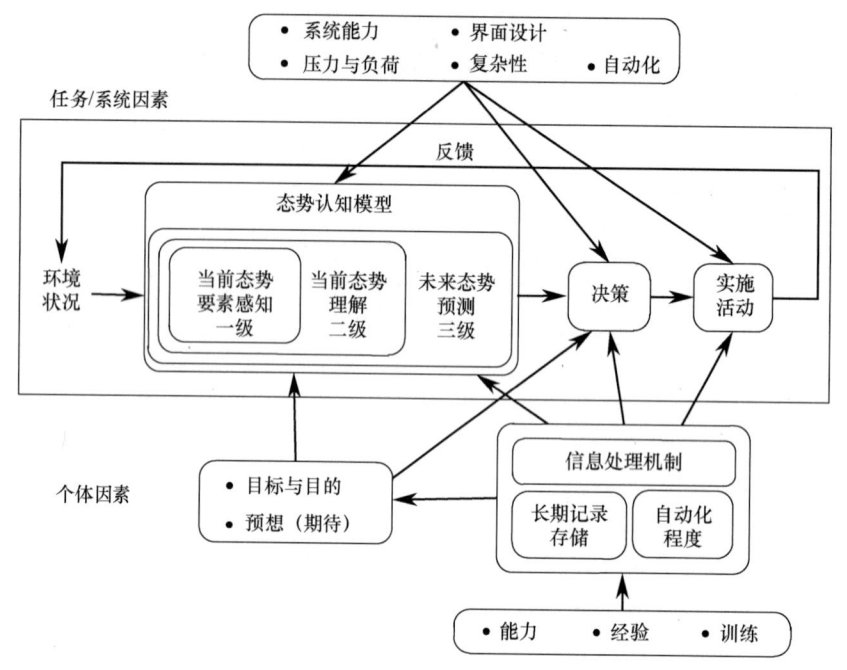

图 2-8　Endsley 的三级态势认知模型嵌入图

2）二级：态势理解（Comprehension）

在作战领域，态势理解是在态势感知的基础上，结合军事领域知识对战场态势进一步的深度分析。指挥人员需要综合接收到的要素和任务来理解态势。这一级产生数据元素的信息含义并获得一个当前画面，产生对相关任务的认识。传统上，指挥人员只有依赖于作战经验，经过一系列辩证思考、评估和研判的过程，才能得到的认知结论。对战场态势的理解，可能因为经验水平的不同而产生不同的结论，新手指挥人员与经验丰富的指挥人员可能实现相同的一级态势要素感知，但在将各类感知要素与任务整合起来获得对当前态势理解的能力上往往存在着较大的差距。

战场态势理解主要包括以下要素[15]。

（1）对敌方作战意图的识别：通过对敌方作战任务、敌方作战能力的分析等实现对敌方意图的理解。

（2）对作战行动样式的识别：结合敌方编队队形的识别、敌方目标群组关系的识别等，形成对敌方所采取的行动样式的理解。

（3）攻防要点研判：通过对敌我双方作战体系能力、敌我作战任务分析及高价值目标判断等，针对具体对抗战场态势研判敌我攻防要点。

（4）对计划执行情况的理解：对我方计划执行情况进行预判和评估，理解当前战场态势中我方计划执行情况。

（5）对抗形势判断：结合敌我双方作战任务和战场局势评估的结论，形成对敌我对抗形势的研判结论。

（6）分析战场环境影响：主要分析包括地理环境、气象水文、社会环境、电磁环境等对敌我双方战场态势演化趋势的影响。

3）三级：态势预测（Projection 或 Prediction）

态势预测是最高级别的态势认知，基于知识对感知要素和现状的理解，需要预测接下来会发生什么。在作战领域，战场态势预测是根据当前态势，对未来战场态势的走向进行预测，如目标接下来的行动、战场局势的演进、可能出现的战争征候等。作战指挥人员根据预测态势，规划下一步采取适当行动方案，以应对威胁局势所需的知识和时间。所有从事时敏活动的实体都极大地依赖于所期望的问题预测，以采取适时的处置方法。

战场态势预测主要包括以下要素。

（1）战场实体要素预测：战场实体及其状态、属性、能力，以及实体间关系和行为等。

（2）兵力部署预测：对敌、我、友邻等多方的兵力部署进行预测。

（3）作战要点预测：包括对作战重心的演变、重要作战环节、关键地理位置的预测等。

（4）威胁预测：重点是评估敌对行动的可能性，这种可能性一旦发生，就可能产生预期后果。

（5）态势演变预测：包括对敌方作战意图变化的预测、敌我计划执行情况的预测、局势态势演变趋势预测、环境变化情况预测等。

Endsley 三级态势认知模型在不断演进发展。在 2018 年最新的研究中，Endsley 给出了态势认知与心智模型和目标的关系[16]，如图 2-9 所示。心智模型出自心理学，是人对某件事如何发展的思考过程，是对周围环境、环境中各部分之间的关系、对自己行为的直观认知及可能的后果的预测。心智模型在态势认知过程中体现了对感知的信息和目标的过滤和重组，这一过程在态势理解、预测和决策中起着极为关键的作用。

在图 2-9 所示的模型中，态势感知信息通过人类的心智模型完成理解和预测，并最终为决策环节提供态势信息；态势感知信息与目标通过人类的心智模型完成期望态势的构造和当前态势与期望态势的比较，并将比较结果提供给决策环节。同样，态势认知与个人因素、环境因素密切相关，能力、经验和受训练程度不同的人对同一态势可能会得到不同的态势认知的结论。

从 Endsley 三级态势认知模型的演进不难看出，随着心理学、认知科学的发展，对人的心智模型如何影响态势认知过程的研究受到关注，也体现出战场态势领域由传统的关注态势感知问题转向当前更关注态势认知问题的潮流。

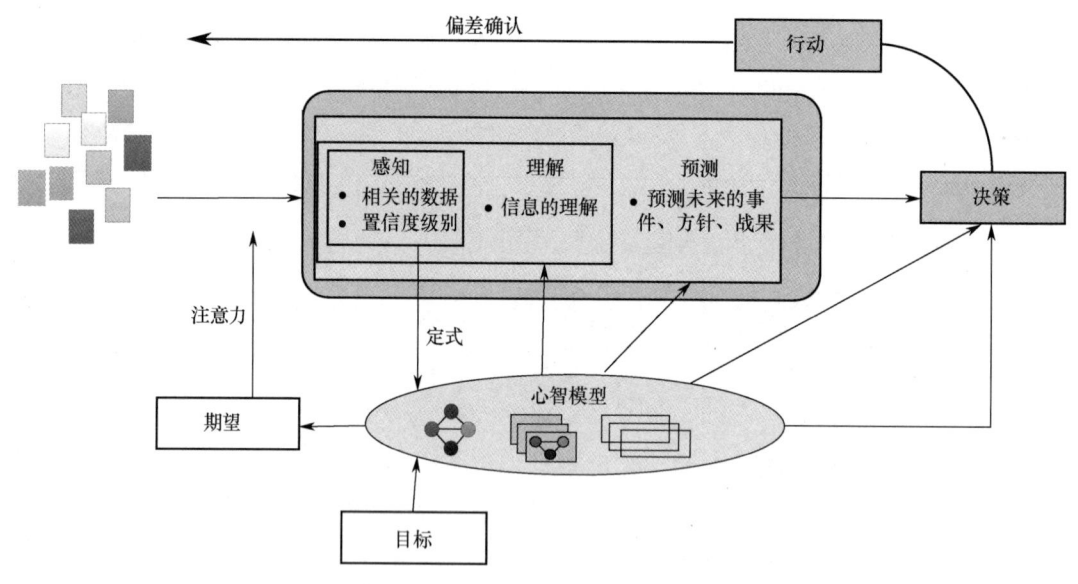

图 2-9 态势认知中的目标和心智模型

2. JDL 信息融合模型

信息融合最早被称为数据融合，最初的目标是进行多传感器数据的融合。随着对战场态势感知的实时性和精确性提出了更高要求，数据的来源和表现形式更为丰富，并且融合能力也提升为态势估计和影响估计等高级功能，人们更多地开始使用"信息融合"这一概念。目前比较公认的信息融合模型是由美国国防部实验室联合理事会（Joint Directors Laboratories，JDL）于 1987 年提出的 JDL 信息融合模型[17]。该模型从信息处理的角度，描述了战场态势信息是如何被逐步加工形成各级融合产品的，在战场态势认知领域也常常被探讨与提及。

JDL 信息融合模型首次提出信息融合功能的层级概念，明确提出了三级融合功能；之后被多位学者结合各领域应用，进行多次修正，形成了多个版本，如 1994 年 Dasarathy 的输入/输出模型[18]，1998 年 Bowman、Steinberg 和 White 的 JDL 修订模型[19]，2000 年 Bedworth 等人提出的多用途处理模型[20]，2004 年 Llinas 的 JDL 推荐修订模型 II[21]等。在军事应用领域，为了更符合军事应用的特点，被更广泛认可的是战场信息融合的五级模型，如图 2-10 所示。

（1）零级融合：联合检测。对多类传感器原始测量数据或图像进行特征提取、目标定位与识别处理，联合进行弱信号目标的检测。

（2）一级融合：目标估计。对目标对象进行检测、识别、定位与跟踪。这里的状态估计包括活动性动态实体的连续运动参数估计和目标身份、分类属性、运动特征属性等离散参数的判断与估计。一级融合输出/产品是目标状态估计和属性/身份识别结果和可信度估计。

（3）二级融合：态势估计。对战场目标及其他信息进行综合，以得到战场敌方、我方、战场环境的综合状态和形势。在战场信息融合的五级模型中，态势估计主要包括态势要素提取、观测态势生成、估计态势生成和预测态势生成。态势估计的核心目标是生成战场综合态势图。

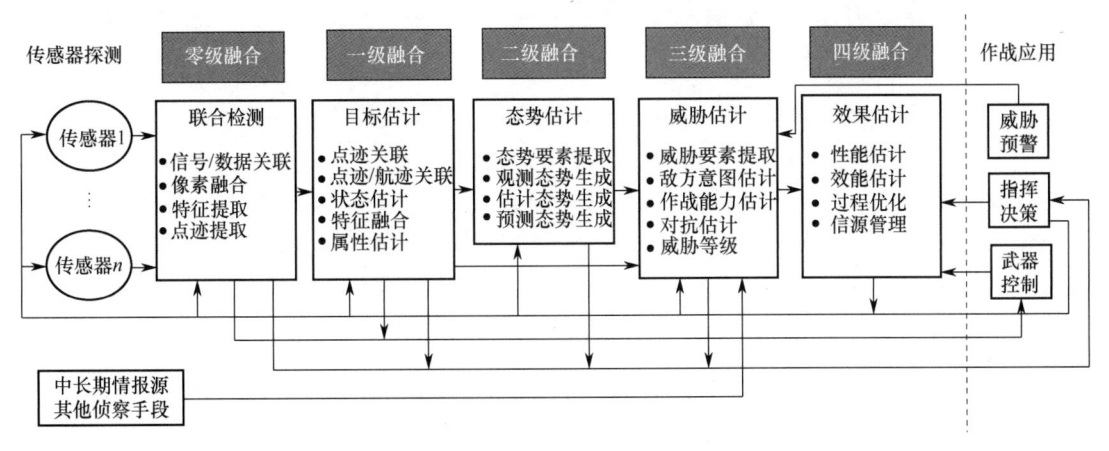

图 2-10 战场信息融合的五级模型

（4）三级融合：威胁估计。在目标估计、态势估计的基础上进行的更高一级的信息融合。在军事应用中，威胁估计主要指在预测的可能出现的敌我交战行为中，估计对我方不利/有害影响，其内涵包括敌方意图估计、作战能力估计、对抗估计，以及威胁等级等。

（5）四级融合：效果估计。包含对融合系统的性能估计、效能估计，对信息源和融合处理的过程优化和信源管理，目的是提高确定系统输出与所期望目的状态的符合性。

JDL 模型是一个基础的信息融合模型，表示了信息处理功能层级和层级间的相互支撑关系，JDL 模型可以被视为一种辅助人类形成态势认知结果的处理过程，即体现了由低层级向高层级认知产品的认知程度逐渐加深的过程。

2.3 战场态势相关概念辨析

在战场态势领域，态势感知、态势理解、态势估计等概念常被混用，造成概念边界不清晰、定位不准确的问题。本节对相关概念进行概念间区别与联系的辨析，供读者参考。

2.3.1 态势感知与态势认知

1. 感知的概念

感知的意义范围很广，一般定义为意识对内外界信息的察觉、感觉、注意、知觉的一系列过程，主要是指客观事物通过感觉器官在人脑中的直接反映，可分为感觉过程和知觉过程。

感觉是人脑对客观事物的属性、特征的直接反映，是人察觉并获取信息的一个重要渠道。感觉过程中被感觉的信息既包括有机体内部的生理状态、心理活动，也包括外部环境的存在及存在关系信息。例如，人类可以利用眼睛看到物体，感知它们的存在，利用手或身体去触摸物体的材质，利用耳朵去倾听歌声、话语，利用鼻子嗅到气味，等等。也有一些是人的器官无法直接感觉到的，如电磁波、紫外线、细胞结构等，人们通过制造各类仪器和辅助工具来感知它们的存在。

知觉是人脑对客观事物的各种属性、各个部分及其相互关系的综合的、整体的反映，是通过感觉器官，把从环境中得到的各种信息，如光、声音、味道等转化为对物体、事件等的经验的过程。知觉过程对感觉信息进行有组织的处理，对事物存在形式进行理解认识。感觉到的事物在知识与经验的背景下通过信息加工赋予了意义，并以固定的形象反复呈现，这样就获得了感知信息。例如，看到一只猫，听到滚滚的雷声，摸到一条柔软的围巾，等等。

简单地说，感知是了解环境中"有什么"，并识别和判断环境中的事物"是什么"的过程。

2. 态势感知

态势感知是对战场环境中相关要素的状态、属性及动态变化的掌握。战场态势感知的对象包括敌方、友方的位置和行动，环境信息等。战场态势感知的目标是依托各类传感器（包括人）形成对整个战场及时、准确、连续、完整和一致的掌握。然而，战场态势感知很难做到完美，实际战场中充满信息迷雾，感知信息来自多个传感器或多种手段，有时甚至获取的信息是相互矛盾的，有时需要的信息不可获取，有时信息变化十分迅速，并且基于战争固有的对抗性，敌方的刻意迷惑、扰乱、伪装等手段更加剧了准确获取战场信息的难度。

随着各级各类信息系统的建设，战场态势感知的原始数据在系统内进行加工、传递，最终以战场态势图的形式呈现给指挥人员。《战争认知》一书中阐述了完美态势感知的以下三大鸿沟[22]。

一是完美态势感知与从所有传感器和输入所获取的"已知"信息之间存在的鸿沟。这种差异主要来自信息获取手段的不足和对抗双方对重要目标、区域、任务的保护意识。

二是系统呈现给指挥人员的信息与获取的信息之间也可能存在一个鸿沟。这是因为某些系统信息可能因为一些原因（如网络带宽有限）而没有通过系统结构传递给指挥人员，或者因为下级没有成功传送所需报告。开发指挥信息系统的一个重要目标就是要通过有效的系统设计来缩小系统呈现信息与获取信息之间的鸿沟。

三是系统呈现的信息与个人头脑中最终形成的态势感知之间存在的鸿沟。许多认识上的限制，如人的精力有限、所处环境条件有限、巨大压力、信息的超载或不足，将影响指挥人员对战场态势感知的质量。

系统为指挥人员提供获取必要信息的能力，缺乏对战场感知的信息是个问题，信息太多或没有有效组织和显示也是个问题。信息化战争是在陆、海、空、天、电磁、网络等多域空间展开的一体化战争，各类传感器，如雷达、红外、声呐、电子侦察等都是战场信息获取的主要手段，产生的信息数据量不断增加，信息表现形式多种多样，信息关系极度复杂，要从海量数据中获取所需信息，形成良好的态势全景就变得很困难。指挥信息系统有助于提供战场态势电子化的直观展现，系统设计的一个目标应该是最大限度地提高现有关键信息的数量，同时尽量减少提交给指挥人员不重要的数据量。

3．态势感知与态势认知辨析

在国内，态势感知与态势认知两个概念在一定程度上被混用，结合前文对感知和认知概念的溯源，以及对态势感知和态势认知内涵的分析，不难得出两者具有如下的区别和联系。

1）态势感知是态势认知的基础和前提

由本书 2.2.1 节可以看出，"认知"是分层级的，体现了对信息掌握程度逐级加深，并运用、创造与推断的全过程。"感知"则是客观事物在人脑中形成的直接反映，人类感觉器官每天都会接收到海量的感知信息，但并不是所有的信息都会触发认知。认知是对触发的感知信息进行加工并转化为知识，加以记忆。不难看出，"认知"的初级阶段包含了"感知"，即已经将感知觉纳入认知的第一步，并在"感知"的基础上，大脑进一步对感知信息进行深入加工。

同理，在作战领域，态势认知的内涵包括态势感知，并进一步进行理解和预测。态势认知是建立在态势感知基础上的，良好的态势感知条件是进行正确态势认知的前提；反过来，如果态势感知不及时、不准确、不连续、不完整，则必然导致态势认知的偏差。例如，1947 年 5 月，我军在山东蒙阴县东南地区发起孟良崮战役。战役结束，收拢部队、清点战果时，我方电台通过技术侦察发现孟良崮地区仍有敌方电台活动。指挥员粟裕将军立即严令各部清查毙伤俘敌实数，发现"所报歼敌数与敌第 74 师编制数相差甚大"，于是命令部队继续进行战场搜索。经过 3 小时的搜索，终于发现在孟良崮、雕窝之间的山谷中隐藏的 7000 多名敌人，我军及时精准地进行兜剿，致敌军来不及集结，最后被全部歼灭。不难看出，如果没有我军情侦人员的仔细侦听，并发现敌电台活动的现象，就无法促成指挥员粟裕将军的精准研判。如果没有发现毙伤俘敌实数与编制数相差甚大的本质，就很可能漏掉这 7000 多人的残敌，甚至弄不好会给我军带来不必要的损失。

2）态势感知的是现象，态势认知的是本质

"态势感知"实现了信息的获取，并直接赋予其信息的含义。这种信息含义的赋予是对事物本身的、最直接的形象呈现，具有客观性和共识性。"态势认知"是对事物结合人的一系列心智活动，对态势感知获取的信息进行深度加工的过程，如对信息的理解关联、现象的解释和可能演变的预测等，揭示现象背后隐含的深层次的内涵，透过现象看本质。例如，第一次世界大战期间，德军一名参谋天天用望远镜观察法军阵地上的情况。他接连三四天看到在法军阵地后面的一个坟包上有一只金丝猫在走动，并且这只猫每到上午八九点钟的时候总要到坟包那里晒一会儿太阳。这名德军参谋把这一情况向一位德军指挥官做了汇报。在获知这一情况后，该指挥官进行了如下推理和判断：这是一只名贵的家猫，猫的栖身处就在坟包附近，周围没有村庄，而它是和人生活在一起的，于是推断坟包下面可能是个隐蔽部；在恶劣的战争环境中，连、营等低级指挥官是无心玩猫的，又推断这个隐蔽部很可能是个高级指挥所。据此推论，德军集中6个炮兵营的火力对此坟包进行密集轰炸，把整个坟场夷为平地。事后查明，这里果真是法军的一个地下旅级指挥所，所内的人员全部阵亡。不难看出，发现一只金丝猫只是态势感知的现象，而德军指挥官凭借超强的逻辑推理，发现了一个隐藏的高级指挥所，这体现出认知隐含的本质。

3）态势感知相对客观，态势认知更加主观

在态势认知过程中，人的参与程度远大于态势感知过程。经验丰富的作战指挥人员与新手，在态势感知阶段的能力差不多，但在认知阶段，即使面对的是同一问题，也会因为经验或看问题的角度不同而出现不同的判断。楚庄王想去讨伐陈国，使者报告"陈国城墙筑得高，护城河挖得深，积蓄的财粮很多，军官待遇优厚"。此时，一位重臣站出来，认为不可以进攻陈国，因为"城墙高，护城河深，易守难攻；财粮很多，说明国富民强；军官待遇优厚，说明他们投入很多战备物资。我们贸然进攻，胜算不大"。而楚国大臣宁国却表达了不同观点："一是陈国是个小国，人疏地少，财粮却很多，可见赋税沉重，那么君主一定会失去民心拥戴；二是城墙和护城河的修建，让老百姓气力衰竭，触发民愤，我们若强硬进攻，老百姓可能助力我们；三是陈国的钱财集中于军队装备，军队内部极易腐败泛滥，分配不均必造成士兵和军官对立，失去战斗的凝聚力。"听过宁国的一番分析，楚庄王决定派兵去讨伐陈国，不出所料，很快就攻下陈国。

综上所述，战场态势感知和战场态势认知的内涵有着明显的区别，以往将"Situation Awareness"翻译成"态势感知"，是不准确的，把感知原本的含义扩大化了，翻译成"态势认知"才更符合其本意，应避免两个概念的误用、混用。

2.3.2 态势理解与态势认知

"理解"一词在百度百科中的定义是"顺着条理进行详细的分析，从一定的认知上了解、明白"。对"理解"的概念解释也有许多不同的表述：理解某个事物就能领会其性质或重要性；理解是领会；理解是对观察的状态或行为的原因提出解释的能力。

态势理解（Situation Understanding）和态势认知（Situation Awareness）在美国国防部的多份文件中占据重要地位。美军情报职能概念（Functional Concept for Intelligence）中提到："联合指挥官和陆军指挥官在作战过程中依靠数据、信息和情报来进行态势理解，以对抗明确的和不确定的敌情……人类认知的局限性，以及战争中获得的许多信息是矛盾的或虚假的，导致更多的信息并不等同于更好的理解。指挥官和部队必须综合情报和作战行动，来进行态势理解。"[23]

美国陆军作战条令 FM 3-0 中对态势理解给出的定义是:"通过对通用作战图的分析和判断,确定有关作战行动和任务目标要素之间的关系,包括任务、敌军、地形和天气、兵力和支援的可用性、可用时间、社会因素。"

关于"理解(Understanding)",美军条令 FM 6-0、ADP 6-0 中也有相关说明:"从认知角度看,理解是将经过综合和判断后的知识应用到特定的态势中,以支撑理解态势的内部关系。从决策角度看,理解是将经过综合和判断后的知识应用到理解态势的内部关系中,以支撑决策和行动。"

对于如何形成对战场态势的理解,美军条令中给出了处理过程[24],与 DIKW 模型相似,即由数据经过处理得到信息,对信息进行分析得到知识,结合知识进行判断和应用,以达成理解,如图 2-11 所示。在作战行动中,实时和准确的决策离不开信息和知识,指挥人员和参谋在作战过程中会持续不断地建立和维持对战场态势的理解。有经验的指挥人员会接受态势理解中的不确定性,并相信不确定性不会被消除,他们会推动参谋和下属机构在不确定环境中发挥效能。其中,知识是支持战场态势理解的关键,作战指挥人员要想对战场态势进行全面、准确的理解,离不开充足的知识基础和对战场态势足够的了解。这些知识包括经验和专业知识,甚至直觉。然而,在实际行动过程中,要想获得完美的战场态势理解并不是一件容易的事情。战场态势的演变具有不确定性和时间变化性,因此在作战行动过程中要持续地更新理解的全度和深度。

图 2-11 达成理解的模型

Alberts 博士在《理解指挥与控制》一书中阐述了理解的内涵,以及理解和预测的关系[25]:"理解存在于认知域,像人脑中的每件事物一样,是主观的,受到认知过滤器及偏见的影响。一个人理解某物并不意味着他(她)可以预测一个行为或事件。预测需要更多的理解,因此,即使一个人理解一个现象,也可能无法预测这一现象的结果。预测需要行动知识,尤其是决定或影响悬而未决结果的变量值。"

可见,态势理解是态势认知的重要部分,是以态势感知为基础,综合各类知识,进行的一系列综合判断,是进行态势预测的基础。因此,态势理解是作战指挥人员形成认知的核心环节。态势理解体现了作战指挥人员的大局观、认知力,对战场态势的理解水平,甚至决定了整个态势认知的水平,并将直接影响决策。

2.3.3 态势估计与态势认知

关于态势,还有"态势估计""态势分析"等概念经常被提及,这些概念与态势认知存在一定的交叉与联系。

首先,态势估计是信息融合理论中的一个环节。根据 JDL 模型修订版中的定义:态势估计(Situation Assessment)是对部分(局部)现实结构的估计与预测,如实体之间及其隐含的有关实体状态之间的关系聚集。《信息融合概念、方法与应用》一书对态势估计的内涵进行了如下阐述[26]。

(1)推断实体间(或复合实体中)的关系。

(2)对态势的主要元素(实体、属性和关系)估计结果进行识别和分类。

(3)使用推断出的关系进一步推断实体的属性,包括作为态势元素的实体的属性,以及自身作为实体的态势的属性。

态势估计通过综合敌我双方及地理、气象环境等因素,将所观测到的战斗力量分布和活动与战场周围环境、敌作战意图及敌机动性能等因素有机地联系起来,分析并确定战场事件发生的深层原因,得到关于敌方兵力结构、使用特点的估计,最终形成战场综合态势图。在综合作战系统中,态势估计的功能是对战场监视区域内所有目标的状态与其先验的可能情况加以比较,以便获得战场兵力、电子战武器部署、军事活动企图及敌我双方平台的分布、航向、航速等变化趋势的综合。

其次,态势估计也是一系列态势处理技术的统称。参考文献[27]中认为,态势估计功能包括态势识别、表征、分析以及预测,并给出如下定义。

(1)态势表征:估计态势中的显著特征,如实体间的关系,以及基于接收的数据对有关实体状态的推断,该过程主要涉及溯因推理过程。

(2)态势识别:把态势按类型进行分类,不论是实际的现实世界态势,还是假设的态势。态势识别就像信号和目标识别,主要包括演绎推理过程。

(3)态势分析:估计和预测实体中的关系及对有关实体状态的推断。

(4)态势预测:根据估计的数据确定态势的类型和显著特征,如根据预测的现有数据或假设数据推测未来态势,或者根据假设的或与事实无关的数据推测以前的或当前的态势,该部分主要涉及归纳推理过程。

综上,将 Endsley 模型和 JDL 模型中的概念进行对比,如图 2-12 所示。JDL 模型中的联合检测、目标估计环节主要解决目标感知问题,与 Endsley 模型中的态势感知相对应。JDL 模型中的态势估计环节以对实体及关系的理解为主,也包括对实体关系的推断及推测实体的属性,对应 Endsley 模型中的态势理解和态势预测。JDL 模型中的威胁估计环节用来预测可能的威胁及影响,对应 Endsley 模型中的态势预测。

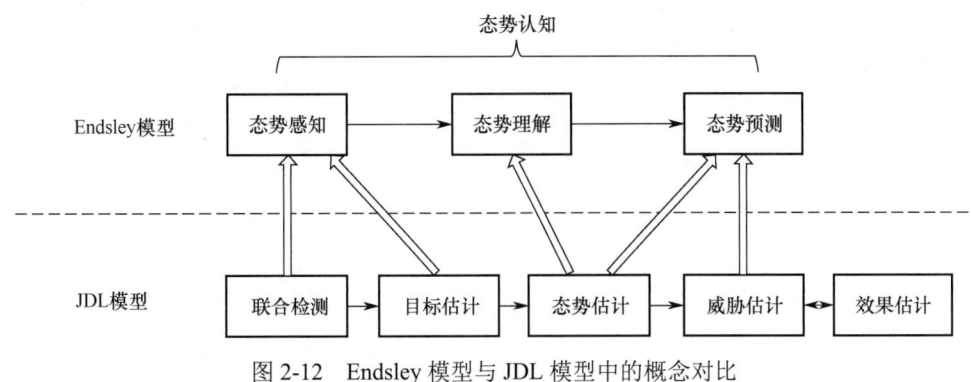

图 2-12　Endsley 模型与 JDL 模型中的概念对比

2.4　外军战场态势认知发展情况

美国作为当今世界头号军事强国，早在 20 世纪 90 年代就提出了战场态势认知的理论模型，并在此后 30 多年的国防建设发展历程中，从概念理论、系统装备发展、重要计划与项目、演示试验等方面，迭代优化改进战场态势认知功能、性能与技术。俄军自格俄战争后加紧实战部署各类数字一体化自动控制系统，为各级指挥官提供指挥控制和态势认知能力。北约则重点发展跨成员国、跨作战域的互操作能力，谋求实现盟国的态势认知共享、行动协同。而太空、赛博等新兴作战域成为外军的共同关注点，美、俄、北约纷纷采取行动，提高在这些作战域的态势认知水平。本节将系统梳理美、俄、北约的态势认知发展重要事件，并形成外军态势认知大事记图谱。

2.4.1　美军发展情况

美军的态势认知概念及系统装备建设走在全球前列，共用作战图（Common Operational Picture，COP）至今仍是态势认知的典型工具和重要抓手。COP 描绘并强调当前的部署和态势，同时也包含帮助指挥官预测和影响未来局势的信息，COP 的生成过程如图 2-13 所示。美军系统装备经历了三个发展阶段，满足了美军不断变化的作战需求。在联合全域作战等新型作战概念的引领下，美军正积极布局一系列战场态势认知方面的研究计划和项目，充分应用人工智能等技术，以提高对战场态势的快速理解和掌控；同时，将战场态势向太空、网络、电磁等作战域延伸，力争实现全域态势认知能力。本小节从概念发展、系统装备建设、重要计划与项目及演习试验等四个方面对美军态势认知重要事项进行梳理。

1. 概念发展

美军是态势认知概念及理论模型研究的先行者，其率先提出态势认知理论，推出的共用作战图（COP）概念获得了广泛认可，并在实战推广中，目前还在不断演化发展，在战场中发挥着重要作用。

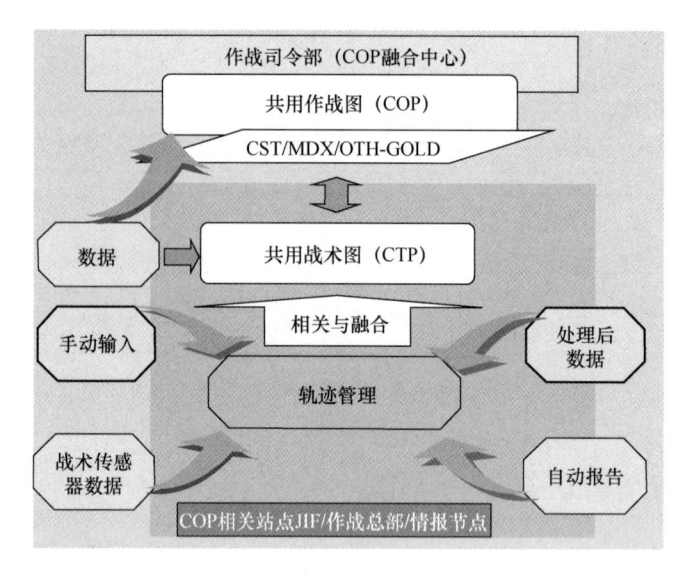

图 2-13 COP 的生成过程

1）20 世纪 80～90 年代：提出态势认知理论

态势认知理论最早由美国前空军首席科学家、心理学家 Endsley 博士于 1988 年提出，她于 1995 年提出了通用的态势认知三级模型。

2）20 世纪 90 年代至 2010 年：发展并推行共用作战图（COP）概念

美军于 1997 年提出共用作战图（COP）概念，旨在让所有人看到同样的战场视图；并于 2000 年 12 月开始推行可互操作态势图（Family of Interoperable Operational Pictures，FIOP）系列。2001 年 9 月，美国国防部在《联合作战条令》中对 COP 进行了定义："被一个以上的指挥部共享的相关信息的单一相同显示（A Single Identical Display）。它有利于协同规划，帮助所有层次的作战部队实现态势认知。" 2003 年前后，美军修订了 FIOP 概念，改为用户定义作战图（User Defined Operational Picture，UDOP）概念，并提出共用战术图（Common Tactical Picture，CTP）和单一合成图（Single Integrated Picture，SIP）概念。CTP 是战术层次的 COP，是构建更高层次（如战区级）COP 的重要数据来源。一般地，总司令（Commander in Chief，CINC）使用 COP 进行战区级的态势感知，较低层次的指挥官，如联合部队模块指挥官或联合特遣部队指挥官使用 CTP 对部队进行指挥和控制。CTP 运行机制如图 2-14 所示。

3）2010 年至今：概念不断发展、更新

2019 年 11 月，美国空军航天司令部表示将采用"天域认知（Space Domain Awareness，SDA）"取代现有的"太空态势认知（Space Situational Awareness，SSA）"，以突出空间作为一个独立作战域，并计划将 SDA 写入相关作战条令。

2021 年 4 月，陆军在最新发布的《先进态势认知》培训教材中，在"态势认知"的基础上，提出了"先进态势认知（Advanced Situational Awareness，ASA）"的概念，即训练士兵通过预测性图表数据和对周边环境的观察形成判断力和洞察力，以便用适当的方式与对手有效交战。同年5月，美国智库米切尔研究所提出，在联合全域指挥控制（Joint All Domain Command and Control，JADC2）中需要发展新一代共用作战图，以通过任务驱动、情境认知、时空可视化和机器辅助理解实现先于对手发现、理解和行动。

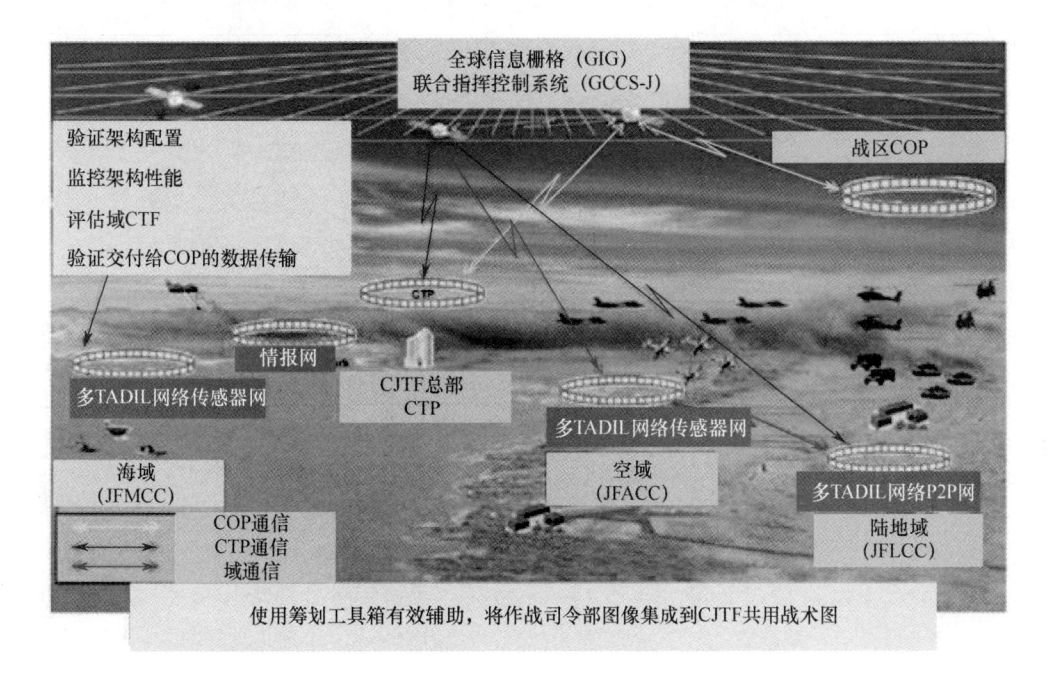

图 2-14　CTP 运行机制

2. 系统装备建设

美军系统装备建设经历了三个发展阶段，从联合指挥控制系统簇到联合全域指挥控制系统，从第一代蓝军跟踪系统（Force XXI Battle Command Brigade and Below，FBCB2）到先进的战场单兵系统和新一代（Joint Battle Command-Platform，JBC-P）平台，美军态势认知能力面向联合全域战场，不断向体系化、智能化方向迈进。

1）20世纪90年代至2010年：联合层面和陆军兵种级系统装备部署并投入实战

美军于1992开始研制新一代指挥控制系统——联合全球指挥控制系统（Global Command and Control System-Joint，GCCS-J），至2009年，GCCS-J处于研发和全面部署阶段。其组件 GCCS-J Global 能提供态势认知及情报支持，包括 COP 和综合情报与图像（Integrated Information and Image，I3），提供轨迹数据管理、轨迹关联、可视化、通信等功能。美国与盟国及北约通过 GCCS-J 实现联合作战环境中的信息共享，过程如图 2-15 所示。2008年，美军在网络赋能的指挥控制（Net-Enabled Command Capabilities，NECC）项目中开发了用户定义作战图（UDOP）模块；2010年，NECC 项目终止，该能力模块被集成进 GCCS-J。

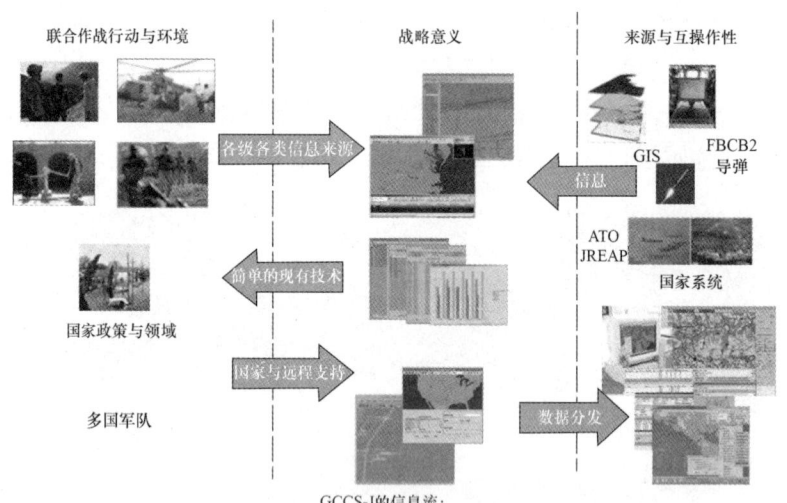

图 2-15 联合全球指挥控制系统（GCCS-J）示意图

2）2010—2015 年：系统装备面向联合化、体系化升级

为解决 FBCB2 功能的不足，美国陆军于 2010—2012 年研发、测试先进的徒步士兵战场跟踪系统——"奈特勇士"系统。该系统能使战场中的士兵知道友军的位置，并帮助他们更快地发现、确定、瞄准和消灭敌军士兵。同时，陆军与海军陆战队联合开发用于替代 FBCB2 的新型作战指挥平台——联合作战指挥平台（JBC-P），以满足联合指挥控制和态势认知需求，目前处于全面部署阶段。

2015 年 3 月，美国海军首次在"罗斯福"号航空母舰打击群上部署了海军一体化防空火控（Naval Integrated Fire Control-Counter Air，NIFC-CA）系统。该系统基于作战网络信息优势，能够实现统一态势认知和协同防空作战，是海上编队远程防空作战的重大变革。

3）2015 年至今：围绕联合全域作战，研发新型系统及工具；引入商用公司数据分析功能，提升态势分析水平

美国空军是近年来热点概念"多域指挥控制（Multi Domain Command and Control，MDC2）"和"联合全域指挥控制（JADC2）"的牵头单位。2016—2017 年，美国空军完成了 MDC2 的研究，并由洛克希德·马丁公司负责 MDC2 系统的研制和推演。该系统能够将空中、地面、海上及太空方向的各种系统关联起来，为作战人员提供通用战场态势图，实现跨域态势认知，以便进行实时分析并采取行动。

2019 年年底，美军提出"联合全域作战（Joint All Domain Operations，JADO）"。联合全域指挥控制（JADC2）是实现 JADO 的核心，而 JADC2 以美国空军正在发展的下一代指挥控制系统——先进作战管理系统（Advanced Battle Management System，ABMS）为基础。ABMS 包括数字架构、标准和概念开发，传感器集成，数据，安全处理，连通性，应用，效果集成共 7 种技术类别、28 种产品，其组成架构如图 2-16 所示。美国空军近年来从统一通信、统一信息共享环境、统一数据交换、统一数据存储、全域共用作战图等维度发展 ABMS，包括研发实现多域态势认知与多域指挥控制的关键应用——commandONE 和 omniaONE。后者通过情报融合环境实现基于云的多域 COP，显示陆海空天网电等各域的作战资源，类似于交通图系统 Waze 工具和美国陆军的蓝军追踪系统。

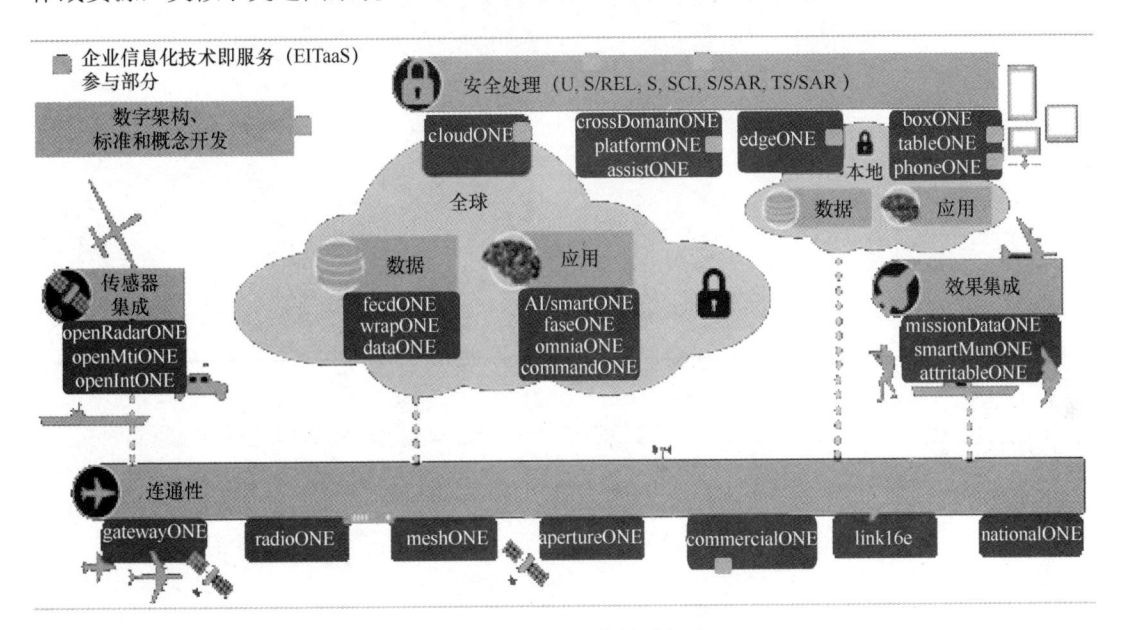

图 2-16 ABMS 的组成架构

在研发新系统装备的同时，美国陆军还在传统 C^4ISR 系统中引入了商用公司数据产品，以提升态势水平。2018 年，美国陆军选择了 Palantir 公司的数据管理平台 Palantir Gotham，其集成有美国陆军所需的各种分析工具，作为下一代战术情报系统。

Palantir 提供了一个基于本体映射的全量多模态数据融合和协同挖掘分析大数据支撑框架，可以对在地理、空间上分散的人、装备、环境、事件等进行大规模实时关联和因果分析，以指导复杂战场环境中的军事行动。这些大数据技术已被美国军方广泛运用于战场态势分析和预测。例如，定位伊拉克战场中可能存在的炸弹或地雷的位置，帮助美军在巴格达规划一条被袭概率最小的路径，或分析亚丁湾海盗活动的热点区域。这些分析整合了美军等多方原本孤立的数据源（如军事情报部门和陆海空、海军陆战队等组织机构的数据），通过 Palantir 基于本体的大数据融合技术，无缝整合多源异构数据和进行分析模型协同，包括各类数据模型、安全模型和本体对象的管理，其全量数据分析和知识管理能跟踪每个数据和模型的读、写及编辑、保存，以积累战场空间的决策知识。基于通用的大数据融合和可视化分析平台，指挥人员和调度人员能在单一系统内解决所有问题，包括敌人的活动情报（情报报告、事件行为等）分析、关联分析（背景、关联、跟踪、反应等）和预判决策等功能。Palantir 战场空间态势图截屏样例如图 2-17 所示。

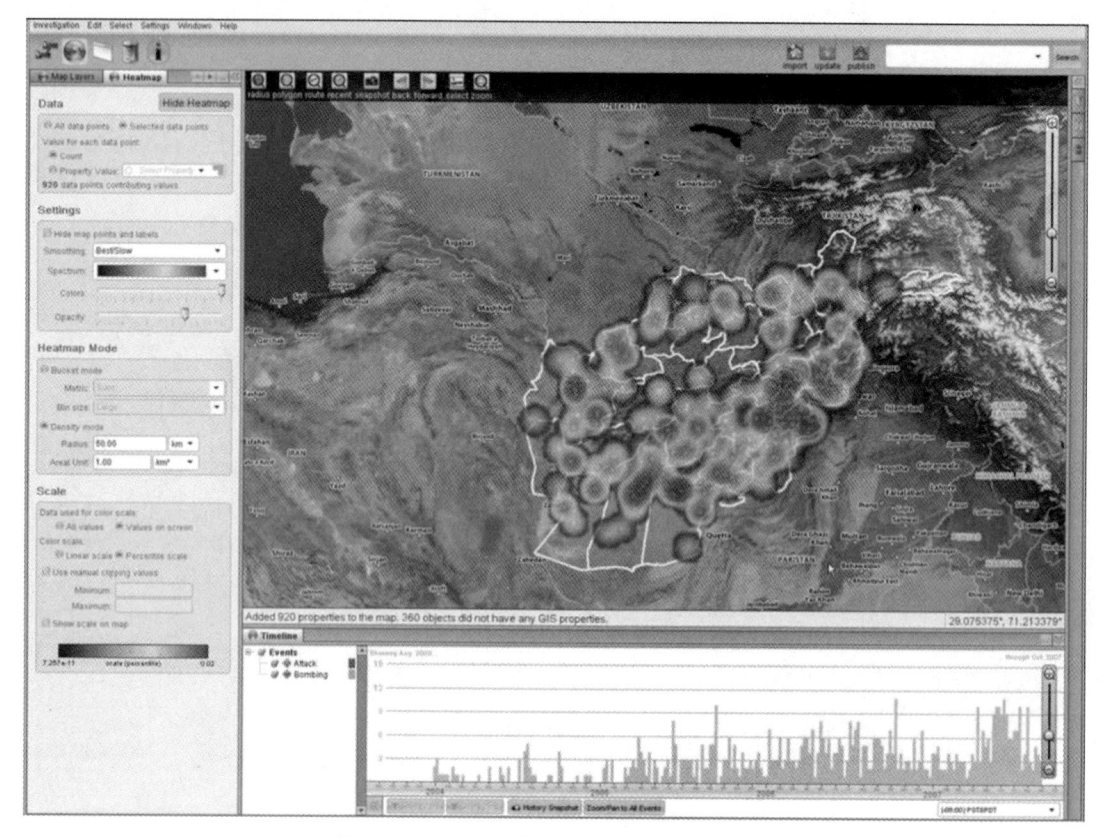

图 2-17 Palantir 战场空间态势图截屏样例

3. 重要计划与项目

为充分利用人工智能等前沿技术，实现陆海空天网电等作战域能力的充分融合，美军启动了赛博、太空等新兴域的态势认知项目，谋划跨域、整体态势认知，为联合全域作战赋能，同时大量投资智能化研究开发项目，以实现自主、持续的态势认知。

1）加强赛博域监视与一体化态势认知

为监控网络态势，认知他国网络活动，巩固网络安全，2003—2008 年，美国国土安全部、国防部首席信息官办公室等机构先后启动爱因斯坦计划、国防部首席信息官战略计划、国家网络空间安全计划（Comprehensive National Cybersecurity Initiative，CNCI），将赛博域的重要性提高到空前高度。

2012 年 DARPA 实施赛博战基础研究（Foundational Cyberwarfare，Plan X，也称 X 计划）项目，旨在实时、大规模的动态赛博环境中认知、规划、管理赛博空间作战行动。X 计划开展五个技术领域的研究：系统体系结构、作战空间分析、任务建设、任务执行、直观界面，如图 2-18 所示。这些技术领域构建了一个能够实时创建、模拟、评估和控制一个赛博战场的空间。

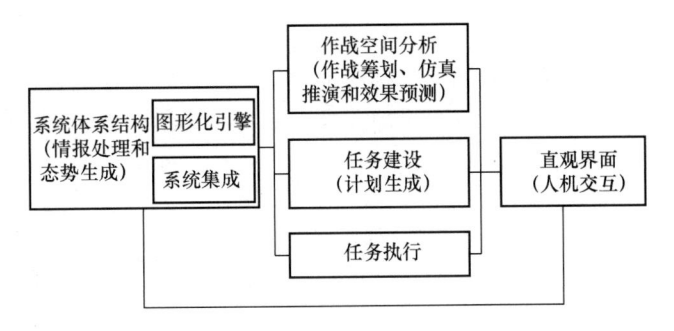

图 2-18 赛博战基础研究（X 计划）的技术领域

2）强调太空域持续认知与快速响应

针对太空，2007 年美国国防部提交了关于发展作战快速响应太空（Operation Response Space，ORS）计划的报告，旨在集中增强空间态势认知能力。2009 年，美国空军提出联合太空作战中心任务系统（Joint Mission system，JMS）升级项目，以替代当前使用的太空防御作战中心系统，提升空间指挥控制和数据分析能力，使美国军空间态势认知能力由被动应对向主动预测响应的方向转变。

2016 年，DARPA 启动了"标记"（Hallmark）项目，构想实时提供全面的太空域系统和能力，通过融合多样化来源的信息模拟行动，从而大幅缩短决策时间。

3）智能化研究项目大量涌现

在 1997 年的人机国际象棋大赛中，IBM "深蓝" 计算机战胜世界冠军，引起了美军的高度关注。2007 年，DARPA 启动了面向美国陆军、旅级指挥控制领域的 "深绿" 计划，拉开了美军态势领域智能化应用研究的序幕。"深绿" 计划的核心思想是借鉴 "深蓝"，预判敌人的可能行动，从而为指挥人员进行作战决策提供辅助支持。

"深绿" 采用基于草图交互、模型求解与态势预测和指挥系统集成等关键技术，通过信息汇聚、职能汇聚、过程汇聚，将人工智能集成到作战辅助决策中。态势与决策的输入/输出问题、对 "未来" 的仿真问题、数据的决定性问题、计算机与人协同问题和陆军的难题等，导致 "深绿" 没有达到预期效果。2014 年，"深绿" 验收时，整个系统仅剩下 "草图计划" 部分，该系统目前在美国陆军第二步兵师师部使用。

而随着人工智能等先进技术的发展和应用，2015 年前后，DARPA 和美军各军种启动了一系列智能化态势认知研究与应用项目，主要包括分布式作战管理（Distributed Battle Management，DBM）、跨域海上监视和瞄准（Cross Domain Maritime Surveillance and Targeting，CDMaST）、"班组 X 试验"、复杂作战环境的因果探究、对抗环境中的目标识别与自适应（Target Recognition and Adaption in Contested Environment，TRACE）、海洋物联网、"指南针"（Collection and Monitoring via Planning for Active Situational Scenarios，COMPASS）、机器常识、受监督自主性的城市侦察等。2021 年，美国特种作战司令部示出价值超过 1.35 亿美元的合同，开展特种作战部队全球态势认知项目——任务指挥系统/通用作战态势图（Mission Control System/Common Operational Picture，MCS/COP）的集成和架构开发工作。这些项目旨在运用人工智能和机器学习，开发合适的算法和辅助软件及人机交互技术，以自动、快速定位和识别目标，持续态势认知，提升对战场态势的理解。美军的智能化态势认知重要项目如表 2-2 所示。

表 2-2 美军的智能化态势认知重要项目

项　　目	启动时间	部　　门	研　究　目　标
分布式作战管理（Distributed Battle Management，DBM）	2014 年	DARPA、空军	开发合适的控制算法和机载决策辅助软件及人机交互技术，以提高分布式自适应规划和控制，以及态势认知能力
跨域海上监视和瞄准（Cross Domain Maritime Surveillance and Targeting，CDMaST）	2015 年	DARPA	通过高度分布式部署有人与无人系统实现跨域态势认知
"班组 X 试验"（Squad X）	2016 年	DARPA	为美国陆军和海军部队下车作战单元提供自主系统。在空中和地面使用无人机，以建立几百米范围的认知警戒线
复杂作战环境的因果探究（Causal Exploration of Complex Operational Environments，CECOE）	2016 年	DARPA	开发理解因果关系的建模平台；支持用户快速创建和维护交互模型，对作战环境形成更深层次的理解
对抗环境中的目标识别与自适应（Target Recognition and Adaption in Contested Environment，TRACE）	2016 年	DARPA	在雷达图像中自动定位和识别目标，使飞行员在攻击期间保持态势认知能力
世界建模师（World Modelers）	2017 年	DARPA	开发技术，提高对复杂、动态的国家安全问题的综合理解
海洋物联网（Ocean of Things，OoT）	2017 年	DARPA	在海上部署浮标传感器，并通过卫星将数据传输到云网络进行实时分析，实现海面、水下和海底的持续态势认知
"指南针"（Collection and Monitoring via Planning for Active Situational Scenarios，COMPASS）	2018 年	DARPA	通过分析对手对各种刺激的反应了解对手的意图，2020 年推出系统原型
机器常识（Machine Common Sense，MCS）	2018 年	DARPA	提升 AI 理解真实世界场景的能力
受监督自主性的城市侦察（Urban Reconnaissance through Supervised Autonomy，URSA）	2018 年	DARPA	可快速辨别威胁和非战斗人员的新算法和技术
"轨道阿特拉斯"军用版（Orbital Atlas）	2019 年	空军	运用 AI 和云计算技术的创新对来自卫星、无人机及其他平台的数据进行分析，以增强美空军的太空态势认知能力和预测能力

(续表)

项 目	启动时间	部 门	研 究 目 标
空域快速战术执行全认知（Air Space Total Awareness for Rapid Tactical Execution，ASTARTE）	2020 年	DARPA、空军	旨在进行 JADC2 时，在最复杂和最具挑战性的敌方反介入/区域拒止环境中，提供动态空域的实时、通用作战图像，以便在同一空域同时、更安全地执行远程火力任务及有人/无人机行动
惯习（Habitus）	2020 年	DARPA	旨在开发新参与机制和方法，创建本地系统的预测性因果模型
觉知赋能的任务指导（Perceptually-Enabled Task Guidance，PTG）	2021 年	DARPA	开发具有觉知功能的人工智能任务指导助理，其将利用进行视频和语音分析的机器深度学习技术、进行任务和计划监视的自动推理技术，以及用于人机界面的增强现实技术
学习内省控制（Learning Introspection Control，LINC）	2021 年	DARPA	改进系统和操作员态势认知共享与引导方式

4．演习试验

近年来，美军态势认知能力演习试验主要关注智能化工具及赛博域共享态势技术，前者依托 ABMS 等重大计划和项目，开展了大量实兵演示验证活动，为后续迭代更新提供了重要参考，后者主要验证赛博域的新概念和新技术。

1）赛博域演习：测试新技术

重要演习包括：2015 年 6 月，来自 100 多个机构的网络空间和关键基础设施操作员和专家参加了"网络卫士"演习，旨在提高政府机构、私营部门和盟国合作伙伴共享态势认知的能力；2016 年春季，美国陆军进行了"赛博闪电战：融合的指挥所"演习，测试赛博态势认知能力；2021 年 3 月，美国陆军进行了"网络探索 2021"演习活动，测试连级以下多域作战的新概念和新技术，涉及网络态势认知等技术。

2）近年演习重点：验证智能化态势认知工具

2019 年 12 月举行的先进作战管理系统（ABMS）联合演示试验，测试了多军种无缝连接及态势共享，首次演示了指挥人员通过 cloudONE 访问机密级、基于云的作战管理与态势认知应用。2020 年 8 月，第二次 ABMS 演示测试了 5 种备选 omniaONE 产品；10 月，第三次 ABMS"On Ramp"演示，展示了新型 C2IMERA 软件如何将来自多传感器的数据集成，并向模拟总部基地和小型前线作战基地指挥官提供战场态势认知。2021 年 5 月，美国空军进行了"机动卫士 21"（Maneuver Guard，MG 21）演习，采用 ABMS 为远程操作的指挥官提供 CTP，以实现多平台间态势认知，共享加快数据驱动决策，缩短 OODA 环时间。

2021 年 3 月，"全球信息主导演习 2"（Global Information Dominance Exercise，GIDE 2）测试了 3 种利用人工智能和机器学习算法来实现信息优势的决策辅助工具，其中，Gaia 是战役级全球全域认知工具，支撑战略级的跨作战司令部协作、战役级全球认知、战术级机器使能的行动方案制订。同年 7 月，GIDE 3 演习重点测试了联合人工智能中心的

Matchmaker 工具，通过读取战场实时数据和分析人员的分析评估来生成防御选项，可以让美军提前几天预测事件。

2.4.2 俄军发展情况

以信息优势为目标，俄军系统装备从最初的集中式到分类部署数字化系统，最终形成覆盖战场各级的装备体系。其中，态势认知功能的地位被不断提升和强化，促进了俄军指挥控制体系的高效运转。

在战略级，俄罗斯国防指挥中心于 2014 年 12 月正式运行。该中心装备有最现代化的通信及自动化设备，所有指挥活动实行 24 h 运行机制，其内部实景如图 2-19 所示。其中，战斗指挥中心主要负责对跨军兵种作战力量实施统一指挥，搜集处理陆海空天电等多域战场空间态势情报，以维持全军部队战备水平，确保随时遂行多样化军事行动及特种作战任务。

图 2-19 俄罗斯国防指挥中心内部实景

在战役级，典型系统如 2018 年俄罗斯开始部署的金合欢-M（Acacia-M）自动化指挥控制系统，覆盖包括 12 支诸兵种合成集团军和 4 支陆军集团军，可持续接收和分析关于敌方行动、空中、地面、干扰、辐射、化学和生化等方面的实时态势数据，以及己方部队战备、训练、弹药和燃料库存、人员精神和心理状态等信息，将加工后的数据以电子图表的形式实时显示在屏幕上，为指挥官提供指挥控制和态势认知能力。

在战术级，如 2012 年部署、已在叙利亚投入使用的 Strelets 现代化侦察、控制和通信综合体，可将战术层士兵与覆盖广泛的作战图联合起来；通用于陆军、空降兵和内卫军等旅级作战部队的"星座"（Sozvezdie）M2 新一代战术级指挥自动化系统，可确保不同作战域和不同指挥层级的信息共享。

随着智能化浪潮的到来，当前俄军正在全力推进人工智能等先进技术在系统装备中的应用，并开展测试，力求实现自动化态势认知，以减轻人类操作员的认知负担。重点项目包括 2018 年开发新的电子战指挥控制平台 Bylina，可自动化分析作战态势、识别目标、发布命令。值得关注的演习试验是俄军自动控制系统（Automatic Control System，ACS）试验。在 2019 年俄军举行的里海舰队演习中，ACS 将陆海空天部队成功地融合到一个信息环境中，探测到的目标数据可实时输入系统，指挥人员可根据目标类型选择最优攻击方法；在第五代机苏-57 战斗机试验中，装备的革命性航空电子设备，可帮助飞行员进行战场态势自动认知。

随着太空的重要性日益增强，俄军也在构想空天态势一体化。2015 年 8 月，俄罗斯成立空天军，设立空间态势认知中心，负责空间监视任务，对可疑目标实施预测和跟踪；还制订了空天态势"统一信息保障系统"发展路线图，以网络为中心，将导弹预警系统、太空监视系统、防空预警系统等集成为一体化的态势认知系统，并与指挥所系统高度自动化协同，为防空、反导、反卫等作战活动提供统一的信息保障。

2.4.3 北约发展情况

2021 年，北约发布《北约作战拱顶石概念》，详细描述了北约盟国应如何设计军事力量，以在未来 20 年内保持竞争优势。其中，强调认知优势，在技术、理论、联合情报监视与侦察及大数据方面，对威胁、对手和北约的作战环境形成一致的政治-军事认识，以真正了解作战环境、对手和联盟目标。

作为联盟体，跨成员国、跨域互操作始终是北约关注的重点。自 20 世纪 90 年代初以来，北约建设了一系列覆盖成员国态势需求的系统装备，包括北约陆地指挥与控制信息服务系统（Land Command and Control Information System，LC2IS），在北约 16 个总部装备，支持北约成员国的陆地部队指挥官；21 世纪初投入使用的海上指挥和控制信息系统（Maritime Command and Control Information System，MCCIS），可融合多源信息，为北约海军提供可识别海事图像（RMP）；北约空中指挥控制系统（Air Command and Control System，ACCS），1999 年开始研制，2013 年通过作战测试，2015 年首个 ACCS 站点实现运营。随着多域作战理念的兴起，北约开始发展多域指挥控制能力。

2020 年 6 月，北约指挥控制卓越中心发布多域作战指挥控制演示平台白皮书。该平台是模块化的，可在同一界面内部署和集成多个最适合的态势认知和决策过程工具。

太空也是北约的重要关切点。2019 年 12 月，北约宣布太空是北约的"作战域"。2022 年 1 月，北约发布"总体太空政策"，将发展各成员国的太空能力列为高优先级目标，侧重太空支持与太空域认知。

书末插页主要标注了美国、俄罗斯、北约在战场态势认知领域的重要事件。横向，以"概念和理论""系统装备""重要计划与项目"和"演习试验"分类；纵向，根据发展阶段，将 20 世纪 90 年代至今大致划分成"概念发展阶段""第一代系统装备研发阶段""系统装备更新与新技术探索阶段""智能化态势认知研究阶段"及"智能化态势认知验证和应用阶段"。

2.4.4　外军发展趋势

1．发展持久认知能力，建立信息优势

用机器理解情报态势，将成为未来系统战场认知的快速方法。为了在未来高动态的战场空间中取得胜利，需要持续认知和快速处理分析，获得信息优势至关重要。外军依托大量分布式无人自主平台上的低成本传感器，与空天和网络空间防区外高端平台上精密传感器互为补充，构建弹性持久的态势认知体系；采用边缘计算和自动化技术在传感器端进行数据分析，加快情报处理的速度，降低了通信网络的负担；运用人工智能技术，处理和融合来自大量异构传感器的多种可信数据，提供对全球任何地点敌方行动的认知信息，从敌方目标识别向敌方行为意图分析延伸，在整个作战环境中形成对敌方持续及时的全面态势认知。

2．提高战场空间理解能力，决策速度先于对手行动

"人智+机智"融合式指挥决策，将成为未来系统的核心指挥控制能力。战场空间日益复杂，行动速度不断加快，从战术行动到战役行动，对决策速度的要求已超过了人类的认知能力。人工智能和预测分析是加快决策速度的关键，外军需要重点解决的问题包括不可预测和不确定的战场环境、不同来源的噪声和非结构化数据处理、机器学习训练数据有限，以及支持作战行动所需的高信任度和人机交互性能的优化。

2.5　本章小结

本章对战场态势认知相关概念进行了辨析。首先，剖析了"态"与"势"的内涵与关系，即"态"是"势"的基础，是"势"得以成立的前提，"态"侧重于对战场情况掌握的全面性、准确性，"势"侧重于战场态势理解预测的深度、广度和演变的趋势。其次，以心理学、认知科学等基础学科的知识，对认知的概念进行溯源，并结合国内外权威出版物、主要学者对态势认知的概念分析，给出了笔者对战场态势认知的概念及范畴的理解，包括态势感知、态势理解和态势预测三个部分；分别从作战域、指挥控制过程、信息处理三个视角讨论了态势认知的定位，分析了 Endsley 三级态势认知模型和 JDL 信息融合模型两个经典模型。接着，辨析了态势感知、态势理解、态势估计等与态势认知的关系。简单地说，即态势感知是态势认知的基础，态势理解是态势认知的核心部分，态势估计是实现态势认知的重要方法。最后，以概念发展、系统装备建设、重要计划与项目、演习试验四条主线，形成美国、俄罗斯、北约在战场态势领域的大事记，直观展现了国际上战场态势认知领域概况。

本章参考文献

[1] ENDSLEY M R. Toward a theory of situation awareness in dynamic systems[J]. Human Factor, 1995(37): 85-104.

[2] ALBERTS D S, HAYES R E. Understanding command and control [R]. Assistant secretary of defense (C3I/ Command Control Research Program) Washington DC, 2006.

[3] 曹江, 高岚岚, 吕明辉, 等. 对战场态势相关概念的再认识[C]//中国指挥与控制学会. 第四届中国指挥控制大会论文集. 北京: 电子工业出版社, 2016: 398-401.

[4] 朱丰, 胡晓峰, 吴琳, 等. 从态势认知走向态势智能认知[J]. 系统仿真学报, 2018 (3): 761-771.

[5] 李强, 巫岱玥, 余祥, 等. 网络安全态势感知与认知的认识[C]//中国指挥与控制学会. 第五届中国指挥控制大会论文集. 北京: 电子工业出版社, 2017.

[6] 袁翔, 左毅, 王菁, 等. 数据驱动的态势认知技术及发展思考[J]. 中国电子科学研究院学报, 2022, 17(2): 134-140.

[7] Staff US Armed Forces Joint. Joint publication 3-13: Information operations [M]. Washington DC: Government Printing Office, 2014.

[8] ALBERTS D S, GARSTKA J J, HAYES R E, et al. Understanding information age warfare [R]. Assistant secretary of defense (C3I/ Command Control Research Program) Washington DC, 2001.

[9] 侯军. 论认知域[J]. 南京政治学院学报, 2006, 22(2): 28-32.

[10] ROUSSEAU, R, BRETON R. The M-OODA: A model incorporating control functions and teamwork in the OODA loop[C]. Proc. Command and Control Res, & Tech. Symp. 2004: 122.

[11] BRETON, R. The modelling of three levels of cognitive controls with the Cognitive-OODA loop framework [J]. Def. Res. & Dev. CA-Valcartier, DRDC TR 2008: 111.

[12] BLASCH E, VALIN P, BOSSES E, et al. Implication of culture: user Roles in information fusion for enhanced situational understanding [C]. 2009 12th International Conference on Information Fusion. IEEE, 2009: 1272-1279.

[13] ZELENY M. Human systems management: Integrating knowledge, management and systems[M]. N.J.: World Scientific, 2005.

[14] 刘熹, 赵文栋, 徐正芹. 战场态势感知与信息融合[M]. 北京:清华大学出版社, 2019.

[15] 李婷婷, 刁联旺. 态势认知内涵与要素体系研究[C]//中国指挥与控制学会. 第七届中国指挥控制大会论文集. 北京: 兵器工业出版社, 2019.

[16] ENDSLEY M R. Combating information attacks in the age of the Internet: new challenges for cognitive engineering [J]. Human Factors, 2018, 60(8): 1081-1094.

[17] WALTZ E, LLINAS J. Multisensor Data Fusion[M]. Boston: Artech House, 1990.

[18] DASARATHY B V. Sensor fusion potential exploitation-innovative architectures and illustrative applications [J]. Proceedings of the IEEE, 1997, 85(1): 24-38.

[19] BOWMAN C L, STEINBERG A N, WHITE F E. Revisions to the JDL data fusion model[C]. Proceedings of 3rd NATO/IRIS Conference, 1998.

[20] BEDWORTH M, O'BRIEN J. The omnibus model: a new model of data fusion? [J]. IEEE Aerospace and Electronic Systems Magazine, 2000, 15(4): 30-36.

[21] LLINAS J, BOWMAN C, ROGOVA G, et al. Revisiting the JDL Data Fusion Model II[J]. Space And Naval Warfare Systems Command San Diego Ca, 2004.

[22] 科特. 战争认知[M]. 李靖, 王晖, 译. 北京: 电子工业出版社, 2015.

[23] MCMASTER H R, BERRIER S D, MANGUM K W, et al. The United States Army Functional Concept for Intelligence 2020-2040 [R]. US Army Training and Doctrine Command (TRADOC), 2017.

[24] Army U S. Army Doctrine Publication (ADP) No.6-0 mission command: Command and control of army forces[M]. Washington: US Army, 2019.

[25] ALBERTS D S, HAYES R E. Understanding command and control[R]. Assistant secretary of defense (C3I/ Command Control Research Program) Washington DC, 2006.

[26] 赵宗贵, 熊朝华, 王珂, 等. 信息融合概念、方法与应用[M]. 北京: 国防工业出版社, 2012.

[27] STEINBERG A N. Foundations of situation and threat assessment[M]// Handbook of multisensor data fusion. Boca Raton: CRC Press, 2017: 457-522.

第 3 章 战场态势认知基本原理

信息化条件下的联合作战,需要发展自动化、智能化的战场态势认知系统,以辅助指挥人员分析动态变化的战场态势,在充分理解战场的基础上实施决策和行动。长期以来,机器无法胜任战场态势理解、预测等认知活动,如何赋予机器认知态势的能力是实现智能辅助决策面临的重、难点问题。为了运用机器智能进行态势认知,首先应按照人的认知模式和流程建立战场态势认知基本原理,然后将其转化为机器可以实现的流程。

本章主要聚焦于对战场态势认知过程进行建模,通过建立战场态势认知机制模型,描述态势认知过程是如何运转和产生的,为发展态势认知系统提供必要的基础支撑。首先,从指挥人员思维方式与特征出发,剖析人在作战中是如何思考的,具体包括经验思维、公理思维、辩证思维,以及信息化战争条件下的大数据思维、复杂性思维等;然后,从方法论的角度,分析认知科学中典型的认知模型,包括表征人脑认知过程的认知行为模型及其中的运行机制;最后,以思维方式和特征为指导,利用对认知建模的方法,构建战场态势认知机制,为探索新的态势认知能力提供方法支撑。

3.1 指挥人员的思维方式与思维特征

指挥人员是指挥控制活动的主体,而思维是指挥人员应对战争不确定性和复杂性的有力武器,也是指挥人员缔造指挥艺术的不竭源泉。思考问题是否具有很强的条理性、系统性和逻辑性,是决定指挥人员是否合格的首要条件,对在作战对抗中制胜具有重大影响。本节主要对指挥人员思维方式和思维特征进行介绍。

3.1.1 指挥人员的思维方式

思维在本质上是人的一种生理机能,是人们运用语言或图像等工具,在表象、概念的基础上进行分析、综合、判断和推理等各种认知活动的机能。所谓思维方式,是人类在认识世界的过程中形成的一种相对稳定、定型的思维习惯、模式或格式,是主体的感性活动和理性活动的历史积淀。思维方式一旦在主体的思维结构中固定下来,就成了控制思维活动的意识机制,它以先前的模式规定着思维对象的选择、思维主题的确定和思维成果的存在形式,并以一定的方式组织主体的思维活动,以一定的层次或序列运用思维的原料和材料。指挥人员的思维方式主要指指挥人员在了解任务、分析判断情况、下定作战决心和制订作战计划等作战指挥的过程中，观察、分析和解决军事问题的思维方式。

1. 基本思维方式

指挥人员在指挥决策过程中采用的思维方式主要有以下三类[1]。

1）经验思维

经验思维是指挥人员在作战指挥决策活动中，运用在以往作战指挥或作战训练过程中获得的实践经验的理性认识做出决策的一种思维模式。指挥人员在作战指挥决策实践活动或学习过程中，不断地把成功的经验或失败的教训，以及在学习活动中获得的知识储存起来，经过积累、归纳，形成一定程度的系统化的理性认识，当遇到新的指挥决策问题时，便自觉地运用这种系统化的理性认识去观察、分析和解决军事问题，做出决策。在处理和解决一些简单的问题或不太复杂的情况时，特别是经常性的、较为熟悉的军事问题时，指挥人员常常运用经验思维，这极大地缩短了决策时间，提高了决策的时效性。

经验思维具备以下基本特征。

（1）自发性：人们往往不需要集中多大精力去思考，就能凭经验解决许多比较容易解决的问题。比如，富有经验的基层指挥人员可以根据敌情和地形条件直接做出战斗决定等。

（2）同步性：思维过程和解决问题完成任务的过程几乎同时进行，如有经验的车长通过观察首发炮弹的误差，可以快速准确地确定次发炮弹修正量，指挥炮手发射次发炮弹并准确命中目标。

（3）下意识性：随着同类经验思维的不断增加和反复出现，经验及所指向的对象之间的联系在大脑中的痕迹日益强化，经验思维就可能自发延伸，最终转化为下意识。

（4）外推性：经验总是在特定的时间、地点、条件下形成的，而经验思维总是要求将特定的有限经验运用到另外一些场合，即一个更大的范围中。尽管这样做存在不适用的风险，但这也正是经验思维的魅力所在。

（5）狭隘性：经验思维所依赖的前提即经验，大都是感性认识中沉淀而成的粗略模型，或最多只是某种局部范围内的知识或理论性的认识，是外界事物在头脑中直观反映后的简单整理，难以成为充分的理性认识活动，只能狭隘、粗略地反映事物的某种本质。

经验思维在指挥人员指导部队的军事训练和作战养成上有广泛的应用价值。在指挥决策实践中，指挥人员没有可能，也没有必要事事都重新寻找解决问题的办法，而无视以往的经验。特别是军事活动，更强调行动要果断迅速。因此，对于比较简单的情况判断和问题处理，都可以直接借助经验思维来达成，并且随着经验的积累，指挥人员的思维能力和效率将会不断提高，其运用经验思维判断情况和处理问题的能力也会增强。这就是为什么有经验的指挥人员能够迅速抓住问题的本质和关键，果断地做出正确的情况判断和情况处置的原因所在。但是，对于较为复杂的战略和战役决策问题，经验思维所起的作用就十分有限了，指挥人员必须借助其他更具有一般性的思维方式，其中用得最多的就是公理思维。

2）公理思维

公理思维是指挥人员在作战指挥决策活动中运用已有的作战理论对作战情况进行推理、判断和演绎的思维模式。需要指出的是，公理思维中的公理，其实就是广义知识的代名词，即人们对世界的正确认识，一方面它是人类整体的实践经验的结晶，其正确性是可以证明的，也是必须加以证明的；另一方面，它将随着时代的前进而不断地更新。如"集中优势兵力"是古今中外军事家都十分重视的一条作战原则，体现在从《孙子兵法》中的"我专而敌分"，到《战争论》中的"战略上最重要而又最简单的准则是集中兵力"，再到把"集中优势兵力，各个歼灭敌人"作为指导人民军队作战的重要原则等。在长期的战争实践中，不断地认识战争，总结、归纳出大量和作战指挥相关的理论和原则，对于新的战争形态仍具有一定的指导意义，指挥人员可以运用这些理论和原则对战场情况进行分析判断并得出结论，从而做出决策。

公理思维的基本特征如下。

（1）严格的程序性：严格遵守一定的规则和程序是公理思维的鲜明特征。例如，对归纳类比来讲，从已知条件得出的结论，一般而言，其正确性只具有或然性，因此严格按照规则和程序可以提高结论的或然性；对演绎来讲，严格按照规则和程序，能够得出必然性结论，其正确性是可靠的、必然的。

（2）抽象性：公理思维是依据严格的逻辑推理建立起公理和所处情景之间的本质联系，提出关于某个问题的解决假设，然后依据概念、判断和推理等规则和程序，从个别中抽象出一般，从现象中提取本质，从一般中推出个别，因而是深刻的理性认识。

（3）预测性：公理思维凭借一定数量的公理及一整套推理规则和程序，使得思维预测的可靠性大为提高。1938年发表的《论持久战》以严密的逻辑分析了中国抗日战争的历史发展趋势，指出了必亡论和速胜论都是没有依据的，抗日战争必将是一场持久战，最后的胜利一定属于中国人民。该文对战争的性质和中日两国各自的特点——日本的长处是战争力量强大，而短处则在其战争本质的退步性、野蛮性，在其人力、物力的不足，在其国际上的寡助；中国的短处是战争力量弱小，而长处则在其战争本质的进步性和正义性，在其是一个大国家，在其国际上的多助；以及外部条件，进行了多方位、多角度、多层次的透彻分析。历史的发展完全验证了《论持久战》中的科学预测。

（4）证明和证伪性：证明和证伪就是在理论和逻辑范围内，通过已知的真实判断、理论，证明另一个判断、理论的真实性或揭露其虚假性的逻辑方法。是为一个已有的判断或理论寻找其正确性的理由。它虽然不能代替实践的证明检验，但是可能作为实践检验的一个重要补充。

公理思维将思维上升到一定的理论高度后，借助逻辑，可使得思维过程更加科学、合理、有序，使得思维具有了抽象性、概括性和普遍性，使得对对象的认识更加可靠，具有更高的广泛性和普适性，更具有宏观性。在指挥人员的战役和战略决策方面，公理思维因其不可抗击的逻辑力量和证明能力，提升了思维结论的可靠性，因而比经验思维具有更广泛的运用价值。然而，指挥人员在运用公理思维解决军事问题时，必须谨慎，原因有三：一是战争是一种复杂的社会现象，其复杂程度很难通过少数几条"公理"（原则）来概括。人类战争实践的有限性和军事活动影响因素（如政治的、社会的、技术的、环境的）的复杂性，使其很难被考虑周全，况且"战事不复"的特点也极可能造成军事理论总是或多或少地滞后于军事实践的需要。二是在作战指挥实践中，很可能出现环境误判或初始条件不可靠的情况，特别是对敌情的误判更是如此，这就极可能导致指挥人员根据军事推理分析产生的结果来指导战争实践出现偏差。三是战争的"诡道"性质导致战争实践中最可能出现的情况是与以往的经验和现有的知识体系不一致的、新的和非典型的情况。在此情况下，军事"公理"对军事实践的指导作用就十分有限。例如，在第二次世界大战后期，苏联红军利用绳索拉吊转运等方法将一个坦克师成功地翻越大兴安岭山地，突然出现在我国东北地区，使日本关东军措手不及，从而取得了出其不意的战果。

3）辩证思维

辩证思维是指挥人员在作战指挥决策活动中运用辩证唯物主义方法论观察、分析和解决问题、进行决策的一种思维模式。军事辩证思维源远流长，从我国古代《孙子兵法》中的"以迂为直，以患为利""践墨随敌，以决战事""途有所不由，军有所不击"等朴素辩证思维，到当代战役学理论中的"进攻与防御""集中与分散""主动与被动"等辩证思维范畴，无不揭示了事物之间相反相成、相互转化的辩证关系。粟裕大将曾指出："打仗是最讲辩证法的，因为双方都是活生生的人在行动，敌人同我们一样，也会动脑筋，会走路。他打着打着变了招，我们就得跟着变招；即使他不变招，我们也常要根据战场上变化了的形势来变化打法。"[2]可见，指挥人员在作战指挥决策活动中应运用辩证思维客观地看问题，防止主观性；全面地看问题，掌握全局、把握关节，防止片面性；联系地看问题，防止孤立地看问题；发展地看问题，防止用静止的、僵化的观点看问题；把握和解决本质问题，不被各种假象所迷惑；注重量变与质变的统一，做出正确的指挥决策。辩证思维的特征如下。

（1）辩证思维的基本规则是矛盾规律：矛盾规律或对立统一规律是辩证法的实质和核心。战争中充满了"强与弱""得与失""迂与直""虚与实"等相互对立的矛盾范畴，指挥人员必须运用辩证思维分析与解决问题。《论持久战》就是充满了辩证思维的伟大著作，全面的观点、发展的观点、矛盾的观点贯穿其中。

（2）建立在以时间、地点条件为转移基础上的灵活性：具体问题具体分析是马克思主义的灵魂。在军事领域中，应认识和掌握军事活动的辩证规律，如果不能根据具体情况灵活运用，只会死搬硬套、墨守成规，就只能打败仗。指挥人员在指导具体军事活动时必须灵活运用军事活动规律。在《三国演义》中，马谡就是因为不能以时间、地点、条件的转移灵活运用军事理论，食古不化，死守教条，最后落得失守街亭。诸葛亮北伐，因街亭是军事要地，故派马谡镇守。马谡熟读兵书，自认熟知兵法的精妙，不听副将王平的劝阻，将人马驻扎在山上，以居高临下、以一当十。司马懿带兵来攻，将马谡困在山上，断其水道，并放火烧山，令马谡的军队不战自乱，痛失街亭。

（3）思维方法的综合运用：思维的一般方法有归纳、演绎、分析、综合等。这些方法各有特点和功能，在人类思维过程中都发挥了其应有的作用。这些思维方法的思维方向往往是相反的，是相互对立的。而辩证思维的基本方法就是归纳和演绎的辩证统一、分析和综合的辩证统一、抽象和具体的辩证统一、历史和逻辑的辩证统一。"四渡赤水"是辩证思维运用于战争的典范之一。1935年，在红军长征的危急时刻，蒋介石调集40多万兵力，先后在湘江、乌江、遵义一带围堵红军，形势异常险恶。中央红军根据情况的变化巧妙地穿插于国民党重兵集团之间，时而挥戈东进，时而掉头北上，在不到2个月的时间里先后四渡赤水，灵活地变换作战方向，调动和迷惑敌人，从而创造战机，在运动中歼灭大量国民党军队，牢牢地掌握了战场的主动权。最后，红军跳出敌人的重重合围，将国民党几十万大军甩在身后，取得了战略转移中有决定意义的胜利。这是中国工农红军战争史上以弱对强、以少胜多、变被动为主动的光辉战例，创造了中国军事史乃至世界战争史上的奇迹。

上面讲的三种思维方式是指挥人员在作战决策活动中运用得最多，也是最基本的思维方式。实际上，指挥人员并不是单纯地运用某一种思维方式，而是综合运用各种思维方式，使其互为补充、相互结合，只有这样才能做出正确的决策。

2．信息化战争条件下的创新思维方式

1）大数据思维

大数据，又称巨量数据、海量数据，其所涉及的数据规模巨大到无法在合理时间内，通过目前的主流软件工具进行截取、管理和处理。大数据思维就是收集处理大数据，发现大数据的价值，并应用大数据来看待问题、解决问题的思维模式[3]。

大数据思维有以下特征：一是数据化思维。数据化思维的核心就是量化一切。数据化思维使我们意识到世界的本质就是信息，一切让"数据说话"。二是容错性思维。在大数据时代，观察的是总体样本而非抽样样本，这时绝对的精准不再是追求的主要目标，应容许一定程度的错误和混杂，应以比以往更大更全面的视角来理解事物的发展和联系。三是开放性思维。在大数据时代，人们探求的是相关关系中的"是什么"，而不是因果关系中的"为什么"，以提供更好的视角来理解世界上发生的各种事件，以及各事物间的联系。

大数据技术所具有的多样化、海量、快速、灵活、复杂等特征给指挥人员的军事思维带来诸多影响，主要表现在：一是由基于经验向基于数据延伸。经验是过去成功解决问题的模式，在时间上永远滞后于正在发生的战场实际情况，特别是在"一个理论指导一场战争"的信息化作战中，经验的"保鲜期"更加短暂。而基于数据的军事思维更加关注战场数据的实时更新，立足于实时动态感知的数据认知战场态势，立足于数据探索作战规律，探寻事件间的关联，因而能够更好地根据动态变化的战场态势做出决策。二是由揭示因果关系向探寻相关关系拓展。信息化战争的节奏加快，指挥人员将淡化追根溯源，弱化对原因的探寻，转而更加关注结果，即知道"是什么"就足够了，而没有必要弄清楚"为什么"，这样会让思维更快捷、更高效和更实用。而大数据挖掘恰好可以快速找出战场事件的发展趋势和事物间的相关关系，完成推理和判断。三是由判明现状向预见未来倾斜。随着侦察监视、预警探测、传感器技术的进步及广泛运用，战场态势更加丰富和翔实，战场大数据蕴藏着事物的发展规律，成为指挥人员由已知探索未知，根据过去、现在预测未来的有力工具。四是由少而精确向多而混杂转变。大数据时代以全体数据为样本，通过分析更多的战场数据，展现以前无法显现的战场宏观态势和某些细节，从而可以实现在宏观上和微观上更清晰地看清战场事实。指挥人员的思维只有包容更加多元、更加混杂的战场数据，才能更全面、更客观地呈现战场态势的实际情况。这时，指挥人员的思维不应再纠结于数据是否精确，而应以数据优势克服单个数据的不精确性，使用简单算法处理大量数据所得到的结果往往比使用复杂算法处理少量数据得到的结果更加准确，并以"足够好"这一标准作为价值取向。

2）复杂性思维

在信息化战争时代，指挥人员必须充分认识到作战系统的复杂性，运用基于复杂性科学的复杂性思维来指导战争，只有这样才能适应打赢信息化战争的客观要求。所谓复杂性军事思维，是指以信息化军事系统为目标，以复杂性科学为依据，通过思维的谋划与分析，调整、优化军事系统内各子系统之间的联系，实现系统整体功能的跃升[4]。

复杂性思维的主要特征如下。

（1）不连续性：战争系统由多主体组成，各主体通过聚集并相互作用生成具有高度协调性和适应性的有机整体。这种相互作用是非线性的，简单主体的聚集并相互作用还会产生涌现性，这就是不连续性所包含的内容。

（2）不确定性：战争是能动的敌对双方或多方行诡道、拼智谋、敢冒险的博弈行为。在信息化条件下的多域/全域联合作战中，敌我双方在陆海空天电等空间的作战实体的加入使得这种不确定性尤为突出，更加难以准确把握。

（3）不可分割性：把信息化战争系统作为一个"不可分割的整体"加以考虑，是指挥人员解决信息化战争中的军事问题的正确之道。

（4）不可预测性：不可预测性的一个形象比喻是"蝴蝶效应"——美国得克萨斯州一只蝴蝶翅膀的煽动，就有可能在一个星期后引起海地的一场大风暴。这就是混沌理论、突变理论强调的"临界巨变效应"，即一个细微因素可能会造成巨大的影响，微不足道的小事可能会产生巨大的效应。这在战争历史中曾经发生过，如第一次世界大战是因为奥匈帝国皇储在萨拉热窝被刺而被触发的；"冲冠一怒为红颜"，吴三桂引清兵入关，导致大明灭亡。

基于复杂性科学的复杂性思维为指挥人员开展联合作战提供了一种有效的思维方式，主要包括以下内容。

（1）系统集成思维：系统集成思维是系统思维在信息时代的新发展，一方面，谋求军事系统的各个要素相互协调、相互支持，把侦察探测、指挥控制、通信、机动和防护等子系统联结起来成为一个结构紧密的有机整体，发挥综合作用；另一方面，以信息要素为纽带，对现有的军事要素及结构进行重新整合，从而实现部队的模块化，使其具有完成多样化作战任务的功能和能力。

（2）非线性思维：信息化战争的非线性特点非常明显，包括指挥控制一体化、战场空间多维化，作战力量部署网络化、打击行动并行化。非线性能够充分发挥信息平台的作用，可以通过压缩时间、扩展空间、整合多军兵种力量，使作战能力的释放达到最优化。这些特点引导着以非线性思维来研究新的作战思想，如美军提出的"网络中心战理论""多域作战理论"等、国内提出的"目标中心战""一体化联合作战"等。现代战争强调速度、精度、机动、灵活性和突然性，强调以较小的代价换取较大的作战成果。在伊拉克战争初期就出现过空袭尚未达到一定效果时，就出动地面部队，后勤保障战线拉得过长，许多军事行动同时展开，等等，这些看似杂乱无章的作战行动，恰恰是非线性战场的典型特征。

总之，指挥人员应综合运用多种思维方式，将获取的包含战场环境、敌情、我情等诸多方面的各类情报信息联系起来进行分析、综合、比较、推理，如地形和天候、气象条件对作战的影响、对手作战特点及敌我战斗能力的对比等，然后将对战场态势各要素认识综合起来，形成对战场利弊总体态势的综合性认识，从而为正确的决策服务。

3.1.2 指挥人员的思维特征

军事思维是人类思维的一个特殊领域，战争活动具有的对抗性、风险性和残酷性，战争发生、发展过程中的不确定性和偶然性，以及战争结果的强烈利害性，使其必然具有一些不同于一般思维的显著特征。这些特征是由军事活动的基本矛盾所决定的，是军事思维所独有的[5-7]。

1. 对抗性

战争中敌我双方的激烈对抗构成了军事活动的基本矛盾。战争的对抗性集中体现在以下两点。一是军事思维是敌我双方的相互认识。在军事思维活动中，认识的主客体是互为对象、相互认识的，是一种双向认识，而且双方既要认识对方，又要千方百计地不让己方被对方所认识。这是因为战争是敌我双方的全面对抗，不存在任何合作关系，完完全全是你死我活的生存竞争。二是军事思维集中表现为敌我双方的反认识行为。在战争中，任何一方都不愿意做对方所希望的事情，又都希望对方做自己所希望的事情，于是在军事思维中出现了一个带有普遍性的奇特现象，即思维导致反思维，认识导致反认识，也即通过花样百出的欺骗行为制造种种假象，通过用计、用谋、用间等智力对抗行动来迷惑对方，以干扰和误导对方的思维，使对方侦察失灵、判断失真、决策失误。

2. 超常性

战争是敌我双方军事力量的激烈对抗，敌情、我情的不断变化，特别是双方都力图采取出其不意、攻其不备的战略战术，使战争活动充满了不确定性和偶然性。这就要求军事思维主体必须敢于打破军事思维的常态。超常性主要体现在以下方面。

（1）要求超出敌人的思维：《孙子兵法·虚实篇》中写道，"攻而必取者，攻其所不守也"，就是说，进攻要取得胜利，必须攻击敌人没有防备的地方，在敌人意料不到的时间和地点，用敌人意想不到的作战方式、作战手段，达成作战行动的突然性。

（2）超常思维不是违反思维规律，而是对思维规律的灵活运用：军事思维的超常性要求突破和超出在军事领域的某些条件下具有普遍性，而在当前条件下已丧失其作用的常规或原则。虞诩增灶败羌兵就是精彩的范例。江汉武都太守虞诩效法而不泥于兵法，师古而不囿于古，在敌众我寡的形势下，逆用"孙膑减灶"的战法，退军增灶，示强惧敌，大败羌兵，显示了其高超的谋略思想。

3. 随机性

战争活动之所以具有不确定性和偶然性，是与战争活动的多变性联系在一起的。作战必须因时而变，因地而变，因情而变，即"因机制变"，表现为军事思维的灵活性。随机性主要体现在以下方面。

（1）对待军事理论的态度：只有把军事理论和原则同战争实践中的各种主客观因素结合起来，从战争的客观实际出发，才能形成正确的作战计划、作战方案。如果教条地对待军事理论和作战原则，照抄照搬军事理论和作战原则，则常常会导致战争的失败。

（2）对待作战计划的态度：作战计划是根据军事理论和作战原则，结合作战的实际而制订的作战方案及其实施步骤。在实际作战进程中，随着各种情况，尤其是那些未曾估计到的情况的出现，原来的计划必然需要进行不断的补充、调整和修正，部分甚至全部改变原来的计划也是常有的事。只有这样才能使作战计划、作战方案真正适应战争活动的多变性和复杂性，从而掌握战争的主动性。如果实际情况已发生变化，导致原计划无法指导作战实践时，仍抱住原来的作战计划不放，顽固地执行，就必然导致失败。

（3）对待上级命令的态度：军队作战有着严格的铁的纪律，下级要无条件地服从上级的命令，特别是现代战争是多军兵种协同作战，必须服从统一的指挥，这是总的原则。当情况发生变化时，必须及时报告上级；而在来不及或无法报告上级的情况下，则应当果断地采取应当采取的行动。

4. 敏锐性

军事思维的敏锐性，是指军事思维主体善于透过战争中一些微小的、表面的现象做出准确判断的能力。军事思维之所以必须具有敏锐性，在于战争活动的诡道性。"诡道"的核心在于通过"示形""用佯"等谋略隐蔽自己、欺骗敌人，即通过制造各种假象来诱导敌人的思维犯错误。所谓"示形"就是通过制造各种假象使对方产生错觉，以掩盖自己的真实意图；"用佯"则是以声东击西的虚假动作，转移敌人的注意力，造成敌人判断错误。敏锐性主要表现在以下方面。

（1）有很强的"诡道"观念：随着通信技术、电子干扰技术、隐形技术、侦察技术、伪装技术的发展，当代高技术战争大大提高了军事谋略的高技术含量，使隐蔽自己、欺骗敌人的手段日趋现代化,从而赋予"诡道"新的内涵。

(2) 有很强的辨真识假能力:军事思维的辨识能力,对指挥人员的判断和决策十分重要。面对浩如烟海的信息,如果军事思维主体缺乏很强的辨真识假能力,就无法做出正确的判断和选择。

5. 时效性

军事思维常常是在时间紧迫的情况下进行的。信息化条件下的现代战争,战场情况瞬息万变,战机稍纵即逝,能否赢得时间,直接关系到战争的胜负。时效性主要体现在以下方面。

(1) 突发情况处理:战争中的许多情况往往是突然出现的,如突然袭击就是作战行为的"常态",它常常出乎人的意料之外,使人毫无察觉和戒备。面对突如其来的情况,指挥人员必须快速反应、快速判断、快速决策,这时思维上的迟钝只能意味着失败。

(2) 战机把握:指挥人员只有思维敏捷,及时发现战机,及时做出判断和决策,才能抓住战机,获得战场上的主动权。反之,一旦丧失了战机,战争的态势就会迅速发生变化,处于有利地位的一方就可能失去有利地位,而处于不利地位的一方则很可能会失去扭转不利地位、扭转败局的时机。

(3) 决策质量:指挥人员不仅要快速反应和做出决断,而且这种反应和决断必须是正确的,是"合格"的、高质量的。

当代高技术战争的节奏大大加快,战争的进程大大缩短,甚至往往首战就是决战。这意味着时间在战争中"升值"。正是这种"升值",凸显了军事思维时效性的重要性。指挥人员只有不断提高军事思维的效率,才能为打赢未来的信息化战争提供思维保障。

3.2 认知行为基本原理

在分析了指挥人员思维方式的基础上,要使计算机像人那样进行思考,计算机的程序就应当符合人类认知行为的理论或机制模型,即进行认知建模。认知行为模型是人类复杂认知行为与底层生物计算基础的中间抽象层次,能够为复杂认知问题提供一般或分层的问题求解框架、高效灵活的规则匹配与推理机制,以及知识表示、学习、推理等一系列必要的认知能力,是认知科学、人工智能、心理学、神经科学、脑科学等多学科交叉的研究热点。近年来,关于认知行为模型的研究有很多,据统计,已有超过 300 个模型被提出[8]。认知行为模型主要从心理学的角度出发,建立能够表征认知过程中思维变化的模型;同时从计算机模拟的角度,以具有代表性的仿生和神经科学特征与机制为主,可以实现一些感知、推理等智能行为。本节首先介绍典型的认知行为模型,并探讨其中的运作机制,为建立战场态势认知模型提供理论指导。

3.2.1 认知行为模型

根据研究目标的不同，现有认知行为建模大致可以分为人脑认知建模、人类认知行为建模及智能体认知行为建模三类[9]。其中，典型的人脑认知建模包括 Anderson 建立的 ACT-R（Adaptive Control of Thought-Rational）模型等，这类方法是从神经科学、脑科学角度出发，尝试建立符合人脑认知过程和结果的认知模型；人类认知行为建模则以构建尽可能丰富、准确地表示人类行为和认知能力的智能系统为目标，这类架构具有以下特征：通用自适应的问题求解能力、以知识为中心的认知行为计算、类型丰富的长期记忆及迭代累加式的行为学习，如 SOAR（State, Operator and Result）模型等；智能体认知行为建模则综合运用多种方法和技术，尝试构建可与环境交互、具备感知、决策等能力的软件或部件（智能体），这类方法对人类认知层面的问题关注较少，在行为表现上不强求与真实的人类认知行为严格对标，如 ISAC（Intelligent Soft Arm Control）模型、ACNF（Artificial Cognitive Neural Framework）架构等。本小节主要介绍 SOAR 模型和 ISAC 模型。

1. SOAR 模型

SOAR 模型是最早开发的标志性认知模型之一，它由 Newell 及其同事创建，并在将近 40 年的发展历程中不断得到改进（目前已发展到 9.6.0 版本）[10]。SOAR 模型认为认知行为至少具有以下特征：以目标为导向，反映一个复杂的环境，其中需要大量的知识，需要使用符号与抽象。抽象概念在认知中非常重要。例如，一件衬衫具有保温和保护身体的作用，某件特定的蓝色衬衫上有纽扣，口袋上有刺绣。我们对衬衫的认识，除对纽扣、刺绣等细节的知觉外，还可以被其他事物激发，如与西装的关联等。SOAR 模型侧重于对符号知识的处理，并将符号知识与当前知觉和行动相关的知识匹配起来。

SOAR 模型（9.6.0 版本）架构示意图如图 3-1 所示，其中，长、短期记忆（或知识）用矩形标识，计算过程用圆角矩形标识，箭头则指示信息的流转过程。输入信息从环境感知模块进入，并存储于短期知觉记忆中，然后抽取出符号化知识结构，加入符号性工作记忆。符号性工作记忆一方面根据所存储的信息向上查询符号性长期记忆，另一方面为向下的动作触发提供条件。图中的三类符号性长期记忆是相互独立的，分别对应不同的知识学习方法。其中，程序性记忆负责存储计算过程的控制知识，表示为产生式规则，不同规则按照并行方式匹配工作记忆中的状态内容；同时可以通过组块学习机制获取新的规则知识，并进一步结合强化学习方法修改规则权重。语义性记忆保存静态的一般性事实，着重描述概念与概念间的关系。情境性记忆则定期存储工作记忆中的状态快照，并为其标记时间戳，从而支持与场景相关的知识回忆与知识关联。不同记忆均可被工作记忆查询获取，并用于符号化的推理计算。动作输出可以有两方面影响，一是驱动执行器直接影响外部环境，二是通过想象机制对短期知觉记忆内容进行修改。

2. ISAC 模型

ISAC 模型是一种用于指导创建类人机器人的理论模型，由软件智能体和相关记忆集合构成，智能体封装了架构组件的所有方面，异步运行，并通过消息传递实现通信。多智能体 ISAC 模型架构示意图[11]如图 3-2 所示，主要包括负责运动控制的激活智能体、知觉智能体和执行反应性知觉−行动控制的一阶响应智能体，另外，还有三种记忆系统：短期记忆、长期记忆和工作记忆。

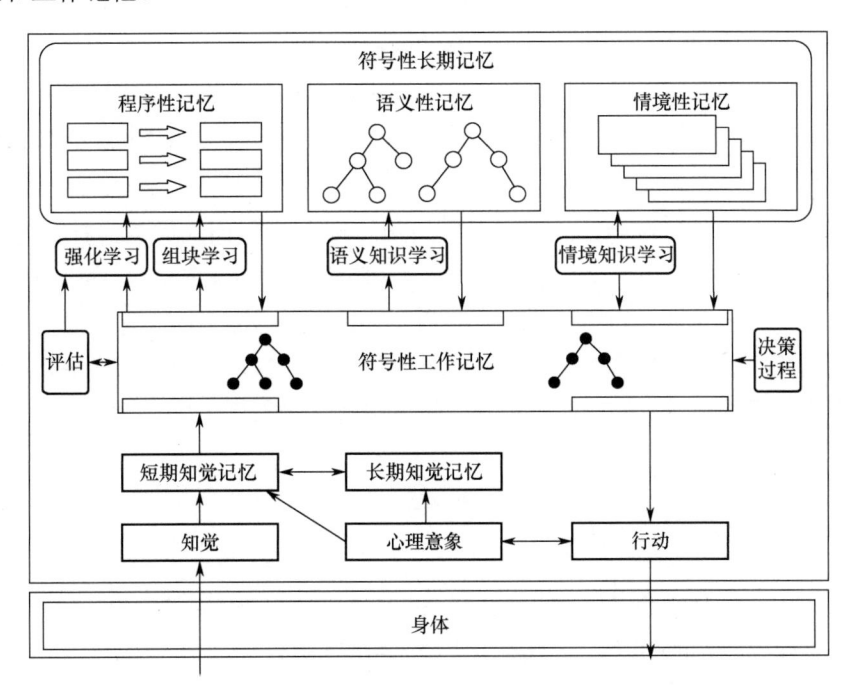

图 3-1　SOAR 模型（9.6.0 版本）架构示意图

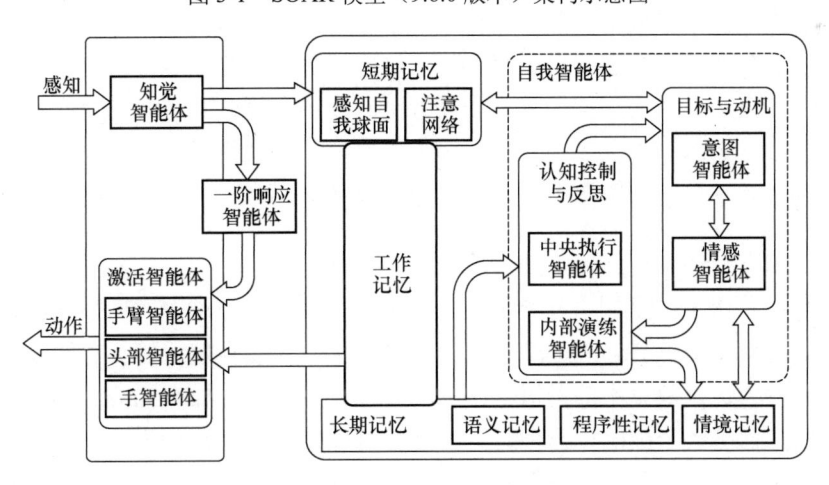

图 3-2　多智能体 ISAC 模型架构示意图

短期记忆主要包括对实时经历的事件的空间−时间记忆，即感知自我球面形成的、对周围正在发生事件的离散表征。短期记忆还有一个决定最相关事件的注意网络，将智能体的注意引导到关注的事件上。长期记忆存储的是智能体积累的知识和经验的信息，由语义记忆、程序性记忆、情境记忆组成，其中，语义记忆和情境记忆是对已知事实的陈述性表述，程序性记忆是对智能体能够完成的动作的表征。工作记忆暂时存储与当前正在执行的任务相关的信息，为短时记忆形成一种高速缓冲存储。

认知行为由中央执行智能体和模拟可能动作效果的内部演练智能体负责，并与由意图智能体和情感智能体组成的目标与动机系统共同构成自我智能体，这是一种复合智能体。自我智能体和一阶响应智能体一起根据当前情况和内部状态做出对外界环境的认知和决策控制，其中，中央执行智能体负责认知和控制，根据当前注意力焦点和知识经验对环境认知并执行动作，意图智能体提供目标，情感智能体负责调整策略。

ISAC 模型有两种工作模式，一种是由一阶响应智能体产生的应激性反应，是一阶智能体从长期记忆中的程序性记忆中提取与外界世界相关的描述和动作，并由激活智能体执行；另一种则是需要思考和推理的认知过程，即基于感知自我球面中的知觉信息，中央执行智能体从情境记忆中选取与当前场景相似的经验或相关的知识，并由内部演练智能体模拟决定动作执行的效果，形成认知和决策结论，然后将其置于工作记忆，指导激活智能体执行动作。

3.2.2 认知系统运作机制

按照认知行为的特征，理想的类脑认知系统应至少具备记忆（反思）、推理、学习、选择、预测与监控等九种能力[12]，这些能力主要在信息处理和知识学习过程中模仿人类的推理过程，其主要目标是指导计算机获得与人的认知一致的推理结果。人类的认知过程可以概括为综合各类环境认知模型，对感知的结果进行推理，以实现对客观世界的理解。其中，输入的环境信息是通过多个感知渠道获得的，这些信息可能是不精确或模糊的，同时也缺乏一致性。作为人类，我们观察、感知和反思所看到的世界，随着时间的推移和发展，形成对所看到的、听到的、感觉到的对象的知识。类脑认知系统模型就是要能够模拟以上过程。本小节主要介绍记忆、注意力、学习、推理等机制。

1. 记忆机制

记忆的核心是信息的获取、分类和存储，其目的是提供与过去发生事件相关的回忆信息和知识。我们对当前世界的理解基于我们在过去学到和储存的记忆，对同样的环境所做出的反应也依赖于从以前发生的事情中学到的知识、经验。形成记忆的过程需要重复的抽象思考和总结，而基于形成的概念性记忆，人就可以进行反思、推理。因此，对于构建的认知系统而言，首先应具备记忆的能力。

按照形成记忆的过程，记忆通常分为三类：感官记忆、短期记忆（工作记忆）和长期记忆。不同种记忆类型支持不同类型的基于时间的系统上下文推理能力。

（1）感官记忆：是对原始的、未经处理的传感器获取信息的暂时存储（类似于寄存器），能够处理各种来源的大量信息，具有高容量、高处理率。感官记忆中的信息经过分组、分类,被转化为各种信息片段、元数据、实体属性、上下文线索等,然后发送到短期记忆(工作记忆)中进行初始认知处理。认知机基于感官记忆中的信息,创建关于外在世界的初始认知,并将感官信息与思维过程信息一起传递到短期记忆中。

(2)短期记忆:是在处理新信息时用于暂时存储的地方,同时也是大多数推理过程的发生地。短期记忆分为两大类,即精制性复述和保持性复述,当处理和推理时,记忆会被不断地刷新和复述,直到存入长期记忆。在短期记忆的形成过程中,各类感官创造出相应的语境,并通过关联时间、空间和环境变化形成推理能力,形成对传递信息的认知。短期记忆只有经过反复的复述,并保持内容的准确性,才能被放入长期记忆。根据关注点的不同,短期记忆的形成包含一个循环过程,其中主要的功能被称作时空冲突检测器,信息片段在其中按照空间和时间特征进行排序,并与其时空状态相关联。被关注的对象不仅仅是因为其出现的频率高,还要看能不能对认知过程中的推理和响应有促进作用。经排序和选择后的信息将会传递到人工前额叶皮层形成进一步的意识。

(3)长期记忆:简单来说,长期记忆是存储记忆的永久场所,如果感官接收到的信息无法达到长期记忆,我们就不会记住这些信息。短期记忆中的信息先经过复述、处理和编码,并与其他记忆关联,然后被放到长期记忆中。长期记忆可分为三种类型,即外显记忆(陈述性记忆)、内隐记忆、情感记忆。其中,外显记忆用来存储有意识的记忆或想法,其中包含的信息片段是人们在认知某个事物时会直接联想到的内容。人在环境中经历过的对象、时间、事物等都可能被存储到外显记忆中,这些信息通过关系属性与其他信息片段相关联,关联越有意义,记忆就越深刻,也越容易被记起。内隐记忆是指在执行任务时无意识地联想到的信息。例如,我们一旦学会开车,就在开车时执行相关动作,而不需要专门回忆如何执行它们,只是下意识地执行这些动。在长期记忆中有两种不同类型的内隐记忆:潜觉记忆和程序性记忆。潜觉记忆中带有触发器,使我们能够更快地回忆或重建记忆,内部包含记忆的激活机制。程序性记忆是渗透到日常生活中的标准例程,是人们有意识或无意识的规则化生活的基础,其中存储的是大型结构化信息块。经过前期的学习,程序性记忆支持人们在无意识的情况下复述或重建相应的记忆。

2. 注意力机制

在某段时间内,人对外界情况的感知往往聚焦于某些少数的对象,如视觉上关注某些物体或色彩、听觉上主要听取某些声音、嗅觉上主要闻某类味道等。从感知信息来源上讲,人类能够感知外界的所有信息,但人类大脑通过潜在的判断自动过滤掉某些不关注的信息,这就是注意力。注意力是心理活动对一定对象的指向和集中,是伴随着感知觉、记忆、思维、想象等心理过程的一种共同的心理特征。通常,注意力是指选择性注意,即有选择地加工某些刺激而忽视其他刺激的倾向。要获得对事物清晰完整的认知,就需要使心理活动有选择地指向有关的对象。注意力是认知过程的开始,并持续贯穿整个过程,只有注意到一定事物和特征,才能进一步记忆和认知。人类处理信息的这种机制通常被称为注意力机制。在有关认知理解的活动中,注意力机制的应用能够更好地模拟人类认知过程,取得更好的效果。

大量试验表明，人类的注意有两种作用方式：自上而下方式（Top-down）和自下而上（Bottom-up）方式。自上而下的控制方式又称内生控制，是以认知为导向的，服务于任务，所对应的注意力称为内生控制的注意力，简称内生注意力，此类控制用于支持搜索和跟踪等视觉行为。自下而上的控制方式又称外生控制，指被外部的突发刺激所吸引，这些刺激包括颜色、运动、发光等，所对应的注意力又称外生控制的注意力，简称外生注意力。以上两种控制方式共同组成了统一的感官注意控制系统，其中，内生注意力具有保持机制，能抑制外生注意力的产生。在人类注意力行为上，内生注意力与外生注意力互相竞争，由认知系统选择所要执行的注意力。

自下而上方式的注意力机制主要是通过算法设计显著图完成的，即通过提取图像中的颜色、量度、方向等特征信息构造一组特征图，然后通过各种特征图的整合得到显著图，以此来判断注意力的焦点。这种方式首次将注意力机制从心理学领域引入计算机定量计算。之后，随着视觉信息中的相似性、稀缺性、意外性、信息最大化、对称性、贝叶斯统计特性、普残差显著性等概念的引入，相继出现了一些改进的显著性模型。目前，显著图的计算模型在选择注意力的计算模型中最为成熟，已经有了很多的应用，但还是主要集中于基于图像特征的信息处理。

3. 学习机制

从大脑开始运作的那一刻起，我们就开始了学习的过程，而认知过程的建立，在很大程度上依赖于不断地学习。学习有很多种形式，对于人工智能中的经典神经网络，学习过程可以理解为模式匹配。我们利用已有的模式来训练神经网络，当应用时，神经网络就会自动发现相应的模式。这虽然是一种学习形式，但不是实时、自主、无监督的学习，不能对未知情况做出反应。真正的学习应该能够感知环境，从中学习，并随着时间的推移不断演变其内部结构和约束。记忆模式虽然是学习的一部分，但绝不是学习的主要内容。学习就是进化、前进，不断获得新的能力，这需要一个能够跟踪输入信息的空间、时间和情感特征的学习系统。学习机制的建立，将为认知系统提供分析信息、推断信息，然后不断成长和发展的能力，同时也能够扩展已有的记忆，或者创建新的记忆。

不断学习意味着认知系统能够执行以前未知的新任务，或者更准确或更有效地执行已经学习的任务。在认知系统中，目前虽然已发展了多种学习机制，但基于认知系统的高度复杂性，没有一个单独的学习方法能够解决所有问题，特定的学习方法在解决对应的问题上具有更好的效果。下面介绍常见的学习方法。

（1）机械学习：也称记忆学习，是一种通过创建内隐式学习和记忆的方式来记住固定的、规则性的事情，并在相似的场景中发挥作用。

（2）归纳学习：这种类型的学习是从一组给定的例子中推断出结论，能够对未来的例子做出相对准确的预测。

（3）溯因学习：利用遗传算法来生成各种假设，并使用辩证方法来推断和解释其中的信息，也称概念学习。

(4)聚类学习：通过模式识别或聚类挖掘事物中的发展规律。

以上是几种典型的学习机制，它们在认知系统中起到了重要的作用。需要注意的是，通过学习可以得到认知系统所需的知识，而在此过程中"注意力"的影响必不可少，在这种作用的加持下，能够有选择地学习特定的内容，并产生相应的记忆，由此增强在这方面的认知能力。

4．推理机制

推理能力指对信息、知识、观测见过和经验的推断，使得认知系统能够执行以前未知的新任务或更有效地执行已经学习的任务。人类的推理是动态和复杂的，涉及大量相互交织的复杂过程，大脑有不同的功能推理部位和处理区域。在推理类型方面，主要有三种理论，即模块化推理、分布式推理和协作推理。

(1)模块化推理：人类使用特定领域的模块共同构成推理系统的一部分，大脑的其他部分对单个推理模块的访问有限，每个模块都固定在一个神经架构上。现代心理学认为，认知模块化实际上是大规模模块化，这一学派认为，思维具有模块化的特征，对应特定的功能。

(2)分布式推理：假设推理系统由多个模块组成，每个模块都具有不同于其他部分的认知特性，并且不同于整个认知大脑；系统的成员（模块）拥有可变的和冗余的知识，并且可以共享资源。

(3)协作推理：认为模块化和分布式处理形式都发生在人类推理框架内，模块化理论由个体思维/内部推理表示，而分布理论由个体思维表示，然后受其环境的影响。

上述几种理论目前仍在发展中，但在推理的策略上，目前比较一致的理论是可以分为归纳推理、演绎推理和溯因推理三类。

(1)归纳推理：归纳推理是在评估事实后得出结论，是从具体事实到一般结论的推理，同时允许进一步的推断。它还需要人类经验来验证结论，例如，动物园里的斑马有条纹，因此所有的斑马都有条纹。

(2)演绎推理：与归纳推理相反，演绎推理从一般原则走向具体。这种推理基于公认的真理。演绎推理的一个例子可能是：我知道所有斑马都有条纹，因此动物园里的斑马就会有条纹。

(3)溯因推理：允许在给定事实之外产生解释性假设或想法，以解释没有充分因果的事情。

此外，推理方式还有很多种，但大多数情况下，人脑认知中的推理大都遵循归纳推理或演绎推理。其他方式还有因果推理（考虑因果关系）、类比推理（将事物与其他情境相联系）、条件推理，甚至系统性推理（从整体上，而不是某个部分来认知）等。结合学习的方法，在认知系统的构建中，人们更加关注如何能够实现归纳推理和溯因推理，因为我们更加关注的是从未知的事物中挖掘有益的信息和知识，而归纳就是从信息和经验中对未来情况做出准确预测；溯因则是通过遗传算法产生大量假设，并利用辩证思维学习给定的一组信息、经验或情况。

实际上，结合指挥人员的思维模式，我们可以看到，在态势认知过程仍然遵循包括归纳（经验思维）、公理（演绎思维）、溯因（辩证思维）等基本方式，所不同的是推理对象和条件的差异，针对不同的情况需要设计相对应的方法。

3.3 战场态势认知机制

当前，包含人类复杂推理过程的态势认知是智能化发展需要突破的难点。战场态势认知包含强主观性的抽象过程，其中很多机制、处理过程是依靠人类大脑独特的认知机制实现的。因此，为构建智能辅助的态势认知系统，首先应剖析战场态势认知的行为过程及其中蕴含的特殊机制和流程，如推理机制、注意力机制、记忆机制等，再考虑如何利用机器智能来模拟这些机制，以支撑构建更好的态势认知模型和系统。本节从一个典型的态势认知任务出发，分析态势认知思维过程和其中的认知机制，并尝试将这些行为和机制进行建模，最后结合典型案例进行说明。

3.3.1 典型战场态势认知思维流程

在面对战场态势中的敌方、我方、环境等的各种信息时，指挥人员会有一系列心理活动。以判断战场目标的意图和威胁为例，指挥人员的态势认知思维过程如图3-3所示。

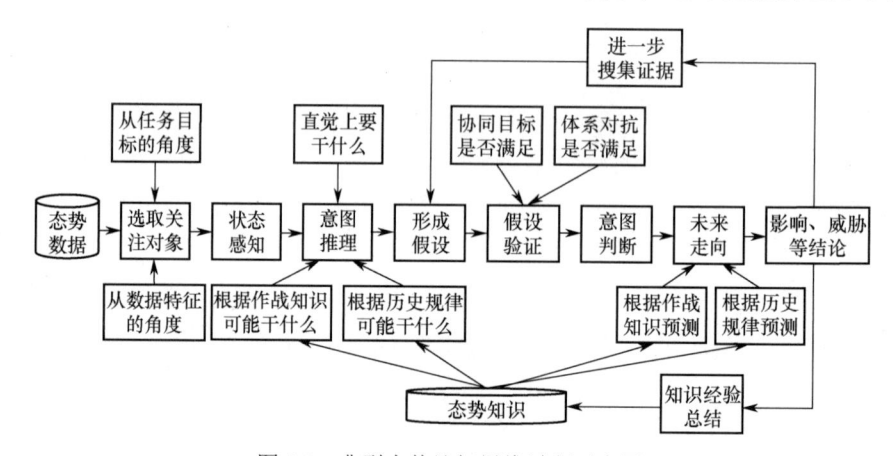

图3-3 典型态势认知思维过程示意图

在该过程中，可以看到以下几种明显的特征。

（1）注意力选择：在大量的态势目标中，指挥人员首先要选取关注的目标，如空中预警机、轰炸机、航空母舰等。这些目标的选择一方面考虑的是与当前指挥任务相关的目标（如干扰预警机、监测航空母舰动向等），另一方面则是根据态势数据的特征（如轰炸机有飞向我方重点区域的迹象等）。此外，注意力的选择还体现在对形成的假设的关注程度、对态势知识的选择等。在战场态势大数据的背景下，注意力选择非常重要，能够让指挥人员排除其他干扰、重点认知感兴趣的目标。

（2）总结、学习与推理：指挥人员在进行态势推理预测时，最重要的是依靠已经积累的经验和公理。其中，经验是从大量的历史数据、案例中通过归纳学习得到的各类规律、现象等，公理则是从作战条令、条例、教材等学习而来的规则、理论、原则等，这些内容以知识的形式保存到记忆模块中。在一定的任务条件下，指挥人员结合态势情况，通过与相关知识的匹配，实现对态势的识别和判断，其中包括以下几种类型。

① 演绎推理：是基于总结的知识经验进行推理。例如，对于一个空中目标，可以从历史规律中推理它具有什么意图，也可以结合作战知识判断此刻情况可能具有什么样的意图。

② 直觉性推理：有些知识经验已经固化到指挥人员的脑海中，在面对相同的情况时，有些并不需要思考，仅凭直觉就能判断出目标的意图。

③ 类比推理：将目前的态势与历史中某个特定的场景联系，通过条件、背景的类比进行判断。

（3）基于假设验证的态势认知：态势认知（特别是对敌方的认知）是一项充满高不确定性信息的工作，特别是在敌我对抗过程中，需要从有限的数据中快速认知敌方的意图和威胁。该过程首先需要根据已观测的数据，结合相关的经验和知识，形成多种可能的假设，然后结合其他证据不断验证和修正假设。假设的可能性分支越全，越有利于得到符合实际的认知结果。该过程也是推理的一部分。

（4）面向体系对抗的多层级综合认知：当前的作战对抗不再是单目标或群组的对抗，而是体系之间的综合对抗。在态势认知过程中，可以从平台/目标一级开始，逐渐向体系聚合，形成由点到面的认知结论；同时，也需要反过来从体系对抗的维度出发，来分析目标或群组在对抗过程中起到的作用和影响，做到"既见树木，又见森林"。

（5）基于推演预测的态势认知：态势认知除要进行态势感知和态势理解外，还需要进行态势预测，即通过当前的情况判断未来态势的走向，同时也能根据对未来态势的预测来综合认知当前的情况。前文介绍的ISAC模型中具有"内部演练智能体"，即通过大量的演练来增强认知。在态势认知过程中，这种情况也是存在的，即要通过大量的情况预测来预知可能的风险和威胁。

实际的战场态势认知复杂度非常高，态势认知过程往往是上述几种机制的组合，或者也会有其他的考虑。总的来说，以上典型特征是较为常见的机制。构建战场态势认知系统，是利用计算机实现上述机制。其中，基础是知识库和推演预测环境，这是两个基础支撑。指挥人员解决各种复杂认知决策问题时，既需要庞大的知识储备，又需要强大的博弈思维，因此，一方面，需要发展基于机器的知识推理技术，以构建用于认知决策的大规模知识图谱，通过语义搜索、知识推理、智能问答等方式，支撑实现态势认知能力；另一方面，发展仿真推演预测技术，以在高逼真的虚拟对抗环境中，动态推演战局未来各种可能变化，辅助指挥人员进行态势认知。在此基础上，构建各类推理、判断、分析模型（或智能体），通过模型的灵活调用和组织实现智能化态势认知能力，能够在时间维度上综合历史态势和预测态势来形成对当前态势的认知和研判。

3.3.2 战场态势认知机制分析

1. 战场态势认知中的注意力机制

从指挥人员进行战场态势认知的角度，注意力机制定义为"在作战过程中，指挥人员将关注重心集中到关键的战场态势要素上的一种态势认知机制，关注重心会随着作战进程而动态变化，是为形成指挥人员对于战场态势的高层次认知结果而服务，并为后续决策和行动奠定基础"[13]。按照注意力的来源不同，可以将态势认知中的注意力机制分为两种：目标驱动的注意力机制和数据驱动的注意力机制。

目标驱动的注意力机制主要根据当前的作战目标和作战任务，对相关的重点进行关注，从态势感知过程中需要考虑重点关注的目标和对象相关的战场数据，态势理解中重点关注相关目标的状态、重点区域的局势，态势预测中相关重点目标的运动趋势、重点任务的区域的态势发展趋势，直到生成指挥人员关注的态势图，其中均需考虑由于注意力的影响对分析对象的认知模式。

数据驱动的注意力机制是根据已获取的战场数据的预处理分析结果，认为哪些要素需要进行重点关注，或者对态势认知结论有重要的影响，在数据的获取阶段会根据数据的类型和质量对数据进行预处理，并对数据信息进行抽取并融合，在态势感知、态势理解和态势预测阶段，则关注依据数据得到的重点信息，如对我方威胁大的目标或战场的威胁事件等，同时按照关注度对态势要素进行合理组织和态势图生成。

基于以上两种工作机制，结合战场态势认知过程，注意力机制工作流程如图 3-4 所示。其中，注意力的核心在于认知需求生成，这主要来源于两个方面，一是基于作战任务的认知需求生成（目标驱动）；二是基于态势数据的特征（数据驱动），通过与态势知识中有关注意力的记忆相匹配，得到指挥人员对态势感知、理解、预测、展现等方面的需求。此外，认知需求生成还受到个性偏好的影响（在认知模型中，属于情感记忆），是指挥人员对任务和数据特点形成的个性偏好。基于认知需求，进一步有选择性地选取关注对象、理解重心、预测方向、态势要素等进行感知、理解、预测和可视化，在其中的每一步中，经注意力选择后的对象在认知后都会与相应的认知需求进行比较，如没有满足，则重新选择，再进行分析。符合认知需求的态势要素按照展现需求生成态势图，同时对态势图进行综合评估，检验是否满足总体认知需求。在以上全过程中，还会不断更新和修改有关注意力的记忆。这些过程对于指挥人员来说，大多数可能是在无意识的情况下完成的，但对于利用机器模拟来说，这些过程是必需的。

目前，相对成熟的注意力机制主要应用在态势要素的组织和可视化方面，民用的产品推荐、信息推荐等都有相似的运用机理。本书 8.1.4 节详细介绍了一种基于注意力机制的战场态势要素组织运用方法，能够基于对指挥人员需求偏好的分析，自动匹配相应的态势要素，该方法可以大幅缩短指挥人员在信息查询、功能选择等方面的时间，从而提升指挥人员掌握态势的效率。

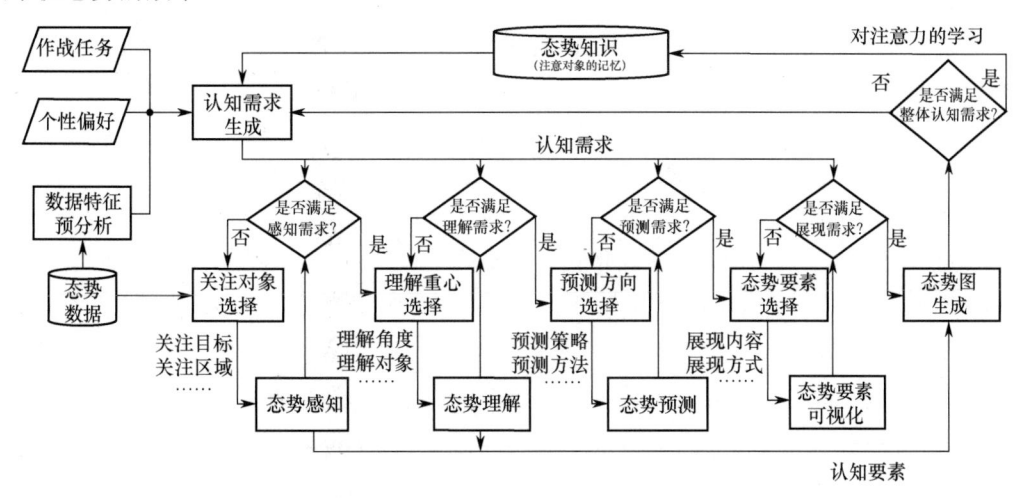

图 3-4　态势认知过程中的注意力机制工作流程

2. 战场态势认知中的记忆与推理机制

战场态势是一个随时间演变的过程，前一时刻的态势状态对当前时刻和未来时刻都有影响，因此在对战场态势进行认知时，往往需要综合一段时间内的战场变化，其中包括作战要素时空变化特征、整体作战进程的演变趋势，以及态势事件发生的前后逻辑关系等。按照上述人类认知模型，态势认知中的记忆可分为两类：一类是近期态势，指往前推几个时间单位的状态对当前状态的影响，主要考虑近期的演变过程；另一类是长期态势，即从之前较长一段时间范围内的认知总结的态势演变规律、常用战术战法等。

近期态势是最近几个时间单位内的历史态势演变，一般在处理时可作为临时存储。考虑前几个时刻的历史态势对当前时刻态势的认知有着重要影响。比如，空中战斗机的格斗状态是一个连续的过程，在判断其意图、威胁时，可以综合考虑前段时间的航迹、速度变化、高度变化等；再比如，战场上的某些作战行动判断，由于参战目标的运动呈现连续性，且不会在某一时刻突然变化，因此综合一段时间内的行进轨迹，可以判断战场上的一些作战行动，如突击、撤退、佯攻等。可以看出，近期态势数据通常以基础的态势数据为主，按时间序列分析数据的变化，并在此基础上进行分析研判。

长期历史态势同样对当前态势的分析研判有着重要影响。一名有经验的指挥人员能够运用已经掌握的一些事件规律、前因后果等对当前的态势进行分析，其掌握的经验就是由长期历史态势总结而来。长期态势的数据量非常大，很难对这些数据进行直接分析，一般从态势的演变过程中提取规律，其中包括航迹规律、协同作战规律、战法使用规律等。由于记忆力机制能够描述态势的发展过程，因此在对态势未来的演变趋势进行预测时，同样需要考虑记忆力机制，特别是由长期历史态势总结的规律知识。借助记忆力机制，可以充分利用之前的战场信息和研判结论，通过结合实时信息，提高战场态势认知的精准度。

在有关战场态势的记忆中，抽取的各类规律，以及设定的规则、经验等都可以以知识的形式表示。从能否直观表示，可将经验知识分为两类，即显性知识和隐性知识，显性知识可通过知识表示技术存于知识库系统，主要用于系统推理，如群组间的协同关系、编队规则、战术动作与战术意图的关系等；而隐性知识存在于指挥人员的大脑中，是经验性的、不能直接描述的，如在某些情况下指挥人员可以直接判断对方的行为意图、威胁大小等，其中的逻辑可能是无法解释的。对于显性知识，如基本作战样式、编组样式等，可以通过规则或模板的形式使用，在进行态势研判时，系统自动计算并判定是否满足模板、规则条件，进而得出结论。目前，这类知识可以从战法条令、相关书籍、有经验的专家等途径获得，在大样本的支撑下，还可通过大数据挖掘技术提炼相应的经验知识。

具体来说，战场态势认知中的记忆与推理机制工作流程如图 3-5 所示。其中的态势记忆主要来源于历史上对态势的处理，以及从作战条令、教材等文件中学习的知识。对于历史上长期的态势，态势记忆里主要是从大量态势数据中挖掘提炼的规律和经验后，根据这些规律和经验形成的抽象的程序性态势记忆。此外，从作战条令、教材等文件中学习到的知识主要以程序性态势记忆进行存储。程序性态势记忆主要支撑对当前态势认知任务的演绎推理，能够结合态势数据特征进行更深层次的推理。例如，从大量的历史案例中总结出执行对舰打击任务时通常采用三角编队，那么在实际发生时，如果看到对方采用三角编队，则可以推理出可能在执行对舰打击任务。对近期态势的记忆主要是情境性的短时记忆，该记忆中态势的特征比较具体，比如昨天发生的态势事件，时间、地点、航线等特征往往记得比较清晰。在进行当前的态势任务中，可以将当前的情境与近期发生过的情境进行类比，利用其中的相似性进行推理。有规律的或连续发生多次的情境性态势记忆会不断得到强化，其中部分信息则形成经验规律而成为程序性态势记忆。部分程序性态势记忆经过大量的回忆或复述，比如态势事件密集发生或与任务高度相关的信息，则会转为潜觉性态势记忆，这种记忆已作为固定的模式固化到脑海中，当发生对应的态势事件后，会下意识地进行判断（直觉性推理），而不会经过复杂的逻辑推理。

在实际的态势认知任务中，上述多种记忆会共同作用，以形成对态势的多个假设推理，这些假设经过不断的验证，最终形成认知结论。而在此过程中，态势记忆则会得到新增或强化，反过来促进态势认知能力的提升。

3. 基于假设验证的战场态势认知机制

由于战场信息的不完整、不及时、不准确，甚至是错误的或带有欺骗性的，因此对战场态势的认知主要依靠已经掌握的信息，结合经验知识等进行多种猜测，并评估这些猜测的可信度。这里需要考虑两个问题：一是要考虑所有的可能性，为识别敌方的意图，特别是隐藏的意图，通常要对所有可能的行动进行评估；二是猜测要有证据支撑，包括历史事件关联性、时间周期性等特征。战场的发展是随时间变化的,态势认知的证据也是随时间不断累积的,具有典型的时序性特点,态势认知需充分考虑信息中的时序特征和前后逻辑关系。随着时间的推进,态势分析结果应逐步清晰。

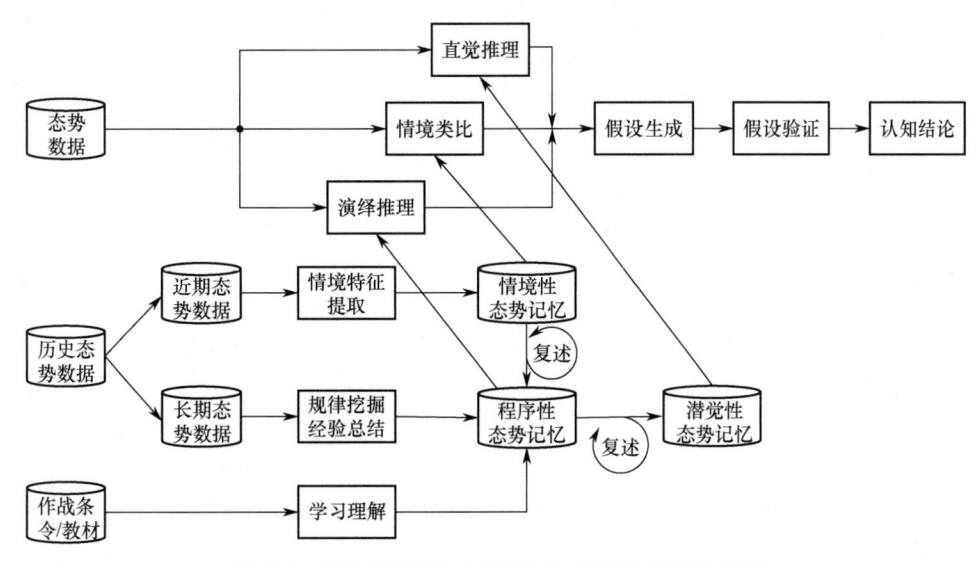

图 3-5 战场态势认知中的记忆与推理机制工作流程

在态势信息不完整的情况下,对结果的研判会不明确,因此先给定几种假设,并寻找证据去证明假设的正确性或错误性,进而修正假设,直至判明。这其中就蕴含了"生成假设—寻找证据—验证假设—修改假设—寻找证据—验证假设……"研判环。

对态势假设的逐步验证过程,也是理清证据链的过程。基于军事指挥的特殊性,对于某个结论,说明为什么及怎么形成至关重要。可解释性问题是进行态势认知时需要考虑的因素,得出的结论应该是有理有据的结果。在未充分得到验证时,得到的结论应该附带有置信度的评估。其中需要考虑两个问题:一是假设的生成,即由当前态势如何推理形成态势假设;二是证据的寻找和验证,即系统如何寻找相关的证据信息、如何判断证据信息能够支撑假设。其基本流程如图 3-6 所示。

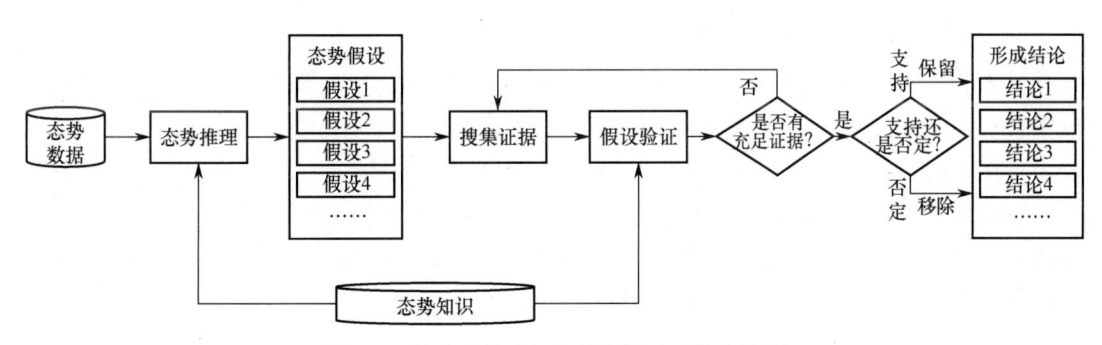

图 3-6 战场态势认知中的假设验证基本流程

竞争性假设分析法[14]是完成假设、验证、结论循环的一种方法，目前已广泛应用于军事情报分析、态势认知领域，并取得了很好的效果。竞争性假设分析法的基础来自认知心理学、决策分析和科学方法的基本认识，该方法是一种全面的分析方法，能够帮助分析人员避免分析工作中常见的陷阱，尤其适用于分析具有争议性的问题。分析人员可以留下完整的思维轨迹，显示他们都考虑过哪些问题，以及如何得出最终的判断结论，以便事后审核。该方法的实现流程如图 3-7 所示，下面具体介绍。

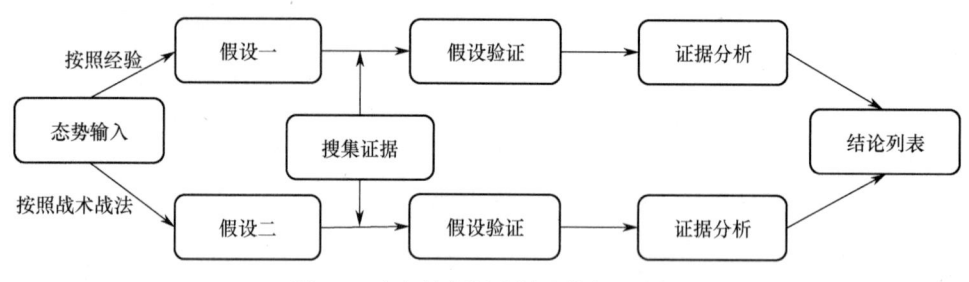

图 3-7　竞争性假设分析法的实现流程

（1）列出所有的假设和证据。确定需要考虑的可能假设，并对各种可能性进行充分讨论，同时大范围地搜集与分析问题相关的证据、论据、事件等信息，列出支持或反对各项假设的重要证据和论据。

（2）根据证据对假设的支持与否情况，列出识别矩阵，建立以假设为横行、证据为竖列的矩阵。对每一条假设，分析证据对其支持或否定。支持与否定可以分别用"+"和"−"表示，也可以分别用"1"和"−1"表示；若不能确定证据支持或否定假设，则用"0"表示。由于每条证据对每个假设的支持与否定强度可能是不同的，因此在建立矩阵时可以引进相应的权重，使得分析更为准确。

（3）根据打分情况，对结论进行挑选；根据证据与假设的相关程度，统计支持假设与否定假设的证据比重，给出初步结论。

（4）敏感性分析，测试当关键证据出现偏差或错误时对结论的影响程度。

（5）得出结论。

4. 面向体系对抗的多层级综合认知机制

从本质上讲，战场态势认知的最终目标是清晰认识整个战场，包括对战场数据的掌握，以及分析预测战场数据中隐含的更高层次的威胁、意图等。这是与整个指挥过程相反的一种由作战数据一步步聚合形成作战任务分析的过程，特别是针对敌方的认知，更是由观测到的作战武器平台、目标的态势数据逐步聚合分析得到敌方的作战目标、战术战法、敌方威胁等。因此，态势认知也可以仿照整个指挥流程，如图 3-8 所示，既包含面向不同作战层级的任务分解[15]，也包含作战能力按层级的聚合[16]。

结合任务分解和能力聚合的工作流程，图 3-8 中的态势认知分为三个层级。第一个层级是目标级，即对当前态势图中单目标的分析研判，通过对态势图中各个敌方目标进行分析进行；第二个层级是群组级，即针对协同的群组行动，结合协同要素之间的关系（位置状态、通联关系、事件顺序等），判别协同任务的可能性；第三个层级是体系级，即考虑敌我体系对抗关系，结合作战知识，研判敌我双方作战体系、作战中心、薄弱点等。在此过程中，对敌方的协同群组研判、编队样式识别、威胁评估、能力评估等可以针对不同作战层级分析得出。

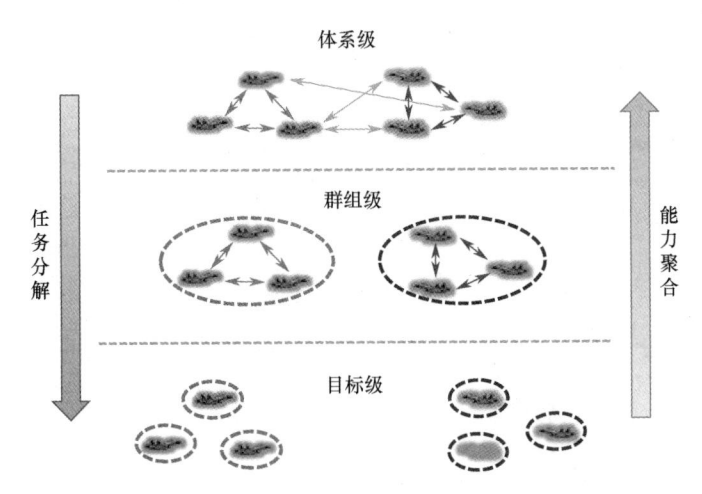

图 3-8　态势认知中的多层级任务分解与能力聚合

随着信息化水平的提升，各作战军兵种、作战平台不是孤军作战的，而是连为一体，各个作战平台在侦察、指挥、战斗、保障等方面有机结合、相辅相成，以使作战体系获取最优的作战能力。因此，态势认知的过程首先是由感知到的目标的信息逐层聚合，直到获得对体系对抗的分析，再由体系的结构特点和效能发挥原理，反过来分析体系中的目标的重要度或是否为强弱点。也就是说，这是一个多因素相互制约的过程，体系能力的发挥以及目标的作用都需要从多个角度进行分析。

5. 基于动态预测的战场态势认知机制

战场态势预测是指基于对当前态势的理解，对未来可能出现的态势变化情况进行预测。态势认知是一个不断进行的动态过程，对态势的预测也是下一个阶段态势理解所需要进行的工作。在不同时间段，决策者关心的态势信息是不同的，包括敌方行动、敌方决策点和敌方薄弱环节的预测等。同时，对未来可能态势的预测，也反过来修正对当前态势认知的结果。如果仅有过去和当前时刻的信息，态势认知的结果往往缺乏预知性，即对可能发生的情况或威胁没有提前知晓；而如果加入预测机制，则能够综合过去、当前和未来这一连续的时间线，对其中的因果、时序等关系进行全面的认知。对战场态势进行全面分析、判断、评估，并预测态势发展趋势和走向，有助于产生知彼知己、料敌于先的制胜效果。

为实现对战场态势的预测，首先，应正确了解当前的态势情况，包括目标类型、名称、编号、型号、属性等特征参数。其次，应从已掌握的知识中分析系态势中各目标可能的行为，包括历史行为规律、作战目标和方式等，根据情况的不同，目标可能实施多种行为，这也是态势预测中具备不确定性的原因。由于只能从目标的客观信息出发，因此敌方真正执行什么任务是无从知晓的，态势预测只能分析敌方行为的可能性。最后，按照对可能行为的分析，产生主要的态势预测分支，同时按照行为规则、交战规则等，预判每个分支中敌方可能的行动、主要意图，对我方可能的威胁等，获取最终的认知结果。其过程如图 3-9 所示。

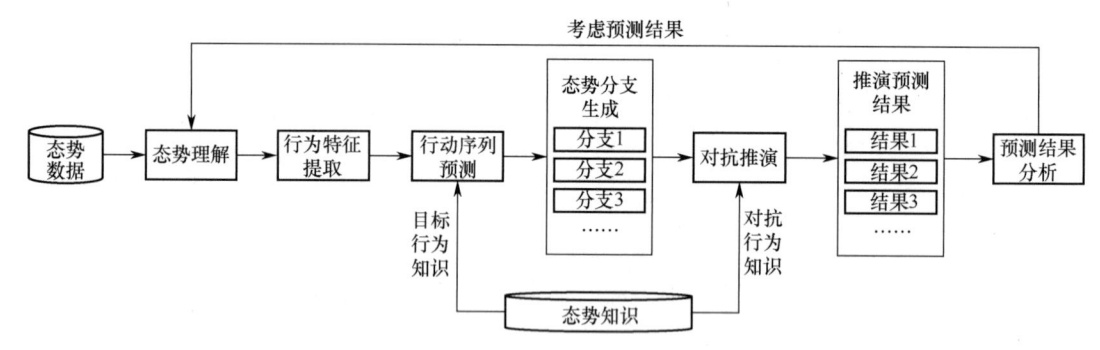

图 3-9 战场态势预测过程示意图

可以看出，态势目标的数量往往比较多，每个目标的行为也具有很高的灵活性，这就导致可能的态势预测分支是多样的，对思维空间提出了极大的挑战；同时，态势的预测需要对战场对抗行为的模拟，在目标数量众多的情况下，计算量是非常大的。因此，急需发展基于机器智能的态势推演预测技术，通过构建虚拟的战场对抗环境，依据战场态势数据自动匹配、动态加载、实时生成战场仿真实体，并按照作战行为知识，估计敌方目标可能的行动路线、可能的作战任务企图，以及我方可能的应对措施与采取的作战行动，并对敌我双方行动路线进行动态组合，智能生成未来时刻可能的态势推演分支；依托平行仿真推演引擎，对每种分支都进行超实时仿真推演，快速仿真各种作战意图及其产生的各种不同可能性；最后，基于交战态势超实时仿真推演结果，对未来时刻的态势进行预测与评估，具体包括敌方行进方向预测、敌方行为意图预测、敌我局势优劣对比预测、态势要素关系变化预测、作战重心变化预测等，形成对战场态势的综合认知。

3.3.3 战场态势认知应用举例

在实际的战场态势认知应用中，前述流程机制并不是独立存在的，而是要按照任务需要进行合理的组合运用。如图 3-10 所示为一种敌方意图识别的技术思路。该思路考虑了多层级的分析思路，从分析单目标可能的行动出发，逐次考虑群组和整体对抗关系的影响，最后得出敌方可能的作战意图。同时，每个层级都考虑了假设验证的思路，即根据已掌握的态势信息，假设可能的作战意图，然后逐渐收集新的证据，对前面的假设进行证实或证伪。

该流程的实现以历史事件规律、作战规则知识和态势总结知识为基础，下面进行具体介绍。

（1）历史事件规律：包括单目标历史航迹规律、单目标历史任务、多目标历史协同规律等，主要是敌方目标历史上做了什么、和谁一起做、具体怎么行进的等，用于支撑敌方目标级的行动研判。

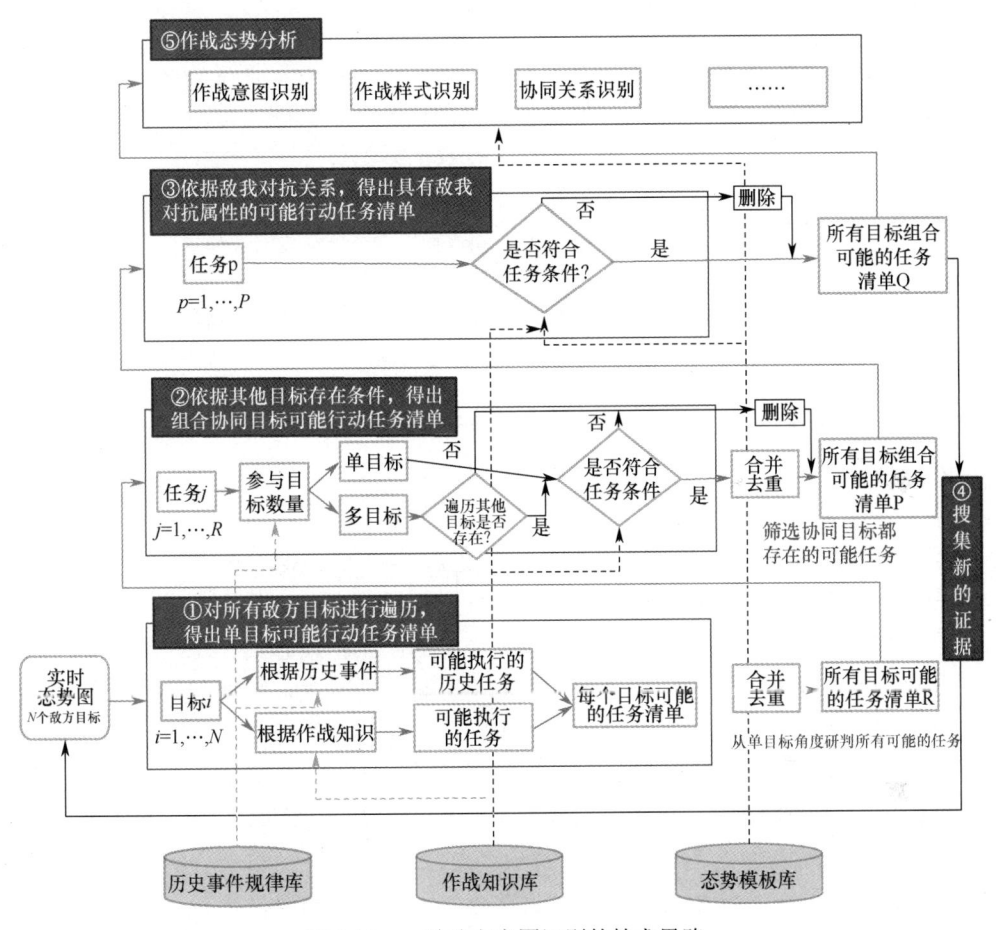

图 3-10　一种敌方意图识别的技术思路

（2）作战规则知识：包括从各类条令条例、作战教程中解读的常用作战规则、条令条例，以及指挥人员、专家提供的常用作战知识等，主要用于研判敌方目标在一定情况下，能够采取什么样的战法、能够做什么，用于补充一些历史上没有发生过的行动。

（3）态势总结知识：主要考虑敌我对抗态势总结的规律知识，如敌我双方在某种态势下的力量部署是怎样的、双方阵位是怎样的、各自使用什么样的战法，依据我方布阵指导分析敌方可能的动作。

具体的认知过程如下。

（1）对所有敌方目标进行遍历，得出单目标可能行动任务清单：根据历史事件规律，分析该目标会以什么方式去做什么；同时也可以根据战术战法，分析该作战条件下敌方目标是什么。

（2）依据其他目标存在的条件，得出组合协同目标可能行动任务清单：根据历史事件规律，分析敌方某任务的参与兵力，包括数量、机型等，并考虑目标的空间分布特点、运动特征，结合作战知识，判断能够满足任务的条件。

（3）依据敌我对抗关系，得出具有敌我对抗属性的可能行动任务清单：结合当前态势整体情况，研判任务能否满足条件。例如，依据前面的条件判断可能敌方有侦察意图，但附近有我方歼击机执行拦截任务，则侦察任务执行的概率较小。

（4）根据态势演进，搜集新的证据进行验证：结合态势演变情况，重复以上三个过程，发现可能的新任务，并更新对任务可能性的判断。

（5）作战态势分析：形成作战意图识别、协同关系识别等态势认知要素。

其中的具体技术细节可参考本书 5.2 节。

3.4 本章小结

本章从利用智能化方法模拟态势认知思维过程的角度对战场态势认知机制进行了讨论。首先分析了指挥人员的认知思维方式，包括经验思维、公理思维、辩证思维等经典方式，以及大数据思维、复杂性思维等信息化战争中的创新思维方式。在此基础上，总结了态势认知过程的主要特征，为模拟认知流程奠定了基础。其次，从通用技术的角度，结合认知科学的相关理论，对认知行为模型和其中的机制理论进行了介绍。这些模型是通用认知过程的建模方法，为战场态势认知建模提供了参考。最后，从思维角度介绍了对战场态势认知建模方法，详细分析了态势认知过程及其中需要考虑的因素，可为智能化态势认知技术的研究提供基础。当然，态势认知机制涉及认知科学、神经科学、脑科学、计算机科学等多学科，而战场的环境也愈加复杂，目前难以给出通用的建模框架，本章内容可提供一种基础框架的参考，还需要结合实际的应用需求，发展特定的技术方法。

本章参考文献

[1] 戴步效，杜克丁. 军事思维方法概论[M]. 北京：国防工业出版社，2005.
[2] 张鹭. 粟裕兵法[M]. 北京：中共党史出版社，2004.
[3] 严高鸿. 信息化战争与军事思维构成要素的变化[J]. 中国军事科学，2004，17(5)：50-55.
[4] 孙卫岗. 信息化战场指挥员多向型军事思维及其特征[J]. 国防科技，2007(1)：82-84.
[5] 毕文波. 军事思维研究述论[J]. 军事历史研究，2003(4)：147-159.
[6] 邓一非. 信息时代的军事思维变革[J]. 中国军事科学，2007，20(6)：71-78.
[7] 严高鸿. 论军事思维的本质特征[J]. 西安政治学院学报，2004，17(5)：85-89.
[8] IULIIA KOTSERUBA, JOHN K, TSOTSOS. 40 Years in Cognitive Architecture Research Core Cognitive

Abilities and Practical Applications[J]. Artificial Intelligence Review，2020，53(1)：17-94.

[9] 许凯，曾俊杰，杨伟龙，等. 面向计算机生成兵力的认知行为模型架构研究综述[J]. 系统仿真学报，2021，33(2)：239-248.

[10] LAIRD J E. The Soar Cognitive Architecture[M]. Cambridge：MIT Press，2012.

[11] KAWAMURA K，GORDON S M，RATANASWASD P，et al. Implementation of cognitive control for a humanoid robot[J]. International Journal of Humanoid Robotics，2008，5(4)：547-586.

[12] 戴维·弗农. 人工认知系统导论[M]. 周玉凤，魏淑遐，译. 北京：北京大学出版社，2021.

[13] 孔亦思，胡晓峰，朱丰，等. 战场态势感知中的注意力机制探析[J]. 系统仿真学报，2017，29(10)：2233-2246.

[14] 吕学志，胡晓峰，吴琳，等. 基于改进竞争性假设分析的战役企图分析方法[J]. 系统工程与电子技术，2019，41(3)：555-563.

[15] 郭峰，王树坤，孟凡凯. 基于任务分解的合成营作战编组规划模型[J].指挥控制与仿真，2017，39(5)：18-21.

[16] 张维超，何新华，屈强，等. 基于涌现的武器装备体系作战能力建模研究[J]. 火力与指挥控制，2018，43(9)：6-14.

第 4 章 战场态势要素分析

战场态势要素是指在作战空间内决定战场态势的产生、变化和发展的必要因素。战场态势与作战目标紧密相连，因此战场态势要素的种类和数量也因作战规模、指挥内容、指挥层次的不同而有所不同，反映的是某个时刻或某个相对较短的时间片段里的战场状态和形势，是与时间紧密相关的。一般地，战场态势就是敌情、我情和战场环境三个方面相互作用所形成的一种状态和形势[1]，因此其要素分析也可以从这三个方面展开。其中，敌情是指敌方对我方采取行动的情况，主要包括敌方作战体系，当面之敌方兵力编成和作战企图、可能采取的行动与手段，敌方可能采取的行动和主要作战方法，敌方之强弱点，当面之敌方上一级防御纵深的兵力部署，双方总的兵力对比和各个方向上的兵力对比等。而我情则是指我方各部队的作战进展情况，主要包括作战体系及其关键和薄弱环节及其稳定性，作战力量及其编组、任务分配和完成情况等，主要作战行动的进展和任务完成情况，我方之优势与不足，作战资源及其调配和消耗情况等。战场环境主要是战场内地形、水文、气象等自然条件和政治、经济、交通等各种社会环境及信息环境等的现实状况及其未来的变化趋势，特别是对未来作战行动有严重影响的情况。

通常，战场态势要素组成随军兵种的联合作战、合成作战的作战样式和作战规模大小的不同而侧重点也有所不同，因而战场态势要素分析可以从多个维度展开，如图 4-1 所示。

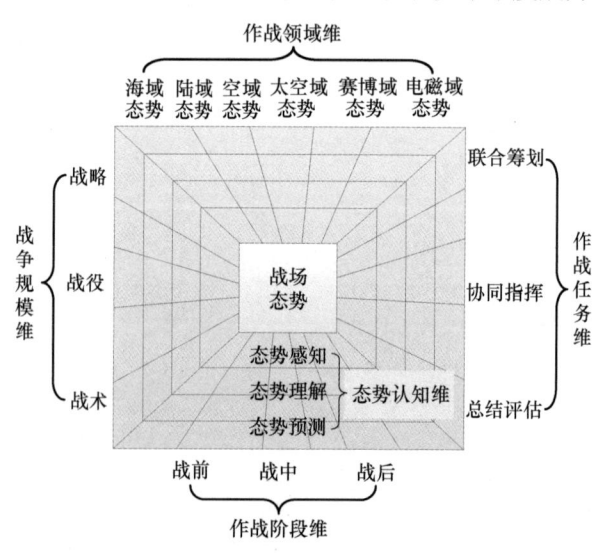

图 4-1 不同维度的战场态势要素

其中，战争规模是指参战力量的大小和战争行动的空间范围。战争规模的大小是由交战双方的政治、军事、经济条件和战争目的、作战能力、战争保障能力、地理条件等综合因素决定的。战争规模维包括战略、战役、战术等战场态势。作战领域维最常见的分法是陆、海、空、天四个实体维度和赛博（网络空间）、电磁频谱两个虚拟维度[2]，由此形成六个维度上相应的战场态势。战场态势也可以在时间维上展开三段式研究，即战前态势、战中态势和战后态势。作战任务维则是从用户所受领的作战任务视角将战场态势分为联合筹划、协同指挥、总结评估等业务工作所需要的综合性战场态势等。态势认知维是从战场态势认知过程视角将战场态势分为态势感知、态势理解、态势预测三个层级，在信息融合领域的影响较为广泛。限于篇幅，本章仅在作战领域维分析联合战场态势要素的基本组成。

4.1 海陆空域战场态势要素

海陆空域是人类赖以生存的自然物理空间，因此也是人类发生战争最为频繁的空间。海战场是敌对双方为达成一定的战略和战役目的，以海洋为主体实施作战行动的空间范围。陆战场是指敌对双方在陆上作战活动的空间，是进行陆战的基本空间。空战场是指交战双方以飞机、导弹为主要武器装备，以航空力量、地面防空力量、空降兵等为主要作战力量，以侦察、通信、监视、预警、空运、空袭和反空袭等主要手段，以夺取制空权为主要目的而进行作战活动的空间。现代战争大多以海陆空三军联合作战的样式发生。海陆空域战场态势要素主要包括四类[3]，如表 4-1 所示。

表 4-1 海陆空域战场态势要素组成

种　类	主　要　内　容
军用装备、设施及其运用	陆战场装备、海战场装备、空战场装备、导弹、军用设施、侦察及其运用、战场工程等
作战部队	军兵种与专业兵、指挥机构、级别与人员等
作战部署与行动	联合作战部署与行动、海军作战部署与行动、陆军作战部署与行动、空军作战部署与行动、导弹部队作战部署与行动等
后勤保障部署与行动	后方装备与设施、保障基地、仓库、医院、前后方输送道路等

4.1.1 军用装备、设施及其运用

现代战争不再是敌我双方的徒手相搏，而是运用各种军用装备和设施进行的激烈对抗，信息化的武器系统已成为部队战斗力生成的重要来源。因此，它自然就成了战场态势要素的核心内容。军用装备是指直接用于作战的装备，也即武器系统；军用设施是指直接用于军事目的的建筑、场地和设施，可用于军事指挥、后勤补给、军事训练和情报收集等。其组成主要包括七大类，参见表 4-1 第 2 行。

（1）陆战场装备：主要包括三类，一是火炮，按弹道特性可以分为加农炮、榴弹炮、无坐力炮、火箭炮、迫击炮等；二是高射炮，按口径分为小口径、中口径和大口径高射炮等；三是战斗车辆和指挥车辆，主要有坦克、装甲车、装甲输送车、步兵战车、装甲指挥

车辆、自行火炮、导弹发射车等。

（2）海战场装备：主要包括三类，一是水面舰艇，用于执行水面战斗任务，如航空母舰、驱逐舰、护卫舰、登陆舰、导弹艇、鱼雷艇等；二是潜艇，用于执行水下战斗任务，如导弹潜艇和鱼水雷潜艇；三是保障船只，用于保障作战的辅助船只，如勤务船、侦察船、油船、沙船、防救船、航标船和民用船只等。

（3）空战场装备：主要包括两类：一是空（海）军飞机，如空中指挥机、预警机、歼击机、轰炸机、强击机、运输机、侦察机和通信机等；二是直升机，主要用于遂行空中机动、空中突击和空中保障等作战任务，可分为攻击（武装）直升机、运输直升机、作战勤务直升机等。

（4）导弹：导弹是比较特殊的军用装备，既有地基发射、海基发射，也有空发射。导弹按发射点与目标所在位置分，主要有潜舰导弹、潜地导弹、舰空导弹、舰地导弹、舰舰导弹、空舰导弹、空空导弹、空地导弹、地空导弹、地地导弹、岸舰导弹等。

（5）军用设施：主要包括军用机场、港口、码头、营区、训练场、试验场、军用洞库、仓库，军用通信、侦察、导航、观测台站和测量、导航、助航等标志，以及军用公路、铁路专用线、输电线路、军用输油、输水管道等。

（6）侦察及其运用：侦察是指为获取敌方与军事斗争有关的情况而进行的探查行动，主要包括三个方面：一是侦察装备与设施，如侦察车辆、情报站、侦察监视区等；二是侦察作战行动，主要涉及警戒线、观察哨、侦察搜索、营救等活动；三是侦察兵力作战编组，主要由炮兵和特种部队的侦察力量组成。

（7）战场工程：是指在军队作战活动空间内，保障军队作战及相关活动需要的军事工程，主要包括地面和地下指挥机关的指挥工程、作战工事、军用桥梁、渡场以及障碍物等。

4.1.2 作战部队

敌我双方作战部队是战场态势的主体和客体要素，其组成主要包括三类，参见表 4-1 第 3 行。

（1）军兵种与专业兵：不同的国家有不同的军种分类方法，如我国分为陆军、海军、空军、火箭军和战略支援部队等。军种又分为若干兵种，如陆军分为步兵、装甲兵、炮兵和工程兵等，海军分为潜艇部队、水面舰艇部队、航空兵、陆战队、岸防部队等，空军分为航空兵、空降兵、地面防空兵、雷达兵、电子对抗部队、信息通信部队等，火箭军则分为核导弹部队、常规导弹部队和保障部队等，战略支援部队分为战场环境保障、信息通信保障、信息安全防护、新技术试验等保障力量等。

（2）指挥机构：是军队指挥组织的统称，主要包括指挥所、观察所和指挥观察所等。根据作战需要，指挥所又分为基本指挥所、联合指挥所、预备指挥所、前进指挥所、后方指挥所等。观察所是观察战场的机构和场所，是指挥所的组成部分，通常分为基本观察所和预备观察所。指挥观察所是分队指挥人员指挥作战、观察战场的场所与机构,通常营以下的指挥所和观察所是合一的。

(3)级别与人员:军队是由士兵组成的战斗集体,要编组成为一个单位才容易指挥调动,级别与人员主要用于区分作战部队单位的等级,如陆军作战部队可以分为军以上、师旅团以上和营以下等级别与人员。

4.1.3 作战部署与行动

作战部署是指对所属部队进行的任务划分、兵力编组和配置,而作战行动是指军队为遂行作战任务而采取的行动。通常根据参战力量的构成与作战样式,作战部署与行动可以区分为联合作战部署与行动,以及各军兵种作战部署与行动,参见表4-1第4行。

1. 联合作战部署与行动

联合作战是现代战争的主要样式,联合作战行动种类多、分类复杂,这里仅介绍一些典型的联合作战部署与行动,如表4-2所示。

表4-2 联合作战部署与行动的战场态势要素组成

种 类	主 要 内 容
联合作战部署	行军与输送、侦察与警戒、行动控制与警戒线、作战配置与阵地、作战编组与队形等
联合作战行动	分界线与任务线、联合行动、潜伏与伏击、精确火力打击、夺控与消灭等

联合作战部署主要包括(但不限于)以下内容。

(1)行军与输送:行军是指军队徒步或乘坐建制内和配属的车辆沿指定路线进行的有组织的移动。行军纵队是军队行军时的基本编队,通常分为徒步行军纵队、摩托化行军纵队、履带行军纵队等。输送是指使用运输工具把部队由一地运送到另一地的行动,通常分为铁路输送、公路输送、水路输送和空中输送等。

(2)侦察与警戒:侦察详见前文有关内容。警戒是指军队为防备敌人侦察和突然袭击而采取的警卫保障措施,主要分为步哨、游动(巡逻哨)、潜伏哨和直升机警戒区。

(3)行动控制与警戒线:行动控制线是指部队行动中按规定时间应通过的地段,而警戒线是指部队行动中巡逻、警戒的地段。

(4)作战配置与阵地:主要包括部队占领(集结)地域、区域线、空降场、船载防空兵(炮兵)阵位等。

(5)作战编组与队形:主要包括两类,一是部队内各级建制单位及战斗群,如穿插部(分)队、先遣支队、袭击部(分)队、运动保障队等;二是联合预备队,即联合作战部署中作为机动使用的兵力编组,主要用于完成作战计划中预定任务或应付新情况。

联合作战行动主要包括(但不限于)下列形式。

(1) 分界线与任务线：分界线是指部队在作战中用以区分作战任务和地域的界线，主要用于明确作战部队的任务和责任区；任务线是指用于区分进攻作战任务的界线，通常分为当前任务线和后续任务线。

(2) 联合行动：是指联合部队或按照指挥关系进行运用的各军种部队实施的统一军事行动[4]。现代联合作战行动种类繁多，如联合火力打击行动、联合兵力投送行动、联合护航行动、联合搜救行动、联合战场遮断、联合兵力封锁、联合火力封锁、联合布雷、联合破障行动等。

(3) 潜伏与伏击：潜伏是指人员或分队在我方阵地前沿前、敌方的纵深或其他特定地区隐蔽起来的行动；伏击是指预先将兵力、兵器隐蔽配置在敌方必经之路附近，等待或诱使敌方进入伏击区域突然予以攻击的行动，通常分为步兵伏击、坦克伏击和直升机伏击等。

(4) 精确火力打击：是指通过各种信息手段获取目标的精确信息，采用精确制导系统控制和引导精确打击武器对目标实施火力打击的作战行动[5]，主要涉及打击目标选择和引导打击等。

(5) 夺控与消灭：夺控是特种部队为了配合主力部队的正面作战，以果断快速的机动或超越主力部队的战斗队形直接夺取对作战全局具有决定意义的战术要点、要道、要段等要害目标，并根据作战需要组织特种部队短时扼守的特种作战行动。消灭也称歼灭，是指毙伤俘敌方全部或大部有生力量，解除其武器，剥夺其抵抗能力的作战行动，如歼灭有生力量、击毁武器装备、击沉舰艇、击落飞机等。

2. 海军作战部署与行动

海军作战部署与行动的战场态势要素组成如表 4-3 所示。

表 4-3 海军作战部署与行动的战场态势要素组成

种　　类	主　要　内　容
海军作战部署	基地与舰艇配置、水中障碍、舰艇编队与舰艇航行状态、行军与输送、侦察与警戒、行动控制与警戒线、作战配置与阵地、作战编组与队形等
海军作战行动	海上待机点、海上舰艇阵位（海上巡逻线、阵地）、海上封锁区、舰艇导弹攻击、海上合同攻击、攻潜行动等

海军作战部署主要包括（但不限于）以下内容。

(1) 基地与舰艇配置：基地主要包括海军基地和舰艇基地，其中，海军基地是指建有港湾、码头、仓库、物资供应、装备修理、卫生医疗、文化娱乐和其他生活保障设施，为驻泊的海军兵力提供全面保障的基地；舰艇基地是指为舰艇部队提供驻泊、训练、后勤和技术保障的基地。舰艇配置则是指根据作战任务需要和舰艇的战术技术性能，并结合海区气象、水文等情况，将舰艇部署在适当的水域或海域。

(2) 水中障碍：主要包括在设置在近岸水中各种障碍和海中各类水雷及障碍，诸如浮游栏障、水雷及水雷障碍区和防潜网等。

（3）舰艇编队与舰艇航行状态：舰艇编队是指由两艘以上舰艇或两个以上海上战术群组成的兵力编组等。舰艇航行状态，是指舰艇和潜艇的航行状态，其中，水面舰艇航行状态主要涉及航行方向、速度和时间及起航、转向和到达时间等，而潜艇航行状态主要涉及水下深度、航向、速度和时间及航线等。

海军作战行动主要包括（但不限于）以下内容。

（1）海上待机点：是指参战舰艇在海上待机的位置，主要涉及待机兵力的数量和进入待机点的时间等。

（2）海上舰艇阵位（阵地）：其含义有三，一是海上舰艇阵位，是指海战中舰艇或舰艇编队为有利于战斗和充分发挥武器性能而占领的相对于攻击目标的位置，包括会合点、集结点、补给点、展开阵位和齐射阵位等海上位置；二是潜艇阵地，是指潜艇部队为便于对通过的敌方舰船实施袭击而预占领的地点；三是弹道导弹核潜艇发射区，是指用于核潜艇发射弹道导弹的地域。

（3）海上巡逻线：是指海军兵力在指定海区进行的巡查、警戒活动的航线。

（4）海上封锁区：是指使用兵力、兵器对某一海区实施封锁，限制敌方兵力活动，切断其海上交通。

（5）舰艇导弹攻击：是指舰艇在海上使用导弹主动对敌实施的攻击行动，主要涉及舰艇数量、发射导弹的数量和时间等。

（6）海上合同攻击：是指海军两个以上兵种或舰种的战术群，协调一致地对敌海上舰艇实施的攻击，主要涉及攻击时间、被攻击舰艇的数量、攻击方向和参与攻击的舰艇数量等。

（7）攻潜行动：是指装备有反潜武器的舰艇、飞机和其他船只，对敌潜艇实施攻击的战斗行动，主要涉及潜艇的航向、数量和攻击时间等。

3．陆军作战部署与行动

陆军作战部署与行动的战场态势要素组成如表 4-4 所示。

表 4-4　陆军作战部署与行动的战场态势要素组成

种　　类	主　要　内　容
陆军作战部署	展开地区、支撑点与要点、反坦克阵地和伏击地区、反空降地域与空降场、合成营、工程破障队、机降分队、预备队等
陆军作战行动	战斗队形、地面作战行动、直升机作战行动等

陆军作战部署主要包括以下内容。

（1）展开地区：是指部（分）队展开战斗队形所处的地区或正面。

（2）支撑点与要点：支撑点是指依托有利地形构成的环形防御阵地；要点是指防御地区内起支柱作用的重要地点，可分为前沿要点和纵深要点。

(3) 反坦克阵地和伏击地区：反坦克阵地是由反坦克兵器和反坦克障碍物等组成的阵地，通常选在主要防御地段易受到敌坦克威胁的方向上；伏击地区是指预先将兵力兵器隐蔽配置在敌方必经之路附近，待敌方进入伏击区域时突然予以攻击的地区。

(4) 反空降地域与空降场：反空降地域是指攻歼空降之敌的作战区域，包括反伞降地域和反机降地域；空降场是指用于空降部队或空降人员实施伞降或机降着陆的场地。

(5) 合成营：是指有多个兵种所组成的营级作战单位，是陆军最小的合成作战单元。通常包括坦克兵、步兵、炮兵、工程分队，几乎囊括了陆军的所有基础兵种，旨在营一级上解决步坦协同、步炮协同和破障开路等合成作战问题。

(6) 工程破障队：是指以爆破等方式排队障碍物的工程兵编成。

(7) 机降分队：是指搭载直升机进行兵力袭击、火力袭击和侦察等作战行动的作战分队。

(8) 预备队：是指为应付紧急、意外情况或根据作战需要，预做机动使用的陆军兵力的统称，主要包括合成预备队、工程兵预备队、防化兵预备队、通信兵预备队、炮兵预备队、反坦克预备队及电子对抗兵预备队等。

陆军作战行动主要包括（但不限于）以下形式。

(1) 战斗队形：是指部（分）队为进行战斗而展开兵力、兵器所形成的队形，主要有三种，一是疏开队形，是指部（分）队在行进中，通过扩大间隔和距离而形成的队形，通常在开进接敌时，或通过火力封锁区、障碍区、复杂地区，以及行军中防敌空袭和核、化学武器袭击时使用；二是进攻队形，是指部（分）队为进行进攻战斗而展开兵力、兵器所形成的队形，主要包括攻占、突击、攻击、冲击、围攻、围歼、合围和展开等战斗行动；三是坦克兵与步兵协同的进攻队形，是指坦克兵分队与步兵部（分）队进行协同进攻作战时所形成的队形，包括坦克兵引导步兵的进攻队形，坦克兵和步兵在一线上的进攻队形，坦克兵以火力支援步兵的进攻队形等。

(2) 地面作战行动：是指陆军部队实施的进攻、防御和机动等作战行动，主要有两类。一是突击、钳击与出击，其中，突击是指集中兵力、火力对敌实施急速、猛烈地打击行动；钳击是指从敌从两翼发起进攻并向同一目标实施夹击的行动；出击也称阵前出击，是指越出防御前沿，对准备发起进攻或冲击受挫之敌实施的攻击行动，是破坏敌人进攻、稳定防御的一种积极手段。二是攻防作战行动，主要包括迂回和进攻（冲击）受阻、进攻受挫撤至有利地形暂取守势（准备继续进攻）和攻防转换等。

(3) 直升机作战行动：主要包括直升机待机空域、直升机攻击方向、直升机机降（攻击）地域、直升机空投、直升机蛙跳作战、直升机集中攻击目标等。

4．空军作战部署与行动

空军作战部署与行动的战场态势要素构成如表 4-5 所示。

表 4-5　空军作战部署与行动的战场态势要素组成

种　类	主　要　内　容
空军作战部署	空军机场、部队配置、飞机疏散点（区）、飞机掩蔽库等
空军作战行动	空中机群与空中编队、航空兵突击方向、空战、对点（面）状目标的战斗行动、空域划分、抗击（截击）区临界线、轰炸安全线等

空军作战部署主要包括以下内容。

（1）空军机场：是指军用飞机起飞、降落和停放的场地，主要分为特级、一级、二级、三级、洞库、野战、水上、飞机公路跑道和迫降场等。

（2）部队配置：是指根据任务需要和作战飞机的战术技术性能，并结合机场所在的气象、水文等情况，将一定机型和数量的作战飞机部署在适当的机场，还涉及飞机疏散区、飞机掩蔽库等。

（3）飞机疏散点（区）：是指在机场附近疏散隐蔽飞机的地点（区域），通常修筑有飞机掩体、停机坪，以及通往主跑道、应急起飞跑道的拖机道等。

（4）飞机掩蔽库：是指在机场地面上构筑的有顶盖的飞机防护工事，为单机掩蔽工事，主要有钢筋混凝土半（割）圆形落地拱和直墙两种。

空军作战行动主要包括以下内容。

（1）空中机群与空中编队：空中机群是由执行同一任务的受统一指挥的和保持目视联系或战术联系的若干空中编队组成的战斗集群；而空中编队是指两架以上飞机在空中按规定的间隔、距离和高度差组成的编队。

（2）航空兵突击方向：是指航空兵部队对敌实施空中打击的行动方向等。

（3）空战：是指敌对双方航空兵空对空的战斗，可分为近距（视距）空战和超视距空战两种。

（4）对点（面）状目标的战斗行动：主要有航空兵突击目标（地域）行动、空中封锁及航空侦察等。

（5）空域划分：根据作战需要将空域划分为空中直接支援战斗区域和空中加油机活动区域等，主要有战斗行动区域、战斗行动地段、空中集合点和空中解散点、空域与空中禁区、禁飞控制线、空中走廊等。

（6）抗击（截击）区临界线：在某一特定位置抗击（截击）敌机的地段，通常主要由外层抗击（截击）区临界线、中层抗击（会攻）区临界线和内层阻歼（阻歼掩护）区临界线组成。

（7）轰炸安全线：是指飞机突击轰炸战场目标时为防止误伤我方而划定的最小安全距离线。

5. 导弹部队作战部署与行动

导弹部队作战部署与行动的战场态势要素组成如表 4-6 所示。

表 4-6 导弹部队作战部署与行动的战场态势要素组成

种 类	主 要 内 容
导弹部队作战部署	导弹发射井和发射场/坪、待机阵地和疏散阵地、导弹作战区、导弹技术阵地和弹体（头）库、导弹发射阵地、导弹转载站等
导弹部队作战行动	导弹突击方向、导弹火力圈、导弹突击（袭扰、压制）目标、导弹飞行走廊等

导弹部队作战部署主要包括以下内容。

（1）导弹发射井和发射场/坪：导弹发射井是供陆基战略导弹存储、发射准备和实施发射的地下工程设施；导弹发射场/坪是指为发射导弹而在地面构筑的具有一定幅员的场地。

（2）待机阵地和疏散阵地：待机阵地是导弹部队实施机动作战时，在进入作战阵地前进行隐蔽待命的地域，有时也指撤出作战阵地后临时占领的阵地；疏散阵地是导弹部队为防敌火力袭击，保存力量而分散隐蔽配置的地域。

（3）导弹作战区：是指导弹部队以导弹火力实施作战的区域。

（4）导弹技术阵地和弹体（头）库：导弹技术阵地是导弹测试分队对导弹进行技术准备的阵地；弹体（头）库是指存放导弹弹体的处所，可区分为地上和地下两种。

（5）导弹发射阵地：是指导弹发射分队对导弹进行发射准备和实施发射的阵地。

（6）导弹转载站：是指导弹部队将导弹前送时，与发射分队转载交接而开设的保障阵地。

导弹部队作战行动主要包括以下内容。

（1）导弹突击方向：使用导弹对敌方目标实施主要突击的方向。

（2）导弹火力圈：是指导弹火力能够覆盖的区域或控制范围。

（3）导弹突击（袭扰、压制）目标：导弹突击目标是指使用导弹进行突击的目标，通常按使用导弹数量可分为单个、集群和密集三种；导弹袭扰目标是指使用导弹进行袭击侵扰的目标；导弹压制目标是指使用导弹进行压制的目标，以达成使该目标瘫痪、失去作用，暂时无法还击，行动受到限制的目的。

（4）导弹飞行走廊：是指导弹飞行管制部门为使导弹有序飞经某地区上空而划定的、具有一定宽度的空中通道。

4.1.4 后勤保障部署与行动

后勤保障部署与行动的战场态势要素组成如表 4-7 所示。

表 4-7 后勤保障部署与行动的战场态势要素组成

种　　类	主　要　内　容
后勤保障部署	后方装备与设施、保障基地、仓库、医院、集中（屯集）点和前后方输送道路等
后勤保障行动	保障地域划分、保障部队编组、基本保障行动等

后勤保障部署主要包括以下内容。

（1）后方装备与设施：主要包括汽车、装甲保障车、铁路列车、输油管线、罐和军用方舱和集装箱等。

（2）保障基地：主要有军需、油料和维修等后勤保障基地；弹药、器材及装备试验等装备保障基地。

（3）仓库：是指专门承担物资储存、供应任务的机构与设施，主要有后方基地仓库、野战仓库和队属仓库等。

（4）医院：是指对伤病员进行早期治疗、专科治疗和康复治疗的机构，主要有野战医院、基地医院和后方医院等。

（5）集中（屯集）点：是临时集中伤员、物资、装备器材的地点。

（6）前后方输送道路：是指后勤实施部队机动运输、物资供应运输和伤病员传送运输的道路等。

后勤保障行动主要包括以下内容。

（1）保障地域划分：是指部队在遂行作战中对后勤机关、部队、分队等后勤力量进行部署和展开后勤保障任务的区域划分。

（2）保障部队编组：是指对部队建制内担负物资、技术、医疗、运输等保障任务部队的编组，主要有后方保障群、保障部（分）队、保障小组及（由两艘以上勤务舰船和护卫舰艇组成的海上）保障编队等。

（3）基本保障行动：主要包括区域保障、定点保障、海上补给、岸基保障、垂直保障、交替保障、伴随保障、巡回保障等。

4.2　太空域战场态势要素

太空域（Space Domain）作战是指以宇宙空间为主要战场[6]，以军用航天器为主要作战力量，以夺取空间的控制权为主要目的的"天战"，其作战形态目前虽然仍属于以侦察、预警、通信和导航等作战保障[7]，为陆战、海战和空战提供军事支援的"软性战争"范畴，但是随着军事技术的发展和高技术兵器的广泛运用，太空作战将呈现各种各样的作战样式[8]，太空战场所独有的"态势"优势和技术优势，将使其成为未来战争的主宰。太空域的战场态势要素组成如表 4-8 所示。

表 4-8 太空域的战场态势要素组成

种　　类	主　要　内　容
太空武器装备	太空作战平台、太空武器装备
太空作战部队	太空舰队、地基部队、航天和空天飞机部队、火箭部队、C^4I 部队等
航天力量部署	目标实时状态、实体部署计划
情报支援	主要提供地理空间情报、信号情报和海洋监视情报
太空作战行动	太空封锁作战行动、太空破击作战行动、太空突击作战行动、太空防御作战行动、太空信息支援作战行动等
空间异常监视	变轨、姿态异常、非法靠近等

（1）太空武器装备：主要包括两类，一是太空作战平台，主要有 GPS 全球定位系统、军事侦察卫星、军事通信卫星、航天飞机、载人飞船和空间站及航天母舰；二是太空武器装备，主要有激光武器、动能武器、微波武器、粒子束武器、轨道抓捕器和太空雷等。

（2）太空作战部队：主要包括太空舰队、地基部队、航天和空天飞机部队、火箭部队、C^4I 部队等。其中，太空舰队是太空空间作战部队；地基部队是天军的地面部队，是太空军的基础和战略基地；航天和空天飞机部队是太空军的战略预备队；火箭部队相当于太空军的运输队，主要担负发射卫星、航天飞机、宇宙飞船、轨道站和其他太空飞行器，为太空舰队、太空工厂补充武器装备和各种作战、生活物资等；C^4I 部队是太空军的大脑和神经系统，其任务是及时准确地搜集、处理、传递各种军事信息，保障太空军指挥人员的正确决策，以及对太空军各部队实施有效的控制，以及及时正确的指挥。

（3）航天力量部署：是指空间信息系统探测到的敌方、友方、中立方各领域的力量部署情况，主要包括武器装备、力量分布、编成和日常运行状态，一是目标实时状态，即各类空间实体目标当前的位置、速度、形态、姿态、状态等，可通过地面测控系统、空间导航定位系统、地面监视系统进行观测、计算、分析后获得；二是实体部署计划，即空间活动展开前对空间实体部署的一系列规划，如轨道设计、组网和通信方式、空间武器装备分布等。

（4）情报支援：利用侦察、导航、授时、通信、气象、测绘、海洋等空间信息系统为各领域行动展开提供影像、视频、气象、地形等情报信息，主要包括三个方面：一是地理空间情报，提供与地理位置相关的影像、视频、地形信息，与各作战领域均有联系；二是信号情报、定位导航授时数据和气象水文数据，为陆海空武器发射、战场救援、后勤保障等军事活动提供信息服务；三是海洋监视情报，提供对海上舰艇、浮动基地和潜艇的探测、跟踪、定位和识别信息，以及各方航天力量的位置、当前状态、未来计划与机动轨迹等信息。

（5）太空作战行动：主要有五类，一是太空封锁，是指太空作战力量单独或在其他军兵种的支援下，在指定的时间内阻止敌方太空作战力量进入太空或进入某一特定太空区域所进行的一系列相互联系的作战行动；二是太空破击，是指太空作战力量在太空战场中与敌方太空作战力量所进行的一系列作战行动；三是太空突击，是指以太空作战飞行器、太空轨道轰炸机、弹道导弹等太空进攻力量，在其他军兵种配合下，对敌方陆地、海上和空中目标实施太空突击；四是太空防御作战，是指为了防止敌方太空作战力量的袭击、侦察而采取的各种主动、被动措施和行动；五是太空信息支援作战，是指为提高其他作战力量的攻击和防护能力，利用各类卫星、太空站和太空作战飞行器，从太空为其他作战力量的作战行动提供侦察监视、导弹预警、通信中继、导航定位、气象观测和战场测绘等信息支援保障的作战行动。

（6）空间异常监视：对变轨、姿态异常、非法靠近等异常空间事件的历史分析结果和实时监视与研判。

4.3 赛博域战场态势要素

赛博域（Cyberspace domain）已成为类似于陆海空天等领域而真实存在的一个作战领域，是伴随计算机和计算机网络的产生和发展而出现的一种全新作战域，也是当前各军事强国发展和建设的重点之一[9-10]。赛博作战是在赛博空间内（或通过赛博空间）实现对作战目标的控制或打击效果，可分为进攻性赛博作战和防御性赛博作战，将直接影响敌方指挥系统对部队的指挥控制，甚至火力打击能力。在网络时代，赛博作战将成为未来战场中的主要作战形式之一[11]。赛博域的战场态势要素的组成如表 4-9 所示。

表 4-9 赛博域的战场态势要素组成

种　　类	主　要　内　容
赛博空间作战装备	侦察预警类、攻击防御类和作战支援类等
赛博空间作战部队	赛博战、赛博防御和信息防护等
赛博空间作战行动	进攻性赛博作战行动，防御性赛博作战行动等
赛博空间态势感知	网络空间基本架构和运行情况等
赛博空间舆情监测	国际舆情动向，敌方网络舆情动向等
赛博空间威胁研判	漏洞情况、病毒情况、拒绝服务攻击情况、防护策略和攻击情况等

（1）赛博空间作战装备[12]：是指进行赛博空间对抗的工具或平台。主要有以下三类。一是侦察预警类，用于实现赛博态势感知，及时侦察赛博空间内的各种情报信息，并进行告警。诸如了解赛博空间内敌我友赛博活动、赛博作战能力、赛博防御弱点等，主要侦察手段包括踩点、Ping 扫描、端口扫描、操作系统辨识、漏洞扫描和查点等。二是攻击防御类，攻击类赛博武器主要执行赛博攻击任务，通过计算机网络攻击，以及其他攻击手段，如电子攻击、物理攻击等，实现利用、中断、破坏信息或基础设施的目的。防御类赛博武器主要执行赛博防御任务，利用各种支撑技术（如信息安全、网络防御、电子防护、关键基础设施支持等）对敌方各种赛博攻击行为进行预防、探测并做出防御。三是作战支援类，主要为赛博空间对抗及赛博武器的开发、测试、评估、采办等方面提供支持和保障，如"国家赛博靶场"等。

（2）赛博空间作战部队[13]：是指在赛博作战中，综合运用信息窃取、信息中断和信息拒绝等手段，对敌方的信息技术基础设施进行控制，从而夺取赛博空间控制权的作战部队。根据作战任务通常可以分为赛博侦察作战部队、赛博进攻作战部队和赛博防御作战部队等。

（3）赛博空间作战行动[14-15]：可分为进攻性赛博作战行动和防御性赛博作战行动。其中，进攻性赛博作战行动是指在赛博空间内阻止、削弱、中断、摧毁或欺骗敌人，确保在赛博空间中己方自由行动，并阻止敌方自由行动，主要包括实施电子系统攻击、电磁系统封锁与攻击、网络攻击及基础设施攻击等；防御性赛博作战行动是指采取的旨在保存、保护、恢复及重建己方赛博能力的行动，主要包括赛博攻击威慑、攻击防护和攻击源跟踪及赛博生存能力，自身网络脆弱性检测与响应，网络数据与电子系统防护及电磁和基础设施防护等。

（4）赛博空间态势感知[16]：主要分析全球网络空间的基本架构、运行情况，包括核心骨干网拓扑结构及其流量情况，如网络的流量等级、拥堵状况等两层信息，以便于各级指挥人员掌握全球网络流量流转情况。

（5）赛博空间舆情监测[17]：主要包括全球网络作战相关的国际舆情动向，敌方网络舆情动向和我方涉军、涉恐、涉网、涉电等事件。可以从信息层面分析当前网络作战活动产生的国际影响和敌我双方的舆论造势。

（6）赛博空间威胁研判[18]：主要包括五个方面，一是漏洞情况，如漏洞的类型、分布、数量、威胁程度、有效范围和触发条件等；二是病毒情况，如病毒的类型、毁伤性、传染性和有效范围等；三是拒绝服务攻击情况，如受攻击节点的数据、流量、受影响范围、持续时间和严重程度等；四防护策略，如安防产品部署情况、网络拓扑、安全策略配置、响应时间和处理效率等；五是网络攻击情况，如攻击源、攻击目标、攻击类型、攻击发生和持续时间等。

4.4 电磁域战场态势要素

电磁战是指使用电磁辐射能以控制电磁作战环境，保护我方人员、设施、设备或攻击敌方在电磁频谱领域有效完成任务的军事行动，是在电磁领域实施的军事通信、探测和电子战等军事行动的统称[19]，主要包括电磁频谱的攻击、利用和保护等行动。电磁频谱既是侦察监视、指挥控制、电子对抗、敌我识别和预警探测等信息传递的载体，又是连接陆海空天跨域协同作战的纽带，已成为继陆海空天网之后的新质作战域——电磁域（electromagnetic domain）[20-21]。电磁域的战场态势是指在联合战役的作战时间和空间内，敌我双方电子设备、系统分布、电磁活动及可能对电磁活动产生的影响等因素所形成的状态和形势。电磁域的战场态势要素组成如表 4-10 所示。

表 4-10 电磁域的战场态势要素组成

种　类	主　要　内　容
电磁装备	电台、通信设备、光电设备、雷达信号侦察设备等
电磁作战部队	人员和设备、类型、影响区域等
用频状态	空域、时域、频域和功率域等状态
作战部署与行动	设备与兵力的部署情况、电子战作战行动等

(1) 电磁装备：主要包括电台、通信设备、光电设备、电磁设备、雷达信号侦察设备、信号探测设备、有/无源干扰设备、火力打击设备以及电磁能或定向能发射设备等。

(2) 电磁作战部队：主要包括电磁作战部队的组成（人员和设备）、标识、类型（如侦察、干扰等）、影响（责任）区域划分等。

(3) 用频状态[22]：即对当前战场上的电磁频谱状态的感知，指挥人员从中可以感知我方频谱受到的威胁及敌方在频谱方面的薄弱环节，主要包括空域、时域、频域和功率域等有关情况。

(4) 作战部署与行动[23]：电子战作战部署是指敌我双方电子战设备和兵力的部署情况，主要包括电子战设备和系统的影响范围和能力及可能的作战意图（任务）；电子战作战行动主要包括电子支援、电子进攻/干扰和电子防护等三类行动。

4.5 战场环境要素

战场环境是指战场及其周围对作战活动和作战效果有影响的各种客观因素和条件的统称[24]。战场环境对作战活动有重要影响，主要表现为三点，一是战场环境影响武器装备的使用和效能发挥，影响作战人员的生存和作战能力的保持，从而影响战场态势和战斗结局的发展；二是有效的态势感知能力是指挥人员充分"洞察"战场环境、分析战场环境利弊的先决条件，改造并有效利用战场环境可以保证在作战行动中"趋利避害"；三是战场环境随着时间而动态变化，特别是战争期间，武器装备的破坏力大，战场环境瞬息万变，如不能及时掌握战场环境的变化，则将严重影响精确指挥、部队行动和武器装备的运用等。战场环境要素的组成如表4-11所示。其中，战场自然环境是人类生存和发展的基础，同时也是进行战争活动必不可少的客观条件；战场信息环境是由敌对双方的信息资源、信息传播范围、信息系统及与信息相关的人员组成的；社会环境是建立在自然环境基础上的，是人文现象与特定地域的地理环境构成的对立统一的整体。

表 4-11 战场环境要素的组成

种　类	主　要　内　容
战场自然环境	陆战场自然环境、海战场自然环境、空战场自然环境和太空战场自然环境
战场信息环境	战场信息资源、战场信息传播范围、战场信息力量和战场信息系统等
战场社会环境	人文环境、经济环境、交通运输环境、通信环境和核生化环境等

4.5.1 战场自然环境

战场自然环境的诸要素分布于陆海空天各个战场空间，因此在信息化条件下的联合作战中，指挥人员必须考虑陆战场、海战场、空战场和太空/空间战场环境中的各种因素[25]。战场自然环境要素的组成如表4-12所示。

表 4-12　战场自然环境要素的组成

种　类	主　要　内　容
陆战场自然环境	地形、水文、气象、植被等
海战场自然环境	海洋构成、海洋水文、海洋气象等
空战场自然环境	云和降水、风和能见度等
太空战场自然环境	温度、真空、失重、有害辐射、带电粒子、微流星体和太空碎片等

1. 陆战场自然环境

陆战场自然环境对作战行动影响的要素主要有地形、水文、气象和植被等。

（1）地形：主要有山地、丘陵、平原、高原等。其中，山地易守难攻，是进攻方的天然障碍，但山地的遮障作用有利于进攻方隐蔽集结和接敌；丘陵是陆战场战事较多的地区，常为山地战或海防前线设置前沿阵地的有利地区；平原是人类政治、经济、文化活动最频繁的区域，也是军事活动的主要地区；高原在军事上具有天然屏障作用。

（2）水文：主要考虑河流、运河和水渠、水库、湖泊、沼泽等。其中，河流在军事上是进攻作战的天然障碍、防御作战的天然屏障；运河对作战行动的影响与河流类似，但影响程度没有河流显著；战时，水库拦水坝一旦被毁或大量泄水，将对下游地区造成水障和破坏；湖泊是进攻者的障碍、防御者的天然屏障；沼泽对机械化部队的机动会造成严重阻碍。

（3）气象：主要有气温、云雾、降水和风。其中，气温过高，酷热难耐，会使人员体力下降、情绪烦躁、睡眠减少、易生疾病和传播疾病，造成非战斗减员，而气温过低，严寒易冻伤人员，使人员负荷加重、行动不便，降低部队战斗力；云雾使能见度降低，不利于观察和射击，能降低激光等制导武器的命中精度；降水使原野泥泞，部队机动受限、行动受阻；风对人员行动、武器射击等都有影响。

（4）植被：主要考虑森林和草原。其中，森林对军事行动的影响表现在使观察和射击受到限制；草原通常易攻难守，便于大兵团和机械化部队快速机动，视界和射界开阔，但判定方位、指示目标、隐蔽伪装等均比较困难。

2. 海战场自然环境

海战场环境是海战场及其周围对作战活动有影响的各种情况和条件的统称。海战场自然环境分为海洋构成、海洋水文和海洋气象等。

（1）海洋构成：主要包括开阔海区、岛礁区、濒陆海区和海峡。其中，开阔海区是海上联合作战的主要场所；岛礁区和濒陆海区是陆、海、空三军进行联合作战的焦点区域，也是海军或陆军进行合同战役的重要区域；海峡通常是海上交通线的咽喉要道，因而成为敌对双方进行激烈争夺的重点战场。

（2）海洋水文：对作战行动造成影响的海洋水文主要有海水温度、盐度、密度、海流、潮汐、潮流和海浪等。其中，温度的高低对海上求生打捞工作、布放水雷、发射鱼雷、潜艇的活动、水声器材的作用距离都有一定的影响；盐度对水雷，尤其是触线水雷和漂雷有较大的影响,对水声器材的探测距离和准确性也有一定的影响;密度对海军舰船活动的影响很大;海流影响舰船的航向和航速。掌握潮汐发生时间和高低潮时的水深是保障舰船航行安全、进出基地(码头)、通过狭窄水道及在浅水区活动的重要条件。在登陆作战中,涨潮时顺流而入,利于部队登陆上岸;逆流而行,会降低航速,延长航行时间,甚至舰船打横,偏离预定的航向,增加了登陆的难度。海浪影响水面舰艇和潜艇准确地发射炮弹、鱼雷和导弹等。

(3)海洋气象:对作战行动造成影响的海洋气象因素主要有海雾、海风和降雨。其中,海雾对舰船航行、定位、导航、规避等有很大影响;海风对舰船的航向、航速有重大影响;降雨对雷达、通信、电气设备、武器装备、弹药保管和制导武器的使用有较大影响。

3. 空战场自然环境

空战场是指敌对双方在地面上空地球大气层空间进行军事较量的活动空间范围。空战场与陆战场是密不可分的,一是自然环境间的关系密不可分,二是作战行动互为依赖密不可分,陆地是各种飞行器的最终落脚点。以下主要对大气层空间中能对各种飞行器飞行造成影响的诸气象要素进行分析。

(1)云和降水:云和降水造成能见度不良会影响空中侦察和照相,也影响目视发现和瞄准目标及雷达辨别目标。雨水落在跑道上,会减小机轮与跑道间的摩擦,使飞机起落的滑行距离增长,有时还会使摩擦不平衡,影响安全着陆。

(2)风:风对飞行器的起降、飞行、侦察、投弹、射击等具有全面的影响,按对飞行器的影响,按方向可以分为顺风、逆风、侧风和垂直气流;按速度可以具体到每秒流动距离。

(3)能见度:能见度不良容易使飞机偏航和迷航,在空战中影响搜索目标和瞄准射击,对侦察机照相也会产生影响。

4. 太空战场自然环境

太空是指地球稠密大气层以外的宇宙空间,又称外层空间,或简称空间。人们在陆、海、空三维战场的基础上,把太空称为第四战场。太空作为军事斗争的战场环境,其范围下限约为 100~120 km,这是由航天器的运行高度决定的。太空战场自然环境对战争的影响,突出反映在对各种飞行器的影响上,主要有以下要素。

(1)温度:太空中空气稀少,没有其他媒介传递温度,飞行体向阳面温度可高达 200℃,背阳面可低达-100℃,温差达 300℃。这就对航天飞行器部件的材料提出了很高要求,不仅要耐高温,而且要抗低温,同时还要符合质量轻、便于发挥各种效能的多项高指标。

(2)真空:在太空,若没有飞行器外壳的屏护,没有供氧设备,人体内的氧原子会立即被抽得一干二净,因此人类无法在太空中生存。发动机工作也需要空气,装有一般发动机的飞机,其上升高度极限是 27 km。太空飞行必须克服真空所带来的不利。

(3)失重:虽然地球引力随着高度的增加而降低的幅度较小,但到达数万千米的高空时，航天器就会出现严重失重。航天器必须解决失重问题，以控制其飞行姿态，同时要消除失重状态对人员活动带来的种种不利影响。

（4）有害辐射：太空中的近地空间（约 35800 km 及其以下空间）是一个强辐射环境，X 射线、红外线的太阳电磁辐射对人体和材料都有一定影响。来源于地球辐射带、太阳宇宙线、银河宇宙线的粒子辐射能够严重影响环境，只有采取一系列的相应防护措施，才能保证空间活动的顺利进行。

（5）带电粒子：太空中还有电荷的微粒，主要来源于太阳风和银河宇宙射线，它们对宇航员的身体健康和航天器的安全有极大的威胁。

（6）微流星体：就是太空中微小的流星体，是太空中存在的非常细小的岩石颗粒，就像尘埃一样，当它们数量较多时，能够对航天器造成伤害。

（7）太空碎片：人类进入太空时代之后，制造了大量的太空垃圾，如卫星发射完成后抛掉的火箭末级助推器、失效的卫星，航天员出舱时不小心遗失的各种工具、手套等。这些由人类的太空活动而产生的废弃物就是太空碎片。太空碎片的破坏力非常大，若它们与航天器相碰就会产生灾难性后果。

4.5.2　战场信息环境

战场信息环境是由敌对双方的信息资源、信息传播范围、信息系统及与信息相关的人员组成的[26]。它是组织实施信息作战的基础。科学分析战场信息环境对信息作战的影响，是指挥人员制订信息作战计划和实施信息作战的重要保障[27]。战场信息环境要素的组成参见表 4-11 第 3 行，下面进行具体介绍。

（1）战场信息资源：主要包括三个方面，一是对战场相关信息资源进行搜集、处理传播或利用，无论战场有关信息资源以何种形式存在，都属于军事信息环境；二是与作战相关的信息被情报人员整理、使用，成为信息作战的必要情报信息；三是对战场既有信息资源的搜集和使用，需要从全局出发共享相关信息，还需要从战场信息环境不断变化的角度综合利用战场信息资源。

（2）战场信息传播范围：现代战争条件下，战场信息进行有线传输时，其传播范围被限定在传播线路和终端设备所能触及的空间内；战场信息以无线形式（短波、超短波、微波）传播时，其传播范围往往超越了传输设备布置的范围，可覆盖更广阔的空间。而当战场信息与军事信息网络和国家、全球信息网络相结合时，其传播边界更是难以预测和控制。它是一个可以用时间、距离、频谱量等度量的，且随时间、空间频率变化的指标。

（3）战场信息力量：是指信息搜集、信息处理、信息传输、信息支援、信息进攻的能力。其构成主要涉及技术侦察、技术伪装、通信、指挥控制、电子对抗、信息处理等力量。

（4）战场信息系统：是由战场信息基础设施、信息机构、信息人员和其他信息成分组成的作战系统,其构成可以分为战场信息搜集、信息传输、信息处理、信息显示和信息支援等子系统。

4.5.3 战场社会环境

社会环境是建立在自然环境基础上的,是人文现象与特定地域的地理环境构成对立统一的整体。战场社会环境在信息化战争中对作战行动的制约和影响不断增强[28]。通常,战场社会环境要素的组成参见表4-11第4行,下面进行具体介绍。

(1) 人文环境:主要是指以人为主体的社会政治因素和人力资源因素。其中,社会政治因素主要涉及国家的社会政治制度、行政组织体制、对内外政策,主要政党及其纲领和在国家中的作用,人民群众对战争和军队的态度,以及宗教、民族、语言、民情风俗等;人力资源因素是指人所具有的运用物质资源进行物质财富或精神财富生产的能力。人力资源作为国家实力的重要组成部分,在信息化战争中占有突出的地位,是国家精神力量、军事力量和物质力量的源泉。

(2) 经济环境:是指经济体制、经济发展水平、物价变动水平、金融、证券市场发育及完善程度等具体因素的总和,主要包括五个方面,一是国家的社会经济制度、国民经济体系,各种经济比例及其发展水平;二是战略资源(如能源、矿产)的蕴藏分布及开发能力;三是工业、国防工业和农业的布局;四是主要工农业产品的产量;五是主要工业中心和经济区等。一个国家的经济发展水平事关经济支持战争能力的大小,决定着其主要工农业产品的保障程度和武器装备的发展状况,以及主要经济基地及其防护措施等。

(3) 交通运输环境:是指使用各种工具设备,通过各种方式使货物、人员在区域之间实现位置移动和信息传递的一种活动,主要有铁路、海上、空中和管道等输送形式。

(4) 通信环境:是指信息或其表示方式的时空转移,是信息在人与人、人与机器、机器与机器之间进行的传递和交换,主要包括四个方面,一是各种通信枢纽、通信台站、主要通信设备布局、数量和质量状况、可利用程度和防护条件等通信网络的基本情况;二是计算机信息网站的分布;三是有线电和无线电通信网的安全保障性能,及其在战时的生存能力和恢复能力;四是生产通信器材的工厂及其生产能力等。另外,信息化条件下联合作战,通信还需要充分发挥民用通信设施的重要补充作用。

(5) 核生化环境:是指敌对双方使用核武器、生物武器和化学武器时在战场上形成的特殊的物理环境。核生化武器一旦在战争中使用,不但会给参战人员造成重大伤害,而且会使战场环境发生巨大的变化,直接影响作战行动。未来的主要作战样式是核生化威胁条件下的信息化联合作战。核生化环境主要包括三个方面,一是潜在作战对象拥有大量核生化武器或拥有生产核生化武器的能力;二是本土拥有众多的核电站、化工厂及生物实验研究所/部门,作战产生的次生核生化威胁;三是联合作战条件下的核生化防护措施等。

4.6 认知对象视角下的战场态势要素及特征

从态势认知对象视角来看，各作战域中的战场态势要素是兵力运用的最小单元，也是战场态势认知的基础。想要将细粒度的"态"形成抽象凝练的"势"，从局部或全局角度来看整个战场，一种常见的问题解决思路是目标"聚合"。以不同层面的态势要素为认知对象进行分层讨论，是不同作战指挥层次的指挥人员认知战场态势的基本方式。例如，美军的互操作作战图族（FIOP）的单一合成图（SIP）、共用战术图（CTP）和共用作战图（COP），其实质也是分别对应于火力控制、战术指挥控制和联合作战指挥决策三个层面的作战应用[29]。从目标、群组、体系三个层面来区分研究对象是一种可行的途径，这三个层面在物理、功能、认知、环境和时间上具有显著的特征与区别，并且符合作战指挥人员对战场态势的认知方式。这里的目标即前文提到的各域中的装备、设施、部队等的最小单元；群组是对目标依据属性、运动、战法、任务等因素聚合形成的更高一级的作战单元；体系则通常是基于各个群组的指挥、通信、协同、隶属等关系及作战行动和作战样式等知识进行综合得到的整体，如图 4-2 所示。本节将分别对目标、群组、体系三个层面的态势要素的分类及其特征展开讨论。

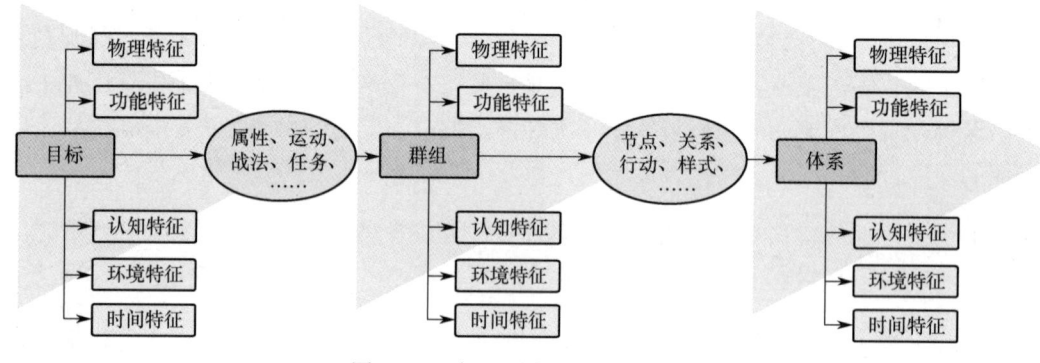

图 4-2 目标、群组、体系三个层面

4.6.1 目标认知要素及特征

在现代错综复杂的战场环境中，军事目标与民用目标混杂在一起，对军事目标的打击往往会对民用目标造成严重的附带毁伤，因此在有限的时间内如何选择作战目标，使打击的作战效果能迅速实现作战意图，同时还有助于实现战争的军事、政治、外交等方面的战略目的，是联合作战的中心工作之一[30]。

1. 目标分类描述

目标态势信息是联合作战重要作战目标情报保障的主要内容，它提供了对单目标的特性分析、目标体系结构和目标威胁分析和目标能力变化等方面的信息，旨在搞清目标的特性是什么、目标的作战能力和威胁程度有多大、对目标的毁伤效果如何等，这对于联合作战，特别是精确作战来讲，是指挥人员的关键信息需求之一。一般而言，目标是指可能对其进行打击或采取行动的实体（人、地点或事情），通常目标在敌方作战体系中都能够发挥一定的功能或作用。目标的重要性就在于通过对它进行打击或破坏等行动，压制或摧毁其功能作用，从而有助于指挥人员完成其受领的作战任务，或对实现指挥人员的作战目标具有一定的贡献。可见，这里讨论的目标并不是一般的目标，而是那些必须符合战略战役指导，经明确选择并受到打击之后有助于完成所受领的任务的目标。通常，这样的目标包括以下几种。

- 设施类目标：是指按地理位置进行定位和确定的实体建筑物/建筑物群，或者是有助于为某目标系统的能力提供某种功能的地域。
- 个体目标：个人或是有助于为某目标系统的能力提供某种功能的人员。
- 虚拟目标：网络空间内有助于为某目标系统的能力提供某种功能的实体。
- 装备类目标：有助于为某目标系统的能力提供某种功能的设备。
- 组织类目标：有助于为某目标系统的能力提供某种功能的团体或单位。

联合部队指挥人员及其领导的指挥机关需要明确作战目标，这样才能制订联合作战计划并实施，以达到作战指导之目的。围绕这些目标计划展开作战行动，以达到预期的作战效果（如击溃敌方的作战意志、迫使敌方屈服），评估是否实现了作战的最终目标和最终状态。

2. 目标特征描述

不同类型的目标具有不同的特征，因此需要采用有针对性的侦察和监视手段实现对目标有效的探测、识别、分类、定位和跟踪，这当然也影响到对目标的结构分析、交战手段的选取和作战效果的评估。通常可以从物理、功能、认知、环境和时间等维度描述和分析目标特征[31]。

1）物理特征

物理特征是指目标不通过化学变化所表现出来的性质，如状态、颜色等。目标的物理特征一般可以通过人类的感官或传感器来探测和识别，通常对武器系统的数量与类型的选择及打击目标的方法或战术的选择也有一定影响。物理特征主要包括以下几种。

- 几何特征：如形状、大小或覆盖面积、外观（外表形状特征包括颜色）。
- 结构特征：如结构组成、组成目标整体的要素数量与性质、硬度等。
- 位置特征：主要是地理位置、目标要素的疏散或集中程度等。
- 辐射特征：主要是热、光、声音、雷达等的辐射特征。
- 电磁特征：主要是雷达和无线电传输等的电磁特征。
- 机动特征：区分为固定的（不能移动）、可运输的（可以从固定位置进行操作，但可以进行分解和移动）和可移动的（可以在运动中进行操作或安装时间非常短）。

2）功能特征

功能特征描述了目标是干什么的和如何干的。它们描述了某个目标在一个更大目标系统内的功能、目标或目标系统是如何运行的，以及活动程度、功能的状态。一般地，功能特征很难辨别，指挥人员需要基于大量事实，经过归纳、演绎和溯因推理等思维过程才有可能获得，主要包括以下几种。

- 目标常规活动特性：如历史活动中表现的规律性。
- 目标状况：在既定时间点上目标的状态或条件（工作/非工作），如武器系统的发射状况等。
- 目标功能保持程度：目标功能发挥作用的程度，如坦克火控系统工况可分为稳像、装表和手动等不同等级。
- 目标发挥正常功能需要的辅助材料：如车辆需要油料等。
- 目标功能备份：在目标系统内该功能保持备份或在备用目标系统中也具有类似的能力等，如飞机的备用发动机、指挥机构的备用指挥所等。
- 目标功能恢复：能够重建目标或恢复其功能。
- 目标防护：目标具有的各种自卫能力。
- 目标重要性：如在战略体系中目标的功能作用或文化功能。
- 目标关联性：个人或组织目标发挥其功能需要的其他个人或组织目标的协作，以及两者间关联的性质，如协作关系、隶属关系和指挥关系等。
- 目标脆弱性：目标易被伤害或破坏的性质，如查明地面目标的潜在瞄准点、关键基础设施的自然通风口，以及地面功能/设施的依赖性等。

3）认知特征

认知特征描述了目标是如何进行信息处理或发挥控制功能的。认知特征对正确评估目标系统中的关键节点十分重要，因为几乎每个目标系统都具有一些核心控制功能。摧毁这些控制功能对实现预期的行为变化可能是至关重要的。识别目标的认知特征需要考虑以下方面。

- 目标处理信息的方式：如集中式、分散式还是混合式。
- 目标的决策周期包括的环节：如 OODA 环。
- 目标完成其功能需要处理的输入信息。
- 目标完成其功能产生的输出信息。
- 目标能够处理的信息容量。
- 目标或系统存储信息的模式。

若目标是个人或组织型目标，识别其认知特征还需要进一步考虑：

- 目标思考问题的模式；
- 目标的动机；
- 目标的行为表现；
- 目标的信念和信仰；
- 目标的认知弱点。
- 有关文化注意事项，如认知态度、宗教派别和民族等。

4）环境特征

目标所处的环境特征影响到作战人员观察目标的手段和方法的选取。需要考虑的环境特征主要包括以下方面。

- 大气条件：如温度和能见度等。
- 地形特征：如地形、植被、土壤、海拔等。
- 拒止和欺骗措施。
- 物理关系：如与平民、非战斗人员或我方部队等的接近程度。
- 依存关系：如可能与原材料、人员、能源、水和指挥/控制等发生的关系。

5）时间特征

时间作为目标的一个特征主要描述了目标暴露给探测/攻击的弱点，或其他与可用时间有关的交战的弱点。所有潜在目标和所有被列入打击清单的目标，都会因作战环境发展变化的动态性而不断改变攻击的顺序。那些转瞬即逝的和关键的目标，给目标打击带来极大的挑战。目标的时间特征有助于确定何时及如何发现或打击某个目标。通过综合考虑目标时间特征与信息延迟、我方打击能力等，参谋人员就能够向指挥人员提出更好的行动建议。时间特征主要包括以下方面。

- 暴露时间：目标在指定作战地域内出现的预期时间。
- 停留时间：目标预计停留在某个位置的时间。运动目标更难被发现和打击。
- 作用时间：如目标开始运作、遂行其任务或进行修复或重建等所需的时间。
- 识别时间：在目标被确认为是有威胁的目标之前，将其从作战环境中辨识出来所需的时间。

4.6.2 群组认知要素及特征

群组（Group）是运用所获取的各个目标对象的态势要素，根据目标的属性、位置、运动、功能及战法等信息，对目标对象进行分层分组，以更好地揭示目标之间的联系，并确定其相互协作、相互联合等作战功能。它不仅能够形成目标的更高级的描述，而且提供了目标信息互补、目标发现（提示）等功能。例如，一份情报清楚地给出水面舰艇战斗群的位置，从而可以确定其中各只舰艇的大体位置。目标群组有利于更高级别的战场态势描述，也十分有利于作战行动的推断。

需要指出的是，本书中的群组与常见的编队与集群之间存在一定的关联性。在军事领域，编队是指两架以上飞机或两艘以上舰船等按一定要求组成的战斗单位。例如，空中编队是指两架以上飞机，以目视或机上搜索设备保持规定的间隔、距离和高度差等组成的空中战斗单位。而集群是指将一组松散的单兵种或多兵种作战单位集合起来，高度紧密地协作完成一定的军事行动。例如，空中集群是指遂行同一作战任务，受统一指挥，并保持战术联系或目视联系（设备联系）的若干空中编队或单机组成的空中战斗集群。可见，编队和集群不仅在兵力数量上常有多少之分，而且在战斗队形的构成上也有许多不同点，集群通常可能划分出几个完成不同战术任务的编队。本书中的群组概念理论上涵盖了编队和集群两个概念，特别是对敌情态势认知时，如对空中多批次目标的识别，先判定的是各个目标群组，只有在清晰地掌握了空中目标的身份、机型、数量等属性特征，以及运动状态参数等信息后，才能逐渐判明确空中目标群组的组成究竟是什么编队或集群。

1. 群组分类

群组的活动通常具有更高级别的军事行动意义，能够完成更多的作战任务，发挥更多的军事功能[32]。例如，海上舰艇编队大致分为航空母舰编队（战斗群）、一般战斗舰艇编队和海上护航运输编队三大类型，不同的编队可以达成不同的军事目的，即能完成指定的作战任务。群组与作战部署和作战行动关系密切，由此可将群组区分为以下几种。

（1）联合作战任务/行动中的群组：主要包括联合火力打击力量群组、联合兵力投送力量群组、穿插部（分）队、先遣支队、袭击部（分）队、运动保障队、联合预备队、联合护航行动力量群组、联合搜救行动力量群组、联合战场遮断力量群组、联合兵力封锁力量群组、联合火力封锁力量群组、潜伏与伏击力量群组、精确火力打击力量群组及特种部队夺控行动力量群组等。

（2）陆军作战行动中的群组：主要包括进攻行动力量群组、防御作战行动力量群组、保障行动力量群组、陆军航空兵作战行动力量群组、合同攻击行动力量群组及合同防御行动力量群组等。

（3）海军作战行动中的群组[33]：主要包括海上侦察/巡逻行动力量群组、海上合同对岸打击行动力量群组、海上合同攻击舰艇编队、海上合同攻击潜艇编队及潜艇编队等。

（4）空军作战行动中的群组：主要包括航空兵对地突击行动力量群组、航空兵对空作战行动力量群组、空中侦察/巡逻力量群组、空中电子战行动力量群组、轰炸机对地/海轰炸群组及空中指挥力量群组等。

（5）导弹部队作战行动中的群组：主要包括指挥中心群组、通信枢纽群组、发射阵地群组、后勤补给中心群组、集结地域群组等。

2．群组特征

由于不同群组功能不同，完成的作战任务也不同，因此不同类型的群组自然具有不同的特征。类似于目标特征，群组特征也可以从物理、功能、认知、环境和时间等维度进行描述。

1）物理特征

物理特征是指群组不通过化学变化所表现出来的性质，如状态、光学特征等。

- 几何特征：群组的队形、占据的空间大小或覆盖的面积等。
- 结构特征：群组结构中目标的类型、数量和性质等。
- 位置特征：群组所处地理位置、群组中各目标的前后、上下和左右的间隔特性等。
- 辐射特征：群组成员对热、光、声音、雷达等具有的辐射特征。
- 电磁特征：群组成员对雷达和无线电传输具有的电磁特征。
- 机动特征：群组中各成员的机动特性，如速度、加速度等。

2）功能特征

功能特性描述了群组能够完成任务的类型及完成任务可能采取的方法，是对群组的功能状态的刻画，主要包括以下方面。

- 群组的活动特性：如集结、展开和行进等。
- 群组的工作状态：如侦察、电子对抗、武器发射等。
- 群组的功能表现状况：如空中袭击编队中的侦察成员、掩护成员和攻击成员的表现。
- 群组的强点：如侦察探测、打击、机动和防护等各个维度上作战能力的综合表现。
- 群组的弱点：如机动、防护或探测等方面存在的脆弱性。

3）认知特征

群组的认知特征主要描述群组成员是如何协作并发挥其整体功能作用的，对识别群组的强弱点和关键节点十分重要，主要包括以下方面。

- 群组的信息处理方式：如集中式、分散式等。
- 群组中各成员的角色分配：如指挥者与指挥对象、支援与受援等。
- 群组中各成员间的协同关系：如火力打击、预警侦察等。
- 群组完成任务的类型和数量：大多数群组具有多用途特性等。
- 群组的综合作战能力：群组成员具有互补性、群组表现出更强大的作战能力等。

- 群组的战术意图：如攻击、干扰和欺骗等。
- 群组的威胁程度：群组主角在其他成员协作下表现出更大的威胁性。
- 群组的重心和关键节点：群组作战能力的源泉。

4）环境特征

群组所处的环境特征影响到作战人员观察群组的手段和方法的选取。需要考虑的环境特征主要包括：

- 影响群组活动的气象条件；
- 影响群组的地形条件；
- 群组可能采用的拒止与欺骗措施；
- 群组活动的周边情况；
- 群组活动所依赖的保障基地等。

5）时间特征

群组的时间特性主要涉及群组活动的存续时间特性，这对探测、打击目标及战机选择具有重要参考价值，主要涉及以下内容。

- 暴露时间：群组活动在指定作战地域内出现时间的预计。
- 停留时间：群组在某个指定空间位置停留时间的估计，通常与群组成员的机动特性有关。
- 作用时间：主要涉及群组遂行作战任务过程中，各群组成员完成其所承担相应任务的所需时间的估算等。
- 识别时间：主要是指从发现到确认和辨识出群组所需的时间等。

4.6.3 体系认知要素及特征

与群组相比，作战体系（Combat System of Systems）是由可独立执行某项或某些作战任务的不同作战系统组成的层次更高、规模更大，各作战分系统之间协调和配合更加紧密的作战系统[34]。作战体系对象是一体化联合作战的一个十分复杂而重要的态势认知对象[35]，其要素组成如表 4-13 所示。

表 4-13 作战体系的要素组成

种　类	主　要　内　容
指挥体系	指挥机构体系、指挥所体系和指挥信息系统等
火力打击体系	陆上火力打击体系、海上火力打击体系、空中火力打击体系、太空火力打击系统和导弹火力打击系统等

(续表)

种　　类	主　要　内　容
信息对抗体系	信息进攻体系、信息防御体系等
侦察情报体系	航天侦察情报系统、临近空间侦察系统、空中侦察情报系统、地面侦察情报系统、海上侦察情报系统和信息作战侦察体系等
保障体系	作战保障体系、后勤保障体系、装备保障体系和信息保障体系等

1. 作战体系分类

1）指挥体系

指挥体系是由各级、各类指挥机构按照指挥关系构成的有机整体，是军队履行指挥职能且相对稳定的组成形式[36]。指挥体系主要由指挥机构体系、指挥所体系和指挥信息系统三部分构成。

（1）指挥机构体系：是指由负责整个作战体系的联合作战指挥官和其下属的指挥官及人员构成的体系。根据战役规模，指挥机构体系可能分别包括一层、两层或三层指挥结构。每场战役都有一个联合战役指挥机构，在小型战役中，它直接对下级作战部队和战术部队进行指挥控制。在以特定战区方向为重点的中型战役中，还设置了联合战役指挥机构与军种基本战役军团指挥机构。在以整个战区为重点的大型战役中，军种高级战役军团指挥机构处于联合战役指挥机构和军种基本战役军团指挥机构之间。

（2）指挥所体系：是指作战体系内各级指挥官使用的物理场所和基础设施。指挥所体系嵌入指挥机构体系的所有层级和不同地理位置。该体系包括许多指挥所，具体数量、类型和位置由预想的战役决定。这些指挥所内设置了各种职能部门，职能部门的数量和类型由指挥所的功能决定。通常，基本指挥所是为指挥机构体系内的每一位指挥官设立的，始终位于指挥机构体系的最高层级；前进指挥所则始终位于指挥机构体系的最低层级。每个指挥所都包括一个或多个根据任务组建的部门。基本指挥所通常由作战部门、情报部门、通信部门、军务部门、保障部门和其他（如政治、宗教等民事工作）工作部门组成。

（3）指挥信息系统：是作战体系内各级司令部和所有部队之间的纽带，为各级指挥官提供态势感知和决策支持。所有指挥所、指挥层级甚至许多作战部队都有指挥信息系统。其构成主要包含指挥控制系统、军用信息基础设施、侦察情报系统和综合保障信息系统等。

2）火力打击体系

火力打击体系主要由利用各类动能火力装置组成的系统和作战平台组成[37]，主要包括陆上、海上、空中、太空和导弹等火力打击体系。

（1）陆上火力打击体系：是作战力量体系中开展进攻性和防御性地面（陆军）战役的主要体系。该体系包括坦克和步兵部队，以及陆军航空兵、炮兵和陆军导弹部队等。该体系通常分为两类：一是陆上进攻作战体系，涉及的陆上进攻战役主要有机动进攻战役、阵地进攻战役和城市进攻战役，以及联合战役中的诸如岛屿进攻战役、登陆战役和联合火力打击战役等。陆上进攻作战体系主要由突击集团、牵制集团、佯动集团、阻援集团等组成。

二是阵地防御体系，开展防御性地面战役以支持各种联合战役。阵地防御体系主要由守备集团、机动集团、游击集团和其他部队等组成。

（2）海上火力打击体系：主要由武器系统、支援保障系统和作战管理系统等三部分组成，根据现代海战场的主要作战领域和作战样式可以分为水下作战体系、水面作战体系，以及自动化指挥控制与电子/信息战作战体系。

（3）空中火力打击体系：由各类空中进攻力量和空中防御力量组成的体系。空中进攻力量可实施空袭行动，也可在其他力量实施的袭击中提供作战支援，如运用轰炸机、战斗机、武装直升机及无人机对敌方的海洋、地面、空中及空间目标实施远程精确打击。

（4）太空火力打击系统：由可以通过动能和非动能攻击、削弱或摧毁敌方天基平台，以及来自太空的敌方导弹攻击的进攻力量和防御力量组成。其组成包括反卫星系统、反卫星导弹和定向能武器等。

（5）导弹火力打击系统：由导弹及其配属的各种装备和设施组成的武器系统，是独立遂行作战任务的最小实体作战单元[38]。导弹武器系统一般装载于导弹作战平台。导弹作战平台是指装载、运输、发射、制导、控制导弹的作战平台，主要包括有人/无人车辆、飞机、舰艇/潜艇、预置武器、空天飞行器等。

3）信息对抗体系

信息对抗体系是将综合电子信息系统（包括情报侦察系统、指挥控制系统、电子战系统、信息传输系统、导航定位系统和其他信息系统等）作为对抗能力的物质技术基础，实现综合信息系统互联、互通、互操作的融合功能，实现对抗单元、要素和系统的整体联动。其含义主要体现在融合各种信息对抗要素、形成联合作战体系、具有强大整体作战能力等几个方面[39]。信息对抗体系的作用是实现并维持作战体系的信息优势，同时力图削弱或破坏敌方在信息化战场中的作战体系，主要包括信息进攻系统和信息防御体系。

（1）信息进攻体系：主要有四类，一是电子进攻系统，是指利用许多干扰技术来削弱、妨碍甚至摧毁敌方的各种电子系统，如雷达干扰、通信干扰、光电干扰、导航干扰和水声干扰等；二是网络进攻，是指通过削弱、破坏或摧毁等方式成功发动攻击，或控制敌方的信息网络，通过网络渗透或病毒攻击实现目标网络的边界突破，如网络控制、阻塞攻击、指令攻击、欺骗攻击、病毒破坏、电磁破坏等；三是心理进攻，是指通过开展心理战，以便通过抑制敌方士兵士气并摧毁其意志破坏敌方军事力量的作战效能，如心理宣传诱导、心理威慑、心理感化、心理欺骗等；四是信息设施摧毁，是指从物理结构上破坏或摧毁无法通过软打击（如电磁干扰）破坏或摧毁，或无法通过网络进攻发动攻击的信息设施或平台，如反辐射摧毁、定向能摧毁、火力打击和特种破坏等。

（2）信息防御体系：旨在阻止或减轻信息、信息化系统、信息化网络和人员士气在电子、信息和心理领域的损害，主要有四类，一是电子防御配系，是指阻止敌方对雷达、侦察系统、通信设备和信息系统的电磁抑制，如电子隐蔽、电子欺骗和辐射源组网等；二是网络防御，是指阻止敌方入侵和销毁信息，以确保高效的网络操作，如反病毒攻击、反黑客攻击、网络恢复、防电磁泄漏和网络使用管理等；三是心理防御，是指抵御或减轻敌方心理进攻和战争造成的心理创伤，如心理激励、心理调适、心理耐受和心理医护等；四是防摧毁，是指防止信息系统和设施受到敌方火力、电磁、高功率微波和高能激光攻击。

4）侦察情报体系

侦察情报体系，是由侦察情报各组成要素构成的有机整体，包括情报侦察体制、侦察情报运行机制、侦察情报力量、侦察情报手段、侦察情报装备和侦察情报理论等[40]，旨在收集情报并提供各战场作战体系态势感知，主要包括以下系统。

（1）航天侦察情报系统：通过天基平台提供国家战略侦察、战场侦察和预警，由导弹预警卫星、电子侦察卫星和各种成像侦察卫星组成。

（2）临近空间侦察系统：从运行在大气空间和外层空间之间区域（在海拔 20～100 km 之间）的平台提供国家战略侦察和战场侦察，如平流层太阳能无人机、平流层飞艇、自由浮动气球和遥控滑翔飞行器。

（3）空中侦察情报系统：通过机载平台提供国家战略侦察、战场侦察和预警，如侦察机、无人侦察机和预警机等。

（4）地面侦察情报系统：通过移动和固定的陆基平台提供国家战略侦察、战场侦察和预警，如地面雷达网、无线电技术侦察网、对空观察哨网和对潜声呐侦察网等。

（5）海上侦察情报系统：从海基平台对海面和海面下方进行战略和战场侦察，如对海雷达侦察网和对潜声呐侦察网等。

（6）信息作战侦察体系：提供对敌方各种电子平台、信息网络和心理节点的战略侦察和战场侦察，如电子侦察、网络侦察和心理侦察等。

5）保障体系

保障体系是指在联合作战中，利用信息网络系统发挥各保障单元的综合效益，采取集优联保的方式方法，对诸军兵种的作战、信息、后勤和装备实施的整体保障，为作战体系中的指挥体系、作战力量体系和侦察情报体系等提供广泛的保障功能，主要包括以下体系。

（1）作战保障体系：为指挥人员提供支援，使其能够顺利执行作战任务，主要包括工程保障、核化生防护、作战伪装、气象水文保障、测绘保障、交通保障、战场管制、侦察情报保障和通信保障等。

（2）后勤保障体系：有效利用现有物资储备，并对作战部署的作战体系和部队的后勤需求做出正确、快速响应，主要包括物资保障、卫生勤务保障、运输保障和基建营房保障等。

（3）装备保障体系：最初为作战部队配备必要的装备和弹药，随后为作战部队重新补给必要的装备和弹药，主要包括装备调配保障、装备维修保障、装备管理和弹药保障。

（4）信息保障体系：也称军事信息基础设施，为作战体系的所有组成部分和功能提供信息和通信基础设施、导航和定位信息及信息安全/信息保障，主要包括信息传输系统、信息处理平台、导航定位系统和信息安全保密系统等。

2. 作战体系特征

不同类型的作战体系具有不同的特征，这涉及对作战体系的拓扑结构分析、关键节点和强弱点的研判，以及交战手段的选取和作战效果的评估。同样地，作战体系特征可以从物理、功能、认知、环境和时间等维度进行描述。

1）物理特征

作战体系物理特性主要包括以下方面。

- 拓扑结构：作战体系的结构组成、节点和边的数量等。
- 位置特性：作战体系中各节点的地理位置及配置的疏散或集中程度等。
- 辐射特性：作战体系中各节点对热、光、声音、雷达等具有的辐射特征。
- 电磁特征：作战体系中各节点对雷达和无线电传输具有的电磁特征。

2）功能特征

功能特征描述了作战体系功能、活动程度和功能状态等。作战体系中有些体系的功能特点很难辨别，主要包括以下方面。

- 体系功能保持的程度（用比例或百分比表示）：如侦察体系中某些节点遭受打击或压制后导致作战体系在某些方位上的侦察范围受到压缩等。
- 体系的自我修复能力：如体系功能的适应性、抗毁性等。
- 体系的防护能力：如侦察体系中节点平台具有一定主动或被动防护能力。
- 体系节点的重要度：如体系中某些节点一旦遭受破坏，对其他节点功能发挥的影响、使体系整体性能下降的程度等。
- 必要的关系及这些关系的性质：如体系中某些节点间的侦察、火力打击、情报等作战环节的关联度。

3）认知特征

认知特征描述了作战体系整体功能维持需要考虑的一些特征，这些认知特征对体系整体功能来说是至关重要的，主要包括以下方面。

- 作战体系的关键节点：如节点的度、介数和接近中心性等。
- 作战体系的脆弱点：分析节点对系统性能的影响程度。
- 作战体系的稳健性：体系受到攻击情况的性能变化。
- 作战体系的体系作战能力：从侦察、信息、火力、防护等维度分析的体系能力。
- 作战体系的重心分析：从关键节点和关键脆弱性节点等分析作战体系。

- 作战体系的威胁程度：基于体系作战能力和意图等分析的威胁程度。

4）环境特征

有些环境特征影响到作战体系的功能作用，主要包括以下方面。

- 大气条件：如温度和能见度影响火力打击的范围等。
- 地形特征：如地形、植被、土壤、海拔等可能影响到侦察探测。
- 伪装欺骗措施：影响到体系功能或作用产生的效果，如打击毁伤率、探测虚警率等。

5）时间特征

时间特征主要描述了作战体系暴露出来的，被敌方相关设备探测和武器系统攻击的弱点，或其他与可供利用的时间有关的弱点。体系时间特征主要包括以下方面。

- 暴露时间：作战体系中某些节点（如飞机、舰船）在指定作战地域内出现的预期时间。
- 停留时间：作战体系中某些节点预计停留在某个位置的时间（如预警机空中盘旋飞行时间等）。
- 作用时间：如作战体系中某些节点受油料、器件连续工作时间的限制等。

4.7 本章小结

本章从海、陆、空、太空、赛博和电磁域，以及战场环境角度，对战场态势要素进行了详细的讨论，并以认知对象视角分析了目标、群组、体系三个层面的战场态势要素及其特征。随着武器装备技术的发展和作战样式的不断创新，战场态势要素的内涵和外延也在不断发展，其体系也会变得更加丰富和完善。

本章参考文献

[1] 于淼. 枢纽态势论[M]. 北京：军事科学出版社，2013.
[2] Department of the Army Headguarts. Army Training And Doctrine Command，Version 1.5，Pamphlet 525-3-1，The US Army In multi-Domain Operations 2028[R]. US Training and Doctorine Command, 2018.
[3] 朱国磊，王光远. 作战标图指南[M]. 北京：蓝天出版社，2013.
[4] US Joint Chiefs of Staff. Joint publication 3-0. Joint operation [M]. Washington D.C.: Joint Staff, 2011.
[5] 刘纯，刘洁，吴静青. 引导打击与近距离空中支援作战分析[J]. 火力与指挥控制，2019，44(9)：7-12.
[6] 魏晨曦. 太空战及其作战环境[J]. 中国航天，2001(10)：40-45.
[7] 曾德贤，李智. 太空态势感知前沿问题研究[J]. 装备学院学报，2015，26(4)：71-75.
[8] 李守林，李剑. 世界各国应对未来太空战的举措[J]. 国防科技，2005，26(10)：47-51.
[9] 徐伯权，王珩，周光霞. 理解和研究 Cyberspace[J]. 2010(1)：23-26.

[10] 邱洪云，张彦卫，关慧，等. 论赛博空间的基本特征[J]. 空间电子技术，2013(2)：95-100.

[11] 李世楷，王劲松，樊永涛. 网络空间作战态势感知过程探析[J]. 装甲兵工程学院学报，2017，31(6):96-100.

[12] 王源，张博. 赛博武器的现状与发展[J]. 中国电子科学研究院学报，2011，6(3)：221-225.

[13] 张军奇，柯宏发，祝冀鲁. 赛博作战力量的核心能力及其建设要素初探[J]. 兵器装备工程学报，2016，37(1)：147-150.

[14] 王憬，贺筱媛，吴琳，等. 面向联合作战的赛博态势关键技术研究[J]. 指挥与控制学报，2015，1(2)：208-213.

[15] 范爱锋，程启月. 赛博空间面临的威胁与挑战[J]. 火力与指挥控制，2013，38(4)：1-4.

[16] 严丽娜，刘志娜，孔祥泽. 网络空间战场态势感知影响因素研究[J]. 通信技术，2016，49(12)：1211-1216.

[17] 辛丹，盖伟麟，王璐，等. 赛博空间态势感知模型综述[J]. 计算机应用，2013，33(S2)：245-250.

[18] 李明，脱永军，黄云霞. 网络空间态势感知模型及应用研究[J]. 通信技术，2016，49(9)：1676-1679.

[19] 李峥，旷生玉，余康. 电磁态势演进与发展思考[J]. 电子信息对抗技术，2019，34(4)：44-49.

[20] 张博，张云鹏. 联合作战电磁态势生成面临的挑战与对策[J]. 国防科技，2018，39(1)：107-180.

[21] 钱明. 美国海军"电磁机动战"理论[J]. 国防科技，2017，38(2)：102-104.

[22] 刘光明，苏天祥. 战场电磁态势生成体系结构研究[J]. 雷达与电子战，2017(1)：18-24.

[23] 冯德俊，朱江，李方伟. 战场电磁态势感知关键技术研究[J]. 数字通信，2013，40(5)：20-23.

[24] 薛本新. 通用战场环境态势图研究[J]. 军事运筹与系统工程，2008，22(3)：17-22.

[25] 张为华，汤国建，文援兰，等. 战场环境概论[M]，北京：科学出版社，2013.

[26] 郝维平，邸奇光，王纪证. 未来战场信息环境研究[J]. 航天控制，2005，23(2)：11-14.

[27] 辛元. 美军联合信息环境解析[J]. 知远防务评论，2018(8)：16-32.

[28] 池亚军，薛兴林. 战场环境与信息化战争[M]. 北京：国防大学出版社，2010.

[29] 邓连印，申志强. 基于美军互操作作战图族的战场态势一致性研究[J]. 航天电子对抗，2018，34(3)：60-65.

[30] 王寿鹏，刘良，刘伟. 美军联合作战目标工作研究及启示[J]. 舰船电子工程，2021，41(2)：5-9.

[31] 本书课题组. 美军《联合目标工作条令》(JP3-60)[M]. 北京：军事科学出版社，2016：12-14.

[32] 丁迎迎，李洪瑞. 基于方位信息的群组目标识别算法[C]. 第6届中国信息融合大会，2014：421-424.

[33] 徐勇，高天孚. 航母编队目标识别能力需求研究[J]. 舰船科学技术，2014，36(7)：142-145.

[34] 李赟. 基于复杂网络社区探测的作战体系目标分群方法研究[D]. 长沙：国防科技大学，2013.

[35] 王勇男. 体系作战制胜探要[M]. 北京：国防大学出版社，2015.

[36] 罗金亮，茆学权，刘洋，等. 作战指挥体系网络结构建模及评估研究[J]. 中国电子科学研究院学报，2018，13(6)：642-649.

[37] 李文章，王瀛. 战场体系目标毁伤效果评估研究[J]. 舰船电子工程，2011，31(3)：9-13.

[38] 刘立佳，李相民，李亮. 多防线要地防空体系目标拦截能力评估[J]. 海军航空工程学院学报，2014，29(5)：486-490.

[39] 王琦，杨会军. 基于大数据、云计算的信息对抗体系设想[J]. 航天电子对抗，2017，33(4)：4-7.

[40] 朱党明，刘丽，汤雪琴. 海天一体侦察情报体系融合问题研究[J]. 海军学术研究，2017(1)：50-52.

第 5 章 面向群组的战场态势要素认知方法

群组（Group），常称群，是指在空间和时间上具有相似性，运动上具有某种一致性，同时具有相同敌我属性的目标集合。群组的规模可大可小，可以是一个编队，也可以是若干个编队或目标组成的集群。在战场态势认知中，群组是遂行作战任务、进行作战兵力运用的基本单元，群组威胁相比于离散目标实体更难以判断和应对。在实际作战中，由于对敌方兵力运用难以清晰掌握，对敌方群组的识别是十分困难的，往往先将敌方目标进行初步分群，再通过不断掌握属性特征、任务状态，逐步形成对敌方群组的进一步判断。面向群组的战场态势认知是由战场实体客观的"态"向战场整体"势"的认知的桥梁，为作战应用提供敌方兵力组成、运用与协作方式的认知结论。本章将讨论面向群组的几种典型战场态势要素的认知方法，包括群组识别方法、群组行为意图识别方法、群组作战能力量化方法和群组威胁估计方法，供读者参考。

5.1 群组识别方法

群组识别通过将单目标聚合为任务群来清楚地表征兵力结构及其协作关系，减轻对敌方作战能力、作战企图、作战策略分析的难度。该过程也称兵力聚合（Force Aggregation）[1]，是通过对目标间关系的深层抽取和同类关系的聚合，将单一目标逐渐聚类为群组，并对群组进行分类识别，以满足指挥决策需求。

本节主要针对群组识别问题，通过分析群组的分类，建立群组识别的数学模型。同时，按照特征选择、距离度量、分类方法等特点，将群组识别方法分为两类，一类是几何位置聚类方法（基于单个时刻状态数据），主要适用于目标位置变动小、队形较为固定的情况，如海上作战群、空中大型机作战群等；另一类是动态轨迹聚类方法，主要适用于运动灵活性高、队形动态变化、目标数量多等情况，如空中战斗机群、轰炸机群等，由于队形不固定，而且在大规模混编情况下群组存在交叉等原因，需要结合目标的航行轨迹进行更准确的分组和队形识别。

5.1.1 群组识别过程

群组识别在本质上是对战场目标的聚类问题[2]，可通过目标实时状态数据、目标航行轨迹等进行聚类。经典且常用的是基于时间切片的静态聚类方法，即通过某一时刻（主要是当前时刻）的目标状态数据进行群组识别，主要包括 k-均值（k-means）算法[3]、最近邻算法[4]、空间划分算法[5]等。这些算法对海战场、空战场及陆战场中的目标能够取得良好的群组识别效果，但需要提前确定好分群个数、距离特征、分群阈值等先验信息，在应对包含不确定性信息的战场态势认知问题中可能会导致性能下降；而且，随着目标个数、特征数据维度的增加，算法的收敛速度也会减缓，会对战场态势认知效率产生一定的影响。为了解决动态性高、维度大、目标协同关系复杂等问题，复杂网络社区探测[6]、深度学习[7,8]等新兴技术被应用到群组识别中，经过试验，效果得到提升。然而，战场信息瞬息万变，战场目标的状态也在时刻改变，群组的动态变化性更高，因此仅基于单个时刻状态数据的静态聚类方法会导致目标分群不及时、不准确。为了解决这一问题，基于目标轨迹数据的动态聚类方法[9]得到发展，该类算法能够结合目标运动特征及状态特征进行群组识别，能够针对目标的任务执行过程进行合理的分群。

群组识别的过程主要分为四步，如图 5-1 所示。第一步是对态势数据进行预处理，形成态势样本数据集，包括实体的状态数据、属性数据等；第二步是针对分群的目的，从样本数据集中提取相应的特征，如目标之间的距离度量特征等；第三步则利用提取的特征进行聚类，将样本数据集按照特征聚类的结果进行分群；第四步得到群组识别结果，包括识别出的群组个数、目标的隶属关系等。

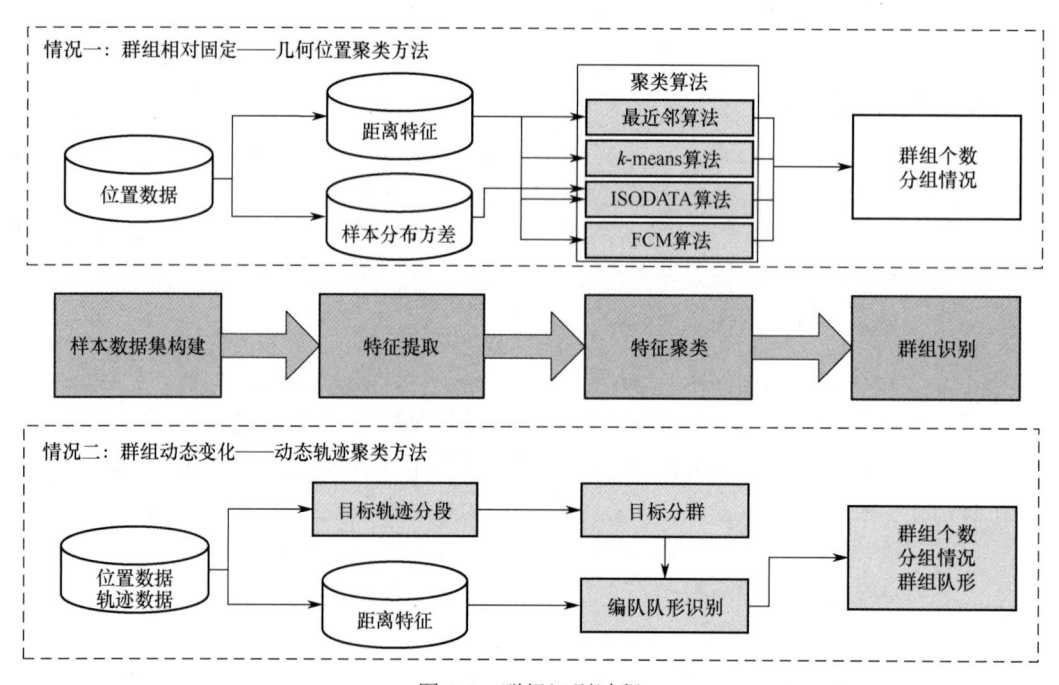

图 5-1 群组识别过程

具体来说，本小节主要考虑以下两种情况，即按照群组的变化特点分为相对固定和动态变化两种。

（1）群组相对固定的情况：目标的分群比较固定，因此基于目标间的位置特征即可实现分群，如欧式距离、分布方差等；而聚类方法上则可选用多种算法（对应不同的分群情况，如分群个数是否已知、聚类中心是否能够提前确定等）。本章统称为几何位置聚类方法，由于欧式距离等特征的提取方法相对简单，因此下文主要针对可选的聚类算法进行讨论。

（2）群组动态变化的情况：即可能出现分群、合群的场景，特别是可能存在通过群组的变化故意隐藏作战样式。在这种情况下，一方面要能够准确识别出群组情况，另一方面要消除群组外目标的影响（如短时间的合并等）。在该情况下，仅靠位置特征难以准确识别群组的变化情况，需要结合目标的动态轨迹，因此本章提出动态轨迹聚类方法，通过将位置特征与轨迹特征相结合，实现更准确的群组识别。

需要特别说明的是，本书所指群组的概念与编队的概念是有区别的，其中群组中的目标实体可能不具备特定的编队形态，会根据任务需要进行变化，而编队则是指在间隔、距离和高度差上通常保持一定队形特征的群组。因此，在图 5-1 的情况二中，采用了先识别群组、再识别编队队形的技术思路，只有先将群组识别出来，才能进一步识别可能的编队队形。

5.1.2 几何位置聚类方法

群组识别问题与模式识别中的聚类分析问题相似，目前，已有很多聚类分析算法应用到群组识别问题中。聚类分析算法通常是按照某种聚类准则将数据分组，并将每个数据组分类为不同的群。在群组识别应用中，通常以某个时刻目标的状态信息集合（静态特征）为数据样本，由此计算特征变量集合，并选择合适的相似性或距离度量作为聚类准则，将具备不同特征的数据样本表征为不同的聚类结果。

利用几何位置聚类分析算法进行群组识别的基本过程可以用以下五个步骤来描述。

步骤一，目标状态数据预处理，选取样本数据集。

步骤二，定义特征变量集合来表征样本集，其中的特征可以是直接选择的状态属性，也可以是经过计算后的特征。

步骤三，计算特征变量的相似性，并按照选定的聚类准则划分样本数据，同时利用一个预先设定的相似性度量函数计算结果，并与相应的阈值进行比较，把符合条件的样本划分到同一组。

步骤四，检验分组结果是否具有实际应用意义，包括各群组间的特征差异是否特别明显、群组内的目标是否强相关等；如果不符合，则重新划分。

步骤五，反复执行步骤三和步骤四，直到满足某种停止准则。

根据战场目标的特性，在选定特征相似性度量方法、相关检验及停止准则后，可得到一种可实施的群组识别算法。可用的算法包括最近邻算法、k-means 算法、迭代自组织数据分析（ISODATA）算法、模糊 C 均值（FCM）算法等，其对比分析如表 5-1 所示。

表 5-1 常用聚类算法对比分析

名 称	分类	聚类依据	特 点
最近邻算法	硬性聚类	目标与聚类中心的距离	① 是一种基于试探的聚类分析算法,具有直观、无须先验统计知识等特点; ② 聚类的准确性取决于距离阈值的选取,太大则合并,太小则分离
k-means算法	硬性聚类	目标与聚类中心的距离	① 需要给定聚类数目,同时选取对应的聚类中心目标; ② 根据聚类情况迭代修改聚类中心,能够不断逼近最优的聚类结果; ③ 算法的聚类准确率及收敛速度与初始设定的聚类数量和聚类中心强相关
ISODATA算法	硬性聚类	目标与聚类中心的距离、聚类标准差	① 加入分裂和合并操作,能够根据目标分布情况动态调整聚类数目; ② 需要提前设定合并和分裂条件,设定的标准会影响准确率; ③ 参数值的选择需要结合数据特征,实际应用时需要提前对数据进行分析
FCM算法	软性聚类	由目标与聚类中心的距离所定义的隶属度函数	① 需要提前确定聚类数目和隶属度函数; ② 主要过程就是不断修改聚类中心和划分矩阵,主要特点是对目标样本的模糊划分,其中的分群界限不是非1即0的划分方法,特别适用于群组界限不是很清楚的情况

本小节选取在聚类分析中应用最为广泛的 k-means 算法进行介绍,读者如有兴趣可查阅更多材料。k-means 算法是一种基于划分的聚类算法,其基本思路是:首先根据先验知识给定划分的聚类数目 k,并选取原样本数据集中的 k 个目标作为聚类中心;然后采用迭代方法通过计算各个目标距离聚类中心的距离,并移动聚类中心实现对原始样本数据集的优化聚类。利用数学公式可表示为

$$\min_{U,V} J(X,U,V) = \sum_{i=1}^{k}\sum_{j=1}^{n} u_{ij} \| x_j - v_i \|^2 \tag{5-1}$$

式中,$X = \{x_1, x_2, \cdots, x_n\} \subset R^s$ 是目标信息集合(n 为目标个数),经识别后得到的聚类记为 $X_1, X_2, \cdots, X_k$(k 为聚类个数,n_i 为 X_i 中包含的目标个数);$V = \{v_1, v_2, \cdots, v_k\} \subset R^s$ 为每个聚类的中心点;$U = (u_{ij})_{k \times n}$ 为聚类矩阵,u_{ij} 为第 j 个目标相对于第 i 个聚类的隶属关系,定义为

$$u_{ij} = \begin{cases} 1, & x_j \in X_i \\ 0, & x_j \notin X_i \end{cases} \tag{5-2}$$

$\| x - v \|$ 为定义的距离函数(如欧式距离)。

以 U 和 V 为自变量,极小化 $J(X,U,V)$ 的过程可以用以下迭代公式逐步计算:

$$\begin{cases} u_{ij} = \begin{cases} 1, \| x_j - v_i \| \leq \| x_j - v_h \|, \forall h \in \{1,2,\cdots,k\}, h \neq i \\ 0, 其他 \end{cases} \\ v_i = \dfrac{\sum_{j=1}^{n} u_{ij} x_j}{\sum_{j=1}^{n} u_{ij}} = \dfrac{\sum_{x_j \in X_i} x_j}{n_i} \end{cases} \tag{5-3}$$

迭代终止条件可以用计算前后聚类中心点的变化程度表示,即逐次迭代直到

$\|v_b - v_{b-1}\| \leqslant \varepsilon$，其中，$b$ 为迭代次数，ε 为给定终止条件。

综上所述，基于 k-means 算法进行群组识别的基本步骤可以归纳如下。

(1) 根据目标特征确定群组数量 k、距离度量函数 $d(x,y)$ 及终止条件 ε。

(2) 初选聚类中心点 $V^0 = \{v_1^0, v_2^0, \cdots, v_k^0\}$。

(3) 计算聚类矩阵 $U^1 = (u_{ij}^1)_{k \times n}$ 及对应的聚类中心点 $V^1 = \{v_1^1, v_2^1, \cdots, v_k^1\}$。

(4) 如果 $\max_{1 \leqslant i \leqslant k} \|v_i^1 - v_i^0\| \leqslant \varepsilon$，则跳转至 (6)；否则，跳转至 (5)。

(5) 令 $V^0 \leftarrow V^1$，跳转至 (3)。

(6) 给出群组识别结果 $U \leftarrow U^1$ 和对应的中心点 $V \leftarrow V^1$，迭代结束。

可以看到，k-means 算法能够在迭代过程中不断修正聚类中心点，并依据目标与中心点的距离大小进行分组，在选定合适的群组数量和群组中心后能够取得理想的划分。

5.1.3 动态轨迹聚类方法

几何位置聚类方法给出的是态势切片下的结果，适用于编组能够直观划分、队形固定的情况。对灵活性高、变化多样的空中群组来说，往往队形是随着时间变化的，特别是在高对抗性的情况下，可能通过队形变换来迷惑敌方，如群组内目标的相对位置不断变化或编组的合并、分裂等。对于这种情况，上述方法将无法给出稳定的结果，这时就需要结合其他的特征进行多维度的融合。例如，虽然空中目标可能仅在到达任务区域前才开始聚集并显现出清晰的群组模式，但在行进方向上具备趋同性，因此可以采用基于轨迹相似性的群组识别方法，能够根据目标的航行轨迹实现对具备相同运动趋势的目标的编组。通过融入目标航行轨迹，识别过程中将综合考虑目标一段时间内的运动趋势，能够综合衡量群组的动态变化。

动态轨迹聚类方法的主要思想是首先划分出能够表征目标最近运动特征的航迹段，然后利用航迹间的相似性实现目标的分组，最后结合队形特征进一步验证分组的合理性，同步给出队形识别结果。如图 5-2 所示，该方法主要可分为以下三个步骤来实现。

步骤一，目标轨迹分段。采用分段方法，找到各个目标历史轨迹的主要轨迹特征点，利用特征点之间的连线近似原轨迹。这一步主要是提取每个目标航迹中能够表征最近状态的数据段，如果此前目标存在转向、拉升等动作，则以执行这些动作之后的航迹段作为特征段；同时，提取特征点后，也能将特征段中微小的变化进行平滑，弱化小幅度变化带来的影响。

步骤二，目标分群。采用目标分群方法，逐次计算两两目标最新轨迹段之间的垂直距离、平行距离和角度距离，在此基础上计算得到运动趋势相似性度量函数，通过两两之间的对比分析，得到目标间的相似度矩阵，实现对目标的分群。这里的分群方法不再采用某个时刻的状态数据，而是基于对特征段的距离度量。

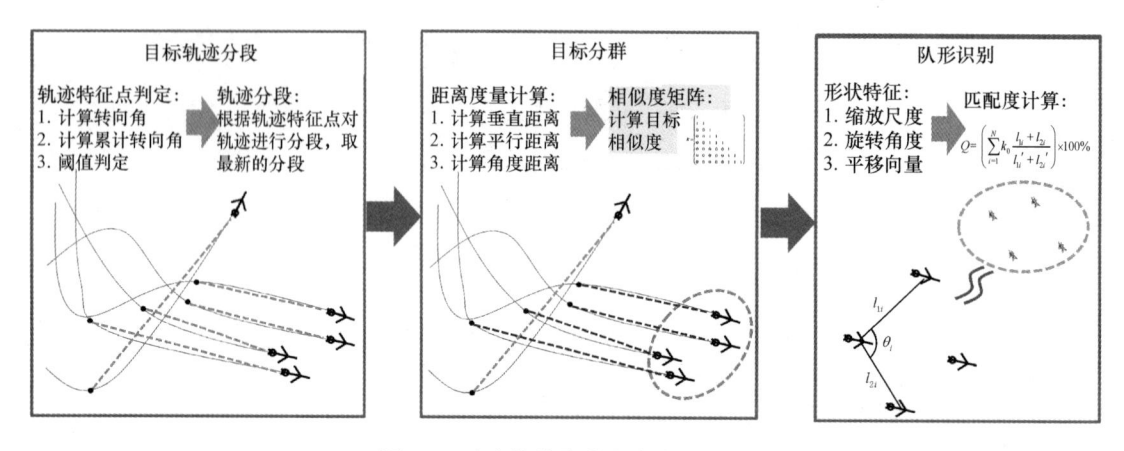

图 5-2　动态轨迹聚类方法总体思路

步骤三，队形识别。采用队形识别方法，依据典型编队队形的特征描述，计算每个编队与队形特征模板的特征匹配度，实现对实际编队队形的识别。这一步将在分群的基础上，进一步识别出编队的队形，主要依据的是几何位置数据。与常用方法不同的是，该方法是在已经分群的基础上进行的，识别的结果具有更高的准确性。

1. 目标轨迹分段

在对目标轨迹进行分段时，不是简单地将转向点作为分段点，因为在作战时，特别是空中目标，在接近作战目标时不会采用恒定的接近角度，为达到躲避的效果，目标往往采用曲折的接近路线，但总体呈现接近的趋势。在对轨迹进行分段时，需要略去这些小的转角点，找到整体的运动趋势。但是，也不能把所有的转角点都略去，以免对目标的运动趋势刻画得不精确，造成某些重要特征信息的丢失。因此，在对目标轨迹进行分段时，要进行综合考虑，既要能够准确找到最小数量的能够准确描述轨迹特征的点，又不能丢失轨迹特征信息。目标轨迹分段示意图如图 5-3 所示，其中的分段点称为轨迹特征点。

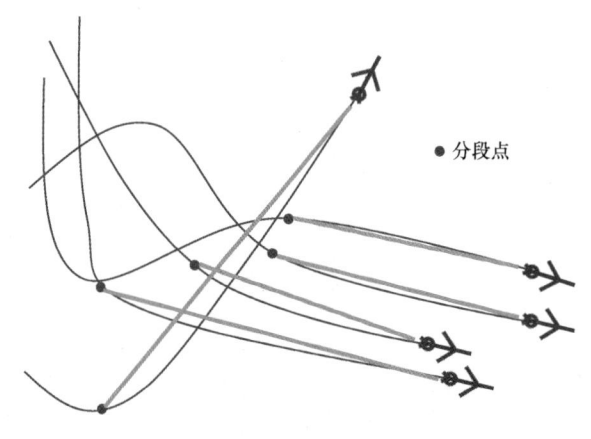

图 5-3　目标轨迹分段示意图

也就是说，轨迹分段的目标是在原轨迹中找出主要的轨迹特征点，利用特征点间的连线来近似原轨迹。在此过程中，对轨迹的分段要同时保证两个性质：准确性和简洁性。准确性要求特征点数量不能太少,否则不足以概括轨迹特征;简洁性要求特征点要利用尽可能少的点来概括轨迹特征。因此,要在特征点的数量上进行平衡。为达到该目标,采用基于最小描述长度(MDL)准则[10]的分段方法,具体定义为

$$L(H) = \sum_{j=1}^{par-1} \log_2(\text{len}(p_{c_j} p_{c_{j+1}}))$$

$$L(D|H) = \sum_{j=1}^{par-1} \sum_{k=c_j}^{c_{j+1}-1} \log_2(d_\perp(p_{c_j} p_{c_{j+1}}, p_k p_{k+1})) + \log_2(d_\theta(p_{c_j} p_{c_{j+1}}, p_k p_{k+1}))$$

(5-4)

其中,轨迹点集合定义为 $\text{TR}_i = p_1 p_2 \cdots p_j \cdots p_{\text{len}}$,特征点集合为 $\{p_{c_1}, p_{c_2}, \cdots, p_{c_{\text{par}}}\}$。式(5-4)中,$\text{len}(p_{c_j} p_{c_{j+1}})$ 表示 p_{c_j} 和 $p_{c_{j+1}}$ 之间轨迹段的长度,采用欧式距离,因此 $L(H)$ 代表的是所有轨迹段之间的长度的和,即按照轨迹特征点分段后形成的所有分段长度之和。而 $L(D|H)$ 表示的是分段后的轨迹与原轨迹段距离差的和。对于一个轨迹段 $p_{c_j} p_{c_{j+1}}$,距离差定义为这个轨迹段与其子轨迹段 $p_k p_{k+1}$($c_j \leq k \leq c_{j+1} - 1$)的距离差。距离差包括垂直距离和角度距离。

图5-4所示为某个目标轨迹的分段结果。其中,将 p_1 和 p_4 定义为轨迹特征点,那么上述两个特征量定义为

$$L(H) = \log_2(\text{len}(p_1 p_4))$$

$$L(D|H) = \log_2(d_\perp(p_1 p_4, p_1 p_2) + d_\perp(p_1 p_4, p_2 p_3) + d_\perp(p_1 p_4, p_3 p_4)) + \\ \log_2(d_\theta(p_1 p_4, p_1 p_2) + d_\theta(p_1 p_4, p_2 p_3) + d_\theta(p_1 p_4, p_3 p_4))$$

(5-5)

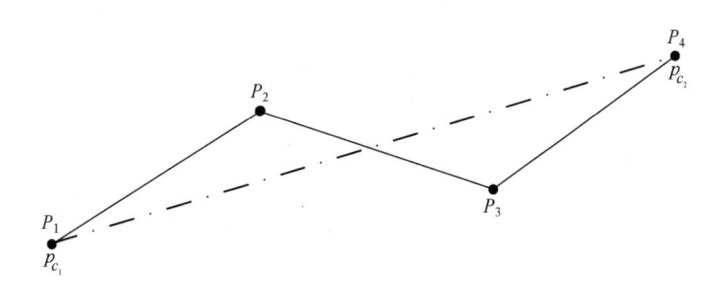

图 5-4 目标轨迹分段示例

对于一个给定的轨迹,选择特征点的准则就是该点为特征点时的 $L(H) + L(D|H)$ 要小于不选择其作为特征点的 $L(H) + L(D|H)$,所形成的算法流程如图5-5所示。具体步骤如下。

(1)以第一个轨迹点为起始点,步长为1,当前点为起始点与步长之和。

(2)计算起始点与当前点之间有特征点时的 $L(H) + L(D|H)$,记为 MDL_1。

(3)计算起始点与当前点之间无特征点时的 $L(H) + L(D|H)$,记为 MDL_2。

(4)如果 $\text{MDL}_1 < \text{MDL}_2$,则起始点与当前点之间有特征点,选取当前点之前的轨迹点

作为特征点集合中的一个元素，并把当前点作为起始点，并设定步长为 1；否则，则设定步长加 1。

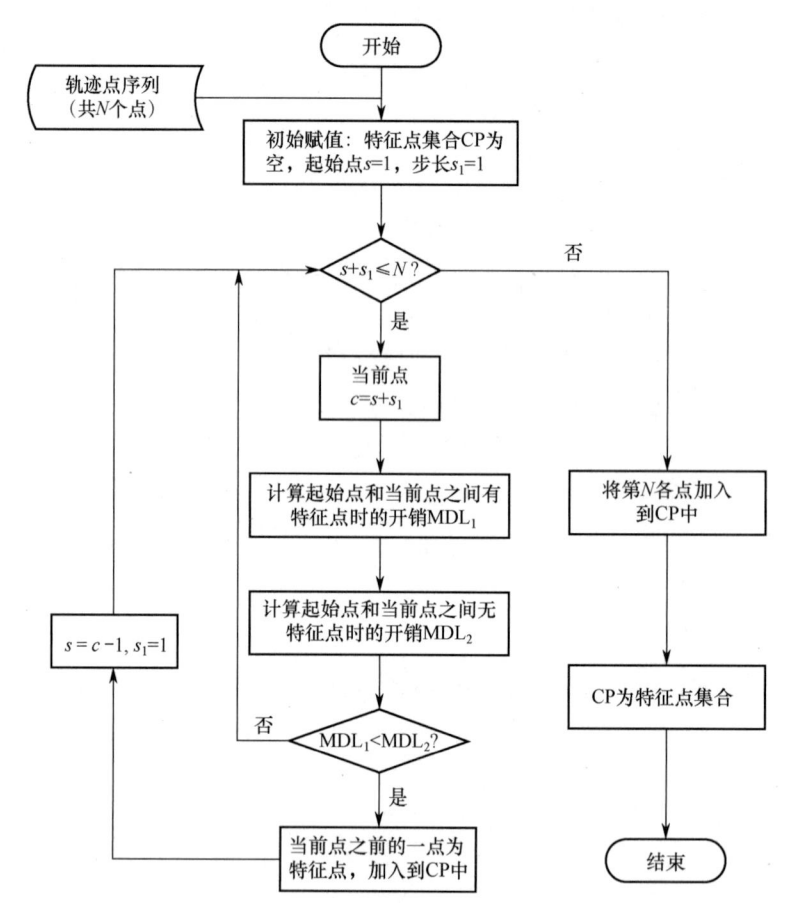

图 5-5 目标轨迹分段算法流程

（5）检验起始点加步长是否已超过总的轨迹点，如果超过，则结束；否则，重复（2）～（4）。

2. 目标分群

在对目标运动轨迹进行分段后，基于分段后的轨迹特征相似性度量进行目标分群。对于给定的任意两条线段，其长度及方向不一定相同，相似性的度量主要考虑以下三种情况，如图 5-6 所示。

情况一，给定两条同等长度、相互平行的线段，且两起点的连线或两终点的连线与两条线段垂直，那么可以用垂直距离 $d_\perp$ 来衡量它们的相似度，距离越近就越相似，如果这两条线段完全重合就意味着其完全相同，垂直距离 $d_\perp=0$。

情况二，情况一中，将两条线段沿其方向错位或改变其中一条线段的长度，在同等 $d_\perp$ 的情况下也会存在不相似性，这时只用垂直距离是不够的，需要用水平方向的差别来衡量，

即水平距离 $d_=$。

情况三，在情况二的基础上，将其中一条线段沿某一方向旋转，则两条线段的夹角越大，其相似度越小，因此又需要引入夹角距离 d_θ 的概念。

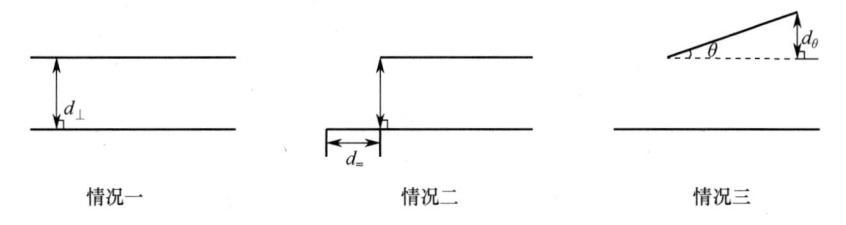

情况一　　　　　　　情况二　　　　　　　情况三

图 5-6　轨迹段的相似性度量

将垂直距离、平行距离和角度距离分别定义为

$$\begin{cases} d_\perp(L_i,L_j) = \dfrac{l_{\perp 1}^2 + l_{\perp 2}^2}{l_{\perp 1} + l_{\perp 2}} \\ d_=(L_i,L_j) = \min(l_{=1}, l_{=2}) \\ d_\theta(L_i,L_j) = \begin{cases} \|L_j\|\sin(\dfrac{\theta}{2}), & 0° \leqslant \theta \leqslant 90° \\ \|L_j\|, & 90° \leqslant \theta \leqslant 180° \end{cases} \end{cases} \tag{5-6}$$

式中各变量的含义如图 5-7 所示。

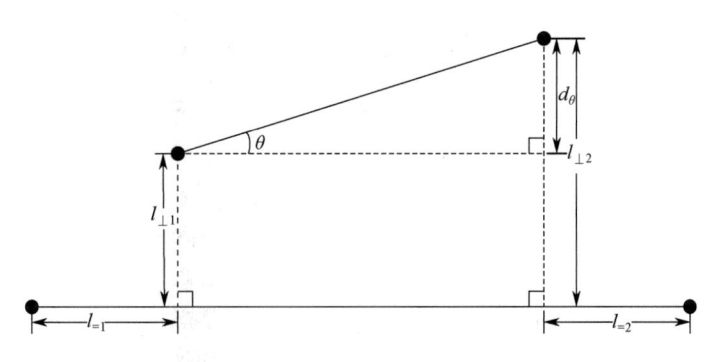

图 5-7　轨迹段间的距离函数

在此基础上，定义运动趋势相似性度量的距离函数为

$$\text{dist}(L_i, L_j) = \sqrt{d_\perp^2(L_i, L_j) + d_=^2(L_i, L_j) + \rho^2 d_\theta^2(L_i, L_j)} \tag{5-7}$$

由于角度距离代表方向的变化，而轨迹趋势的变化对距离函数的变化较为敏感，因此通常设置其权重大于垂直距离和平行距离，即 $\rho > 1$，如取为 1.2。

根据距离函数，定义轨迹的相似度值为

$$S_v(L_i,L_j)=\begin{cases}1, & 0\leqslant \text{dist}(L_i,L_j)\leqslant \varepsilon \\ e^{-k(\text{dist}(L_i,L_j)-\varepsilon)^2}, & \text{dist}(L_i,L_j)>\varepsilon\end{cases} \quad (5\text{-}8)$$

式中，k 为距离差系数；ε 为轨迹段平均距离。

对于我们分析的 n 个目标，当给定 $\lambda\in[0,1]$ 后，根据已经得到的相似度值，可以得到 $n\times n$ 维轨迹相似度矩阵 S，矩阵元素为

$$s_{ij}=\begin{cases}1, & S_v(L_i,L_j)\geqslant \lambda \\ 0, & S_v(L_i,L_j)<\lambda\end{cases} \quad (5\text{-}9)$$

例如，图 5-3 所示情况对于 5 个目标的轨迹，经过计算得到相似度矩阵

$$S=\begin{bmatrix}1 & & & & \\ 0 & 1 & & & \\ 0 & 1 & 1 & & \\ 0 & 1 & 1 & 1 & \\ 0 & 1 & 1 & 1 & 1\end{bmatrix} \quad (5\text{-}10)$$

表示这 5 组轨迹分成 2 个组内相似度较高的轨迹组，分群结果如图 5-8 所示。

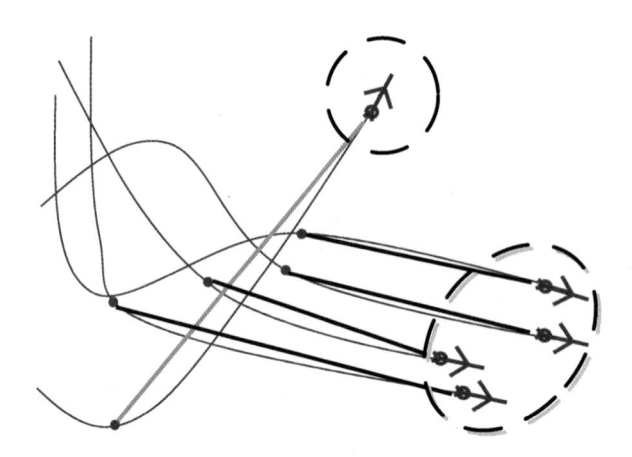

图 5-8 分群结果示意图

3．队形识别

在识别出目标的群组后，更重要的是识别可能存在的编队样式，以为下一步进行意图识别提供基础。根据典型作战队形知识，通常的编队是按照相对规则的几何形状进行的，因此利用几何形状匹配[11]进行队形的识别。具体步骤为：首先根据队形知识，利用规则几何形状的几何特征进行模板描述；然后针对实际目标，通过对目标描述特征进行匹配实现对编队队形的识别。通过进一步的队形识别，将使群组识别更科学、有效。

1）特征描述

编队队形的特征主要由目标的位置关系决定，具体为针对编队中的某个目标，由该目标的坐标、目标与其他最近两个目标的距离及与距离最近的两个目标连线之间的夹角表示，如图 5-9 所示。

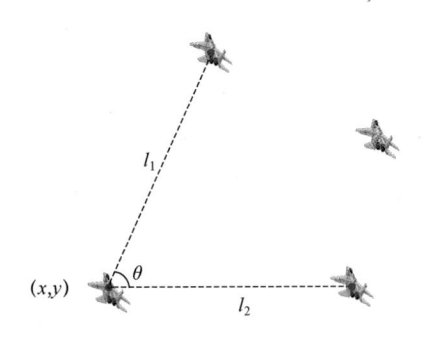

图 5-9　编队队形的特征描述

对于模板和实际目标编组，其特征描述分别以 (M_i) 和 (S_i) 的形式给出，具体为

$$M_i = (x_i, y_i, l_{1i}, l_{2i}, \theta_i) \\ S_i = (x'_i, y'_i, l'_{1i}, l'_{2i}, \theta'_i) \tag{5-11}$$

式中，x 和 y 是目标的坐标；l_1 和 l_2 分别为距离最近的两个目标与该目标之间的距离；θ 为两个最短距离连线之间的夹角。对于可能存在的相同距离，取组成最大夹角的两个相邻目标，相关参数按这两个目标来计算。

2）特征变换的估计

特征匹配的基本思想是，首先利用模板特征描述中的目标与实际可能的目标之间的匹配关系，得到一系列预测的目标变化参数；然后对每组预测参数进行评价，即根据预测参数得到模板特征描述中其他目标在实际场景中的估计，在一定容差范围内检测是否有实际的目标与之匹配，并得到对应的差异值，使差异值最小的目标编组即为最匹配的目标；通过设定一定阈值或进行排序，即可得到最终匹配的编队队形。

对目标进行分群后，为得到编组情况，取其中一个目标（这里取沿运动方向最前面的目标），将其特征与模板中的每个目标逐个进行匹配（这里同样取沿运动方向最前面的目标，并按顺时针进行比对）。当匹配到一个目标之后，继续对下一个目标进行匹配。其中，目标匹配的原则分为角度和长度两个部分，判定规则为同时满足以下两个条件。

（1）相邻两个最近目标连线之间的夹角与模板相近，满足 $|\theta_i - \theta'_i| < \delta$。其中，$\delta$ 是预先设定的角度容差阈值。

（2）目标与最近相邻两个目标的距离和与模板距离的比率相近，即 $k_1 = l_{1i}/l'_{1i}$ 和 $k_2 = l_{2i}/l'_{2i}$ 满足 $|k_1 - k_2| < \tau$。其中，τ 是设定的阈值，并取 $k_0 = (k_1 + k_2)/2$ 作为整体缩放尺度。

由此可以得到对变换参数 T 的估计。由于这里采用的是相对位置，因此对变换的旋转角度和平移向量不做考虑，主要考虑缩放尺度。按照上述匹配原则，每个目标都可以得到一个预测的缩放尺度，即变换参数 T_0。当估计出的参数具备一致性时，认为实际编队与模板匹配成功。

3）特征匹配度计算

从初始估计的变换参数 T_0 开始，对剩下的目标进行处理。定义 d_i 为根据估计的 T_0 计算得到的结果与实际的结果之间的匹配差异，即不相似程度，准确定义为

$$d_i = \begin{cases} 1, & \delta_i \geq \delta_{\max} \text{ 或 } \tau_i \geq \tau_{\max} \\ \dfrac{1}{2}\dfrac{\delta_i}{\delta_{\max}} + \dfrac{1}{2}\dfrac{\tau_i}{\tau_{\max}}, & \text{其他} \end{cases} \quad (5\text{-}12)$$

式中，δ_i 为角度差；τ_i 为缩放尺度差。这两个量均具备各自的边界限制，即 $\delta_{\max}$ 和 $\tau_{\max}$，实际中根据情况而定，这里选为 $\delta_{\max} = 20°$，$\tau_{\max} = 25\%$。

如果对该目标的匹配差异最小，且 $d_i < 1$，则认定为该目标匹配成功；否则匹配失败，即在当前估计的变换参数下没有找到匹配的实际目标。在匹配失败的情况下，需换一个模板目标重复进行上述匹配计算。

若对一个模板内的所有目标都匹配完成，则表明当前的编队符合模板的参数要求，可以认为当前编队是按模板的队形进行组织。定义一个匹配度 Q 来衡量总体的匹配度，即

$$Q = \left(\sum_{i=1}^{N} k_0 \frac{l_{1i} + l_{2i}}{l'_{1i} + l'_{2i}} \right) \times 100\% \quad (5\text{-}13)$$

式中，N 为模板中的目标个数，如果第 i 个目标匹配成功，则取实际长度；如果不匹配，则长度都取为 0。最终得到 $Q \leq 1$，取最大的 Q 对应的队形为当前编队的队形识别结果。

4．实例分析

为了验证动态轨迹聚类方法的性能，以空中目标为例，可通过仿真歼击机、轰炸机、预警机、电子战飞机及无人机等平台，并可设定目标的协同编组，以及横队、纵队、三角队、菱形队等编队队形。同时，记录相应的态势数据，以验证目标分群和编队队形识别算法。以记录的目标历史轨迹及当前的相对位置数据为输入，对目标进行分群和队形识别试验。

试验采取的场景中有 2 个编队，其中一架飞机脱离原编队后与另一编队重新组合，形成新的编队，原 4 机编队为菱形编队，重新组合后两个编队都采用三角编队，脱离时间为 3 分，汇合时间为 5 分 50 秒。运用上述算法对这些目标进行分群和识别，识别出的分组结果如图 5-10 所示。

可以看到，在目标脱离原编队后，由于目标的轨迹仍可以认为与其他目标相似，因此算法将其仍归类为原编组，说明算法有一定的容差范围，即在目标有小幅度的运动偏

差时,算法不会将其误认为是编队的分离;而在其汇入新的编队后,算法并不会马上认为其隶属于该编队,而是在一段时间后才将其归类为新的编队,这说明算法的容差范围对编队的合并是有效的。而队形识别的结果也有所差异,在目标脱离原编队时,由于仍认为是编队,但其队形不再符合菱形编队,算法无法识别此时的编队形状;而在目标汇入新的编队后,系统能够识别出三角编队。总的来说,该算法能够平滑滤除目标的小幅度波动,对编队的结果不产生影响,但队形识别由于要求的精确度较高,能准确地识别出队形。

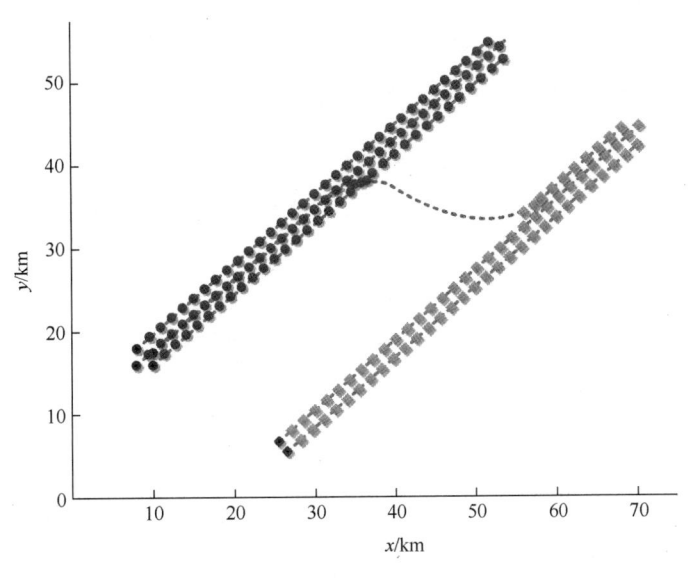

图 5-10 试验场景设定及分组结果

5.2 群组行为意图识别方法

对敌方行为意图的识别,能够为我方指挥人员的判断提供重要依据,方便指挥人员迅速做出决策。在现代化联合作战中,群组是作战兵力运用的基本单元,也是战术样式执行的行动单元,因此群组的意图识别显得尤为重要。具体来说,群组行为意图识别需要对战场态势信息进行分析推理,进而对敌方群组采取的作战设想、行动计划进行研判和评估。行为意图识别的过程就是态势特征向量与敌方意图集合映射匹配的过程,是一种模式识别的过程。针对群组意图识别的典型方法包括模糊推理、贝叶斯网络、深度学习、模板匹配等。这些方法有各自优缺点,例如深度学习通过构建多隐含层的神经网络,实现对战场态势中敌方作战样式、行为意图的识别,但是由于目前缺少真实战场作战样本数据,深度神经网络训练较为困难。

本节先对意图与意图识别的概念进行分析,按照战场意图的递进层次将战场意图划分为战略意图、战役意图、战术意图,进而以属性、状态和行动三种视角着重阐述群组战术意图的层次;其次,使用战法样式匹配及贝叶斯网络两种方法实现群组行为意图识别,并通过实例分析验证这两种方法的正确性。

5.2.1 意图的分类与层次

意图的概念最早出现在哲学家巴拉特曼 Bratman 的信念、愿望、意图（Belief，Desire，Intention，BDI）模型中。BDI 模型[12]如图 5-11 所示，其认为愿望是主体希望达到或保持的状态集合，信念是主体对外界环境特性与自身的认知，意图则是主体承诺实现的愿望中最需要或最适合完成的一个，即意图是主体将要实现的目标，进而指导产生一系列计划或行为。在多 Agent 人工智能领域，意图是一个复合的概念，它将确定 Agent 的选择及 Agent 应该怎样实现它的选择，可以理解为限制 Agent 未来行动的思维状态[13]。

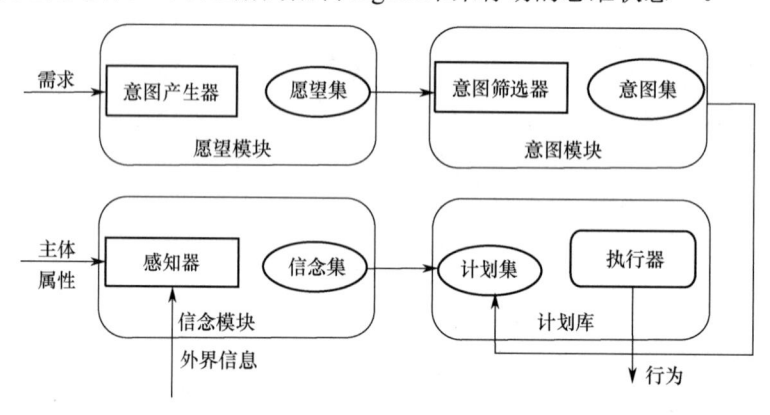

图 5-11　BDI 模型

在《中国人民解放军军语》中将意图定义为：上级指挥员对达成作战目的的基本设想，是确定本级作战决心的基本依据[14]，即意图就是为达到某种作战目的而采取的一系列行动计划。可以看出，意图包含两层含义，一层是敌方可能的行动计划，即意图决定敌方接下来的行动选择[15]；另一层是敌方所期望达到的作战目标或任务，即作战目标或任务引导着敌方的一系列行动。可以看出，想要识别出敌方的意图，就要从可感知到的敌方目标的状态、动作序列、环境状态等进行分析研判，进而得出敌方目标的作战目的和行动计划。

由于军事斗争具有复杂性与艺术性，在纷繁多变的战场环境下完成意图识别往往极为困难，这是由意图本身所具备的欺骗性、对抗性、稳定性、抽象性[16]等特性决定。欺骗性是指作战双方都会刻意隐藏己方真实意图，甚至通过制造战场迷雾来欺骗、迷惑对方的判断。对抗性是指意图形成于敌我双方此消彼长的战场博弈对抗过程中，且意图的最终实现依赖双方残酷激烈的战斗对抗。稳定性是指意图起始于作战行动伊始，并在整个作战行动过程中保持不变，这是完成既定作战目标的保障。抽象性是指意图本身是一个难以量化描述的抽象概念，不同作战指挥人员结合自身作战经验知识从战场态势中分析得出的意图也不尽相同。

1. 行为意图分类

由于战争形式多样化、战场环境复杂化、战争要素多元化，战场意图表现出多种多样的形式。战场意图可以按照不同方式划分，根据战场环境可以划分为海战场意图、陆战场意图、空战场意图，根据作战规模和作战体系可以划分为战略意图、战役意图、战术意图[17]。

战略意图是战争指导者所要达到的政治目的及战争的总体方针、策略和方法。战略意图识别需要对国家利益潜在威胁者对我方发动战争的时机、性质、趋势做出判断，对敌方采取的总体战争方针策略做出评估。战役意图是指战争的局部或战争某个区域、方向上的战斗总和。战役意图识别需要对战区内敌方所要达到的战役目的及作战行动做出评估。战术意图是多个个体或群组为相应战术目的所做的战斗部署和战斗行动。战术意图识别是对作战区域内敌方要达到的战术目的与战术计划做出判断和估计，即依托信息源得到的战场数据，结合作战力量部署、战场环境、战术条令，对战场战术态势做出解释，研判敌方战术目的和行动计划。

战略意图和战役意图属于宏观意图，注重整体策略战法的考量，是战场对抗的高层意图。战术意图属于微观意图，注重局部的编组战术行动，是具体行动对抗的意图。战略、战役意图和战术意图是全局和局部的关系，三者互相制约、互相影响，战略、战役意图自顶向下指导战术意图，战术意图的执行往往参考整个战略、战役意图[18]；战术意图自底向上服务于战略、战役意图，同时多个个体或群组战术意图的实现会影响整个战役的成败，甚至决定战略走向。

2．群组战术意图的层次

针对群组的战场态势认知更加侧重于对敌方编组的行动计划和战法样式的识别研判。群组在遂行其战术意图时，通常通过一系列战术动作完成，其外在表现包括目标属性、目标状态及其在时序上的行动。因此，指挥人员在指挥作业中并不能直接观测出目标的战术意图，而是通过分析目标属性、状态、特定行动等信息间接得出战术意图。因此，下面从属性层次、状态层次、行动层次分别对战术意图进行分析。

1）属性层次

目标本身的属性可以在一定程度上反映其战术意图，不同属性的军用目标则具备不同类型的作战意图。例如，1999年的海湾战争中，美军E-2C预警机发现伊拉克西部某机场有2架米格-21战斗机起飞，随即判断米格-21战斗机这种属性的兵力可能具有制空作战意图；之后美军命令F/A-18航母舰载战斗机起飞，F/A-18接到任务升空作战，截击并击落了2架米格-21战斗机，完成制空作战任务。

通常来说，轰炸机、战斗机、攻击机、预警机、侦察机、干扰机、加油机等不同属性兵力所担负的使命任务在一定程度上是固定的。例如，轰炸机主要用于战略空袭、空中遮断等作战任务，战斗机主要用于制空作战任务，攻击机主要用于对地攻击、近距空中支援任务，预警机用于空中预警、指挥引导任务。因此，兵力本身的属性与其执行的任务相关，进而兵力属性是与其行动意图关联的。以空中目标为例，不同属性的作战兵力与其相应的作战意图对应关系如图5-12所示。因此，在属性层级上对目标进行分析能够得出目标可能的行为意图。

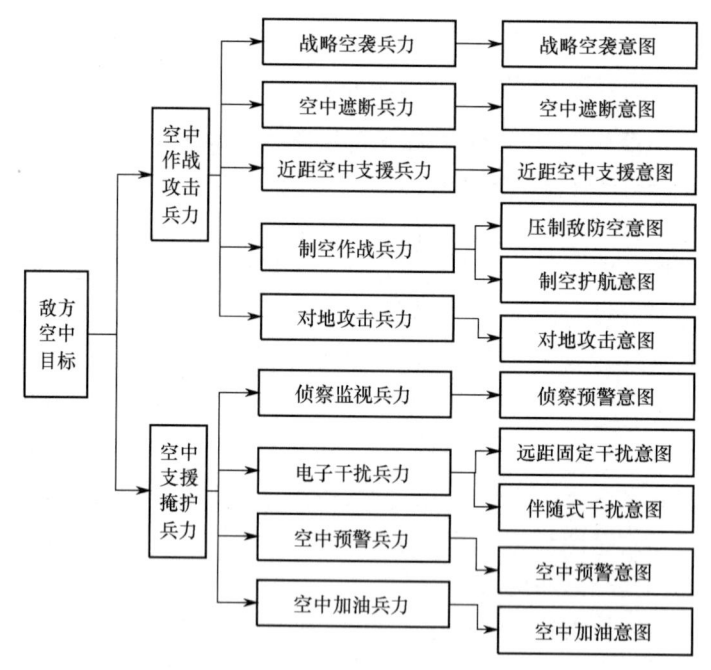

```
                    ┌─ 战略空袭兵力 ──→ 战略空袭意图
                    ├─ 空中遮断兵力 ──→ 空中遮断意图
           ┌─ 空中 ─┼─ 近距空中支援兵力 ──→ 近距空中支援意图
           │  作战 │                    ┌→ 压制敌防空意图
           │  攻击 ├─ 制空作战兵力 ─────┤
           │  兵力 │                    └→ 制空护航意图
  敌方 ────┤       └─ 对地攻击兵力 ──→ 对地攻击意图
  空中     │
  目标     │       ┌─ 侦察监视兵力 ──→ 侦察预警意图
           │  空中 │                    ┌→ 远距固定干扰意图
           │  支援 ├─ 电子干扰兵力 ─────┤
           └─ 掩护 │                    └→ 伴随式干扰意图
              兵力 ├─ 空中预警兵力 ──→ 空中预警意图
                    └─ 空中加油兵力 ──→ 空中加油意图
```

图 5-12 作战兵力与其作战意图的对应关系

现代化武器装备逐渐朝着通用化、多用途方向发展，完全依赖属性推理意图便不再可靠。例如，美军舰载 F/A-18EF 战斗攻击机可以通过更换不同武器的挂载，完成制空作战与对地攻击作战模式的切换。在制空作战模式中，F/A-18EF 战斗攻击机携带 AIM-7、AIM-9、AIM-120 等多种型号空空导弹完成空中掩护、空中拦截等任务；在对地攻击模式中，F/A-18EF 战斗攻击机携带 CBU-58 联合攻击弹、GUB-24 激光制导炸弹、AGM-65 空对地导弹、AGM-84 反舰导弹完成对地、对海攻击任务。因此，在作战空域中发现来袭目标属性为 F/A-18EF 战斗攻击机时，就很难推理出其作战意图是制空作战还是对地攻击。可以看出，通过属性层面分析并不能准确给出敌方目标的可靠意图，只能得出目标所具备的战术能力及可能的战术意图。

不可否认的是，属性能够反映意图，尤其是对目标进行属性分解之后，能够得到一种较为可靠的战术意图表示。在属性层次，可以将空中群组目标的行为意图表示为 NAI = {REW、LRI、IT、AEW、AR、SRS、AI、CAS、SEA、ACE、GA}，其中，REW 表示侦察预警意图，LRI 表示远距固定干扰意图，IT 表示伴随式干扰意图，AEW 表示空中预警意图，AR 表示空中加油意图，SRS 表示战略空袭意图，AI 表示空中遮断意图，CAS 表示近距空中支援意图，SEA 表示压制敌防空意图，ACE 表示制空护航意图，GA 表示对地攻击意图。

2）状态层次

战场目标的状态主要包括速度、航向、高度、位置、频段等。通过对目标当前状态的分析，结合目标历史活动规律，能够研判目标的战术意图。例如，1999 年 3 月 27 日，美军空袭南联盟的第三天，美军 F-117A 攻击机按照预定航线飞向目标。虽然 F-177A 轰炸机自投入南联盟战场使用以来从未被击落,但其习惯飞行高度、飞行航线等活动规律信息已经被南联盟所掌握。南联盟国内地形以山地为主,F-117A 攻击机选择的飞行航线较为固定,在该次作战行动中,美军同样选择了习惯的飞行航线[19]。

F-117A 攻击机在距离贝尔格莱德西北 50 km 处,即将到达作战阵位准备打开弹仓时,被南联盟远程监视雷达捕捉到。南联盟作战人员根据当前目标的速度、高度及目标出现时间,结合之前 F-117A 攻击机的活动规律,判断目标可能为美军 F-117A 攻击机,通过对目标的航向、航线分析判断目标战术意图可能为战略空袭贝尔格莱德,随后发射地空导弹将其击落。

3)行动层次

目标通常通过一系列战术动作完成某种战术意图,因此分析目标在一定时序中的一系列行动可以判断出目标的战术意图。例如,攻击机在执行低空反舰任务时,通常会出现低空掠海飞行、高速爬升等典型行动;战斗机在进行空中作战时,通常会出现大角度转向、回转、迂回等典型战术行动;反潜机在执行空中反潜作战时,通常采用环形飞行或半环形机动;干扰机在远距固定位置干扰时,会做出跑道形、半圆形飞行动作。如果战场态势中的目标出现这些行动,就可以推断出目标可能具有相应的战术意图。

行动是指在一定战场环境中,战场目标实体所采取的具有军事意义的动作。具体来说,行动是实体目标的属性值发生的本质性改变,如目标俯冲、目标分批、大转角机动;或者是目标实体的关联关系发生本质性改变,如目标进入防空火力范围。根据目标行动的性质、涉及范围,可以将行动划分为基本行动和复合行动两种。

基本行动是指单个作战目标的典型动作,是其为实现作战意图所采用的关键动作样式。主要包括目标出现、目标机动、目标分批、目标合批、目标消失等。复合行动是由群组中多个目标的基本行动组成,是多个目标在相同时间段所进行的一系列联合行动。例如,阿富汗战争期间,美军在针对边境远程预警雷达的压制防空作战行动中,F-16CJ 战斗机与 EA-6B 电子战飞机联合行动,EA-6B 电子战飞机对预警雷达频段干扰,F-16CJ 战斗机则同时从中低空进入作战空域,使用反辐射导弹摧毁阿富汗预警雷达,实现其压制防空作战意图。

从行动层次上,可以将群组的行为意图表示为单目标基本行动意图、多目标复合行动意图。

3. 行为意图识别方法

行为意图识别的数学模型可以定义为 $f:\{X_1,X_2,\cdots,X_i,\cdots,X_n\} \to C$,即将观测到的敌方特征推理、映射为敌方意图。其中,X_i 为第 i 个时序时目标特征,$X_i = \{X_{i1},\cdots,X_{ij},\cdots,X_{im}\}$,第 i 个时序包含 m 个状态值,如型号、航向、航速、位置、航迹、动作等;C 为敌方意图空间[20]。行为意图识别的一般过程如图 5-13 所示,首先根据战场信息源提供的战场态势信息,进行敌方行为意图特征提取,然后通过一定的意图识别推理机制,得出敌方行为意图的识别结果。

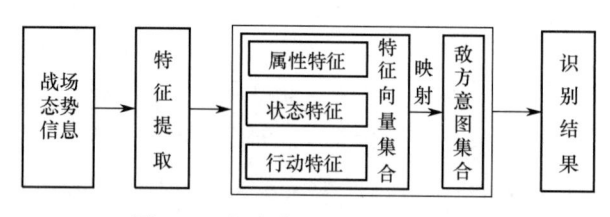

图 5-13 行为意图识别的一般过程

战场态势信息是行为意图识别的基础,其主要包含三类数据:传感器数据、数据链数据、源数据[21]。传感器数据是指战场上各种有源(雷达、声呐)和无源(红外、摄像)传感器设备感知到的数据,如微波雷达探测到的目标位置、高度、速度等信息;数据链数据是指从远端的我方其他信息载体通过数据链系统传输过来的战场数据,其所提供的数据类型除目标基础数据外,还可以是上级指挥所传来的指令信息。源数据是经过人工预处理的数据,包括战场环境数据、敌方条令条例数据、我方作战任务数据、武器装备性能数据等信息。

特征提取和意图识别模型是行为意图识别的核心,特征提取是对接收到的多源数据进行预处理,获得用于意图识别的特征参数。特征数据可以从属性特征、状态特征、行动特征三个层面进行分析提取。意图识别的过程就是态势特征向量集合与敌方意图集合映射的过程,也就是一种模式识别的过程,即通过对当前态势目标状态与意图集合匹配。为了达成这个映射,需要定义意图集合库,该库中的意图被定义为目标状态的标准序列,该序列中的状态信息之间存在逻辑约束条件,包括时序约束、前提约束。在目标状态序列与意图集合匹配过程中,通过每个状态支持度的融合计算得出最终行为意图。

5.2.2 战法样式匹配方法

战法样式是群组执行某种任务过程时兵力组合运用的方式,目标所展现的行为样式蕴含着敌方行为意图。例如,美军航母编队在执行对敌方大中型水面舰艇打击任务时,通常使用舰载 F/A-18E 战斗攻击机编队低空/超低空飞行,在接近敌方目标时爬升、瞄准开火。反过来,通过对敌方行为样式观察分析,可以识别出敌方使用的战法样式,进而推理出敌方意图。这种推理的思路和作战参谋人员人工分析的方式基本一致。如图 5-14 所示,战法样式匹配方法的基本思想是将战术战法知识、人工判读的经验知识进行形式化表征建模,构建作战行动模板与战法样式模板,并将这些知识模板与实时战场态势进行匹配,实现对敌方群组行为意图的识别。

1. 战法样式

战法样式是战术任务贯彻执行的基础形式,注重描述作战力量运用的模式。参考美军联合出版物(JP1-02),根据任务类型不同将战法样式划分为空中作战战法样式和海上作战战法样式。如图 5-15 所示,美军空中作战战法样式包含战略空袭作战样式、空中遮断作战样式、近距空中支援样式、制空作战样式,海上作战战法样式涵盖海面协同监视样式、协同武装侦察样式、协同海战样式、空中协同反舰样式、海上布雷作战样式。

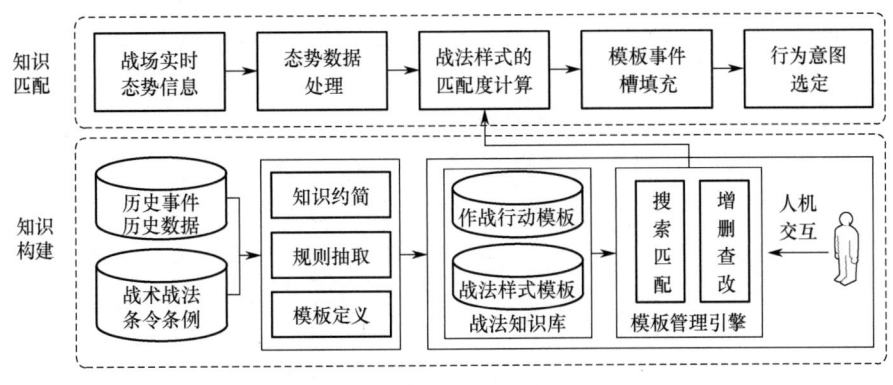

第 5 章　面向群组的战场态势要素认知方法

图 5-14　战法样式匹配方法

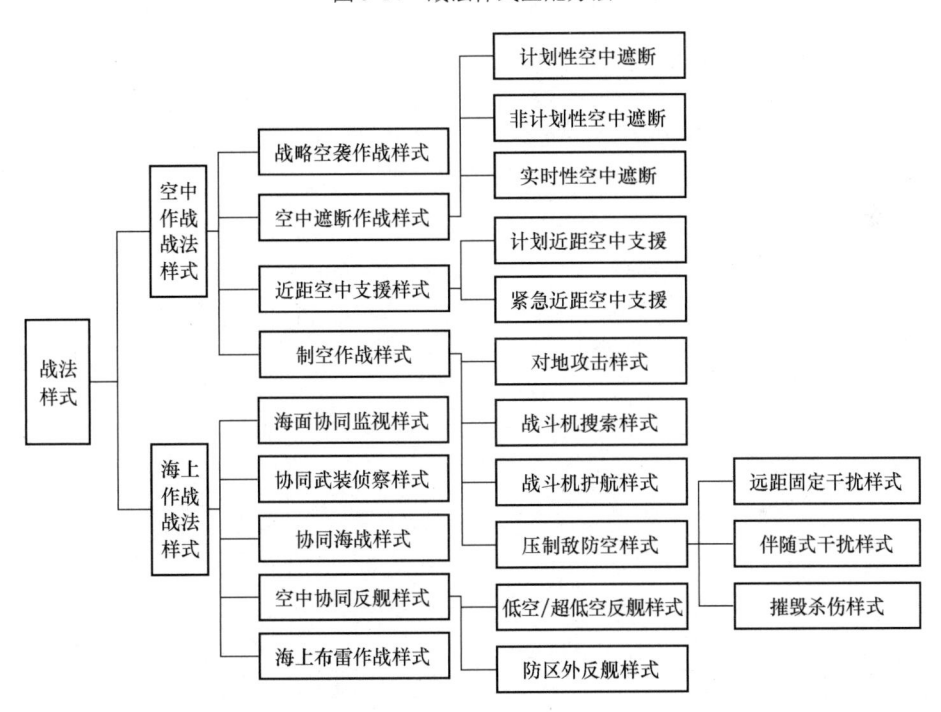

图 5-15　美军作战战法样式体系

制空作战是一种综合运用进攻作战、防御作战，以赢得和保持所期望的空中优势的作战行动。该战术样式用于在敌方飞机或导弹起飞或发射前后将其摧毁，或者使其失去效能。战略空袭是指针对敌方重心或其他关键目标群，包括指挥机构、关键的支援设施而采取的军事行动，以摧毁和瓦解敌方军事能力，使其无法保持遂行战争或实施侵略性行动的能力或意志。空中遮断是一种在敌方军事潜力能够有效地威胁己方部队之前将其牵制、摧毁、压制或迟滞的空中作战行动。近距空中支援定义为打击靠近我方部队的敌军目标的空中行动，通常近距离空中支援行动都需要与我方部队进行密切协调。海面协同监视和协同武装侦察是空中编队协同舰船编队完成监视、侦察、打击等作战任务。空中协同反舰是空中编队遂行空对舰打击任务，包括低空/超低空反舰样式、防区外反舰样式。

这里以低空/超低空反舰作战样式为例，介绍战法样式中各作战力量的具体行动过程。该作战样式是美军联合海上防空作战中空中协同反舰的一种典型样式。如图5-16所示，在英阿马岛海战中，阿军多次使用该战术击沉、击伤英军多艘舰艇。其中最著名的行动是阿军"超军旗"攻击机超低空突袭英国"谢菲尔德"驱逐舰的行动。1982年5月4日，"谢菲尔德"驱逐舰在马岛北部海域封锁线内执行警戒任务。阿军水上巡逻机侦察发现英军"赫尔墨斯"航母与"谢菲尔德"驱逐舰，随即引导两架法制"超军旗"攻击机携带AM-39"飞鱼"反舰导弹起飞。这两架"超军旗"以1200 km/h的速度掠着海浪超低空飞行，为躲避英舰对空警戒雷达的探测，最低下探至距海面30 m高度飞行[22]。在距离目标46 km处，两架"超军旗"突然跃升至150 m高度，同时启动机载雷达锁定目标，发射两枚"飞鱼"反舰导弹。随后，"超军旗"急剧下降高度，高速脱离战场返航。此时的"谢菲尔德"正在使用卫星通信，并且关闭警戒雷达，并未发现"飞鱼"导弹来袭。在"飞鱼"紧贴水面扑向"谢菲尔德"的最后阶段，"谢菲尔德"自动干扰发射器对其中一枚"飞鱼"干扰成功，但是另一枚准确命中"谢菲尔德"。5月10日这艘英国最先进的驱逐舰沉入海底。

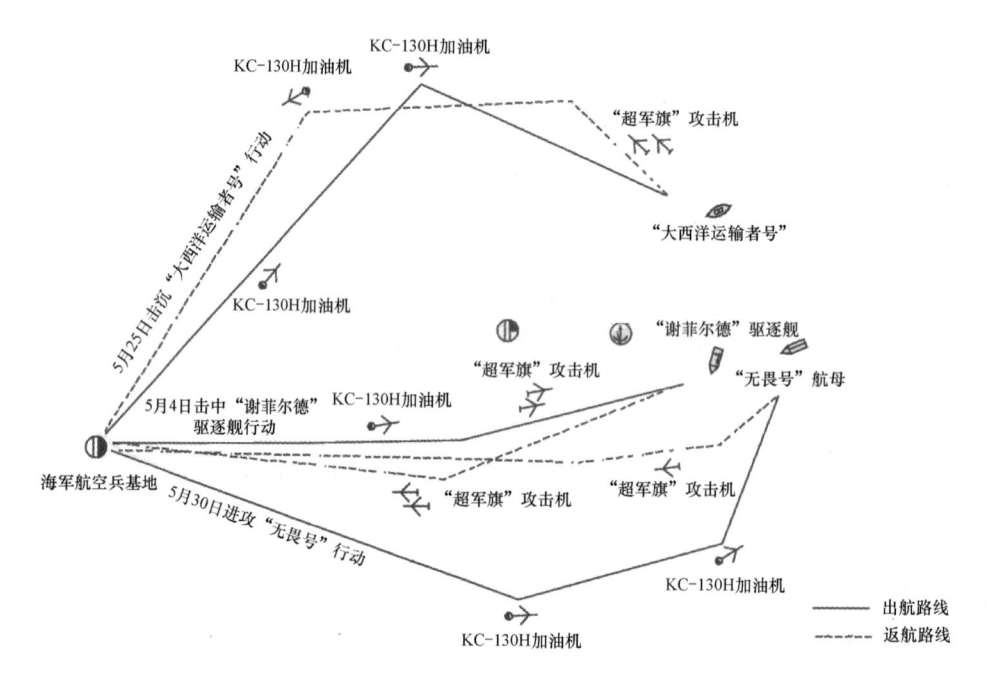

图 5-16 马岛海战中低空/超低空反舰作战示意图

现阶段美军航母编队在"环太平洋"等军事演习活动时，在对大中型水面舰艇目标打击演习科目中，也采用低空/超低空反舰作战样式，如图5-17所示。E-2D预警机引导EA-18G电子战飞机对舰艇编队实施电子干扰，担任攻击任务的是F/A-18E战斗攻击机组成的双机编队。在预警机定位目标位置之后，通过战术数据链将目标位置及运动要素传给F/A-18E战斗攻击机编队。攻击机降低高度，低空飞行进入目标防区，在距作战目标40海里（1海里=1.852千米）时，突然拉高跃升至305 m高度，开启火控雷达发射反舰导弹，然后低空飞行退出战场。若 4 架攻击机参与攻击，则分成两组，从两个方向同时对舰实施导弹攻击；若 6 架攻击机参与攻击，则分成三组，从三个方向同时对舰实施导弹攻击。

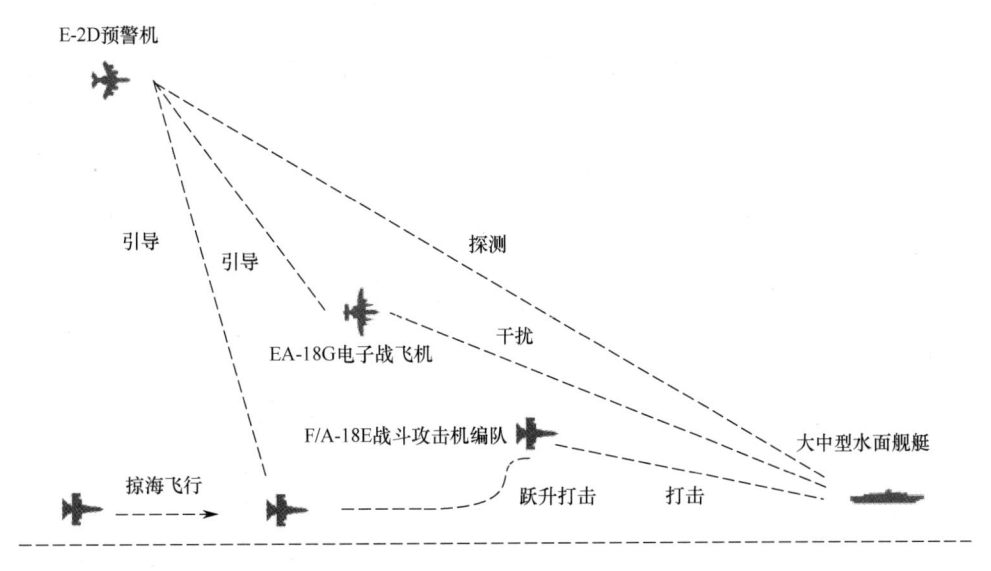

图 5-17 低空/超低空反舰作战样式

2. 战法样式模板建模方法

模板是一个能够定义兵力结构、兵力运用、事件顺序、行动序列等态势复合要素的先验模型[23]。通过模板这种结构化的知识表示方式，可以将一个预设的模板与观测到态势数据进行匹配，以确定条件是否满足，从而是否允许进行一个推理或得到一个结论。现代战争所遵循的基本作战战法、作战条例、作战步骤在较长时间内不会有大的改动，因此这种具有先验知识的模型能够用于行为意图识别。

一个模板由槽、约束关系、权重、模板层次关系组成，其中槽是指该模板定义的态势特征事项，约束关系定义限制填入槽中值的范围，包括典型值和允许值。典型范围内的值比允许范围内的值更加优先填入槽中，不在允许范围内的值则不能填入槽中[24]。模板中的槽具有约束关系，每个槽都可以采用不同方式进行填充，这样就可以用较多弹性方法表示人类知识在某种程度上的模糊性、不精确性，甚至矛盾性。权重定义了该态势特征事项的重要程度。模板层次关系则可以用于定义不同层级模板之间的关联关系，通常复杂的战法样式往往需要多个模板关联定义。

战法样式匹配行为意图识别需要在知识库中建立下面几种类型的战法样式模板。

（1）作战行动模板：从群组目标角度描述敌方作战兵力的行动情况，参考美军"联合作战任务清单"，可以从军事要素、环境要素、社会要素三个维度定义槽。其中，军事要素包括目标机型、目标编队队形、目标架次、目标高度、目标航向、目标飞行速度、电磁情况，环境要素包括天气、能见度、浪高、昼夜、海况等，社会要素包含舆情动向等。例如，表 5-2 以敌方目标低空突袭行动为例描述定义的模板，其中，态势特征事项、典型值、允许值、权重需要根据经验配置，表中取值仅供参考。这里认为在研判目标低空突袭行动时，目标的飞行高度、速度等特性较为重要，相应的权重也较大。

表 5-2　低空突袭行动模板

槽（态势特征事项）	约束关系		权重
	典 型 值	允 许 值	
目标机型	IDF/F/A-18	攻击机/战斗机	5%
目标架次	1～4 次	1～16 次	5%
目标高度	5～50 m	5～100 m	30%
目标飞行速度	1400～1650 km/h	1000～2000 km/h	30%
目标编队队形	三角队/双机梯队	三角队/双机梯队/四机梯队	7%
无线电情况	静默	静默	15%
天气情况	阴天	阴天/晴天	2%
海面能见度	2～10 m	2～16 m	2%
海面浪高	0.4～1 m	0.4～1.6 m	4%

（2）战法样式模板：描述敌方多个作战力量群组为完成某个共用目标需要进行的联合行动，包含战场实体行动、实体关系。战场实体行动是敌方每个作战力量群组的行动情况，实体关系是多个作战力量群组之间的逻辑关系、空间拓扑关系。例如，表 5-3 定义了敌方多个作战力量群组联合行动的超低空反舰战法模板，其中，低空突袭行动样式描述敌方攻击机目标的行动样式，远距干扰行动样式描述敌方干扰机目标的行动样式，空中协同侦察行动样式描述敌方预警机目标的行动样式，舰船行动样式描述我方可能被打击的舰船的行动样式，这四者均为战场实体行动，无典型值和允许值。这里的态势特征事项、约束关系、权重也应根据经验进行配置，表中取值仅供参考。

表 5-3　超低空反舰战法模板

槽（态势特征事项）	约束关系		权重
	典 型 值	允 许 值	
低空突袭行动样式	—	—	25%
远距干扰行动样式	—	—	15%
空中协同侦察行动样式	—	—	15%
舰船行动样式	—	—	15%
是否满足作战半径要求	满足	满足	15%
攻击进入角	70º～100º	60º～120º	15%

3. 战法模板匹配流程

上述知识模板的表示结构是一种自顶向下的分解表示方式，一个战法样式模板由一系列作战行动模板复合组成，相应的以态势推理求解匹配的过程如图 5-18 所示，采用从简单的作战行动模板开始，向上到战法样式模板逐层推断，最终推理得到高层级的行为意图。

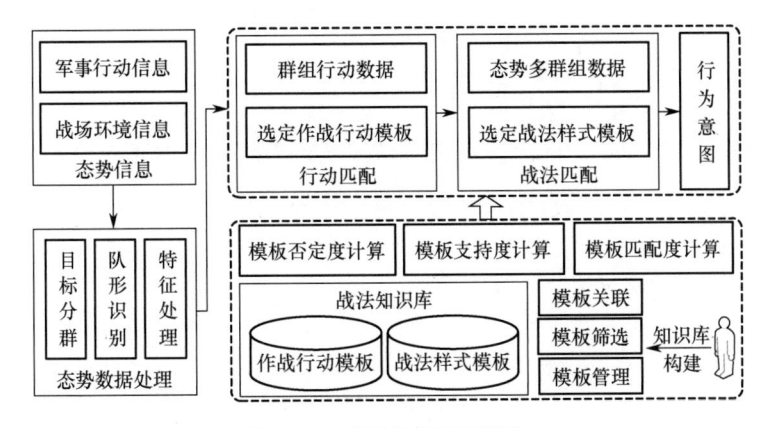

第 5 章 面向群组的战场态势要素认知方法

图 5-18 战法模板匹配流程

步骤一，依据军事专家总结的作战战法、历史大数据挖掘的群组行动规律建立模板知识库。模板知识库使用作战行动模板与战法样式模板两种知识模板确定战法样式，其中包括战略空袭、空中遮断、制空作战、近距离空中支援、海面协同监视、协同武装侦察及打击、协同海战、空中协同反舰、海上布雷等战法样式。

步骤二，对态势数据进行预处理，基于 5.1 节中采用的群组识别方法，筛选群组类型、速度、高度、航向、编队队形等数据。根据敌方实际行动提取态势特征信息，综合系统知识库中的作战行动模板进行筛选，建立特定作战行动假设。

步骤三，计算观测到的敌方行动态势特征信息与特定模板结构中事项的匹配程度，测试该作战行动模板能否充分解释已观测到的敌方行动。在使用战场中发生的行动数据 $\{e\}$ 来匹配模板中定义的事项 $\{E\}$ 的过程中，分别有以下三种情况。

（1）$\forall e_i \in \{e\} \wedge e_i \in \{E\}$ 表示某种类型事件 e_i 既在定义的模板中，也在战场环境中发生。此时将观测到的态势数据 x 与模板结构中的约束关系（典型值、允许值）进行比较。如果典型值和允许值为数值类型，则采用下式计算支持度 D_i：

$$D_i = \begin{cases} 0, & x < L_p \\ (x - L_p)/(L_t - L_p), & L_p < x < L_t \\ 1, & L_t < x < G_t \\ (G_p - x)/(G_p - G_t), & G_t < x < G_p \\ 0, & x \geqslant G_p \end{cases}$$

其中，典型值取值区间为 $[L_t, G_t]$，L_t 为最小典型值，G_t 为最大典型值；允许值取值区间为 $[L_p, G_p]$，L_p 为最小允许值，G_p 为最大允许值，且 $[L_t, G_t] \subseteq [L_p, G_p]$。

如果典型值和允许值为枚举类型，典型值 $L = \{L_1, L_2, L_3, \cdots\}$，允许值 $G = \{G_1, G_2, G_3, \cdots\}$，且 $L \subseteq G$，则按照下式计算支持度 D_i：

$$D_i = \begin{cases} 1, & x \in L \cap x \in G \\ 0.5, & x \in G \cap x \notin L \\ 0, & x \notin G \end{cases}$$

如果态势特征达到一定的匹配度，则对该槽进行填充。每填充一个槽都将增加观测到的行动对于模板的支持度，模板中行动事项的权重为 w_i，且 $\sum_i w_i = 1$。如果发生 n 个行动事项指证，则模板总支持度为 $D = \sum_i^n w_i D_i$。

（2）$\forall e_i \notin \{e\} \wedge e_i \in \{E\}$ 表示某种类型事件在定义的模板中，但是在战场环境中没有发生。在这种情况下，模板中行动事项的权重为 w_i，计算事件 e_i 不出现对于模板的否定度 $M_i = -w_i$。如果发生 m 个行动事项属于该情况，则模板总否定度为 $M = \sum_i^m M_i$。

步骤四，计算所有事件对模板的总支持度、总否定度之后，计算模板的总匹配度 $PB = D + M$，如果总匹配度 PB 小于阈值 PB_{th}，则抛弃该假设模板；如果总匹配度 PB 大于或等于阈值 PB_{th}，那么敌方行动情况即为该模板所定义的作战行动，这个特定态势模板结构就可以用来解释当前的战场态势。

步骤五，在模板库中，模板具有关联关系，匹配过程需要按照自底向顶的方法，先使用作战行动模板对当前态势进行匹配，如果该模板匹配度大于阈值，就需再要匹配该作战行动模板所关联的上层战法样式模板；如果战法样式模板的匹配度大于阈值，那么用该战法样式模板对应的意图假设成立，即敌方可能采取相关战法样式，可能采用相关战术行动。如果模板中包含子模板，就需要先计算子模板的匹配度，再计算当前目标的匹配度。

上述步骤中，建立态势假设模板结构的过程与人的认知过程相对应，即从长期存储的知识库中匹配出适应特定态势的模式，并且按照自底向顶方式，推理出更高层级的态势。系统所建立的特定态势的模板结构具有槽、约束关系及和其他模板结构的层次关系，是对观测到的敌方活动的一种假设模型。在计算匹配度的过程中，每填充一个槽都将增加态势活动与特定模板的总匹配度的评估值，当其充分匹配时，这个特定态势模板就可以用来解释当前战场态势，可以推断出敌方的行动、敌方群组的组成运用情况，推理一些未被发现的战场参与者、未发现或将要发生的行为意图。

4. 实例分析

为验证上述行为群组行为意图识别方法的准确性，以海空封锁作战为背景，模拟低空反舰作战行动进行实例验证。

战场态势如图 5-19 所示，T_0 时刻，A 国探测到 B 国起飞一架预警机至 B 国北部空域活动，且由两架歼击机在预警机前方掩护阵位巡逻。$T_0 + 11$ 时刻，A 国探测到 B 国歼击机越过封锁线后，向己方水面舰艇空中掩护歼击机群机动。此时，A 国派遣歼击机从掩护阵位前出拦截 B 国歼击机；同时，水面舰艇的舰载直升机升空前出到预警阵位，重点监视中低空来袭目标。

T_0+15 时刻，A 国探测到 B 国 4 架攻击机编队趁着 A 国掩护兵力被佯动兵力牵制，飞行高度迅速从待战空域下降至 30 m，关闭机载无线电设备，采用楔形编队以 1300 km/h 的速度静默掠海飞行；同时，探测到 C 国的舰载干扰机在歼击机群掩护下，到达干扰远距干扰阵位，准备干扰掩护 B 国行动。A 国命令己方预警机前出查证来袭目标信息，后方待战歼击机群前出至水面舰艇前方掩护阵位，驱逐舰开启舰载雷达重点搜索中高空目标，护卫舰在距离驱逐舰编队 80 km 处使用拖曳声呐实施反潜作战，防止受到敌方水下潜艇威胁。

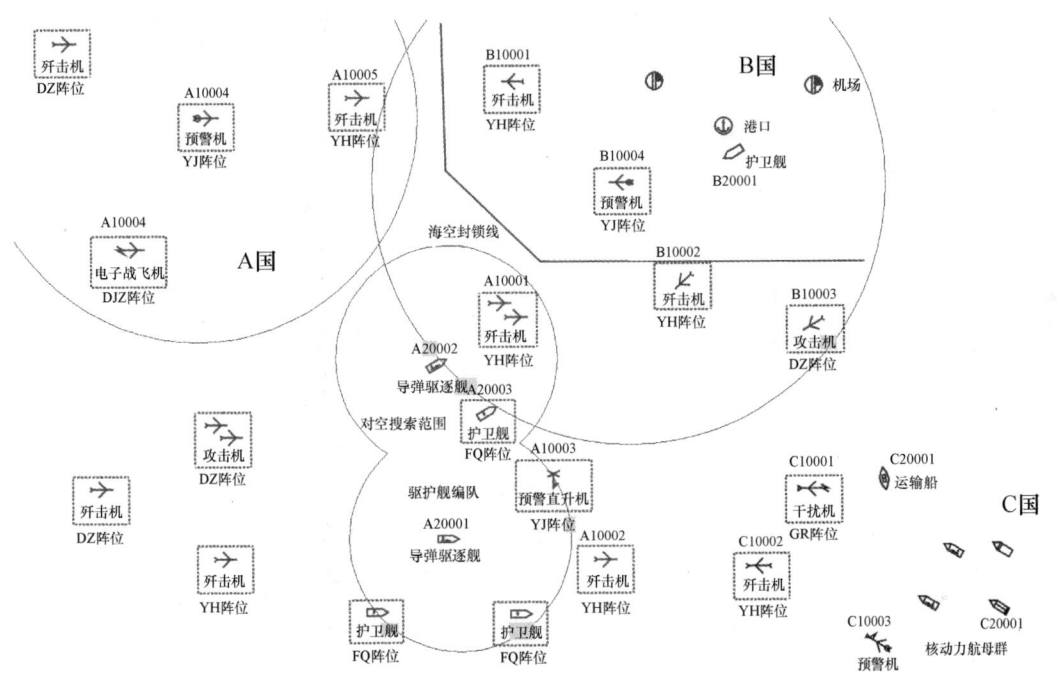

图 5-19　低空反舰作战行动

T_0+26 时刻，A 国探测到 C 国的舰载干扰机在远距干扰阵位按照"跑道型"轨迹飞行，飞行高度降低 3000 m；同时，探测到 B 国 4 架攻击机在距离 A 国舰艇编队 50 km 处，由楔形编队展开为双机梯队，爬高到 380 m 高度，雷达开机。随后，A 国舰载直升机探测发现 B 国低空飞行的攻击机及掠海飞行的巡航反舰导弹，开始引导己方歼击机掩护群向 B 国攻击机进攻，同时己方驱逐舰开始拦截来袭导弹。

根据上述作战过程产生的仿真数据，选取 20 种不同属性参数，使用战法样式匹配方法进行意图识别，图 5-20 给出 C 国 C10001 干扰机群组和 B 国 B10003 攻击机群组的战术意图推理结果。可以看出，随着 B 国攻击机群组逐渐靠近 A 国舰艇编队，其战术动作不断展现，低空反舰战术意图也逐渐明显，而其他意图逐渐减弱。通过分析可以看出，C 国的干扰机群组在初始行动阶段，伴随式干扰和远距干扰都有很高概率，且不断增大，随着干扰机群组在防区外阵位开始进行半"跑道型"飞行时，伴随式干扰意图逐渐减弱，而远距干扰意图逐渐加强。

图例：压制敌防空意图 / 远距干扰意图 / 伴随式干扰意图 / 低空反舰意图 / 压制防空意图 / 空中突击意图

(a) C10001 干扰机　　(b) B10003 攻击机

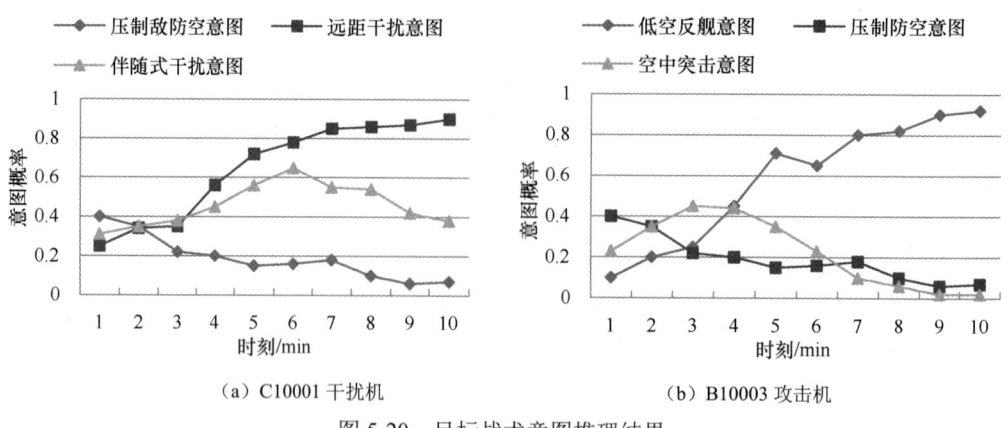

图 5-20　目标战术意图推理结果

5.2.3　贝叶斯网络推理方法

贝叶斯网络是一种概率推断模型，可以处理战场数据的不确定性，并利用军事专家先验性知识构建推理网络，同时支持网络参数再学习，从而实现态势评估和推理。

1. 贝叶斯网络推理总体设计

贝叶斯网络也称信度网络、因果网络，最早由 R. Howard 和 J. Matheson 于 1981 年提出，后来经过 J. Pearl 等人的深入研究[25]，其基础理论和算法应用均得到很大发展。贝叶斯网络提供了一种表示因果信息的方法，通过图形化的网络结构表现出数据之间的潜在关系。贝叶斯网络的推理过程类似于人脑的推理机制，在表达不确定知识的同时能够实现双向推理。因而，其在解决不确定性推理和决策问题时具备天然优势，在故障诊断、模式识别、金融分析等领域均得到广泛应用。在军事领域，贝叶斯网络不但可以应用于意图分类[26]，还可以应用于目标威胁评估[27]、目标识别[28]等。

贝叶斯网络是一个带有概率的有向无环图，可以使用二元组 $B=<G, P>$ 来表示，其中，G 表示贝叶斯网络结构，P 表示贝叶斯网络的条件概率表集合。网络结构 G 可以表示为 $G=<N,R>$，其中，$N=\{N_1, N_2, \cdots, N_n\}$ 表示节点的集合，$n \geqslant 1$；R 表示弧的集合，用于表示节点之间的因果关系。节点 N_i 的条件概率表示为 $P(N_i | \text{Pa}(N_i))$，其中，$\text{Pa}(N_i)$ 表示节点 N_i 的父节点。在使用贝叶斯网络进行推理的过程中，根据条件独立性，n 个变量的联合概率可以分解为

$$P(N_1, N_2, \cdots, N_n) = \prod_{i=1}^{n} P(N_i | \text{Pa}(N_i))$$

基于贝叶斯网络的空中群组目标意图识别模型如图 5-21 所示，针对干扰机群组、空中战斗机群组、预警机群组三类空中目标，分别构建电子战飞机作战意图网络、战斗机作战意图网络和预警机作战意图网络。每个贝叶斯网络都针对不同目标或群组的行为及属性进行分析，判断行为意图的概率。同时，通过分析对比不同来袭的空中群组对不同作战目标作战概率的相似性判断群组之间的关系。

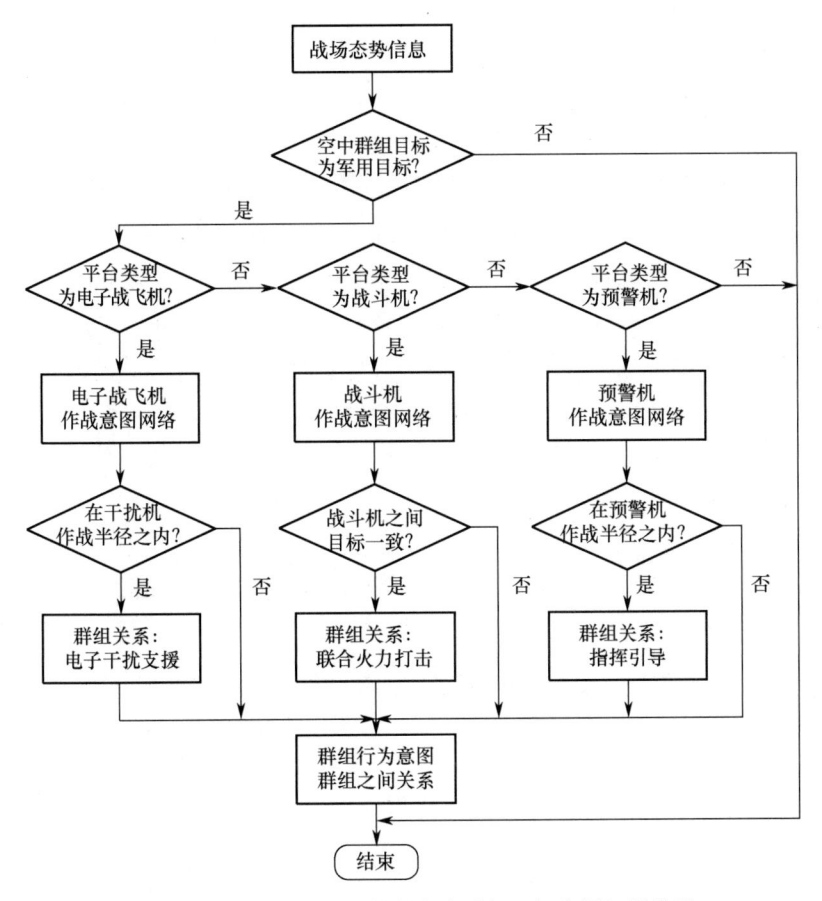

图 5-21　基于贝叶斯网络的空中群组目标意图识别模型

步骤一，如果来袭的空中群组目标为军用目标，那么开始进入意图识别模型。空中群组目标的类型若为电子战飞机，则进入电子战飞机作战意图网络；若为战斗机，则进入战斗机作战意图网络；若为预警机，则进入预警机作战意图网络。

步骤二，电子战飞机作战意图网络用于判断电子战飞机的干扰目标，与战斗机打击目标进行匹配，并以此推测出受其支援的战斗机集群。

步骤三，战斗机作战意图网络用于判断战斗机的打击目标，若两批战斗机打击目标一致，则可认为其处于同一个协同打击任务群组；若战斗机打击目标处于电子战飞机干扰目标的保护（包括探测预警、指挥控制、火力保护）之下，则电子战飞机与战斗机形成电子干扰支援关系。

步骤四，预警机作战意图网络用于判断预警机对其他空中目标的指挥引导关系，若其他敌机尚未具备搜索、跟踪、锁定其目标的条件，且处于预警机的预警指挥范围内，则可认为预警机为这些飞机提供指挥引导的支援。

步骤五，若飞机类型不是电子战飞机、战斗机或预警机，则暂时超出了模型的判断范围，转而判断下一个空中目标；若所有空中目标都已判断过，则进入下一时刻。

2. 电子战飞机作战意图网络

贝叶斯网络结构的构建可以使用人工构建和数据样本学习构建两种方法。其中，人工构建时要求专家具备较强的军事专业知识和作战经验；而数据样本学习构建很难判断数据样本的合理性与准确性，这将增加贝叶斯网络结构的不稳定性和复杂性。这里采用人工构建电子战飞机作战意图网络结构、战斗机作战意图网络结构和预警机作战意图网络结构。

当目标类型为电子战飞机时，需要通过电子战飞机作战意图网络判断其干扰意图。首先根据目标价值及敌机与我方目标的距离推断敌机的干扰意图，然后根据敌机的机型与我方目标的类型评估敌机可能造成的干扰效果，最后通过干扰意图和干扰效果来判断敌机对我方某固定目标的干扰概率。通过我方不同目标与敌方不同电子战飞机的匹配，能判断出敌机最有可能干扰的目标。其网络关系如图 5-22 所示，其中，干扰概率由实际参谋经验配置。下面介绍主要节点的意义。

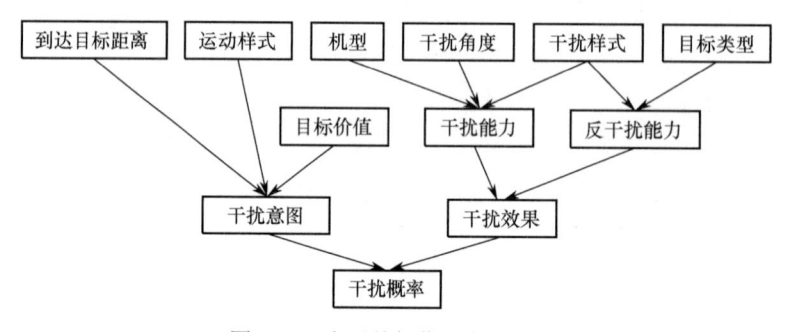

图 5-22　电子战机作战意图网络

（1）目标价值：指作战目标对战斗机作战决心完成的贡献度，分为极高、较高、中、较低、极低五种。

（2）到达目标距离：指敌机与我方目标之间的直线距离，分为在干扰范围外和在干扰范围内两种。

（3）机型：指敌方电子战飞机具体机型，分为高速平台干扰机和大中长航时平台干扰机。

（4）目标类型：指敌机可能干扰的我方目标候选类型，根据电子战飞机的战法，将目标类型分为雷达站、指挥所和防空阵地三种。

（5）干扰意图：指敌方干扰机在当前位置表现出的对我方目标的干扰欲望，分高、低两种。

（6）干扰效果：指敌方干扰机性能对于我方目标的可能干扰效果，是干扰能力的体现，分高、低两种。

（7）干扰概率：指敌方干扰机最终会对我方目标实施干扰的可能性，分为高、低两种。

3. 战斗机作战意图网络

当目标类型为战斗机时，需要通过战斗机作战意图网络判断其作战意图。根据敌机机型推断其可能携带的武器类型，再根据我方目标价值、敌机与我方目标的距离及可能携带的武器类型推断敌机的打击意图；根据敌机机型、可能携带的武器类型和我方目标的类型推断敌机可能造成的毁伤效果；根据敌机机型、我方目标的类型和我方目标周边受电子干扰的情况推断敌机可能的突防效果；根据敌机可能的毁伤效果和突防效果推断对我方目标的打击能力；根据敌机的打击意图和打击能力分析出敌机对我方某固定目标的打击概率。通过我方不同目标与敌方不同战斗机的匹配，能判断出敌机最有可能打击的目标。战斗机作战意图网络如图 5-23 所示。下面介绍各节点的意义。

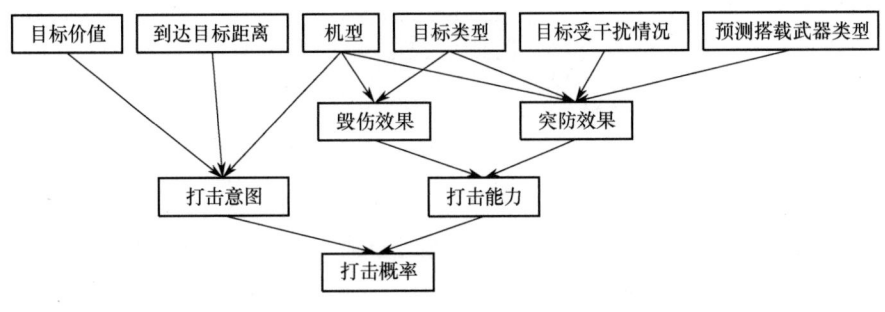

图 5-23 战斗机作战意图网络

（1）目标价值：指作战目标对战斗机作战决心完成的贡献度，分为极高、较高、中、较低、极低五种。

（2）到达目标距离：指战斗机与作战目标之间的直线距离，根据可能挂载弹种的不同，分为极近、较近、中、较远、极远五种。

（3）机型：指敌机的具体机型，分为歼击机、轰炸机、联合战斗机、攻击机四类。

（4）目标类型：指敌机可能打击的我方目标候选类型，根据战斗机的战法，将目标类型分为雷达站、机场、港口、指挥所和防空阵地五种。

（5）目标受干扰情况：指目标本身或守护该目标的其他设施，如雷达站、指挥所、防空阵地等是否受到电子战飞机的干扰，分为受干扰和未受干扰两种。

（6）预测搭载武器类型：指预测当前飞机搭载的弹种类型，分为巡航导弹和弹道导弹两种。

（7）毁伤效果：指敌机对我方目标可能造成的毁伤效果，是打击能力的一种体现，分高、中、低三种。

（8）突防效果：指敌机在我方防守力量被干扰或没被干扰的情况下到达导弹发射阵位的能力，分高、中、低三种。

（9）打击意图：指敌机在当前位置表现出的对我方目标的打击欲望，分高、低两种。

（10）打击能力：指敌机摧毁我方防守目标的能力，分高、低两种。

（11）打击概率：指敌机最终对我方目标实施打击的概率，分为高、低两种。

4. 预警机作战意图网络

当目标类型为预警机时,需要通过预警机作战意图网络判断其预警指挥意图。如图 5-24 所示,根据其他敌机与各自目标的距离、其他敌机的雷达状态及其他敌机与该预警机的距离,推断出预警机是否为这些敌机提供指挥引导的支援。

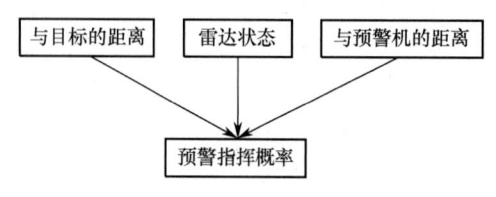

图 5-24 预警机作战意图网络

(1) 与目标的距离:指敌方电子战飞机、战斗机等与我方防守目标的距离是否足够近,若不足够近,则预警机仍为其提供指挥引导的支援,分为近、中、远三种。

(2) 雷达状态:指敌机的机载搜索、火控等雷达的开关机状态,由电磁态势数据获得,若已开机,则无须预警机引导,分为未知、开机、关机三种状态。

(3) 敌机与预警机距离:指敌干扰机、战斗机与预警机之间的直线距离,判断是否在预警机的指挥引导范围内,分为在范围内和在范围外两种。

(4) 指挥概率:指敌预警机为敌干扰机、战斗机提供指挥引导支援的可能性,分高、低两种。

5. 实例分析

对于 5.2.2 节中的实例场景,如果没有低空/超低空反舰、伴随式干扰战法知识,则可以使用贝叶斯网络进行意图识别。根据 5.2.2 节中作战过程产生的仿真数据,选取 15 种不同属性,使用贝叶斯网络推理方法进行意图识别,图 5-25 给出 C 国 C10001 干扰机群组和 B 国 B10003 攻击机群组的行为意图推理结果。可以看出,随着时间推移,B 国攻击机群组、C 国干扰机群组的战术行为不断展开,目标属性信息逐渐清晰,其相应的作战意图逐渐加强。

(a) 10003 攻击机群组

(b) 10001 干扰机群组

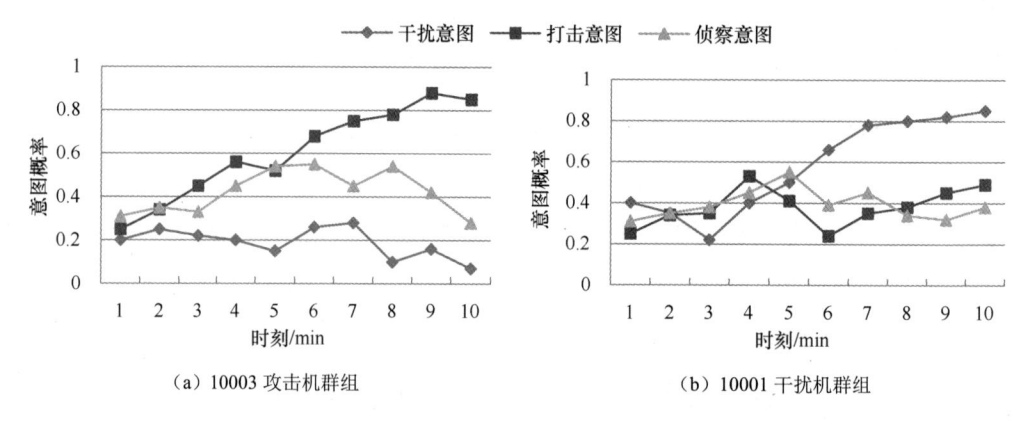

图 5-25 行为意图推理结果

通过上述实例分析可以看出,使用战法样式匹配方法和贝叶斯网络推理方法均能够进行意图识别。贝叶斯网络推理方法能够识别出目标或群组的干扰、打击、侦察意图,而战法样式匹配方法则能够给出更有细节的结论,如具体是伴随式干扰意图,还是远距固定位干扰意图。在使用战法样式匹配方法时,对于新的意图行为样式,如果知识模板库中没有相应模板,系统就很难识别出该种意图,需要参谋人员定义模板并更新到系统中。

5.3 群组作战能力量化方法

作战能力量化计算的目的是为指挥人员和决策者更好地筹划使用兵力兵器提供参考。首先,在作战筹划阶段,指挥人员通过对敌我双方作战能力对比计算,有助于决策者量敌用兵、科学地指挥决策;其次,作战能力计算结果对指挥人员制订最优的作战行动方案提供了定量的依据,具有重要的作用,可以直接用于合理地运用作战资源,支持科学化作战编组;最后,作战能力计算结果是为指挥人员做出决策提供建议的,因此计算结果要尽可能以便于指挥人员理解的方式表达出来,以便更有效地发挥作战能力量化分析在指挥决策中的作用。

作为联合作战兵力运用基本单元的群组,其作战能力的量化计算有助于科学地评价群组在协同模式下产生的协同作战的效能。群组作战能力计算的难点在于其作战能力并非简单的"1+1=2",即群组构成成员的作战能力之和,而要考虑到群组能力的涌现性效应,即可能产生的"1+1>2"的作用。由于装备具体的作战能力量化数值与装备性能高度相关,且十分敏感,因此本节仅讨论群组作战能力的量化计算方法,不涉及具体作战能力的计算。

5.3.1 概念与方法

作战能力是指武装力量遂行作战任务的能力。它由人员和武器装备的数量、质量、编制体制的科学化程度、组织指挥和管理水平、各种勤务保障能力等因素综合决定,也与地形、气象及其他战场客观条件有关。一般来讲,作战能力的基本要素有火力打击能力、机动能力、情报侦察能力、电子对抗能力和指挥控制能力及防御(护)能力等[29-30]。作战能力计算是司令部在组织作战阶段必不可少的一项重要工作,是指挥人员和指挥机关正确了解和准确评估敌我双方作战实力的重要依据。

从作战能力的概念可以看出,它与特定作战单位完成一定的作战任务的能力有关。近年来的几场信息化战争实践表明,作战任务的高效完成需要多军兵种联合编组、分工协作,因此研究群组的作战能力计算具有重要的军事意义和现实意义。信息化条件下的体系作战是一个多因素有机组合的复杂作战系统,客观地看,一支作战部队的作战能力不仅取决于其所配属/发的武器装备,还与该部队官兵素质、体制编制、指挥艺术、作战保障和训练教育等要素相关,具体可以归结为以下三类要素。一是基本要素,即作战部队的人员和武器装备的数量和质量,它对战争胜负起着直接的决定性作用,其他因素都是通过这些基本要素发生作用的。基本要素中人的素质最为重要,因为"决定的因素是人不是物"。人的素质包括军事、政治、文化素质和技能、体质等。但是光有数量没有质量,或只有质量而没有一定数量保证都不能保证作战任务的顺利完成。二是生成要素,即体制编制、军事思想、战斗条令、政治工作、后勤保障和训练教育、国家政治制度、战争性质等。这类要素通常最为活跃,特别是武器装备在变,作战样式在变,如何生成战斗力一直是各国军队建设的主题之一。三是辅助要素,即战场环境,主要是指地形、地物、气象、水文、电磁环境等方面。这类要素虽然自身不产生战斗力,却是作战能力有效发挥不可缺少的外部条件和制约因素。

1. 作战能力评估方法比较

作战能力量化方法的一般流程如图 5-26 所示。首先基于战场态势中的目标或群组构建能力量化计算的指标体系,然后根据指标体系进行能力量化建模,得出目标或群组作战能力。战场态势信息主要包括目标信息、群组构成信息等。基于输入的战场态势信息构建能力计算的指标体系,包括构建指标维度、构建指标权重,还需要对量纲不同、级差不同的指标参数进行数据标准化处理。

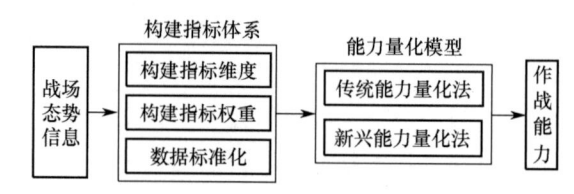

图 5-26 作战能力量化方法的一般流程

用于作战能力量化计算的方法具体可以分为两大类,一类为传统能力量化法,包括试验统计法、计算机模拟法、灰色评估法、模糊综合评估法、指数法、解析法、信息熵法、影响图法、专家评估法[31];另一类为新兴能力量化法,它们大多是从智能计算、经济学等领域延伸发展到军事领域的,如神经网络评估法、价值中心法、博弈论法、控制论法。表 5-4 将部分作战能力量化方法进行了对比分析。

表 5-4 作战能力量化方法对比分析

方法名称	方法说明	优缺点
试验统计法	通过现实或模拟环境对武器系统性能试验统计,得出作战能力统计值	是最理想的能力量化方法,但受到诸多因素限制,如大型武器的试验成本极高
指数法	是作战能力计算最经典的方法,根据武器战技指标、实战经验对武器装备运用指数值度量作战能力	优点是易于理解、快速简单,缺点是对定性知识的处理方法不多,缺乏对作战运用时的能力量化考虑
模糊综合评估法	利用隶属函数将指标的评价值转化为隶属度,再通过模糊变换运算得出量化结果	优点是数学模型简单,能够对多要素、多层次的复杂系统进行量化分析
计算机模拟法	本质上是一种仿真分析法,通过设定不同数值条件,用仿真试验得出指标估值	具有不受场地约束、消费比高的优点,能够较详细地考虑影响作战能力的诸多因素
解析法	根据能力指标与给定条件之间函数关系的解析表达式(由军事运筹学或数学方法建立)计算能力	优点是公式透明、计算简单、易于理解,但是考虑要素较少,只能用于非对抗条件下的能力量化计算

(续表)

方法名称	方 法 说 明	优 缺 点
价值中心法	是定性与定量结合的系统分析方法,将系统功能作为量化计算的核心	核心是建立底层指标的评价函数曲线,能够表征能力计算时系统之间的互相影响

对于群组作战能力量化的方法,目前学术上很少提到,本节采用指数法加规则的方式实现对水面舰艇群组和作战飞机群组的作战能力量化计算。指数法作为经典能力量化方法能够较好地量化群组内目标的能力,但是缺乏对战场要素的考量。本书通过设计群组作战能力计算规则,考虑战时编队队形、编队状态、群组协同关系等要素,将目标作战能力折合到群组作战能力。

2. 计算作战能力的指数法

1) 指标的量化

指标可以分为定性指标和定量指标两种,它们具有不可公度性和矛盾性,因此各指标值无法直接进行综合计算,必须进行量化变换,然后进行归一化处理。定性指标的量化采用专家打分法,设对某一定性指标 a,有 N 位专家参与对该因素进行打分,记第 i 位专家的打分为 a_i ($i=1,2,\cdots,N$),则可以得到该定性因素的综合得分 s_a,即

$$s_a = \frac{a_1 + a_2 + \cdots + a_N}{N}$$

针对定量指标的不同类型,选择不同的量化方法,通常有幂指数效用函数法、S 形效用函数法和线形尺度变换法[32]。

在幂指数效用函数法模型中,设最佳得分值为 x_i^*(可以定为最优的技术指标),最差得分值为 x_i^0,效用值 0.5 时的中庸得分值为 x_i^m。因此,相对于中庸得分值的线性效用函数的效用值 m_i 为

$$m_i = \frac{x_i^m - x_i^0}{x_i^* - x_i^0}$$

进行效用函数曲线拟合

$$u_i(x_i) = b_i \left(1 - \exp\left(c_i \frac{x_i - x_i^0}{x_i^* - x_i^0}\right)\right)$$

式中,参数 b_i 和 c_i 分别由下式(分别对应效用为 0.5 和 1.0)确定:

$$\frac{1-\exp(c_i m_i)}{1-\exp(c_i)} = 0.5, \quad b_i = \frac{1}{1-\exp(c_i)}$$

S 形效用函数法构造如下(以递减型为例):设某个指标越小越好(成本型指标),最小值为 x_i^0,最大值为 x_i^*,对应效用值为 0.5 时的指标取值为 x_i^m。若 x 在 x_i^m 附近对指标非常敏感,则可以构建效用函数

$$u_i(x_i) = \begin{cases} 1, & x \leq x_i^0 \\ 0.5\left(1 + \sin\dfrac{x_i^m - x}{x_i^* - x_i^0}\right), & x_i^0 < x < x_i^* \\ 0, & x \geq x_i^* \end{cases}$$

也可以采用线性尺度变换法构建效用函数，以递增型为例，即指标越大越好的情形，即

$$u_i(x_i) = \begin{cases} 0, & x \leq x_i^0 \\ \dfrac{x - x_i^0}{x_i^* - x_i^0}, & x_i^0 < x < x_i^* \\ 1, & x \geq x_i^* \end{cases}$$

式中各指标的含义同 S 形效用函数法。

2）各项作战能力指数的计算

采用幂指数法建立模型[14-15]，求解各子类作战能力指数的公式为

$$F(x) = K x_1^{w_1} x_2^{w_2} \cdots x_N^{w_N}$$

式中，$F(x)$ 为能力指数；w_i 为幂指数，$0 \leq w_i \leq 1$；x_i 为影响武器装备作战能力的因素或性能参数，$i = 1, 2, \cdots, N$；K 为调整系数。

5.3.2 水面舰艇群组作战能力量化方法

在现代海战中，对海作战是水面舰艇担负的主要作战任务之一，因此水面舰艇的作战能力是各国海军关注的重点。水面舰艇作战能力的建模与量化将便于评估和比较各种水面舰艇及其装备的作战能力，科学分析敌我双方的作战能力及其影响战斗胜负的有关因素，比较不同水面舰艇作战能力的强弱，以辅助指挥人员进行科学编组、合理兵力部署，选择最佳作战方案，取得最优作战效果。因此，水面舰艇作战能力评估和分析具有重大的现实意义。

美国著名学者詹姆斯·邓尼根在《现代战争指南》一书中写道："水面舰艇作战能力是舰艇防空、对海和对潜等能力的数量表示，它是考虑舰艇武器装备和操作人员的数量、舰艇服役后的训练和战斗实践等因素，经综合计算得到的。"通常，武器装备作战能力的评估方法有很多，诸如指数法、解析法、试验法和作战模拟法等。由于舰艇作战能力指数是一种综合效能指标，具有准确、简单和直观的特点，所以在运用舰艇作战能力指数进行海上作战的兵力需求计算时，可以使计算更加方便、精确。但舰艇的作战能力指数计算并非易事，主要表现在以下方面。

（1）专业数据难以获取：要求取作战指数，就必须求得各类水面舰艇平台上的各种武器相互之间的交点概率、平均毁伤概率和交战能力比值。这些数据虽然可以采用专家打分的方法得到，但由于所涉及的专业非常繁杂，特别是同时涉及外军装备时，许多数据根本无法获取。

（2）横向可比性不高：水面舰艇作战能力指数的横向可比性取决于所选取的各国海军"典型水面舰艇平台集"。在计算海军水面舰艇作战能力指数时，常会由于观察问题的角度、侧重点及熟悉程度等不同，使得各国海军水面舰艇作战能力指数缺乏优良的横向可比性。

1. 水面舰艇作战能力影响因素分析

水面舰艇作战能力是指水面舰艇在对空、对海、对潜、对岸和电子对抗等具体作战条件和规定的时间内，完成一定战斗任务的能力[33-34]。它不仅包括射击能力，还包括搜索探测能力、指挥控制能力、捕获跟踪能力、攻防拦截能力、干扰对抗能力、通信保障能力和舰艇指战员的能力等一系列因素。水面舰艇作战能力涉及因素众多，复杂并相互联系，给评估工作带来了一定的困难。舰艇作战能力大体可分为两部分：舰载作战系统和舰艇平台系统。前者主要包括对空作战能力、对海作战能力、对岸作战能力、对潜作战能力、作战指挥能力和电子对抗能力，后者统称平台作战能力。各子类作战能力与相应武器系统相对应，而影响武器系统的是其相应的性能参数，据此可以分析影响各子类作战能力的性能参数。严格地讲，各子类能力含有的武器系统会有多种，这势必造成彼此会出现交叉现象。对此，从现代海战武器使用特点出发，将各子类能力与某一主战武器相对应，如对空作战能力与舰空导弹相对应、对海作战能力与舰舰导弹相对应、对岸作战能力与舰炮相对应、对潜作战能力与鱼雷相对应、作战指挥能力与作战指挥系统相对应、电子对抗能力与电子战系统相对应、平台作战能力与平台系统相对应。各子类作战能力与相应武器系统的对应关系如表 5-5 所示。

表 5-5 水面舰艇作战能力-性能参数对应关系

作战能力	主战武器	性能参数
对空作战能力	舰空导弹	远界、近界、高界、低界、命中概率、毁伤概率、反应时间、同时对付目标数、导弹飞行速度、发射间隔、备弹量、制导方式
对海作战能力	舰舰导弹	射程、单发命中概率、反应时间、同时对付目标数、导弹飞行速度、飞行低界、备弹量、制导方式
对岸作战能力	舰炮	口径、座数、发射率、初速、备弹量、射击通道、射程、射高、瞄准能力、反应时间
对潜作战能力	鱼雷	远界、近界、深界、航速、命中精度、战斗部威力、制导方式
作战指挥能力	作战指挥系统	主存容量、运行速度、反应时间、数据库能力、共享能力、软件水平、情报处理能力、目标指示能力
电子对抗能力	电子战系统	频域、测向精度、测频精度、无源干扰反射面积、红外干扰辐射能量、有源干扰频域、作用距离、干扰精度
平台作战能力	平台系统	快速性、续航力、自持力、操纵性、适航性、导航能力

2. 水面舰艇作战能力量化计算

水面舰艇作战能力的量化计算方法有很多，下面介绍一种基于幂指数法描述各类作战能力与装备性能参数之间关系的模型，进而以各类作战能力为基础，利用综合计算方法计算水面舰艇的作战能力。该方法的最大优点是计算程序简便，可以方便地用于目标群组的作战能力量化计算，而且计算结果便于指挥人员直观评估、比较不同水面舰艇作战能力。

运用层次分析法确定各子能力幂指数，并对影响武器装备作战能力的各项因素或性能参数进行标准化处理之后，可以得到各类作战能力幂指数的计算公式。这些公式中参数的量化方法与取值范围的确定可以参见文献[35-36]。对空作战能力指数的计算公式为

$$F_K = x_1^{0.0286} x_2^{0.0286} x_3^{0.0286} x_4^{0.0286} x_5^{0.2306} x_6^{0.1454} x_7^{0.1454} x_8^{0.0528} x_9^{0.0846} x_{10}^{0.1454} x_{11}^{0.0528} x_{12}^{0.0286}$$

其中，$x_1 \sim x_{12}$ 分别为表 5-5 中定义的对空作战能力相关的 12 个性能参数。此外，对海作战能力、对岸作战能力、对潜作战能力、作战指挥能力和电子抗能力计算公式中的 x_i 也分别为表 5-5 中定义的性能参数。

对海作战能力指数的计算公式为

$$F_H = x_1^{0.1778} x_2^{0.2884} x_3^{0.1778} x_4^{0.1014} x_5^{0.1014} x_6^{0.0596} x_7^{0.0596} x_8^{0.034}$$

对岸作战能力指数的计算公式为

$$F_A = x_1^{0.0523} x_2^{0.0523} x_3^{0.0893} x_4^{0.0893} x_5^{0.0893} x_6^{0.0299} x_7^{0.2517} x_8^{0.0299} x_9^{0.158} x_{10}^{0.158}$$

对潜作战能力指数的计算公式为

$$F_Q = x_1^{0.1079} x_2^{0.1079} x_3^{0.1079} x_4^{0.1079} x_5^{0.3273} x_6^{0.2026} x_7^{0.0385}$$

作战指挥能力指数的计算公式为

$$F_Z = x_1^{0.0301} x_2^{0.0814} x_3^{0.2652} x_4^{0.1535} x_5^{0.0814} x_6^{0.1535} x_7^{0.1535} x_8^{0.0814}$$

电子对抗能力指数的计算公式为

$$F_D = x_1^{0.0273} x_2^{0.134} x_3^{0.134} x_4^{0.0823} x_5^{0.0823} x_6^{0.0823} x_7^{0.2289} x_8^{0.2289}$$

平台作战能力指数的计算公式为

$$F_P = x_1^{0.1999} x_2^{0.108} x_3^{0.108} x_4^{0.1999} x_5^{0.0402} x_6^{0.344}$$

水面舰艇群组作战能力中的各项能力计算依赖于其成员的各项能力的计算结果。其中，对空作战能力指数、对海作战能力指数、对岸作战能力指数、对潜作战能力指数可以用求和方法获得，而作战指挥能力指数、电子对抗能力指数、平台作战能力指数由群组内舰艇对应的指数值求取平均值得到。

水面舰艇群组对空作战能力指数的计算公式为

$$\mathrm{GF}_K = \sum_{i=1}^{M} F_K^i$$

式中，M 为是舰艇群组包含的舰艇数量。

对海作战能力指数的计算公式为

$$\mathrm{GF_H} = \sum_{i=1}^{M} F_H^i$$

对岸作战能力指数的计算公式为

$$\mathrm{GF_A} = \sum_{i=1}^{M} F_A^i$$

对潜作战能力指数的计算公式为

$$\mathrm{GF_Q} = \sum_{i=1}^{M} F_Q^i$$

作战指挥能力指数的计算公式为

$$\mathrm{GF_Z} = \frac{1}{M}\sum_{i=1}^{M} F_Z^i$$

电子对抗能力指数的计算公式为

$$\mathrm{GF_D} = \frac{1}{M}\sum_{i=1}^{M} F_D^i$$

平台作战能力指数的计算公式为

$$\mathrm{GF_P} = \frac{1}{M}\sum_{i=1}^{M} F_P^i$$

3. 水面舰艇群组作战能力综合评估

利用前文中对空、对海、对岸和对潜作战能力指数计算公式，可以进一步综合计算水面舰艇群组作战能力，公式为

$$G_F = (W_K\mathrm{GF_K} + W_H\mathrm{GF_H} + W_A\mathrm{GF_A} + W_Q\mathrm{GF_Q})(\omega_Z\mathrm{GF_Z} + \omega_D\mathrm{GF_D} + \omega_P\mathrm{GF_P})$$

式中，W_K、W_H、W_A、W_Q 分别表示对空、对海、对岸和对潜作战能力的权重；ω_Z、ω_D、ω_P 分别表示指挥控制、电子对抗和平台能力的权重。

5.3.3 作战飞机群组作战能力量化方法

空中作战力量在信息化战争中具有重要的地位和作用。在制空权争夺、对海上和陆地目标打击中具有无比的优势和良好的作战效果。由于作战能力具有多维度性，因此不同的作战飞机在作战能力的各个维度上具有不同优长劣短，通常采用将不同类型的作战飞机编成群组的样式来取长补短，以完成不同的作战任务，如空袭作战群组中通常包括侦察机编队、轰炸机编队、战斗机编队、电子战飞机编队等。作战飞机群组作战能力计算，需要根据作战能力的影响因素及不同维度上作战能力计算的特点进行综合分析，确定采用的合成算子及折合规则，以取得群组作战能力的互补性，其计算结果对指挥人员的目标威胁估计和武器-目标分配具有重要参考价值。

1. 作战飞机作战能力影响因素分析

在对作战飞机的作战能力进行量化计算时，首先需要确定作战飞机作战能力的构成，目前国内外尚未形成统一的标准[37]，主要因为作战飞机的作战能力是一个内涵和外延都极其丰富的概念，可以从不同层面和角度来描述和定义作战能力[38]。从作战飞机执行的作战任务的性质来说，作战能力可以分为制空能力、对地打击能力、对海突击能力等；从作战飞机在作战任务中发挥的作用来说，作战能力可以细分为预警侦察能力、电子干扰能力、火力打击能力、机动能力、指挥控制能力、防护能力。下文从作战飞机在作战任务中发挥的作用角度分析以上六维作战能力。

预警侦察能力由雷达、红外设备等各类机载设备、探测设备决定，可以通过最大发现目标距离、最大搜索总方位角、同时跟踪目标数等指标来度量其性能。电子干扰能力由机载雷达警戒系统、消极干扰投放系统、红外导弹积极干扰器、电磁波积极干扰器、导弹临近告警系统等主/被动干扰设备决定。火力打击能力主要考虑机炮、导弹等打击装备，可以使用口径、初速、射程、杀伤概率等参数衡量。机动能力由发动机、气动结构决定，可以使用最大允许过载、最大稳定盘旋过载等参数评估。指挥控制能力由机载通信、导航设备决定，通过引导作战飞机数、同时跟踪目标数、数据传输能力等参数衡量。防护能力由作战飞机隐身设计、机体结构决定，具体使用雷达反射截面积（RCS）等参数衡量。具体作战能力与性能参数的对应关系如表5-6所示。

表5-6 作战飞机能力-性能参数对应关系表

作战能力	主战装备	性能参数
预警侦察能力	雷达、红外设备	最大发现目标距离、最大搜索总方位角、雷达技术体制、同时跟踪目标数
电子干扰能力	主/被动干扰设备	无源干扰反射面积、红外干扰辐射能量、有源干扰频域、作用距离、干扰精度
火力打击能力	机炮、导弹、炸弹	口径、初速、备弹量、射程、瞄准能力、杀伤概率、制导方式、战斗部威力
机动能力	发动机、气动结构	最大允许过载、最大稳定盘旋过载、最大单位重量剩余功率、典型高度、典型马赫数
指挥控制能力	机载通信、导航设备	引导作战飞机数、同时跟踪目标数、数据传输能力
防护能力	隐身设计、机体结构	几何尺寸、雷达反射截面积

2. 作战飞机作战能力量化计算

作战飞机作战能力可分两大类：空对空和空对地，两者在飞机总作战能力评估中各占多少分量要根据使用方对该飞机的要求而定。设 C 为空对空作战能力指数，D 为空对地作战能力指数，E 为总作战能力指数，则

$$E = a_1 C + a_2 K_1 D$$

式中，a_1、a_2 为空对空和空对地任务分配系数，$a_1 + a_2 = 1$。例如，制空歼击机的 a_1=1.0，a_2=0，即不要求对地攻击能力；战斗机的 a_1=0.8，a_2=0.2；战斗轰炸机的 a_1=0.3，a_2=0.7，而轰炸机的 a_1=0，a_2=1.0。当然这只是一般而论，具体应用时还要做更细致的研究，可以提出其

他分配比例。K_1 是平衡系数，由于计算 C 和 D 值的方法不同，两者数值可能不匹配，这时就要用 K_1 值来调整。在这里介绍的方法中，C 和 D 值基本协调，可令 $K_1 = 1.0$。

1）空对空作战能力指数

在对数法中，选用有关空战的 7 个主要指标来衡量空对空作战能力。它们是机动性、火力、探测能力、操纵效能、生存力、航程和电子对抗能力。将前三项的对数值相加，乘以后四项系数得出总空战能力指数，即

$$C = [\ln B + \ln(A_1 + 1) + \ln(A_2)]\varepsilon_1 \varepsilon_2 \varepsilon_3 \varepsilon_4$$

式中，C 为空战能力指数；B 为机动性参数；A_1 为火力参数；A_2 为探测能力参数；ε_1 为操纵效能系数；ε_2 为生存力系数；ε_3 为航程系数；ε_4 为电子对抗能力系数。

（1）机动性参数的计算：机动性参数 B 的计算，用飞机最大允许过载 n_{ymax}、最大稳定盘旋过载 n_{scmax} 和最大单位重量剩余功率 SEP 求得，即

$$B = (n_{ymax} + n_{scmax} + \text{SEP} \times 9/300)$$

需要指出的是，计算最大稳定盘旋过载时可用典型高度、典型马赫数的数值。例如，以 5000 m 高度 $Ma = 0.90$ 的盘旋过载作为典型状态。现代战斗机海平面最大稳定盘旋过载往往受强度限制，即等于 n_{ymax}，因此用海平面最大稳定盘旋过载值会方便一些。对于将来有过失速机动能力的战斗机，可按上述计算的 B 值乘以 $(\alpha_{av}/24)^{0.5}$ 修正，其中，α_{av} 是过失速机动可用最大迎角。

（2）火力参数的计算：火力参数要考虑不同的机载武器分别进行计算。例如，飞机上有航炮和两种导弹，其火力系数分别为 A_1^{gun}、$A_1^{m_1}$ 和 $A_1^{m_2}$，其总火力参数为

$$A_1 = A_1^{gun} + A_1^{m_1} + A_1^{m_2}$$

① 航炮火力系数计算：航炮（或机枪）的火力系数（A_1^{gun}）与其每分钟发射率，即射速 $V_{shooting}$，弹丸初速 V_0（单位：m/s）、弹丸质量 W_p（单位：g）、弹丸口径 C_p（单位：mm）及该种航炮配置数量 n 有关。具体计算公式为

$$A_1^{gun} = K_{aim} \left(\frac{V_{shooting}}{1200}\right)\left(\frac{V_0}{1000}\right)^2 \left(\frac{W_p}{400}\right)\left(\frac{C_p}{30}\right) n$$

式中的取常数都是标准值。K_{aim} 是瞄准具修正系数，用陀螺活动光环瞄准具时，$K_{aim} = 1$；用固定光环瞄准具时，$K_{aim} = 0.4 \sim 0.5$；用快速瞄准具时，则 $K_{aim} = 1.2 \sim 1.5$。

② 空空导弹的火力参数计算：空空导弹的火力参数计算考虑最大实际有效射程 R_{es}（单位：km）、允许发射总高度差 H_s（单位：km）、发射包线总攻击角 A_{ta}、单发杀伤概率 P_k、导弹最大过载 O、导弹最大跟踪角速度 V_{ta}、总离轴发射角 A_{to}（超前及滞后离轴角之和）和同类导弹挂载数量 n_{missle}。计算公式为

$$A_1^{m_1} = R_{es} H_s P_k \left(\frac{A_{ta}}{360}\right)\left(\frac{O}{35}\right)\left(\frac{V_{ta}}{20}\right)\left(\frac{A_{to}}{40}\right)\sqrt{n_{missle}}$$

（3）探测能力参数的计算：探测能力参数 A_2 包括三部分，即雷达探测 A_2^r、红外搜索跟踪装置 A_2^{IR} 和目视能力 A_2^{eye}。

$$\sum A_2 = A_2^r + A_2^{IR} + A_2^{eye}$$

雷达探测能力参数包括最大发现目标距离 R_f、发现目标概率 P_f、最大搜索总方位角 A_{ts}、雷达体制衡量系数 K_2^{rs}、同时跟踪目标数 m_1^{st} 和同时允许攻击目标数 m_2^{aa}。计算公式为

$$A_2^r = \left(\frac{R_f^2}{4}\right)\left(\frac{A_{ts}}{360}\right) P_f K_2^{rs} (m_1^{st} m_2^{aa})^{0.05} \qquad (5\text{-}14)$$

其中，对于雷达体制衡量系数 K_2^{rs}，若为测距器，$K_2^{rs}=0.3$；若为无角跟踪能力雷达，$K_2^{rs}=0.5$；若为圆锥扫描雷达，$K_2^{rs}=0.6$；若为单脉冲雷达，$K_2^{rs}=0.7$；若为脉冲多普勒雷达，$K_2^{rs}=0.8\sim1.0$，并按下视能力强弱确定选取范围内数值的大小。常数 4 代表有效目视发现能力为 $2\ km^2$。

红外搜索跟踪装置探测能力参数 A_2^{IR} 的计算公式与式(5-14)基本相同，只是其中的 K_2^{rs} 改为红外体制的系数 K_2^{IRs}，若为单元件亮点式红外探测器，$K_2^{IRs}=0.3$；若为多元固定式探测装置，$K_2^{IRs}=0.5$；若为搜索跟踪装置，$K_2^{IRs}=0.7\sim0.9$。另外，如果配有激光测距器，则其取值再增加 0.05。例如，据报道，米格-9 飞机的红外搜索跟踪装置发现距离为 60 km，搜索范围为 120º，采用多红外单元线列式敏感系统，因此 $K_2^{IRs}=0.75$，估计其发现概率为 0.80，则可以得到 $A_2^{IR}=180$。

目视能力与飞机风挡及座舱盖设计有很大关系，计算公式与式（5-14）基本相同，只是 K_2^{rs} 改为 A_2^{eye}，$K_2^{eye}=1.0$，$m_1^{st}=m_2^{aa}=1.0$。目视可见距离一般为 8 km，发现概率为 $0.59\sim0.75$；视场角为 160º～360º，视不同飞机而定。对于 A_2^{eye}，初步估计结果为：第二次世界大战时期，战斗机视界不好，一般为 3.0；个别用水泡式座舱盖的飞机约为 6.4；F-5、F-111 等为 5.2；F-4、F-104、米格-23、米格-31 为 6.35；"狂风"为 8.1；米格-29、"幻影"2000 等为 10.0；F-16、F-15 为 12.0。

（4）操纵效能系数计算：操纵效能系数 ε_1 与飞机座舱布局、操纵系统及显示装置等因素有关。第二次世界大战时期的战斗机，$\varepsilon_1=0.60$。20 世纪 50 年代的战斗机用一般仪表及液压助力操纵系统，$\varepsilon_1=0.70$，有平视显示器（简称平显）的喷气战斗机，$\varepsilon_1=0.80$；用电传操纵，且有平显，$\varepsilon_1=0.85$；用电传操纵，有平显、下视显示器（简称下显）、数据总线及双杆技术的 $\varepsilon_1=0.90$。在这个基础之上，更能发挥飞行员能力的设计，$\varepsilon_1=0.90\sim1.0$，如配备有同步的头盔瞄准具时，$\varepsilon_1$ 值再加 0.05。

(5) 生存力系数计算：作战飞机生存力系数 ε_2 可用飞机的几何尺寸与雷达反射截面 RCS 为主要因素进行计算，公式为

$$\varepsilon_2 = \left(\frac{10}{L_{ws}} \times \frac{15}{L_t} \times \frac{5}{RCS} \right)^{0.0625}$$

式中，翼展 L_{ws}、飞机全长 L_t（含空速管的长度）的单位为 m。RCS 指迎头或尾后方位 120° 左右之内对应 3 cm 波长雷达的平均值。对于一些战斗机，RCS 可以用经验统计进行估算。

(6) 航程系数计算：战斗机留空时间与作战效能有很大关系。如只考虑空战格斗性能，则这个因素可以不计算，但留空时间长的飞机对综合作战能力的影响在实战情况下十分明显的，特别是投掉副油箱后只靠机内油的留空时间最有用。空中加油一次可延长的作战时间或作战半径也直接由机内油量与飞机质量的比值决定。原用对数法计算作战效能时采用留空时间，现考虑到各种战斗机的留空时间数据很缺乏，而飞机的机内油最大航程 R_{if} 数据较易查找，因此改用下式计算航程系数 ε_3。

$$\varepsilon_3 = \left(\frac{R_{if}}{1400} \right)^{0.25}$$

式中，常数 1400 为标准参照值。

(7) 电子对抗能力系数计算：电子对抗能力系数 ε_4 难以确定。作战飞机上安装的电子对抗设备主要有全向雷达警戒系统、消极干扰投放系统、红外导弹积极干扰器、电磁波积极干扰器、导弹临近告警系统等。由于保密的原因，对各种作战飞机的电子对抗能力只能有一个粗略的了解，难以做出精确的量化估计，ε_4 的取值可参见表 5-7。

表 5-7　电子对抗能力系数 ε_4 取值参照表

机载电子对抗设备	取值
全向雷达告警系统	1.05
全向雷达告警系统＋消极干扰投放系统	1.10
全向雷达告警系统＋消极干扰投放系统＋红外及电磁波积极干扰器	1.15
全向雷达告警系统＋消极干扰投放系统＋红外及电磁波积极干扰器＋导弹临近告警系统、自动交联	1.20

2）空对地作战能力指数

空对地作战能力指数分为两部分，即航程指数和武器效能指数，两者相加得出总值 D。航程指数是当量航程 R_{ef} 的自然对数，武器效能指数是当量载弹量 W_{ep} 的自然对数。计算公式为

$$D = \ln R_{ef} + \ln W_{ep} \varepsilon_4$$

式中，ε_4 是电子对抗能力系数，取值可参见表 5-7。

（1）当量航程计算：当量航程与最大航程 R_{max}、突防系数 P_e、远程武器系数 P_{lw} 和导航能力系数 P_n 有关，其计算公式为

$$R_{ef} = R_{max} P_e P_{lw} P_n$$

式中，最大航程根据飞机性能取值。

① 突防系数计算：突防系数与生存力系数 ε_2、装甲系数 K_{armor}、突防机动能力（用最大允许过载 n_{ymax} 代表）、突防最低高度 H_p 和突防速度 V_p 有关，计算公式为

$$P_e = 0.25\varepsilon_2 + 0.15 K_{armor} + 0.10(n_{ymax}/9) + 0.25(100/H_p) + 0.25(V_p/1200)$$

其中，ε_2 的计算见前文。若全机有装甲保护，$K_{armor}=0.9\sim1.0$；若座舱有装甲、系统部分有装甲保护，$K_{armor}=0.70$；若座椅前后、靠背有装甲防护，$K_{armor}=0.5\sim0.6$；若没有装甲保护，$K_{armor}=0.2$。

② 远程武器系数计算：远程武器系数 P_{lw} 是考虑使用"远"程武器，包括滑翔炸弹、巡航导弹等因素而设立的，相当于延长攻击飞机的航程，因此放在当量航程计算内，计算公式为

$$P_{lw} = (R_{lw}/3) K_{lw} \sqrt{n_{lw}} + 1$$

式中，常数 3 相当于自由下落炸弹的平均射程 R_{lw}（单位：km）；常数项 1 是为了不挂载远程武器时不至于令 P_{lw} 取值为零。K_{lw} 是武器品种修正系数，普通炸弹，$K_{lw}=0$；滑翔炸弹，$K_{lw}=0.5$；半主动制导弹，如激光制导、无线电或电视指令制导导弹，$K_{lw}=0.75$；全主动、发射后不管的导弹，$K_{lw}=1.0$。n_{lw} 是该类武器数量。若挂载不同类型远程对地攻击武器，则选其中 P_{lw} 值最大的一种计算。

③ 导航能力系数计算：导航能力系数 P_n 按如下规则取值：机上只有无线电罗盘的取值为 0.5，增设塔康战术导航或类似系统的取值为 0.6，增加多普勒导航系统的为 0.7；增加惯性导航系统的增加 $0.1\sim0.15$，增加卫星导航系统的增加 $0.1\sim0.2$。但 P_n 的取值最高不超过 1.0。

（2）当量载弹量计算：对地攻击能力指数的另一部分是当量载弹量的自然对数。当量载弹量由最大载弹量 W_B 和对地攻击效率系数 P_{ga} 的乘积决定，计算公式为

$$W_{ep} = W_B P_{ga}$$

式中，W_B 的取值可根据飞机的重量特性决定对地攻击效率系数计算。对地攻击效率系数与机上外挂架数量、使用的武器精度系数及发现目标能力系数有关。挂架数量多少可决定飞机外挂武器品种的灵活性。挂架数量多对地攻击的适应性加强，更能有效地攻击各种不同

的目标。P_{ga} 的计算公式为

$$P_{ga} = 0.2N_{pylon}/15 + 0.4P_{wp} + 0.4P_{ft}$$

式中，N_{pylon} 为挂架数量。武器精度系数 P_{wp} 取值准则为：导弹 P_{wp}=1.0；激光或电视自动制导武器，P_{wp}=0.9；无线电指令制导武器，P_{wp}=0.7；普通炸弹，P_{wp}=0.5。若同时携带不同种类武器，则按性能最好的武器计算。

发现目标能力系数 P_{ft} 取值准则为：目视寻找目标，P_{wp}=0.6；有激光测距器的加 0.1；有前视红外或微光电视的，加 0.1~0.15；只有对地攻击雷达的，P_{wp}=0.8~0.9；总的 P_{ft} 不大于 1.0。

3．作战飞机群组作战能力综合评估

由于群组编成结构具有多样性、群组作战样式的复杂性，因此在群组作战能力计算过程中，许多因素会起到一定的增效作用。考虑群组作战能力的涌现性，结合群组组成、群组协同关系等构建的群组作战能力量化计算方法如图 5-27 所示。群组综合作战能力主要考虑群组预警侦察能力、群组火力打击能力、群组指挥控制能力、群组电子战能力、群组防护能力、群组机动能力六项，每项作战能力根据规则增益计算群组能力。

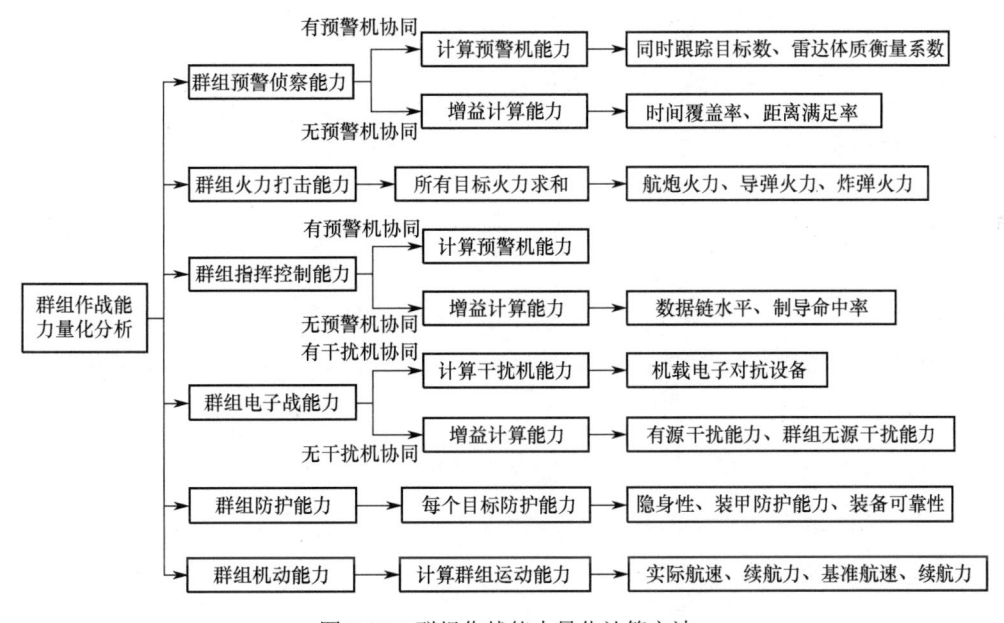

图 5-27 群组作战能力量化计算方法

1）群组预警侦察能力指数计算

空中群组预警侦察能力指数计算主要考虑群组中有预警机或群组附近有预警机协同支援情形、群组中无预警机且无远程预警支援两种情形。

（1）若群组中有预警机或侦察机等侦察专用飞机，或者有预警机远程协同群组作战，则使用预警侦察能力计算群组预警侦察能力指数。预警机的预警侦察能力由其携带的机载雷达决定,通常一架预警机会携带多种有源搜索雷达、多普勒雷达。此时,群组预警侦察能力指数 I_G^S 的计算公式为

$$I_G^S = \sum_{i=1}^{N_1} A_i K_i$$

$$A_i = \left(\frac{R_f^2}{4}\right)\left(\frac{A_{ts}}{360}\right) P_f K_2^{rs} (m_1^{st} m_2^{aa})^{0.05}$$

式中,A_i 为预警机上第 i 个雷达的预警探测能力;K_i 为该雷达的能力系数;R_f 为雷达最大发现目标距离(以 RCS 为 5 m² 为例,km);P_f 为雷达发现目标概率;A_{ts} 为雷达最大搜索总方位角(°);K_2^{rs} 为雷达体制衡量系数(取值与雷达技术体制有关,技术体制越先进取值越高);m_1^{st} 为雷达同时跟踪目标数;m_2^{aa} 为雷达同时允许攻击目标数。

(2)若群组中无预警机或侦察机等专用飞机,且无预警机远程协同支援群组作战,则群组预警侦察能力指数由群组本身决定,从群组侦察距离、侦察时间覆盖率和侦察精度等方面进行增益计算,计算公式为

$$I_G^S = \left(I_G^r \frac{k_{11}}{k_{11}+k_{12}} + I_G^t \frac{k_{12}}{k_{11}+k_{12}}\right)^{k_{11}+k_{12}} (I_G^p)^{k_{13}}$$

式中,I_G^r 为群组距离满足率;I_G^t 为群组时间覆盖率;I_G^p 为侦察精度满意度;k_{11}、k_{12}、k_{13} 分别为前三项指数的权重。

侦察距离满足率 I_G^r 的公式为

$$I_G^r = K_r I_S^r$$

式中,K_r 为目标群组距离增益系数;I_S^r 为位于编队前锋位置的单机距离满足率。K_r 的计算依赖于编队队形的样式,横队队形、纵队队形、三角队形和楔队队形等常用队形的增益系数计算公式为

$$K_r = (L+R)/R$$

式中,R 为单机探测距离;L 为队形纵深距离。

侦察时间覆盖率 I_G^t 的公式为

$$I_G^t = K_t I_S^t$$

式中,K_t 为目标群组时间增益系数;I_S^t 为单机距离满足率。K_t 的计算依赖于群组中包含的战机数量及开机时间分配,计算公式为

$$K_t = T_G / T_S$$

式中,T_G 为群组合理分配可以获得的最大侦察时长;T_S 为单机可提供的侦察时长。

侦察精度满意度 I_G^p 的公式为

$$I_G^p = K_p I_S^p$$

式中，K_p 为目标群组侦察精度满意度增益系数；I_S^p 为单机侦察精度满意度。K_p 的计算依赖于群组中包含的战机数量及队形样式，对单个目标若能够有多架战机侦察到，则其融合精度会得到一定程度的提升，计算公式为

$$K_p = P_G / P_S$$

式中，P_G 为群组合理分配融合得到的精度；P_S 为单机可提供的侦察时长。

2）群组火力打击能力指数计算

空中群组火力打击能力计算主要从空对空、空对地、空对海和空对潜四个方面进行综合考虑并合成。空中群组目标的火力打击能力指数计算公式为

$$I_G^F = W_{ATA} I_G^F(ATA) + W_{ATG} I_G^F(ATG) + W_{ATS} I_G^F(ATS) + W_{ATU} I_G^F(ATU)$$

式中，$I_G^F(ATA)$、$I_G^F(ATG)$、$I_G^F(ATS)$、$I_G^F(ATU)$ 分别为群组目标对空、对地、对海和对潜火力打击能力指数；W_{ATA}、W_{ATG}、W_{ATS}、W_{ATU} 分别为对空、对地、对海和对潜火力打击指数的权重。

这里以空中群组对空火力打击能力指数计算为例，考虑群组内每个目标的对空火力打击能力指数 $I_i^F(ATA)$ 并合成，计算公式为

$$I_G^F(ATA) = \sum_{i=1}^n I_i^F(ATA)$$

其中，$I_i^F(ATA)$ 采用对数法计算，主要考虑目标的不同机载武器的火力能力。通常，空中目标主要携带航炮、导弹等武器装备用于制空作战，I^F 的计算公式为

$$I^F(ATA) = A^{gun} + \sum_{i=1}^n A_i^m$$

式中，A^{gun} 为航炮或机枪的火力系数；A_i^m 为目标携带的第 i 种空空弹的火力系数。这两个系数的计算方法参考 5.3.3 节中作战飞机作战能力指数计算方法。

3）群组指挥控制能力指数计算

群组指挥控制能力指数计算主要考虑群组中有预警机或专用指挥控制飞机和群组中无预警机且无专用指挥控制飞机远程协同支援作战两种情形。

（1）若群组中有预警机或专用指挥控制飞机，或者存在预警机远程指挥协同，则指挥控制能力指数应选用该型飞机的指挥控制能力指数，即

$$I_G^{C2} = K_{dt} K_{na} \sqrt{n_{gu}} \times \sqrt{n_{tr}}$$

式中，I_G^{C2} 为群组目标的指挥控制能力指数；n_{gu} 为可同时引导作战飞机数；n_{tr} 为可同时跟踪目标数；K_{dt} 为数据传输能力系数；K_{na} 为导航能力系数。K_{dt} 和 K_{na} 的取值预警机由机载通信、导航设备决定，越先进系数取值越大[39]。

（2）若群组中不存在预警机或专用指挥控制飞机，则应从群组的通信顺畅程度、导航定位满意度、精确制导命中率和数据链应用水平四个方面对群组指挥控制能力指数进行计算。由于群组通信冗余性广泛存在，因此目标群组的通信顺畅程度具有一定的增益性，最保守的估计也应不低于其最佳的单机通信顺畅度，导航定位满意度、精确制导命中率类似；而数据链应用水平主要考虑主战装备和指挥系统及传感器的数据链交联水平。群组目标的指挥控制能力计算公式为

$$I_G^{C2} = W_C I_G^C + W_N I_G^N + W_G I_G^G + W_D I_G^D$$

式中，W_C、W_N、W_G、W_D 分别为相应指标的权重。

通信顺畅程度计算公式为

$$I_G^C = \max\{I_{SC}^1, I_{SC}^2, \cdots, I_{SC}^n\}$$

式中，I_G^C 为群组通信顺畅程度；I_{SC}^i 为单机通信顺畅程度；n 为群组目标数。

导航定位满意度计算公式为

$$I_G^N = \max\{I_{SN}^1, I_{SN}^2, \cdots, I_{SN}^n\}$$

式中，I_{SN}^i 为单机导航定位满意度；I_G^N 为群组导航定位满意度；n 为群组目标数。

精确制导命中概率计算公式为

$$I_G^G = \max\{I_{SG}^1, I_{SG}^2, \cdots, I_{SG}^n\}$$

式中，I_{SG}^i 为单机精确制导命中概率；I_G^G 为群组精确制导命中概率；n 为群组目标数。

数据链应用水平计算公式为

$$I_G^D = \max\{I_{SD}^1, I_{SD}^2, \cdots, I_{SD}^n\}$$

式中，I_{SD}^i 为第 i 架主战飞机数据链应用水平；I_G^D 为群组数据链应用水平；n 为群组目标主战装备数。

4）群组电子战能力指数计算

群组电子战能力指数计算主要考虑群组中有电子战飞机或专用的携带电子吊舱的飞机和群组中无电子战飞机且无远程干扰支援两种情形。

（1）若群组中存在电子战飞机，或者有电子战飞机以置前或伴随干扰方式与群组协同作战，则群组的电子战能力可能会大大增强。该项指数主要取决于电子战系统和装备的性能和协调一致的程度，具体可分为三个方面：群组电子侦察能力指数、群组有源干扰能力

指数、群组无源干扰能力指数，计算公式为

$$I_G^{EW} = K_1\alpha\sum_{i=1}^{N_1} I_{ER}(i)M_{ER}(i) + K_2\beta\sum_{j=1}^{N_2} I_{AJ}(j)M_{AJ}(j) + K_3\gamma\sum_{k=1}^{N_3} I_{PJ}(k)M_{PJ}(k)$$

式中，K_1、K_2、K_3 为调整系数；α、β、γ 为权重；N_1、N_2、N_3 分别为群组内电子侦察机、有源干扰和无源干扰设备的类型数；$I_{ER}(i)$、$I_{AJ}(j)$、$I_{PJ}(k)$ 分别为群组内电子侦察机、有源干扰设备、无源干扰设备的能力指数，由其战术技术性能确定；$M_{ER}(i)$、$M_{AJ}(j)$、$M_{PJ}(k)$ 分别为群组内第 i 类电子侦察机、第 j 类有源干扰设备和第 k 类无源干扰设备的数量。

（2）若群组中不存在电子战飞机且无远程干扰支援，则取编队内电子战能力指数最高值为群组电子战能力指数。编队内目标的电子战能力指数 I_{EM}^i 的大小主要考虑能够挂载的主/被动电子战系统种类，如雷达警戒系统、消极干扰投放系统、红外导弹积极干扰器、电磁波积极干扰器、导弹临近告警系统等，计算公式为

$$I_G^{EM} = \max\{I_{EM}^1, I_{EM}^2, \cdots, I_{EM}^n\}$$

式中，各种电子战系统能力指数的取值可以参考 5.3.3 节中作战飞机作战能力指数计算方法。

5）群组防护能力指数计算

群组防护能力指数计算主要考虑群组中每个目标的隐身性指数、装甲防护能力指数及技术装备的可靠性指数，计算公式为

$$I_G^{surv} = K I_{inv}^{\alpha_s} I_{arm}^{\beta_s} I_{rel}^{\gamma_s}$$

式中，K 为调整系数；α_s、β_s、γ_s 为幂指数；I_{inv}、I_{arm} 和 I_{rel} 分别为群组平均隐身性指数、装甲防护能力指数及技术装备的可靠性指数。装甲防护能力指数和技术装备的可靠性指数取群组中主战装备装甲防护能力指数和技术装备的可靠性指数的平均值。

群组平均隐身性指数 I_{inv} 的计算公式为

$$I_{inv} = \frac{1}{n}\sum_{i=1}^{n} k_i I_i^{inv}$$

式中，k_i 为第 i 架飞机的重要性系数；I_i^{inv} 为第 i 架飞机的隐身性指数；n 为群组中飞机的架数。

6）群组机动能力指数计算

群组机动能力指数计算主要考虑群组在集体行动过程中的运动能力，因此应动态地计算群组目标的机动能力指数。群组的平均机动能力指数计算公式为

$$I_G^{manu} = K_m \left(\frac{V_{real}}{V_{bench}}\right)^{\alpha_m} \left(\frac{S_{real}}{S_{bench}}\right)^{\beta_m} I_{aircon}^{\gamma_m}$$

式中，α_m、β_m、γ_m 为幂指数；V_{real}、S_{real} 分别为群组飞行的实际航速和实际续航力；V_{bench}、S_{bench} 分别为群组航行的基准航速和基准续航力；I_{aircon} 根据群组行动适应的气象条件等级评分得到。

基于上述六维能力指数，可以进一步计算出作战飞机群组的综合能力指数 G，公式为

$$G = W_S I_G^S + W_F I_G^F + W_{C2} I_G^{C2} + W_{EW} I_G^{EW} + W_{surv} I_G^{surv} + W_{manu} I_G^{manu}$$

式中，I_G^S、I_G^F、I_G^{C2}、I_G^{EW}、I_G^{surv}、I_G^{manu} 分别为预警侦察能力指数、火力打击能力指数、指挥控制能力指数、电子战能力指数、防护能力指数、机动能力指数；W_S、W_F、W_{C2}、W_{EW}、W_{surv}、W_{manu} 分别为六维能力指数对应的权重。

5.4 群组威胁估计方法

威胁估计（Threat Assessment, TA）属于 JDL 模型的三级融合，是建立在联合检测、目标估计和态势估计基础上的高层次信息融合处理过程，是在可能出现的敌我交战行为中，对我方不利或有害影响进行评估。通过对战场威胁进行估计，可以帮助指挥人员在瞬息万变的战场上快速认知威胁，提前谋划有利局势，科学组织应对策略。

在现代化多域联合作战中，海空目标多以群组形式完成特定作战任务，如何结合敌我作战博弈，对作战群组威胁进行合理、动态的估计，成为作战的关键问题。

5.4.1 威胁估计过程

在军事领域，威胁主要针对军事力量打击、攻击、占领或控制的对象[40]。JDL 模型中，威胁估计具体指推理敌方意图和目的，量化判断敌方对我方的威胁程度。目前对威胁估计的研究主要集中在威胁指标的确定、威胁模型的构建方面。

在海空作战场景中，威胁主要来自敌方群组，通过具体的威胁事件或行动实现对我方的威胁。威胁可以分为直接威胁和间接威胁两大类[41]，直接威胁主要指对我方有明显攻击意图，并可能造成一定毁伤的威胁，包括空中突击群、航母编队等；间接威胁主要指对我方不存在明显攻击意图，但存在支撑或保障敌方攻击行为的威胁，包括干扰群、侦察群、预警群等。在现代海空战场上，攻击和干扰为两大典型和重要威胁。

威胁源于敌方的作战目的，也就是说，敌方作战目的首先需有意图造成损害，且同时具备达成意图的能力和机会[42]，威胁应是意图、能力和机会的综合体。其中，意图即意欲实现的计划或达到的目标，包括战略轰炸、协同打击、伴随干扰等；能力是达到直接威胁或间接威胁目标所具备的力量，包括攻击、轰炸、干扰、侦察等，表征达成威胁的实力；机会即为达成威胁的先决条件状态，包括时间和空间条件状态，以及我方应对状态，是威胁在现实层面的可能因素。

图 5-28 所示为威胁估计基本过程，首先从意图、能力、机会三个维度提取威胁因子，包括对威胁因子的量化处理，然后通过模型进行威胁计算，对威胁计算结果进行排序或按等级划分处理后，最终确定威胁等级。

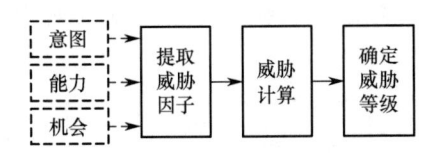

图 5-28 威胁估计基本过程

威胁因子提取主要是分析可能影响威胁的因素，并从中提取出关键威胁因子。具体而言，对海空目标威胁进行估计时，通常从目标类型、空间位置、运动状态、武器装备等方面提取威胁因子，包括目标类型、目标数量、相对距离、进入角、航向、航速、（空中目标）飞行高度、（海上目标）目的地、目标辐射源特征、挂载武器类型等。从目标到群组，威胁估计还需要考虑作战协同、作战样式、敌我双方群组作战能力的影响。

威胁计算的常用方法包括层次分析（Analytic Hierarchy Process，AHP）、贝叶斯推理、模糊数学法、机器学习等。其中，层次分析相对简单，也是较为传统的信息融合方法，该方法将威胁分解为若干具有层次结构的元素，从而使复杂问题条理化，以便于工程实现；贝叶斯推理通过构建贝叶斯网络对威胁进行描述，以概率的方式处理不确定性问题；模糊数学法引入隶属度函数对威胁因子进行模糊化处理，再通过综合评价、模糊测度等方法得到威胁估计值，能较好地对定量和定性指标进行统一处理与表征；机器学习随着人工智能技术的发展而逐渐被用于威胁估计，常用的机器学习模型包括神经网络、决策树等，主要通过对大量历史数据进行学习，模拟人对威胁的估计过程，能较好地表征威胁因子与威胁值或威胁程度间的复杂关系。

通常，威胁计算可以得到威胁量化值或威胁排序，但威胁排序难以直观描述威胁对象间的差距，相比之下，将威胁划分为若干等级，对其程度进行统一描述和定义，更符合人脑的思维特点，因此在威胁计算后，还可以确定威胁等级，以便于理解。

5.4.2 群组威胁因子分析

群组威胁因子是影响群组威胁的因素，威胁因子的选取直接影响威胁估计结果的准确性，选取的威胁因子不宜过多或过少，过多会导致关键因子被淹没，过少则会导致威胁估计不够全面，都可能降低威胁估计的准确性。

影响群组威胁的因素有很多，结合海空作战中群组常见作战任务、作战样式进行梳理，主要从意图、能力、机会三个维度优选的群组威胁因子如图 5-29 所示。在意图方面，主要考虑攻击意图、干扰意图、掩护意图、预警侦察意图等，各类意图还需进一步细化得到威胁因子，比如，对攻击意图的判断主要综合考虑队形、目标数、群组高度、无线电情况、天气情况等因子，具体分析和计算可参见 5.2 节；能力方面，主要考虑打击、干扰、机动、预警侦察等能力，各类能力还需进一步细化得到威胁因子，比如，打击能力可以综合考虑备弹量、瞄准能力、杀伤概率等因子，具体分析和计算可参见 5.3 节；机会方面，具体包括敌方群组高度、进入角、航路捷径、剩余时间、我方空防能力等。本小节重点对机会因子进行分析。

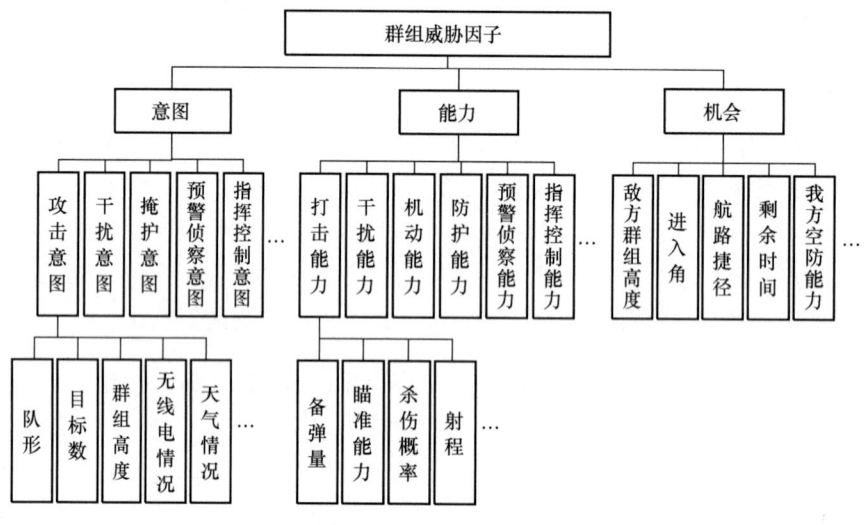

图 5-29　群组威胁因子

（1）敌方群组高度：主要考虑敌方空中群组在实时攻击任务时，为达到最佳攻击效果，会进入最佳高度区域，以获得最佳攻击机会。比如，通过制导武器实施轰炸时，轰炸机需俯冲下降到一定高度。此外，群组飞行高度越低，其躲避雷达的可能性也越大，因而威胁也越大。

（2）进入角：指敌方群组航向与我方目标的角度距离。如图 5-30 所示，进入角为以敌方群组至我方目标连线矢量与敌方群组航向矢量的夹角，取决于双方地理位置与目标航向角，直接反映敌方群组相对于我方目标的威胁方向，进入角越小，威胁越大。

（3）航路捷径：如图 5-31 所示，我方目标与敌方群组速度矢量的切点记为捷径点（Closest Point of Approach, CPA），捷径点到我方目标距离即为航路捷径，航路捷径取决于敌我目标方位和相对航向，是估计威胁的关键因子。在满足一定的攻击条件时，航路捷径越小，表明敌方群组对我方目标威胁越大。

（4）剩余时间：指敌方群组到达作战阵位所需要的时间，同时也反映我方在采取措施应对敌方威胁时的黄金时间窗口大小，与敌方群组速度、进入角、方位密切相关，是评估威胁机会的一个重要依据。在一定条件下，剩余时间越短，威胁机会越大。

（5）我方空防能力：指我方目标应对敌方群组威胁的空中防护力量。一般来说，我方目标越重要，其空防力量越强，相对而言，威胁就越小。

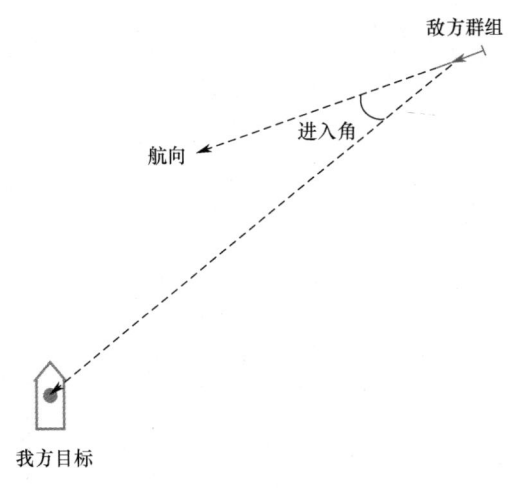

图 5-30　进入角示意图

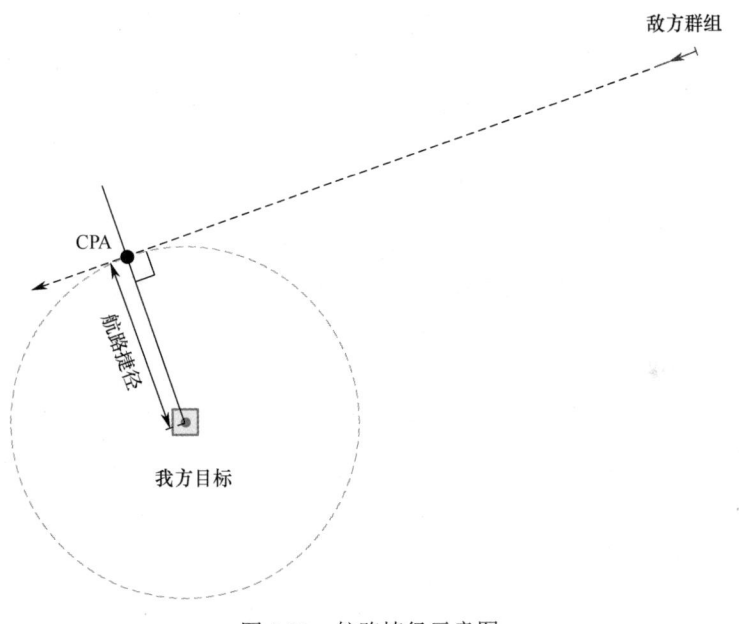

图 5-31　航路捷径示意图

5.4.3　模糊多属性决策方法

模糊多属性决策方法是将模糊数学理论与多属性决策模型相结合运用于威胁估计的方法。首先构建隶属度函数表征威胁因子，将威胁属性值用更接近人脑思维的方式模糊化，然后基于某种策略将属性值进行综合，再构建决策矩阵进行多属性决策，得到威胁排序，最终确定威胁等级。

如图 5-32 所示，模糊多属性决策方法以群组识别、行为意图识别、作战能力量化为基础，主要包括威胁属性值模糊化、威胁属性赋权、威胁排序三个步骤。

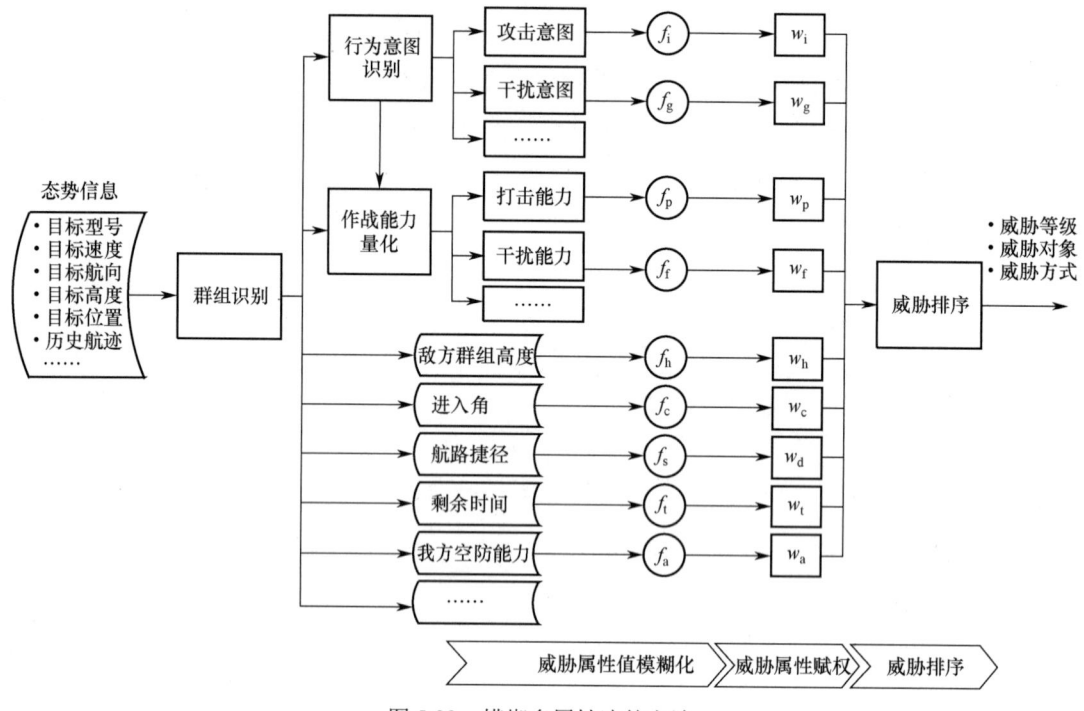

图 5-32 模糊多属性决策方法

1. 威胁属性值模糊化

属性值模糊化是通过隶属度函数描述威胁因子的过程。决定威胁的意图、能力、机会因子的量纲并不一致，不能反映各因子的相对差异，且某些定性因子与威胁的关系无法精确量化，因此需要借助模糊数学理论，将威胁因子转化为隶属度，使其更符合人脑的思维逻辑。

这里以海空作战中攻击、干扰这两种典型作战任务为例，相应地选择攻击意图、干扰意图、打击能力、干扰能力、敌群组高度、进入角、航路捷径、剩余时间、我空防能力这九个关联因子对后续威胁估计展开讨论，意图和能力的量化已有详细分析，以下对机会因子进行模糊化。

1）敌群组高度

敌方空中群组飞行高度 h 与威胁呈逆相关关系。一般而言，飞行高度越低，越容易躲避雷达探测，被发现的概率越低，威胁也就越明显。飞行高度可以划分为超低空、低空、中空、高空、超高空五大等级，处于超低空的飞行群组威胁极高。因此，敌群组高度的威胁隶属函数可表示为

$$f_h = \begin{cases} 0.9, & 超低空 \\ 0.7, & 低空 \\ 0.5, & 中空 \\ 0.3, & 高空 \\ 0.1, & 超高空 \end{cases}$$

2）进入角

敌方群组进入角 c 越小,威胁越大。在不考虑其他因素的情况下,当进入角为 0°时,威胁最大;当进入角为 180°时,表明敌方目标远离我方,威胁最小。因此,进入角威胁隶属函数可以表示为

$$f_c = \begin{cases} 0, & c = 180 \\ e^{-kc}, & 0 \leqslant c < 180 \end{cases}$$

式中,k 为常量。

3）航路捷径

航路捷径 s 与威胁的关系尤为密切,航路捷径越小,威胁越大。航路捷径威胁隶属函数可视为线性分布,即

$$f_s = \begin{cases} 0, & s \geqslant s_{max} \\ (s_{max} - s)/s_{max}, & s < s_{max} \end{cases}$$

式中,s_{max} 为基于威胁的最大航路捷径门限,可以依据决策者经验设定。

4）剩余时间

剩余时间 t 越短,意味着我方处置威胁的时间越短,敌方机会就越大,我方面临的威胁也就越大。因此,剩余时间威胁隶属函数为

$$f_t = \begin{cases} 0, & t \geqslant t_{max} \\ (t_{max} - t)/t_{max}, & t < t_{max} \end{cases}$$

式中,t_{max} 为基于威胁的最大剩余时间门限,可以依据决策者经验设定。

5）我方空防能力

我方空防能力 a 越强,意味着敌方机会越小,威胁也越小。因此,可根据能力等级定义我方空防能力威胁隶属度函数

$$f_a = \begin{cases} 0.9, & 强 \\ 0.6, & 中 \\ 0.3, & 弱 \end{cases}$$

2. 威胁属性赋权

威胁属性赋权是为影响威胁的属性设定权重,包括主观赋权和客观赋权两种方式。主观赋权依赖于决策者的经验、偏好信息,常用层次分析法、均方差法等;客观赋权主要通过决策矩阵的方式求解属性权重,包括熵权法、主成分分析法等。这里以典型的熵权法和层次分析法为例,展开说明赋权方法。

1）熵权法

熵权法主要根据威胁属性的信息熵确定权重，属性的信息熵越小，则相应属性的权重越大。

假定威胁属性数量为 m，敌方威胁目标数量为 n，那么，威胁估计的决策矩阵 D 为

$$D = \begin{bmatrix} y_{11} & y_{12} & \cdots & y_{1m} \\ y_{21} & y_{22} & \cdots & y_{2m} \\ \vdots & \vdots & \vdots & \vdots \\ y_{n1} & y_{n2} & \cdots & y_{nm} \end{bmatrix}$$

记为

$$D = [y_{ij}](i=1,2,\cdots,n; j=1,2,\cdots,m)$$

式中，y_{ij} 为第 i 个目标在第 j 个属性维度上的威胁度，可以通过隶属度函数计算。规范化的决策矩阵记为

$$Z = [z_{ij}]$$

式中，z_{ij} 为规范化的属性威胁度

$$z_{ij} = y_{ij} \bigg/ \sum_{i=1}^{n} y_{ij}$$

第 j 个属性的熵记为 e_j，计算公式为

$$e_j = -K \sum_{i=1}^{n} z_{ij} \log z_{ij}$$

式中，$K = 1/\log m$。

第 j 个属性的熵权记为

$$w_j = \frac{1-e_j}{\sum_{k=1}^{m}(1-e_k)}$$

满足

$$\sum_{j=1}^{m} w_j = 1$$

2）层次分析法

层次分析法通过求解专家权重进行属性赋权，是一种反映决策者主观偏好的赋权方法。该方法的实施步骤如下。

针对威胁属性，根据某一准则对威胁属性进行比较，得到判断矩阵 A

$$A = [a_{ij}] = \begin{bmatrix} a_{11} & a_{12} & \cdots & a_{1m} \\ a_{21} & a_{22} & \cdots & a_{2m} \\ \vdots & \vdots & \vdots & \vdots \\ a_{m1} & a_{m2} & \cdots & a_{mm} \end{bmatrix}$$

式中，a_{ij} 为第 i 个属性相对于第 j 个属性的重要度评分，评分采用表 5-8 所示九标度法进行，可知

$$a_{ij} = 1/a_{ji}, a_{ij} \in [1,9]$$

当 $a_{ij} = 1$ 时，意味着第 i 个属性与第 j 个属性的一样重要，a_{ij} 值越大，则第 i 个属性比第 j 个属性越重要。

表 5-8 九标度法

值	定 义
1	同等重要
3	稍重要
5	明显重要
7	强烈重要
9	极端重要
2，4，6，8	相对重要度介于相邻奇数代表的重要性程度中间

若判断矩阵 A 通过一致性检验，则可以计算威胁属性权重

$$w_j = \left(\prod_{i=1}^{m} a_{ij} \right)^{\frac{1}{m}}$$

若判断矩阵不满足一致性检验，则重新修改判断矩阵，直至满足要求。

3．威胁排序

威胁排序是根据决策矩阵和权重信息对敌方群组威胁程度进行排序，常用方法包括多属性加权综合、逼近理想解的排序法（Technique for Order Preference by Similarity to Ideal Solution, TOPSIS）。

1）多属性加权综合

多属性加权综合是将群组威胁各属性值与权重的乘积求和，得到综合威胁值，再根据综合威胁值的大小进行排序的过程，简单实用。

第 i 个群组的威胁值可以表示为

$$S_i = \sum_{i=1}^{n} w_j z_{ij}$$

式中，w_j 为第 j 个属性的权重；z_{ij} 为规范化的属性威胁度。

根据 S_i 值大小进行排序，即可得到敌方群组威胁排序结果。

2）TOPSIS

TOPSIS 根据群组与正理想解、负理想解的距离对群组威胁程度进行排序。在多属性决策中应用较为广泛。

首先，计算加权的规范化决策矩阵

$$\boldsymbol{X} = [x_{ij}] = \begin{bmatrix} x_{11} & x_{12} & \cdots & x_{1m} \\ x_{21} & x_{22} & \cdots & x_{2m} \\ \vdots & \vdots & \vdots & \vdots \\ x_{n1} & x_{n2} & \cdots & x_{nm} \end{bmatrix}$$

式中，$x_{ij} = w_j z_{ij}$。

其次，计算理想解 x^+ 和负理想解 x^-

$$x^+ = \left\{ \max_i x_{ij} \mid i = 1, 2, \cdots, m \right\}$$

$$x^- = \left\{ \min_i x_{ij} \mid i = 1, 2, \cdots, m \right\}$$

然后，分别计算第 i 个群组到理想解 x^+ 和负理想解 x^- 的距离

$$S_i^+ = \sqrt{\sum_{j=1}^{m} (x_{ij} - x_j^+)^2}$$

$$S_i^- = \sqrt{\sum_{j=1}^{m} (x_{ij} - x_j^-)^2}$$

最后，计算第 i 个群组与理想解的相对接近度 R_i

$$R_i = S_i^- / (S_i^- + S_i^+)$$

R_i 值越大则第 i 个群组的威胁越大。根据 R_i 值对敌方群组进行排序即可得到当前敌方群组的威胁等级排序。

4. 实例分析

为验证模糊多属性决策方法，以 5.2 节中的试验场景为背景进行实验验证。

T_0 时刻，B 国起飞预警机执行监视侦察任务，歼击机群组（编号为 B10001）起飞至

预警机前方掩护；T_0+11 时刻，B 国起飞 2 架歼击机群组（编号为 B10002）前往掩护阵位佯动，掩护 4 架攻击机群组（编号为 B10003）前往打击阵位对 A 国舰艇编队实施打击任务。

采用模糊多属性决策方法对 B 国歼击机群组（B10002）和攻击机群组（B10003）在 T_0+26 时刻的威胁进行估计。首先，对九个维度的威胁属性进行模糊化，结果如表 5-9 所示，采用多属性加权综合的方式，最终计算得到群组 B10002 威胁值为 88，群组 B10003 威胁值为 97，威胁等级为"高"，符合预期。

表 5-9 T_0+26 时刻威胁属性模糊化

威胁属性	群组 B10002	群组 B10003
攻击意图	0.8	0.96
干扰意图	0	0
打击能力	0.8	0.98
干扰能力	0	0
敌方群组高度	0.3	0.7
进入角	0.89	0.98
航路捷径	0.9	0.99
剩余时间	0.98	0.95
我方空防能力	0.7	0.7

在上述低空反舰作战行动过程中，运用模糊多属性决策模型实时计算得到的 B 国海空群组威胁，重点关注群组 B10002 和群组 B10003，得到如图 5-33 所示的威胁变化曲线。

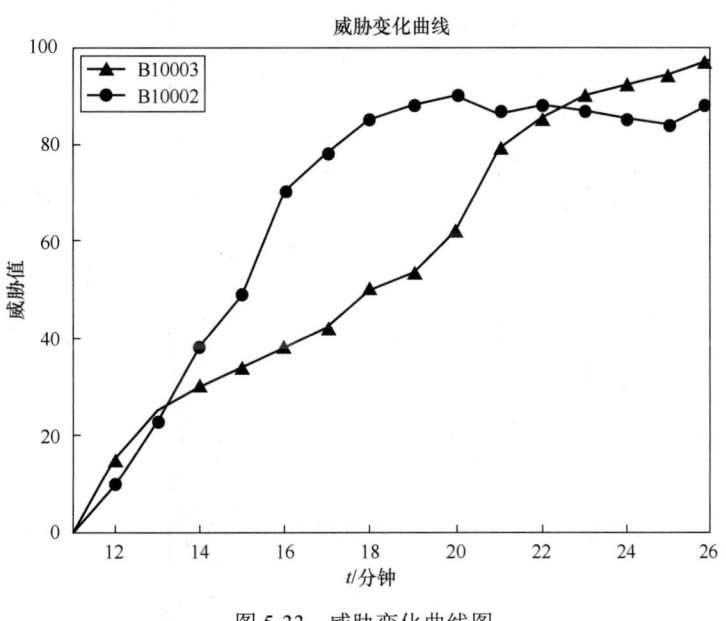

图 5-33 威胁变化曲线图

从整体上来看，群组 B10002 的威胁在 T_0+11 时刻的初始威胁比群组 10003 低，主要因为其攻击能力相对较弱。在 T_0+15 至 T_0+20 时段，群组 B10002 的威胁急剧升高，由于该群组为实现"佯攻"的效果而展现出的攻击意图骤升，其航路捷径和进入角明显增大，威胁的机会和能力都较强。随后，B 国战法意图逐渐明晰，其攻击意图降低，但由于仍具备较强的威胁的机会和能力，因此其威胁值仍维持较高值。群组 B10003 由于本身具备的攻击能力较强，因此在起飞后威胁能力也逐步增强，但在 T_0+18 前的增加速度比群组 B10002 小，主要是其攻击意图不明显、距离打击阵位较远导致；在其低空反舰作战行动被识别后，其威胁急剧增高。该过程符合想定预期，证明模糊多属性决策模型的可用性和准确性较高。

5.4.4 梯度提升决策树方法

梯度提升决策树（Gradient Boosting Decision Tree，GBDT）方法是通过集成多个决策树模型构建梯度提升决策树，并基于威胁数据集训练该模型，模拟威胁多属性与威胁程度的关系，从而预测敌方群组威胁的方法。跟传统威胁估计方法相比，该方法的显著优势在于，不需要依赖人工直观给定的参数或权重，而是通过从大量数据学习人脑估计威胁的逻辑，尤其能够较好地模拟海空场景中的复杂逻辑，模型泛化能力较强。

梯度提升决策树本质上是一种回归预测模型，由多棵回归树组合而成，每次迭代都会计算损失函数在样本点的一阶导数和二阶导数，然后通过贪婪算法构造生成新决策树，并将之添加到模型中，使得模型残差在梯度方向降低，从而通过迭代弥补单一学习器（如决策树模型、神经网络模型等）的不足。

梯度提升决策树方法的核心是构建和训练梯度提升决策树模型。最小二乘树（Least Squares Regression Tree，LSRT）作为梯度提升决策树的基学习器，其基本原理是：在数据集 D 的输入空间中，以平方误差最小化为准则递归地将区域一分为二，并确定每个子区域的输出值。

该方法选取的威胁属性与 5.4.3 节中一致，采用攻击意图、干扰意图、打击能力、干扰能力、敌群组高度、进入角、航路捷径、剩余时间、我空防能力这九个属性对威胁进行估计。威胁训练数据集记为 $D=\{(x_1,y_1),(x_2,y_2),\cdots,(x_N,y_N)\}$。其中，$x$ 为威胁属性样本，样本数据对应九维威胁因子的值；y 为人工标注的威胁值，$y\in[0,100]$。构造最小二乘树的步骤如下。

步骤一，求解最优切分属性 j 和切分点 s，使得平方误差最小，即计算

$$\min_{j,s}\left[\min_{c_1}\sum_{x_i\in R_1(j,s)}(y_i-c_1)^2+\min_{c_2}\sum_{x_i\in R_2(j,s)}(y_i-c_2)^2\right]$$

式中，R_1 和 R_2 分别为两个子区域；c_1 和 c_2 代表对应子区域样本中目标变量的平均值。

步骤二，基于最优 (j,s) 划分区域，并计算区域 m 输出值，即

$$R_1(j,s)=x\,|\,x^{(j)}\leqslant s,\ R_2(j,s)=x\,|\,x^{(j)}>s$$

$$\hat{c}_m = \frac{1}{N_m} \sum_{x_i \in R_m(j,s)} y_i \quad (x \in R_m, m=1,2)$$

式中，$\hat{c}_m$ 为最优划分情况下区域内所有输入 x_i 对应的输出 y_i 的均值。

步骤三，对两个区域递归调用步骤一和步骤二，直至满足停止条件。

步骤四，记录划分的 q 个区域，生成最小二乘树

$$T(x) = \sum_{m=1}^{q} \hat{c}_m I \quad (x \in R_m)$$

式中，$I(x)$ 为指示函数。

梯度提升决策树可以视为回归树的加法模型[43]

$$f_M(x) = \sum_{m=1}^{M} T(x;\Theta_m)$$

式中，$T(x;\Theta_m)$ 为最小二乘树；Θ_m 为最小二乘树的参数；M 为最小二乘树的数量。

在最小二乘树的基础上训练梯度提升决策树 $f_M(x)$ 需经过以下步骤。

步骤一，初始化模型

$$f_0(x) = \arg\min_c \sum_{i=1}^{N} L(y_i, c)$$

式中，$L(y_i, c)$ 为平方损失函数。

步骤二，设置 $m=1,2,\cdots,M$，重复下述过程。

（1）计算残差

$$r_{mi} = -\left[\frac{\partial L(y, f(x_i))}{\partial f(x_i)}\right]_{f(x)=f_{m-1}(x)i}$$

即利用损失函数的负梯度在当前模型的值作为残差的近似值。

（2）拟合残差 r_{mi} 学习得到一个回归树 $T(x;\Theta_m)$，更新模型

$$f_m(x) = f_{m-1}(x) + T(x;\Theta_m)$$

直至完成 M 轮迭代。

步骤三，输出梯度提升决策树

$$f_M(x) = \sum_{m=1}^{M} T(x;\Theta_m)$$

在梯度提升决策树方法中，每棵树学习的都是之前所有树的残差，每棵树的数值都不是最终输出的实际值，而是一个残差值，累加残差值得到最终输出值。基于数据集训练得

到的梯度提升决策树模型 $f_M(x)$ 可用于敌方群组威胁预测,根据威胁预测值的大小进行排序,再按照预设的等级划分原则,即可得到敌方群组威胁等级。

为验证梯度提升决策树方法基于模糊多属性决策计算的结果,共采集 4000 组数据,按照 7:3 的比例划分训练集和测试集,取平均绝对误差(Mean Absolute Error,MAE)和均方误差(Mean Square Error,MSE)为模型指标。

平均绝对误差计算公式为

$$\text{MAE} = \frac{1}{M}\sum_{i=1}^{M}|y-\hat{y}|$$

式中,M 为样本数据;y 为真实值;$\hat{y}$ 为预测值。

均方误差计算公式为

$$\text{MSE} = \frac{1}{M}\sum_{i=1}^{M}(y-\hat{y})^2$$

平均绝对误差和均方误差都是用于评估模型预测结果错误率的,其值越小,模型表现越好。不同的是,均方误差对异常值更佳敏感,而平均绝对误差则更关注模型在数据集上的整体误差。经试验,得到图 5-34 和图 5-35 所示误差曲线,可以看出,当样本量较少时,误差较大,当样本量达到 3000 组时,误差趋于稳定,模型效果较为理想。

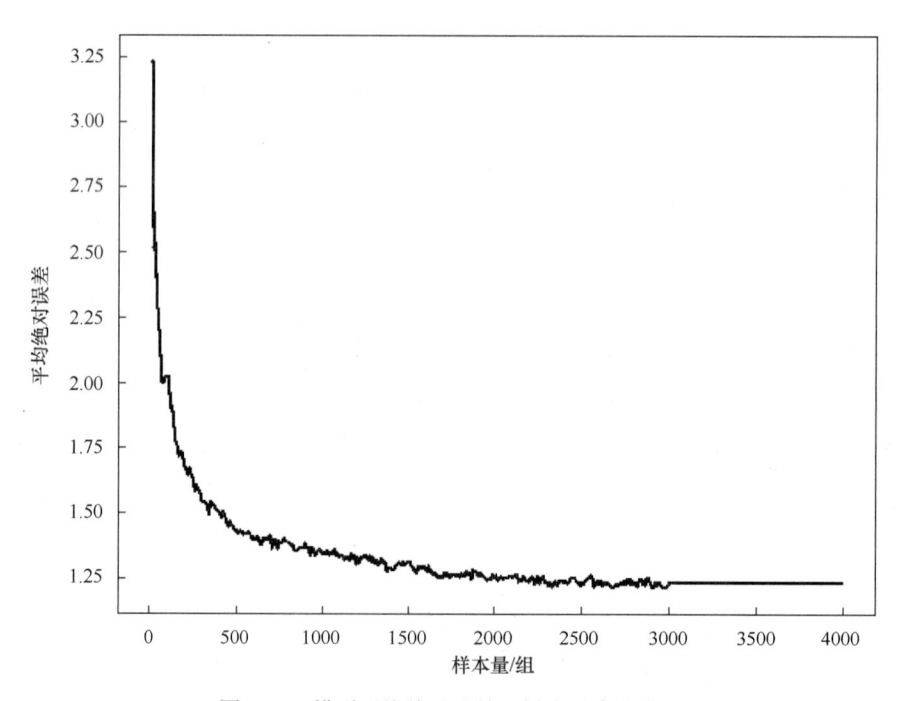

图 5-34　模型平均绝对误差随样本量变化曲线

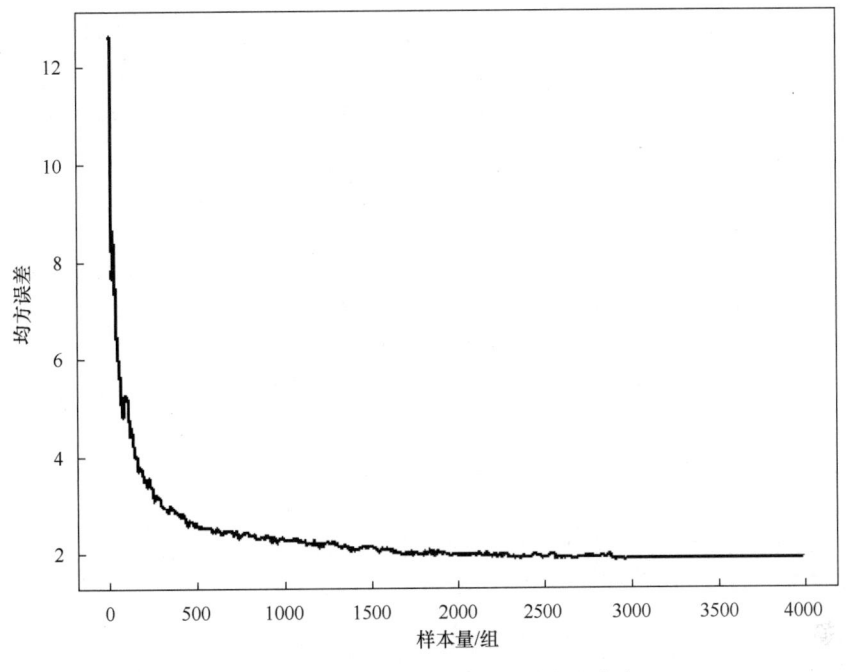

图 5-35　模型均方误差随样本量变化曲线

总体而言，模糊多属性决策和梯度提升决策树方法都有较为理想的效果。在实际使用中，模糊多属性决策模型的构建主要依赖专家经验和人工设定，能较为直观、灵活地表达威胁因子与威胁间的映射关系。相比之下，梯度提升决策树模型能从数据中学习到威胁估计的经验，包括对复杂关系的模拟，模型智能化程度更高。

5.5　本章小结

本章对群组的典型战场态势要素认知方法进行了探讨，包括群组识别方法、群组行为意图识别方法、群组作战能力量化方法和威胁估计方法。群组识别解决了目标向群组的兵力聚合问题，讨论了几何位置聚类方法和动态轨迹聚类方法，可面向不同场景选择适合的方法；群组行为意图识别解决了群组与群组兵力协同的作战意图识别问题，战法知识匹配方法适用于采用特定战法样式的意图识别，而贝叶斯网络推理方法适用于一般的场景；群组作战能力量化方法解决了群组作战能力的度量问题，给出了一种由单目标向群组作战能力的折算方法；威胁估计方法解决了群组的威胁动态估计问题，以意图、能力、机会的维度构建了威胁估计模型，与作战运用相结合，更具有实战价值。

本章参考文献

[1] 龙真真. 面向海空目标的兵力聚合技术研究[D]. 长沙：国防科技大学，2008.

[2] BLACKMAN S, POPOLI R. Design and analysis of modem tracking systems[M]. Dedham: Artech House, 1999.

[3] 陈奎. 基于聚类分析的目标分群问题的应用研究[D]. 西安：西安电子科技大学，2013.

[4] 王晓璇. 陆战场装甲目标聚合算法研究[D]. 南京：南京理工大学，2007.

[5] 樊振华，师本慧，陈金勇，等. 基于改进空间划分的目标分群算法[J]. 系统工程与电子技术，2017，39(5)：991-995.

[6] 李赟. 基于复杂网络社区探测的作战体系目标分群方法研究[D]. 长沙：国防科技大学，2013.

[7] 张永利，刘楠楠，王兆伟. 基于神经网络的目标分群及目标运动状态预测[J]. 舰船电子对抗，2020，43(3)：7-12.

[8] 陶宇，蒋序平. 基于深度自编码网络的智能目标分群算法[J]. 指挥控制与仿真，2020，42(6)：52-58.

[9] 李伟楠，章卫国，史静平，等. 基于 M-CFSFDP 算法的战场目标分群方法[J]. 西北工业大学学报，2018，36(6)：1121-1128.

[10] 何爱林，周德超，陈萍，等. 基于轨迹聚类的运动趋势分析[J]. 海军工程大学学报，2017，29(5)：103-107.

[11] 何莲，蔡敬菊，张启衡. 多边形近似及形状特征匹配的二维目标检测[J]. 激光与红外，2011，41(6)：700-705.

[12] RAO A S, GEORGEFF M P. BDI agents: from theory to practice[C]. ICMAS, 1995.

[13] 刘岳鹏，隋东，林颖达. 基于 BDI 模型的管制员 Agent 行为建模研究[J]. 航空计算技术，2016，46(1)：77-81.

[14] 全军军事术语管理委员会. 中国人民解放军军语[M]. 北京：军事科学出版社，2011.

[15] 宋元，章新华，郭徽东. 空中目标战术意图层次推理框架及实现[J]. 情报指挥控制系统与仿真技术 2005，27(5)：63-66.

[16] 姚庆锴，柳少军，贺筱媛，等. 战场目标作战意图识别问题研究与展望[J]. 指挥与控制学报，2017，3(2)：127-131.

[17] 王昊冉. 基于多实体贝叶斯网络的空中目标意图识别方法研究[D]. 长沙：国防科学技术大学，2011.

[18] 戴福恒. 基于改进马尔可夫模型的战场意图识别技术研究[D]. 长沙：国防科学技术大学，2019.

[19] 胡晓磊，殷大虎，金建伟. 南联盟击落 F-117A 隐身飞机战例破解研究[J]. 现代防御技术，2020，48(4)：1-7.

[20] 冷画屏，吴晓峰. 海上目标战术意图序贯识别技术研究[J]. 系统工程与电子技术，2008，30(3)：462-465.

[21] 王瑞龙，吴晓峰，冷画屏. 对敌战场意图识别的若干问题[J]. 舰船电子工程，2004，24(6)：4-8.

[22] 戴岭. 超军旗马岛战记[J]. 国际展望，2004(10)：30-37.

[23] 夏曦. 基于模板匹配的目标意图识别方法研究[D]. 长沙：国防科学技术大学，2006.

[24] 李伟生，王宝树. 实现态势估计的一种模板匹配算法[J]. 计算机科学，2006，33(5)：229-230.

[25] PEARL J. Probabilistic Reasoning in Intelligent Systems: Networks of Plausible Inference [M]. San Mateo: Morgan Kaufmann, 1988: 312-319.

[26] 杨璐. 基于贝叶斯推理的海战场空中目标意图分层识别方法[J]. 火力与指挥控制，2018，43(7)：86-92.

[27] 翟贵敏，董龙明. 基于贝叶斯网络的空中目标威胁估计算法[J]. 火力与指挥控制，2016，41(11)：90-93.

[28] 肖秦琨. 基于贝叶斯网络的海上目标识别[J]. 微机发展，2005，15(10)：152-154.
[29] 王云雷，王光远. 作战能力计算[M]. 北京：蓝天出版社，2013.
[30] 杨满喜. 体系作战能力评估基本问题研究[M]. 北京：国防大学出版社，2016.
[31] 高璇，王光磊. 基于模糊层次分析法评估作战飞机的对地攻击效能[J]. 信息化研究，2014，40(4)：61-64.
[32] 刘雄，张绳，韩宗真. 一种舰艇作战能力的综合评估方法[J]. 舰船科学技术，2001，33(10)：120-123.
[33] 纪永清，董文洪，唐金国. 海军兵种武器系统作战效能评估[M]. 北京：海潮出版社，2000.
[34] 邢昌风，李敏勇，吴玲. 舰艇武器系统效能分析[M]. 北京：国防工业出版社，2007：77-107.
[35] 徐建志. 水面舰艇作战能力综合分析方法研究[J]. 舰船科学技术，2005，27(1)：49-51.
[36] 康崇禄. 国防系统分析方法（上）[M]. 北京：国防工业出版社，2003.
[37] 朱宝鎏. 作战飞机效能评估[M]. 北京：航空工业出版社，1993.
[38] 孙金标. 作战飞机作战能力的量化评估研究[J]. 飞行力学，1999，17(4): 1-5.
[39] 任民. 基于摧毁目标期望值的预警机作战效能评估[J]. 指挥控制与仿真，2017，39(4)：80-84.
[40] 赵宗贵，刁联旺，李君灵，等. 分布式信息融合——理论与方法[M]. 北京：电子工业出版社，2017.
[41] 宋元，王永春. 海上防空作战态势估计理论及应用[M]. 北京：国防工业出版社，2014：73-75.
[42] PARADIS S，BENASKEUR A，OXENHAM M，et al. Threat evaluation and weapons allocation in network-centric warfare[C]. Proceedings of the 8th International Conference on Information Fusion，2005.
[43] 李航. 统计学方法[M]. 北京：清华大学出版社，2012.

第 6 章 面向体系的战场态势要素认知方法

作战体系是由多个作战目的、作战系统按照一定的指挥关系、组织关系和运行机制构成的有机整体。现代战场中的各类先进武器装备日新月异，多元异质作战力量交织成有机整体，体系化作战的特征日益凸显，使得对作战体系的认知显得尤为迫切。由于作战体系组成及运行机制具有复杂性，因此对作战体系的认知并非易事。本章重点介绍作战体系（以下简称"体系"）关键节点评估和战场局势综合评估这两种典型的战场态势要素认知方法，以期为相关研究提供参考。

6.1 体系关键节点评估

体系关键节点评估是指指挥人员以体系视角对体系节点重要度进行综合评估。评估体系关键节点对于破击敌方体系具有极其重要的意义，尤其是在时间受限、作战力量有限的情况下，快速又精准地发现敌方体系中的关键节点，并集中火力快速打击，可以达到一击制胜的效果。

6.1.1 体系关键节点评估过程

体系关键节点评估一般过程包括体系建模、体系评估、关键节点评估三个步骤，如图 6-1 所示。

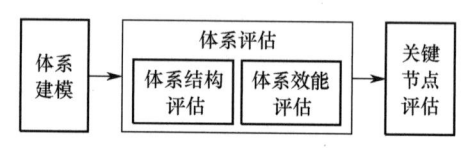

图 6-1 体系关键节点分析一般过程

1. 体系建模

体系建模是将战场上的作战目标及其间复杂关系进行抽象建模，以支撑后续的分析，方法主要包括网络化建模、面向对象建模、结构化分析建模、基于 Agent 的仿真建模。以上方法的优缺点对比如表 6-1 所示。

表 6-1 体系建模方法优缺点

方法名称	优　点	缺　点
网络化建模	侧重目标及关系建模，能有效反映对抗场景中的动态仿真	大规模体系建模工作量较大
面向对象建模	侧重实体建模，具有抽象性、封装性、多态和继承性，可大幅缩减较大规模体系建模的时间与开销	难以描述体系的动态工作过程，无法支撑动态仿真

(续表)

方法名称	优 点	缺 点
结构化分析建模	能较为直观地描述作战过程	难以描述体系的动态特性
基于 Agent 的仿真建模	具有较强的交互行为与复杂边界条件描述能力，便于描述作战过程的偶然性和涌现性	建模粒度较细，工作量较大

网络化建模是基于复杂网络、超网络等网络建模技术，对信息化战场各作战目标的指挥控制、探测、打击等关系进行描述，能有效反映对抗场景中体系的涌现性、动态性等特征，因而被广泛使用。该方法的缺点在于建模粒度较细，大型体系建模的工作量较大，需要在建模粒度与建模复杂度间进行权衡与取舍。

面向对象建模是软件工程领域的重要方向，通过将作战目标抽象为对象、描述对象与对象间的相互关系，实现对作战目标体系进行建模。它基于面向对象建模的抽象性、封装性、多态和继承性，提高了体系模型的可维护性、可扩展性和可重用性，可大幅缩减体系建模的时间与开销；但难以描述体系的动态工作过程，无法支撑动态仿真。

结构化分析建模又称面向过程的建模，其基本思想是自顶向下和逐步细化，将复杂系统按照功能进行分解和逐层细化，形成模块化的树状层次结构。该方法侧重对体系的复杂功能结构和信息流建模，能较为直观地描述作战过程，适合体系功能及行为顺序的描述，但难以描述体系的同步性、并发性、行为间冲突等动态特性。

基于 Agent 的仿真建模技术（Agent-Based Modeling and Simulation，ABMS）是对作战实体进行抽象、对作战实体行为及作战实体间的相关作用关系进行描述，从而构建体系的完整作战模型，实现对体系整体性、动态性和对抗性的描述，常用于体系效能评估与优化。其缺点在于建模粒度较细、工作量较大，需要在建模粒度、规模、仿真效果和建模成本间进行权衡与取舍。

体系建模方法的选用需结合具体作战场景和目的。在信息化作战背景下，作战体系内作战目标类型多样、关系错综复杂，形成规模不一的动态网络，并相互耦合，使作战体系展现出典型的网络化特征。因此，网络化建模方法为作战体系建模提供了一条有效的解决途径，并成为研究热点。

2. 体系评估

体系评估包括体系结构评估和体系效能评估。体系结构评估主要是从静态拓扑结构维度去度量体系的特性，包括健壮性、高效性、脆弱性、介数中心性、度中心性等。例如，参考文献[1]中提出了基于复杂网络统计参量的结构特性度量方法，从统计角度研究由同质节点和相同连接关系构成的系统结构的性质，采用平均最短路径、度分布、介数等指标对指挥信息系统结构的灵活性、高效性进行评估。

体系效能是体系在特定场景中满足特定任务要求程度的度量，是一个动态程度的概念。作战能力是体系效能评估的基础，体系效能评估还与任务场景、作战过程、战法运用、作战对象等因素相关。体系效能评估方法主要包括解析法、仿真评估法、试验统计法三类，其优缺点如表 6-2 所示。

表 6-2 体系效能评估方法优缺点

方法名称	优 点	缺 点	典型方法
解析法	简单直观	难以反映诸多不确定因素导致的动态特征变化	指数法 层次分析法 模糊综合评价法 结构方程模型
仿真评估法	能较为全面地描述作战实体间复杂的关联关系	仿真模型构建复杂，实现难度较大	基于 Agent 的仿真法 蒙特卡洛法 系统动力学法
试验统计法	可靠性较高	试验周期长，消耗较大	灰色系统方法

解析法是通过数学模型构建指标体系的效能评估方程，并根据解析表达式对效能指标进行估算的方法[2]，典型的方法包括指数法、层次分析法、模糊综合评价法等。这类方法最大的优势是过程直观、计算简单，但难以反映诸多不确定因素导致的动态特征变化。

仿真评估法是建立体系仿真模型，通过对仿真效果的数理统计分析，实现体系效能的评估，常用方法有基于 Agent 的仿真法、蒙特卡洛法、系统动力学法等。使用该类方法的系统包括美军的联合作战系统（Joint Warfare System，JWARS）、联合模拟系统（Joint Simulation System，JSIMS）等[3]。仿真评估法是体系效能评估的一个研究热点，该方法能较为全面地描述作战实体间复杂的关联关系，但仿真模型构建复杂，需要大量可靠的基础数据和模型支撑，实现难度较大。

试验统计法是通过收集特定场景中作战实体性能效果相关数据，进而对数据进行统计分析处理得到效能评估结论的方法。灰色系统方法就属于典型的试验统计法，这种方法得到的结论相对更真实可信，但试验周期长、消耗较大。

3. 关键节点评估

关键节点评估需建立在体系对抗的基础上，需要从整体、动态、对抗的角度加以研究，具体而言，从整体体系中分析节点的重要度，从节点间的关联关系判断节点的影响力，最终寻找出能够最大程度影响对方体系效能发挥的关键目标，为后续的兵力选型、行动方案制订等提供准确的着力点。

当前，对关键节点的界定并不统一，甚至还与重要目标、关键目标、目标贡献度等混淆使用，为规范用语，本节统一称为关键节点。关键节点评估是对敌方指挥控制单元、火力单元、保障单元等各类目标的综合评估，包括该目标在体系拓扑结构中的影响力、打击该目标能够对敌方作战能力造成的毁伤程度或（从我方完成任务的角度看）打击该目标时对我方完成作战任务的支撑效果。

关键节点评估需要考虑的要素是该目标在敌方整个体系中的功能、地位和作用，既包括目标本身的能力、状态等属性，也包括目标与其他目标之间的多种协作关系导致的重要性；同时也要考虑指挥人员关注的作战目标，即使目标所处位置很重要，但若对完成作战目标没有作用，那么该目标的重要度也不会很高。美军评估关键节点时，先分析敌方重点保护的目标，以及对敌方体系能力最有利的目标，称为高价值目标，然后在这些高价值目标中，进一步明确有助于完成任务、达成目的的打击目标，称为高回报目标[4]，并给出了评估关键节点的以下四条准则。

（1）聚焦于任务目标：关键节点的评估应当从达成任务的目标出发，同时要考虑作战环境的影响、交战规则、作战条令及各方的立场等。

（2）基于作战效果：通过对关键节点的评估来选择打击目标，以达成特定的作战效果，需要综合考虑运用各种可能的能力和手段来达成作战效果，其中的关键在于寻求时间、资源等条件约束下，如何通过最小的打击代价来达成预期效果。

（3）需要综合考虑多种约束条件：关键节点的评估是指挥中的关键步骤，需要综合考虑各级指挥官、参谋，以及机构、组织、友好国家等多方面的因素。

（4）需要系统性地进行评估：关键节点评估是理性的迭代过程，需要系统性地利用分析、排序、分配等方法进行综合评估。如果没有达成预期效果，则关键节点评估需要重新进行。

目前，国内外已有很多关于关键节点评估的研究工作，其评估方法和指标各有优势，同时也存在难以量化、指标不明确、作战含义不明显等不足。结合关键节点的含义和作战意义，本书将关键节点主要分为以下三种。

（1）本身属性价值很高的节点，如造价高、作战能力强、作战功能多样等。

（2）在整个体系拓扑结构中处于关键位置的节点，如经网络建模后，整个网络的关键节点、中心点等。

（3）影响敌我作战效能的目标，如对敌方体系效能发挥影响最大的目标，或者有助于我方作战目的达成的目标等。

其中，第（1）种主要考虑目标本身的属性，可以参考5.3节中所述的作战能力量化计算方法；第（2）种需要综合考虑目标和目标之间的关系，包括指挥控制、协同、保障等，从复杂网络的角度说，其本质是描述目标对应的节点在网络中的结构关键性，可以用结构参数来评估；第（3）种则比较抽象，而且需要考虑多种因素，包括目标对体系效能的贡献度、目标毁伤后对体系效能的影响程度、目标毁伤后是否有其他目标可以代替、打击该目标的代价、效费比，以及与完成我方任务目标的关系等。从方法上来说，第（1）种主要考虑客观的属性信息，较容易实现；第（2）种主要是利用拓扑结构的评价参数，如复杂网络中的度中心性、介数等，是在抽象后的网络建模基础上得到的结构参数，具有较明确的计算公式；第（3）种则较为复杂，其中的影响关系很难量化，但其评估效果对指导实际作战具有更大的军事意义。

结合前文所述的技术基础，本节主要介绍基于拓扑结构和基于体系效能的两种关键节点评估方法。

6.1.2 基于拓扑结构的评估方法

本小节主要以体系拓扑结构视角研究关键节点，即只考虑目标在体系拓扑结构中位置的关键度，而不考虑目标本身的特性与能力等其他因素。在信息化作战背景下，体系建模常基于 OODA 环、复杂网络、超网络模型展开，这三种模型分别可以独立运用于体系建模实际作战。由于体系需考虑指挥、通信、情报、武器装备等诸多节点，以及指挥控制、探测、打击等多维度关系，OODA 环难以描述作战体系的整体性，因此 OODA 环也常用于指导作战目标及目标间关系的构建，再结合网络建模技术，生成作战网络体系，以支撑体系及关键节点分析。下面主要介绍基于 OODA 环、复杂网络、超网络这三种结构的评估方法。

1. 基于 OODA 环的评估方法

如图 6-2 所示，OODA 环的四个环节紧密关联、循环往复，构成了一切作战活动的基础[1]。四个环节的实施与作战体系、战场规模、作战方式等密切相关。在信息化时代，作战成败的关键在于循环运作的速度，即优先完成循环即能获得作战的主动权，赢得竞争优势，因此，缩短 OODA 循环周期是取得作战胜利的关键。

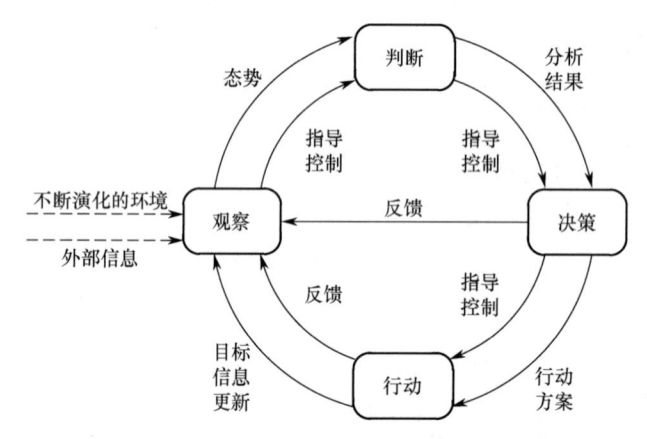

图 6-2 OODA 环模型示意图

在信息化作战背景下，OODA 环广泛存在于作战体系中，不同层级、不同作战类型的 OODA 环交织在一起构成作战体系，OODA 环的运行效率直接影响整个作战体系的运行效率和反应速度。OODA 环可直接用于构建作战体系模型，比如，应用 OODA 环理论，结合作战体系对抗的特点，构建基于 OODA 环的作战体系对抗博弈模型[5]；基于 OODA 环理论将作战实体及关系串联形成完整、动态的作战体系，实现武器装备体系的整体涌现效应[6]；基于 OODA 环构建武器装备体系的动态网络模型，分析体系结构对武器装备体系效能的影响[7]。

基于 OODA 环的拓扑结构，目标对应节点参与 OODA 环的数量在一定程度上可反映节点的重要程度。因此，基于 OODA 环的节点关键度可用下式计算：

$$\text{value}(v_i) = \frac{d_i}{\max\limits_{j \in (1,n)}(d_j)}$$

式中，d_i 为节点 v_i 参与 OODA 环的数量；n 为体系中节点的总数。体系中 $\text{value}(v_i)$ 值较大的节点即为关键节点。

2. 基于复杂网络的评估方法

复杂网络是指具有自组织、自相似、吸引子、小世界、无标度中部分或全部性质的网络。复杂网络可看作是复杂系统的高度抽象——复杂系统中的个体抽象为网络中的节点，复杂系统中的个体交互关系抽象为网络中的边。这样，复杂系统就可以抽象为一个复杂网络。

网络表示的是可以用节点和节点间连线代表的系统，一般用图来表示。在数学上，图是一个二元组 $G = (V, E)$，其中，V 是节点的集合，E 是边的集合。节点和边可以赋予具体的含义和权值。在体系中，节点可以是侦察、通信、指挥控制、火力等目标，边可以是支援、协同、情报、指挥控制等关系。假定网络中有 n 个节点，复杂网络的邻接矩阵记为 $A_{n \times n} = a_{ij}$。

图的分类主要基于边的类型。根据边是否有权值，图可以分为加权和无权图，即边有权值的图称为加权图，边无权值的图称为无权图。根据是否区分方向，边分为有向和无向两类，有向意味着"节点 v_i 到 v_j 的边"与"节点 v_j 到 v_i 的边"不一样，无向意味着"节点 v_i 到 v_j 的边"与"节点 v_j 到 v_i 的边"是同一条边。其中的边有向，则图称为有向图，否则称为无向图。

复杂网络与一般网络相比，其复杂性主要体现在两个方面：一方面，构成复杂网络的节点数量非常庞大；另一方面，复杂网络中节点之间的关系（边）比较复杂且相互耦合。从网络科学的角度来看，体系就是一个将各类作战目标作为节点，将各种指挥、协同、保障等关系作为边，并由这些节点和边连接而成的"网络的网络"。复杂网络的特征与体系非常接近，因此复杂网络常用于作战目标体系建模。例如，参考文献[8]中在遵循 OODA 环运行机制的条件下，结合复杂网络对作战目标体系结构进行建模，支撑对多任务联合作战的体系作战效能评估和体系结构优化。参考文献[9]中将作战目标抽象为复杂网络中的侦察、保障、指挥控制、火力、传感等节点，将目标间的业务逻辑关系抽象为复杂网络中的边，构建了如图 6-3 所示的体系复杂网络模型。

基于复杂网络拓扑结构的度量指标，可以对体系网络中关键目标节点进行评估。如图 6-4 所示，在网络拓扑结构视角下，常用介数中心性、度中心性、接近中心性及特征向量中心性指标对节点关键程度进行评估。其中，介数中心性反映的是节点在体系网络拓扑结构中的影响度，度中心性和接近中心性反映的是节点在体系网络拓扑结构中的重要度，特征向量中心性则通过邻居节点的数量和影响度确定节点的重要度。

图 6-3　体系复杂网络模型（部分）

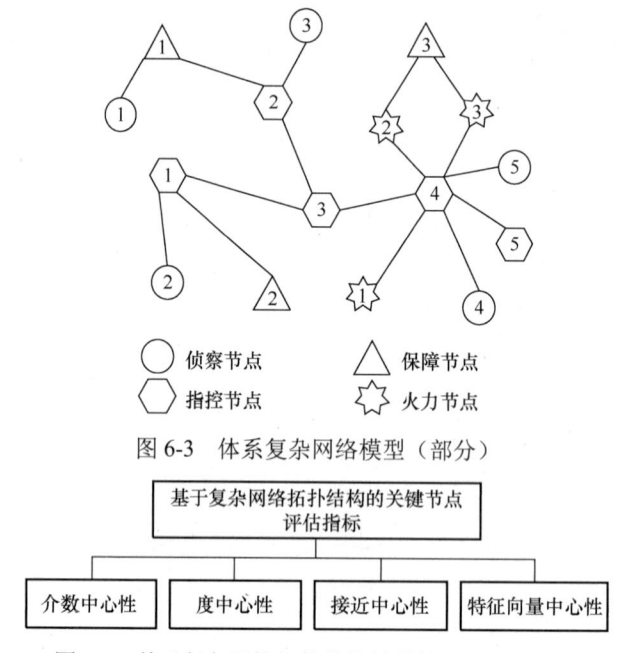

图 6-4　基于复杂网络拓扑结构的关键节点评估指标

1）介数中心性

介数中心性（Betweenness Centrality，BC）用于衡量节点在网络中的作用和影响，定义为网络中经过该节点的最短路径在网络所有最短路径中的占比。节点 v_i 的介数中心性为

$$BC_i = \sum_{s \neq i \neq t} \frac{\sigma(s,i,t)}{\sigma(s,t)}$$

式中，$\sigma(s,t)$ 为节点 v_s 和 v_t 间的最短路径总数；$\sigma(s,i,t)$ 为节点 v_s 和 v_t 之间经过节点 v_i 的最短路径总数。

2）度中心性

度中心性（Degree Centrality，DC）是用网络中节点的直接邻居数量来度量节点的重要程度。网络中节点 v_i 的度中心性 DC_i 定义为与该节点相连的边的数量与可能存在的边总数之比，即

$$DC_i = \frac{k_i}{n-1}$$

式中，k_i 为与节点 v_i 相连的边总数，即节点 v_i 的度；$n-1$ 为节点 v_i 与其他所有节点相连的边总数。

3）接近中心性

网络中节点的接近中心性（Closeness Centrality，CC）是指节点到其他所有节点的总距

离,即

$$CC_i = \frac{1}{d_i}$$

式中,d_i 为节点 v_i 到其他各节点的平均距离,有

$$d_i = \frac{1}{n-1}\sum_{i=1}^{n}d_{ij}$$

接近中心性值越大,说明节点在观测其他节点状态时的视野越佳,节点也就越关键。

4)特征向量中心性

特征向量中心性(Eigenvector Centrality,EC)用邻居节点的数量和影响力度量节点的关键程度,记为

$$EC_i = x_i = \lambda^{-1}\sum_{j=1}^{n}a_{ij}x_j$$

式中,λ 为复杂网络邻接矩阵 $\boldsymbol{A}$ 的主特征值,满足

$$\boldsymbol{x} = \lambda^{-1}\boldsymbol{A}\boldsymbol{x}$$

式中,$\boldsymbol{x} = [x_1, x_2, \cdots, x_n]$ 为矩阵 $\boldsymbol{A}$ 的主特征值对应的主特征向量。特征向量中心性值越大,节点越关键。

通过复杂网络中节点介数中心性、度中心性、接近中心性、特征向量中心性等指标的计算,可以对关键节点进行评估。也可以对上述指标进行综合,得到节点的综合关键度。

3. 基于超网络的评估方法

超网络是在复杂网络的基础上发展而来的,更加突出不同网络层间的关联和依赖,具有复杂性、拥塞性、大规模性等。超网络可以使用网络进行定义,是由点、线、流组成的基于又高于现存网络的网络,或者说,多个网络组成的网络称为超网络。超网络最大的特点是网络中的边可以连接两个以上的节点。在数学上,广泛使用超图来描述超网络[10]。

设有限集 $V = \{v_1, v_2, \cdots, v_n\}$,如果 $e_i \neq \varnothing (i=1,2,\cdots,m)$ 且 $\bigcup_{i=1}^{m} e_i = V$,那么,二元关系 $H = (V, E)$ 称为一个超图,集合 V 的元素称为超图的节点,$E = \{e_1, e_2, \cdots, e_m\}$ 称为超图的超边集合,集合 e_i 称为超图的超边,边代表节点的某种关系。超图 $H = (V, E)$ 的邻接矩阵 $\boldsymbol{A}(H)$ 是 $n \times n$ 对称方阵,矩阵元素 a_{ij} 为同时包含节点 v_i 和 v_j 的超边数,对角元素为0。关联矩阵 $\boldsymbol{B}(H)$ 是 $n \times m$ 矩阵,如果节点 v_i 包含在超边 e_j 中,那么 $b_{ij} = 1$,否则 $b_{ij} = 0$。图6-5所示为一个简单的超图,$V = \{v_1, v_2, v_3, v_4, v_5, v_6, v_7\}$,$E = \{e_1 = \{v_1\}, e_2 = \{v_2, v_3, v_5\}, e_3 = \{v_5, v_6\}, e_4 = \{v_1, v_2, v_4\}\}$。

超路径是超图中的一个常用概念。假设超图 $H = (V, E)$ 中的节点和边按 $\{v_1, e_1, v_2, e_2, \cdots, v_r, e_{r+1}\}$ 集合顺序交错,如果超图 H 中满足节点 $v_1, v_2, \cdots, v_r$ 各不相同、超边 $e_1, e_2, \cdots, e_r$ 各不相同,且 $v_i, v_{i+1} \in e_i (i=1,2,\cdots,r)$,则称其为从 v_1 到 v_r 的长度为 r 的超路径。

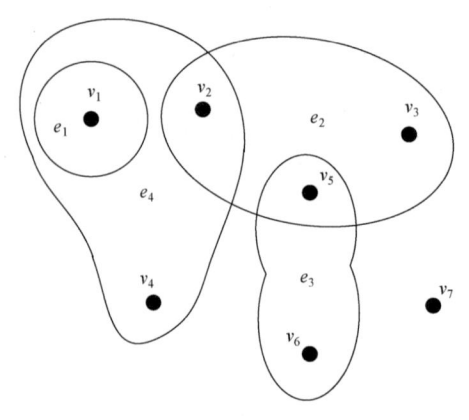

图 6-5 简单超图示意图

由于复杂网络在表征体系中节点异质、多层级、整体性等方面的能力较弱，因此部分学者提出使用超网络对作战目标体系进行建模。例如，参考文献[11]中基于超网络构建作战目标体系，支撑对作战目标体系的优化配置；参考文献[12]中构建航母编队作战体系超网络模型，支撑航母编队作战体系能力和效能分析。参考文献[13]中对作战任务进行分解，将功能节点抽象为情报侦察、主动辅助决策和火力打击三类，生成如图 6-6 所示的海上编队云作战体系动态超网络模型，验证了模型的有效性和适应性。图 6-6 中，$CT_1 \sim CT_6$ 分别表示分解后的子任务，G_c、G_i、G_a 分别表示主动辅助决策网、情报侦察网、火力打击网，R_t、R_f、R_r 分别表示时序/逻辑关系、任务/功能映射关系和功能/资源实体映射关系，$P_1 \sim P_{10}$ 分别表示资源池中的武器平台。

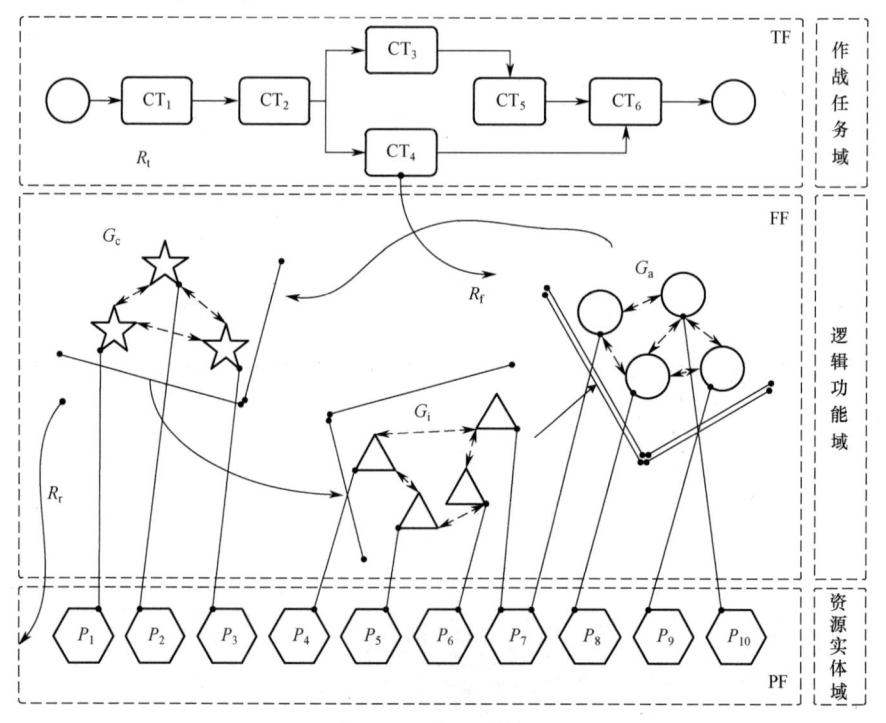

图 6-6 海上编队云作战体系动态超网络模型

第6章 面向体系的战场态势要素认知方法

在体系超网络模型中，关键节点可以通过介数中心性、度中心性和子图中心性及邻接结构熵度量，如图6-7所示。

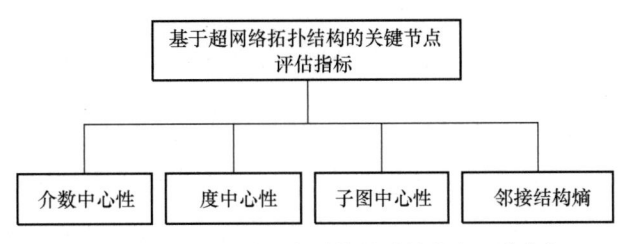

图 6-7 基于超网络拓扑结构的关键节点评估指标

1）介数中心性

节点v_i的介数中心性$BC(v_i)$基于最短超路径计算[14]，即

$$BC(v_i) = \frac{\sum_{j=1}^{n}\sum_{k=1}^{n}g_k(i)/g_k}{n-1} \quad (j \neq k \neq i, j < k)$$

式中，n为节点总数；g_k为节点v_j和节点v_k间最短超路径的数量；$g_k(i)$为节点v_j和节点v_k间最短超路径经过节点v_i的数量。节点介数中心性用于衡量节点控制超网络中沿着最大超路径传播信息的能力。节点介数中心性值越大，则节点影响力越大。

2）度中心性

节点v_i的度中心性$DC(v_i)$定义为节点的度与该节点能达到的最大度的比值[15]，即

$$DC(v_i) = \frac{d(v_i)}{n-1}$$

式中，$d(v_i)$为节点v_i的度，即节点v_i直接邻接的节点数。

超网络中同一条超边的所有节点可以视为全连接，因此，$n-1$是节点v能达到的最大的度。节点度中心性值越大，说明节点越位于超网络的中心，则节点越关键。

3）子图中心性

节点的子图中心性$SC(v_i)$是指超网络中起止于该节点的不同长度的闭合路径之和[16]，即

$$SC(v_i) = \sum_{j=1}^{n}(u_{ij})^2 e^{\lambda_j}$$

式中，λ_j为超网络邻接矩阵的特征值，正交矩阵$U = (u_{ij})_{n \times n}$的每列均为特征向量且对应特征值为$\lambda_j$。节点的子图中心性与关键程度成正比。

4）邻接结构熵

超网络中，邻接结构熵$E(v_i)$通过节点之间的关系，利用节点信息熵衡量节点在超网络中的价值，其表达式为

$$E(v_i) = -\sum_{j \in R(i)} P_H(i) \log_2 P_H(i)$$

式中，$P_H(i) = \dfrac{d_H(i)}{D_H(i)}$ 为超网络中节点的重要度函数，$D_H(i)$ 为超网络中节点 v_i 的邻接超度

$$D_H(i) = \sum_{j \in R(i)} d_H(j)$$

式中，$d_H(j)$ 为节点 v_j 的超度；$R(i)$ 为节点的邻接节点集合。

节点 v_i 的超度 $d_H(i)$ 为包含节点 v_i 的超边数，可通过超网络关联矩阵 $\boldsymbol{B}(H)$ 计算，即

$$d_H(i) = \sum_{j=1}^{n} b_{ij}$$

式中，b_{ij} 为关联矩阵 $\boldsymbol{B}(H)$ 中的元素。邻接结构熵越大，则节点越关键。

在超网络体系中，可以分别选择介数中心性、度中心性、子图中心性、邻接结构熵等指标来评估关键节点，也可以对上述指标进行综合，得到节点关键度

$$\text{value}(v_i) = \alpha_1 \text{BC}(v_i) + \alpha_2 \text{DC}(v_i) + \alpha_3 \text{SC}(v_i) + \alpha_4 E(v_i)$$

式中，α_1、α_2、α_3、α_4 分别为节点 v_i 的介数中心性、度中心性、子图中心性、邻接结构熵的权重，可以根据实际情况设定。最后，根据 $\text{value}(v_i)$ 值的大小及一定的判定规则来确定关键节点。

6.1.3 基于体系效能的评估方法

关键节点评估的目的是发现对方系统中容易发现又比较脆弱的节点，一旦遭受打击，就能够迅速破坏防御体系的整体结构，并使各作战要素之间的联系发生紊乱，从而导致敌方防御体系失去平衡。比如，通过打击敌方指挥中枢，削弱其指挥控制能力；通过打击侦察预警设施，瘫痪其防空作战体系，等等。这样不仅可以利用较少的我方力量去打击关键节点就能完成作战任务，而且可以在更短的时间内以最直接的方式达到战争目的。然而，敌方的作战体系是一个包含多种要素的复杂架构，各目标的类型不一、目标与目标间的关系不一等，既要区分出这些不同作战单元的不同作用，也要考虑它们之间的配合所体现的整体功能。另外，节点对整体网络效能的影响关系很难量化，需要从评价指标上构建一种能够综合评估目标网络中节点或关联关系的量化评估方法，从能力发挥的角度衡量节点对体系的贡献关系。

在指导实际的作战中，如有可能，应直接进攻敌方的关键节点，但在作战过程中，关键节点是敌方保护的重中之重，可能不明显或不易判断，敌方也会用各种手段保护和隐藏自己的关键节点，增加发现关键节点和直接攻击的难度。这就导致在进行关键节点选择时需要考虑打击的代价。而在实际中，战争不可能没有打击代价（如弹药消耗、人员伤亡等），而且打击代价对于战争胜负往往具有决定性作用。当考虑作战目标网络的打击代价时，打击代价如何量化衡量、如何平衡打击代价与体系影响度之间的关系等问题需要进一步解决。

为解决以上问题，本小节介绍一种基于体系效能的关键节点评估方法，该方法在复杂网络理论的基础上，针对复杂军事组织，建立包括火力、侦察、指挥控制等非同质作战目标的网络模型，对其中的节点和边建立详细的模型表示，将其中的节点属性和节点关系进行量化表征，构建对作战效能的评估方法，同时综合衡量打击目标的效费比、打击代价，从打击效果的角度计算摧毁敌方网络节点或边所需的代价之和，最后构建、求解优化函数，形成最终的关键节点排序清单，其主要思路如图 6-8 所示。

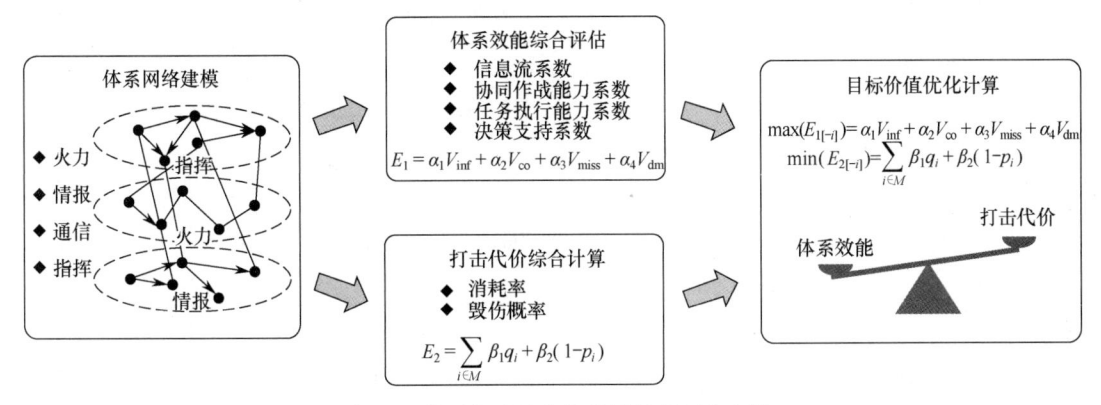

图 6-8 基于体系效能的关键节点评估方法

1. 体系网络建模

体系网络模型的特点在于节点和边的异质性，具体表现在节点自身属性的多维性、不确定性，以及网络边的动态性、多样性。本技术按照 FINC 模型（Fire, Intelligence, Networking, Command and Control）[17]，将节点和边分为多级的指挥、情报、火力三节点和边模型，分别按照对应目标的属性，建立节点和边的表现形式。

其中，指挥节点是指军事组织中具备指挥控制功能的实体，能够从情报节点接收战场信息，基于态势认知的结果开展指挥决策，并向作战单元下达控制命令，如战区级指挥所、方向指挥所等。指挥控制节点的属性可抽象表示为

$$C2 ::= < Delay, Capacity, InEdges, OutEdges >$$

其中，Delay 是指信息在指挥节点流转所需的延时，主要是从指挥节点接收指令或情报信息开始，经指挥节点认知、决策后向其他节点分发态势信息或指令信息这一过程所需的时间；Capacity 是指指挥节点能够同时处理的指挥信息数量；InEdges 和 OutEdges 分别为指挥节点上的输入边和输出边。

情报节点是指感知战场信息的侦察、监视装备，如雷达、卫星、预警机等，能够以各种形式获取战场上的实时可观测信息，并将信息传递给指挥节点或火力节点。该类型的节点属性可表示为

$$I ::= < Quality, Radius, InEdges, OutEdges >$$

其中，Quality 代表该节点产生的情报信息的质量；Radius 代表对应情报单元的作用半径；

其他参数同指挥节点。

火力节点表示能够执行火力打击任务的实体单元，如战斗机、舰船、地导阵地等，能够根据情报节点提供的情报信息，按照指挥节点下达的打击命令开展打击任务。其属性可表示为

$$F ::= < Speed, Radius, InEdges, OutEdges >$$

其中，Speed 表示该火力节点的响应速度；Radius 则定义了火力节点的打击半径；其他参数同指挥节点。

在建立了节点模型的基础上，进一步定义节点与节点间的关系，即边。按照实际作战过程，边的类型可分为两类，一类是相同类型节点之间的边，包括 C2–C2、I–I、F–F 三种；另一类是不同类型节点之间的边，包括 C2–I、I–C2、C2–F、I–F 等。对于各种网络边，在体系网络拓扑中承担的使命和发挥的作用各有所侧重，但最终是对节点之间信息流动的描述，可统一表示为

$$Edge ::= < Type, Delay, Accuracy, InNode, OutNode >$$

其中，Type 代表边的类型；Delay 代表信息从 InNode 到 OutNode 之间的延时（与通信方式有关）；Accuracy 代表信息传输的精准度；InNode 和 OutNode 分别代表边的输入节点和输出节点。

通过上述建模，在传统的复杂网络基础上，基于相同类型的节点和对应的边构成相应的网络层，包括情报网络、火力网络和指挥网络，这是一种包含体系效能属性的体系网络模型，其中包括信息延时、作用距离、信息准确度等，这些参数都是衡量体系效能发挥的重要影响因素。除此之外，对于特定关系的节点，在其对应的边上还需加上对应的属性，如上下级的隶属关系，如果上级节点被摧毁，则下级节点将失效；还有不同节点之间的协作关系，对于功能互补或互为备份的节点，需要在对应边的属性中加入表示协同能力的参数。依据这些关系，预警、火力、指挥控制、通信等网络层不再是相互独立的，而是相互依赖、相互联系的。由此构成了描述整个体系的网络模型。

2. 体系效能综合评估

实际作战目标网络有预警探测、指挥控制、火力打击等诸多类型，用一个统一的测度来刻画作战目标网络的性能是很困难的。基于 FINC 模型，可从四个方面对体系效能进行综合评估，包括信息流系数、协同作战能力系数、任务执行能力系数和决策支持系数。

信息流系数表征了体系从情报收集到指挥决策，再到任务执行这一全过程的速度，体现了系统对战场情况的把控能力、对体系对抗行动的反应速度等，是整个体系在信息处理速度上的度量。从作战的整个过程来分析，在情报节点发出情报信息后，由指挥节点进行态势处理和决策，然后将指令下达到火力节点，影响这一过程速度的因素主要包括指挥节点的延时 $Delay_{C2}$，以及存在的 I–C2、C2–F 和可能存在的若干 C2–C2 之间的传输延时 $Delay_e$。当存在多条可能的路径时，选取延时最短的一条。假设模型中包括 N 个指挥节点

及 M 条边，则总延时为 $\text{Delay}_{\text{I-F}} = \sum_N \text{Delay}_{\text{C2}} + \sum_M \text{Delay}_{\text{e}}$。此外，在实际的作战中，信息传输流量是与该条路径相对应的延时成正比的。假设体系中共存在 L 条有效作战链路，其中一条路径（记为 i）的信息流比率可定义为

$$\frac{\text{e}^{-\text{Delay}_{(i)\text{I-F}}}}{\sum_{j \in L} \text{e}^{-\text{Delay}_{(j)\text{I-F}}}}$$

在此基础上，总的信息流系数可定义为

$$V_{\inf} = \frac{1}{\sum_{i \in L} \text{Delay}_{(i)\text{I-F}} \dfrac{\text{e}^{-\text{Delay}_{(i)\text{I-F}}}}{\sum_{j \in L} \text{e}^{-\text{Delay}_{(j)\text{I-F}}}}}$$

协同作战能力系数表示各个节点彼此配合协作的程度，总体协作系数越大，越有利于任务的协同执行。按照协作方式不同，协同作战能力可分为火力节点之间、指挥节点之间及情报节点之间的协作能力。以火力协同为例，其主要影响因素仍是火力节点之间的信息传输能力。假设存在火力协同的节点共有 L 对，则总的火力协同系数可定义为

$$V_{\text{co-F}} = \frac{1}{\sum_{i \in L} \text{Delay}_{(i)\text{F-F}} \dfrac{\text{e}^{-\text{Delay}_{(i)\text{F-F}}}}{\sum_{j \in L} \text{e}^{-\text{Delay}_{(j)\text{F-F}}}}}$$

同样可定义指挥协同系数 $V_{\text{co-C2}}$ 和情报协同系数 $V_{\text{co-I}}$，则总的协同作战能力系数为三者之和，即

$$V_{\text{co}} = V_{\text{co-C2}} + V_{\text{co-I}} + V_{\text{co-F}}$$

任务执行能力系数主要用于衡量各个火力单元利用获得的情报信息、按照指挥控制指令遂行作战任务的能力，其主要内容为火力打击能力，取决于情报节点提供给火力节点的有效情报质量和火力节点的打击半径。其中，有效情报质量定义为 $\text{EIQ} = \text{Quality} / \text{Delay}_{\text{I-F}}$，即情报节点的情报质量与情报节点到火力节点信息延时之比。在此基础上，任务执行能力系数可定义为

$$V_{\text{miss}} = \sum \text{Radius}^2 \text{EIQ}$$

即对体系内所有火力节点进行叠加，其中，Radius 为对应的火力打击半径，EIQ 为有效情报质量。任务执行能力系数越大，体系整体的任务执行能力越强。

决策支持系数是度量情报节点对指挥节点提供信息支撑能力的指标，反映了指挥节点获取情报信息的时效性、精确性和充分性。情报节点的情报质量可定义为 $\text{IG} = \text{Radius}^2 \text{Quality}$，即同时考虑情报节点的情报信息质量和作用半径，那么经过（一条边）传输后，指挥节点收到的情报总量会变为 $\text{IG}\text{e}^{-\text{Delay}} \text{Accuracy}$，即需要结合经过传输的网络边的传输延时和传输

精准度。假设第 i 个指挥节点共接收到 N 个情报节点和 M 个指挥节点的情报信息，则其接收到的情报总量定义为

$$IG_i = \sum_{j \in N} IG_j e^{-Delay_{ji}} Accuracy_{ji} + \sum_{k \in M} IG_k e^{-Delay_{ki}} Accuracy_{ki}$$

而体系整体的决策支持系数可定义为 $V_{dm} = \sum IG_i$。

以上从四个方面讨论了体系的效能评估方法。可以看出，其中主要的影响因素还是取决于节点和边的属性及状态。如果移除某个节点或某条边，则上述系数均会有一定程度的减小。通过设定上述四个参数对应的权重，可以得到体系效能综合评估系数，而节点和边对体系效能发挥的贡献度则可按照移除该节点或边后对综合效能评估系数的影响程度，使用扰动测试或破坏测试进行试验性评估[9]。其中的目标函数可设计为

$$E_1 = \alpha_1 V_{inf} + \alpha_2 V_{co} + \alpha_3 V_{miss} + \alpha_4 V_{dm}$$

式中，α_1、α_2、α_3、α_4 分别为各系数对应的权重，可按照实际的作战任务设定。

3. 打击代价综合计算

为完成作战任务，除直接打击对敌方体系影响度最大的目标外，还要求能够将我方的损失降低到最小，即以最小代价给敌方以最大程度的摧毁。只有以这样的原则来选取打击目标，在实际作战中才更有意义，能够有效支撑在作战资源、作战能力有限的情况下确定最佳的武器目标分配方案。但由于涉及真正的作战对抗、武器损伤，甚至人员伤亡，打击代价的评估很复杂，很难给出通用的评估方法。下面以效费比[18]为例，介绍一种相对合理的评估方法。

效费比的评估应以实际的弹药消耗、人员伤亡及对敌方的毁伤收益来量化评估。由于实际的弹药消耗量、人员伤亡数目及可能的毁伤数目都难以给出明确的数据，因此可以使用相对值而非精确值进行对比评估。具体来说，我方武器、弹药、人员等的消耗情况可用消耗率表示，而对敌方目标的打击收益可用毁伤概率表示。

假设敌方体系共包括 M 个节点（边）（为简化说明，将所有节点和边合并为一个集合，其中的要素可能是节点或边），假设打击第 i 个节点（边）的弹药消耗量为 Q_i，则消耗率可定义为

$$q_i = \frac{Q_i}{\sum_{i \in M} Q_i}$$

同时，打击第 i 个节点（边）的毁伤概率记为 p_i。在此基础上，指导关键节点评估的原则是用最小的消耗率达到最大的毁伤概率，因此设计目标函数为

$$E_2 = \sum_{i \in M} \beta_1 q_i + \beta_2 (1 - p_i)$$

式中，β_1、β_2 为各系数对应的权重，可按照实际的作战任务设定。

第6章 面向体系的战场态势要素认知方法

4. 关键节点优化计算

关键节点的优化计算,应在一定的条件约束下(如弹药数量、目标数量等),同时考虑上述两个目标函数,可将该问题抽象为目标优化模型

$$\begin{cases} \max(E_{1[-i]}) = \alpha_1 V_{\inf} + \alpha_2 V_{\text{co}} + \alpha_3 V_{\text{miss}} + \alpha_4 V_{\text{dm}} \\ \min(E_{2[-i]}) = \sum_{i \in M} \beta_1 q_i + \beta_2(1 - p_i) \end{cases}$$

式中,$E_{1[-i]}$ 为摧毁第 i 个节点(边)后的敌方体系效能;$E_{2[-i]}$ 为摧毁第 i 个节点(边)的效费比。该目标优化模型以作战目标网络节点(边)的重要度之和最大化,同时以作战目标网络的节点(边)的打击代价之和最小化为优化目标,通过选择合理的节点(边),同时达成这两个条件。

该优化模型是典型的整数优化问题,可利用模拟退火算法、禁忌搜索算法、遗传算法、差分进化算法、粒子群优化算法等来解决[19]。以禁忌搜索算法为例,这是一种对局部邻域搜索扩展得到的启发式算法,是一种全局逐步寻优算法,通过一个所谓的特赦准则保留一些可能的被遗弃的优良解,以保证搜索空间的多样化及搜索解的全局最优性。可结合作战目标网络的特点,利用禁忌搜索算法的优良特性,确定算法基本原则(包括初始解和评价函数、邻域结构和禁忌对象、候选解选择、禁忌表及其长度、特赦规则等),以作战节点(边)的重要度最大和打击代价最小为目标进行详细算法的设计。

6.2 战场局势综合评估

战场局势是指战场在一个时期内的态势发展情况。在真实的联合战场上,敌我双方的联合作战指挥人员会对周遭的战场情况进行周密的分析,并根据研判结论决定采取何种行动,会在必要的情况下暂缓执行上级命令,采取保护自身安全的行动;也会在适当的时候抓住有利时机主动出击,消灭敌人。

战场局势综合评估就是将敌我双方的各种作战力量部署、作战行动与战场环境的情况进行定量的综合评估,从而形成对战场局势综合研判结论的过程,是指挥活动的重要内容之一。作战指挥人员能否对敌我双方的战场态势整体局势进行准确的分析、估计和预测,显然对作战联合筹划、作战指挥控制与决策都十分重要。本节将以两个视角研究联合战场局势评估问题。一是局部与整体的关系,首先将整个联合战役战场态势划分为若干个局部战场态势;其次针对各个局部战场态势中的敌我双方作战行动,研判各个局部战场态势的优劣,为指挥人员研判整个战役战场态势奠定基础;然后基于对战役中我方各个作战行动和作战目标的实现程度等的研判结论,结合我方各个作战行动在战役中的重要程度,综合研判我方战场主动权的掌握程度,为指挥人员研判整个战役战场态势的优劣提供一种实用的定量化分析方法。二是当前与未来的关系,运用兰彻斯特方程、时间序列分析和集对分析理论等数学方法,基于敌方、我方、环境三个方面因素的综合评价,在时间维度上对战役战场态

势发展趋势进行定量预测，为指挥人员掌控战场态势演化的走向提供量化评估的手段。

6.2.1 战场局势量化评估方法

为了对战场局势进行量化评估，引入作战势能比的概念。作战势能比是指敌我双方在某一特定战场环境中，采取的特定行动策略的战斗力发挥程度的动态对比。基于我方势能与敌方势能的计算结果[20,21]，得出敌我双方的作战势能比值，简称作战势能比[22]。作战势能比的计算需要根据敌我双方的作战力量基本战斗要素和支撑战斗要素、合成作战行动要素和联合作战行动要素等之间相互作用所形成的作战局势进行综合计算，其计算过程综合运用定性和定量方法相结合的处理方法。本小节在参考文献[21-23]研究成果的基础上，介绍一种更实用的敌我双方作战能力指数和作战势能比的计算方法。

1. 作战能力指数计算

作战能力计算在指挥人员的战争筹划和作战指挥中占据举足轻重的地位。作战能力计算要进行多方面内容的分析与计算，包括敌我双方的兵力兵器数量、武器装备作战效能、联合部队的作战能力，以及作战行动效果、物资装备消耗和可能付出的代价等。但不论在什么情况下，敌我双方在具体条件下所发挥出来的作战能力的对比，都是作战指挥人员在作战能力计算中始终关注的核心内容[23]。作战能力指数计算是常用的部队作战能力计算方法之一。

1）仅考虑基本战斗要素

基本战斗行动是部（分）队为实现战斗目的而对打击、防护和机动力量的综合运用。基本战斗要素反映的是我方兵种单元对敌方各兵种单元的打击能力、防护能力和机动能力。其中，打击能力是指毁伤敌方人员或作战平台的能力，也称毁伤能力、杀伤能力等。打击能力与兵种单元内的主要武器装备的发现能力、命中能力和毁伤能力与射速等密切相关，也受到上级或建制内的侦察探测能力，以及自身的运动状态和战场环境等影响，当然还受到敌方目标所采取的伪装、干扰和机动等对抗措施的影响。防护能力是指受到敌方攻击时抵御敌方杀伤、破坏的能力。防护能力与兵种单元内的抗打击强度、受弹面积大小、规避威胁等能力密切相关，也受到对手打击能力和战场环境的影响。机动能力是指兵力或兵器所具有的进行空间位移的能力。机动能力取决于人和作战平台的机动性能及建制内克服障碍的能力，也受到敌方阻滞、地形和气候等因素的影响。

这三个要素是战争中有形物质力量的主要功能的体现，在任何一场战争中都起着核心作用，是决定战斗力高低、作战势能大小和战场态势优劣的根本所在。而其他要素都要通过对这三个要素的影响才能体现出其价值。通常而言，基本战斗要素也是兵种单元中诸如情报侦察能力、指挥控制能力、弹药携带能力等多种能力的综合反映。基本作战能力指数就是仅考虑基本战斗要素情形下的作战能力指数，其计算公式为

$$\mathrm{BP} = \sum_{i=1}^{3} w_i A_i \tag{6-1}$$

式中，BP 是由该对象的单项基本能力指数加权求和得到；A_i 为该对象的某单项基本能力指数值（打击能力、防护能力和机动能力）；w_i 为该对象的某单项基本能力值在当前任务中的权重，一般而言，打击能力的重要性最高，机动能力次之，防护能力最低，但有时也会根据作战任务的不同而有所改变。权重的确定方法有很多，一般分为主观法和客观法两类，这里不做详细讨论。

2）考虑支撑战斗要素修正

支撑战斗要素是指在参战作战力量的体系中，作战系统为各类兵种单元提供的信息能力、保障能力和精神力三个要素。这三个要素的作用是使各兵种单元形成正常或超常的作战能力指数。其中，信息能力是指作战系统获取、传递、处理、利用和控制信息情报的能力，主要表现为获取我方所需要的敌方信息的能力、控制我方信息不为对方所捕捉的能力、传递各种信息的能力和处理利用信息的能力等。信息能力对诸兵种单元的打击能力、防护能力和机动能力的水平发挥都有一定的影响。保障能力是指为了保证作战部队有效遂行作战任务而实施的作战、后勤和装备保障的能力。保障能力直接影响到作战部队整体作战能力的发挥。精神力是指参战部队所具有的影响战斗精神、军心士气的心理能力，是军队精神力量的外在表现，受政治和战争的正义性、宣传鼓动、训练水平、作战经历、民族特性及军队的意志力等诸多因素的影响，也会受到后勤保障、上一次作战胜负结果和敌方心理战的效果等因素影响。

作战系统的信息能力和保障能力对兵种单元的作战能力指数有着巨大的影响。基于联合作战参战力量的多元性，各兵种单元总是处于一个大的作战系统之中而展开各自作战行动和完成作战任务的，因而整个作战系统的信息能力和保障能力都可能使诸兵种单元的战斗力得到一定程度的拓展，即使其基本作战能力指数得到提高。反之，若敌对方采取了一定的体系对抗措施，使得参战的诸兵种单元无法有效利用作战系统提供的信息能力和保障能力，那么各个兵种单元的作战能力就被限制在其自身原有的能力范围之内，即使其基本作战能力指数得不到提升，甚至可能降低。精神力的作用一方面决定着战斗力的发挥水平，另一方面决定着在作战中非战斗减员（如投降、逃跑等放弃抵抗的行为）的比率。

假定三个支撑战斗要素共同作用产生的影响用修正系数 k_{r_1} 来表示，而获得修正后的某一兵种单元的基本作战能力指数记为 BP_1，则有

$$\mathrm{BP}_1 = k_{r_1} \mathrm{BP}$$

式中，k_{r_1} 综合考虑了作战系统的信息能力、保障能力和精神力对兵种单元作战能力指数的影响。

3）考虑合成作战行动要素修正

基于前述计算结果，指挥人员可以对敌方的战术企图、作战部署和作战行动等获得一定的认知，因此可以进一步考虑联合战场上某一战术态势中军兵种的合成作战行动中所涉及的交火关系、战术特点（火力运用），以及体系对抗等因素的影响，综合计算敌我双方的

合成作战单元（目标群）作战能力。其中，交火关系是指在一定的交战格局下，某兵种单元与目标所形成的打击关系。有效的交火关系由兵种单元的作战责任区及其武器装备的有效射程和作战半径等因素决定。火力运用是指在一定的交战格局下，某兵种单元对其装备的武器系统的火力的有效组织与使用，基本方式有火力突击和火力机动。通常受打击目标、武器装备性能、作战意图等因素的影响。体系对抗是指在一定的交战格局下，某兵种单元充分利用其所拥有的作战资源展开的全系统、全要素和全时空的对抗。这里主要考虑信息对抗（电子攻防和网络攻防等）、认知对抗（战场欺骗和心理攻防等）和实体对抗（指挥所攻防和信息节点攻防等）等信息化战争的基本对抗方式。

记某方在某战术态势中有 n 个兵种单元，假定运用前述方法获得了在该战术态势中各兵种单元的作战能力指数，分别记为 BP_1^i（$i=1,2,\cdots,n$）；又假定有效交火关系、战术特点（火力运用）及体系对抗等因素对各个作战单元的综合影响系数为 $k_{r_2}^i$，则在该战术态势下，考虑合成作战行动要素影响之后，这 n 个兵种单元所构成的合成作战单元的作战能力 TBP_2 可以用下式计算：

$$TBP_2 = \sum_{i=1}^{n} k_{r_2}^i BP_1^i$$

4）考虑联合作战行动要素修正情形

联合战役参战军兵种多、战场空间多维广阔、作战样式繁多，使得在联合战场上的一次联合作战行动可能同时存在多个军兵种的战场态势，这些局部的战场态势各有其重要性，与联合作战行动的作战企图有着密切的关系。因此，在计算联合战役态势中敌我双方作战能力指数时需要加以考虑，并进行适当的修正。

记某一联合作战行动中有 m 个局部战术态势，其中，第 j 个战术态势中，某方的合成作战单元的作战能力指数记为 TBP_2^j（$j=1,2,\cdots,m$）；又假定在该联合作战中第 j 个战术态势的重要性为 $k_{r_3}^j$，则在此联合作战行动中，该方的联合力量的作战能力指数 CBP_3 可以用下式计算：

$$CBP_3 = \sum_{j}^{m} k_{r_3}^j TBP_2^j$$

值得注意的是，当联合战役有多个序列和/或并行的作战行动时，可以相应得到多个联合作战行动的联合力量的作战能力指数。而联合作战指挥人员通过对敌我双方这些作战能力指数大小的比较，即进行作战势能比值的计算，评估敌我双方在各个联合作战行动中的战场局势的优劣。

2. 作战势能比计算

假定联合战役中有 s 个联合作战行动，在各个联合作战行动中，敌我双方的联合作战力量的作战能力指数我方记为 $RCBP_3^l$，敌方记为 $BCBP_3^l$（$l=1,2,\cdots,s$），则敌我双方在各个

作战行动上的作战势能比 P_l 为

$$P_l = \frac{\text{BCBP}_3^l}{\text{RCBP}_3^l} \quad (l=1,2,\cdots,s)$$

根据计算得到的作战势能比 $P_1, P_2, \cdots, P_s$ 的大小，可以实现敌我双方战场局势优劣的评估。

3. 战场主动权计算方法

无数次战争的事实告诉我们，战争本身变幻莫测的进程，就是围绕主动权的争夺而展现的谋略、智慧、实力、能量、战争艺术的对抗和运用。所谓主动权，是指军队在作战中对敌方所具有的自主行动的主动地位，或者说军队掌握行动的自由权。主动权是军队的命脉，失去这种自由，军队就接近于被打败或被消灭。指挥人员必须清楚地认识战役战斗主动权的重要性。通常，只有不断掌握战役战斗主动权，积累战役战斗的胜利，积小胜为大胜，才能逐渐改变战争形势，掌握战略主动权，取得战争的胜利。按照主动权的表现形式不同，战场主动权可以分为进攻主动权和防御主动权。争取战场主动权，就是将作战信息流、作战力量流和作战物流等要素按照指挥官意志科学合理、有条不紊地流动，从而实现战争胜利的目的。因此，对战场态势有利与否或优劣的研判，就是指挥人员通过对当前战场态势的具体分析，对战场主动权拥有状况的判断，是战场局势量化评估的简易而重要的途径。战场主动权指数[24]是反映当前战场态势下，指挥人员所拥有战场主动权的性质和程度的度量。在计算战场主动权指数时，指挥人员需要考虑以下因素：①战场态势是否有利于作战目标的实现；②我方作战行动与作战部署是否能够实现作战目标；③敌方作战行动与部署对实现作战目标的妨害程度。

设联合战役中有 s 个作战行动，则战场主动权指数计算公式为

$$I = \sum_{i=1}^{s} k_i F_R(P_i) \quad (-1 \leqslant I \leqslant 1)$$

式中，$I=1$ 表示我方拥有绝对战场主动权；$I=-1$ 表示我方处于战场失控状态；$I=0$ 表示战场态势处于敌我双方平衡状态。

$F_R(P_i)$ 称为阻止函数，表示敌方阻止我方第 i 个作战行动实现作战目标程度的函数，计算公式为

$$F_R(P_i) = \begin{cases} 1, & P_i > P_0^U \\ 0, & P_0^L \leqslant P_i \leqslant P_0^U \\ -1, & P_i < P_0^L \end{cases}$$

$F_R=1$，表示不能阻止我方第 i 个联合行动实现作战目标；$F_R=-1$ 表示能阻止我方第 i 个联合行动实现作战目标；$F_R=0$，表示难以确定。P_0^U 表示我方第 i 个联合行动实现作战目标的作战势能比的下限，P_0^L 表示我方第 i 个联合行动完全不能实现作战目标的作战势能比的上限。它们的取值与作战行动需完成的作战任务类型和指挥人员的指挥风格等有关。通常，P_0^U 可取 1.1，P_0^L 可取 0.9。P_i 表示我方与敌方在第 i 个作战行动中作战势能比值，

计算公式为

$$P_i = \frac{\text{RCBP}_3^i}{\text{BCBP}_3^i} \quad (i=1,2,\cdots,s)$$

k_i 表示我方第 i 个作战行动部署的战场主动权贡献系数，反映了作战指挥人员对第 i 个联合作战行动部署的价值判断，计算公式为

$$k_i = \frac{R_i}{\sum_{i=1}^{s} R_i} \quad (i=1,2,\cdots,s)$$

式中，R_i 为我方在第 i 个联合作战行动（部署）中投入的作战力量。因此，R_i 可以用未经修正的基本作战能力指数 BP 进行计算，即 $R_i = \sum_{j=1}^{n_i} \text{BP}^j$。其中，$n_i$ 为在第 i 个联合作战行动（部署）中，我方投入的各军兵种作战单元的数量；BP^j 为第 j 个兵种作战单元的基本作战能力，$j=1,2,\cdots,n_i$，$i=1,2,\cdots,s$。

一般地，敌我双方的作战部署是实施联合作战行动的基础。而我方战场态势的优劣，意味着我方在当前敌我双方作战部署的状态下，拥有有效组织实施作战行动的主动权。通过计算战场主动权指数的大小来判断敌我双方战场主动权的性质及其掌握程度，可以实现当前战场局势优劣的定量评估。

6.2.2 战场局势发展趋势预测方法

战场局势是一个动态的概念，也就是说，在联合战役发展过程中，敌我双方的形势处于不断变化之中。战场局势发展趋势预测就是指挥人员以当前战场局势的研判结论基础，对未来可能发生的战场局势发展趋势进行预测。关于战场局势问题的研究大多以定性方法为主[25,26]，定量分析战场局势问题的文献很少，本小节在参考文献[27]的基础上，主要以量化分析的视角对此问题展开研究，主要介绍两类方法。一类是根据敌我双方的作战能力指数随时间变化而发生的变化情况，研判战场局势的变化趋势。一是基于兰彻斯特（Lanchester）方程，用微分方程的形式对战役作战双方的作战能力指数随作战进程（时间）连续变化情况进行定量分析和预测，适用于较大规模的联合作战场景中的战役战场局势预测；二是基于时间序列模型的方法，用离散时间序列的形式对战役双方的作战力量随作战进程（时间）离散化变化的情况进行定量分析和预测，更适合于规模较小的联合作战（战斗）场景中的战役（战斗）战场局势预测。另一类是对敌我双方主要态势要素的优劣对比随时间变化可能出现的战场态势发展变化趋势进行研判，即运用广义集对势来表征战场局势的整体优劣及其可能的变化趋势。该类方法更适用于基于敌我双方的战场布势对战场局势的优劣进行定量分析和预测。

1. 基于兰彻斯特方程的方法

基于兰彻斯特方程的战场局势发展趋势预测框架如图 6-9 所示，该方法旨在分析未来

时刻敌我体系对抗局势的优劣变化趋势，预测未来时刻战场态势的优劣。根据敌我作战能力要素数据，计算敌我作战能力指数，运用兰彻斯特方程计算敌我双方作战能力指数的变化规律，从而得出随时间变化的战场局势演变趋势预测结论及置信度。其中，敌我作战能力计算负责向敌我局势优劣对比变化趋势预测模块提供战场中的作战编队能力，敌我局势优劣对比变化趋势预测负责根据输入的作战计划和编队能力，预测未来一段时间内的敌我局势优劣对比，并展现其变化趋势。

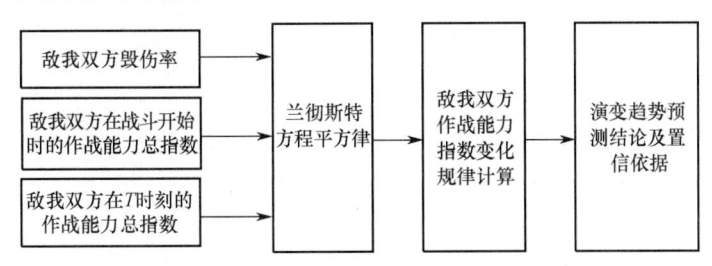

图 6-9　基于兰彻斯特方程的战场局势发展趋势预测框架

基于兰彻斯特方程的表达形式有许多类型[28]。其中，线性律和平方律是两种最典型的形式。兰彻斯特方程为战场态势的评估与转化提供了强有力的定量分析技术途径。下面以兰彻斯特方程平方律为例，计算敌我双方的作战能力指数的变化规律，从而对作战势能比和战场主动权的变化趋势进行预测。

满足平方律的兰彻斯特方程可以表示为

$$\begin{cases} dR(t)/dt = -\alpha B(t) \\ dB(t)/dt = -\beta R(t) \end{cases}$$

满足约束条件：$R(t)|_{t=t_0} = R_0$，$B(t)|_{t=t_0} = B_0$。R_0、B_0 分别为战斗开始时（t_0 时刻）我方和敌方的作战能力指数，可以根据前文中作战能力指数计算公式得到；$R(t)$、$B(t)$ 分别为战斗开始后的 t 时刻我方和敌方在战斗中尚存的作战能力指数；α、β 分别为我方和敌方（单位时间内）的毁伤率，可以通过历史数据或实战经验估计得出。

由此，可以解得在 t 时刻，双方剩余的作战能力指数为

$$\begin{cases} B(t) = C_1 \exp(\sqrt{\alpha\beta}\,t) + C_2 \exp(-\sqrt{\alpha\beta}\,t) \\ R(t) = D_1 \exp(\sqrt{\alpha\beta}\,t) + D_2 \exp(-\sqrt{\alpha\beta}\,t) \end{cases}$$

式中，$C_1 = \frac{1}{2}(B_0 - R_0\sqrt{\alpha/\beta})$；$C_2 = \frac{1}{2}(B_0 + R_0\sqrt{\alpha/\beta})$；$D_1 = \frac{1}{2}(R_0 - B_0\sqrt{\beta/\alpha})$；$D_2 = \frac{1}{2}(R_0 + B_0\sqrt{\beta/\alpha})$。

若 $R_l(t)$、$B_l(t)$ 分别为联合战役中某个作战行动在 t 时刻我方和敌方的作战能力指数，则该作战行动中双方在此时刻的作战势能比为

$$P_l = \frac{R_l(t)}{B_l(t)} \quad (l = 1, 2, \cdots, s)$$

式中，s 为作战行动的数量。考虑作战指挥人员对作战行动部署的价值判断，可得到战场主动权贡献系数 k_l（$l=1,2,\cdots,s$）。参照 6.2.1 节中主动权指数计算公式，可以获得 t 时刻的战场主动权的量化表达式，从而可以对战场局势优劣进行定量分析和预测战场态势的变化趋势。

2. 基于时间序列模型的方法

兰彻斯特方程方法的特点是用微分方程的形式表示作战过程，可以实现时间连续情况下作战能力指数变化情况的定量分析。下面介绍一种时间序列模型，考虑的是时间离散的情况。

假设战争中红方的战斗单位数量为 R，蓝方的战斗单位数量为 B；红方的所有战斗单位的击毁效率都相同，记为 E_r；蓝方所有战斗单位的击毁效率也都相同，记为 E_b；并且假设在整个交战阶段，双方各自的击毁效率保持不变。

若用 R_0 表示红方的初始战斗单位数量，$R_1,R_2,\cdots,R_i,\cdots$ 表示各个交战阶段之后红方剩下的战斗单位数量；B_0 表示蓝方的初始战斗单位数量，$B_1,B_2,\cdots,B_j,\cdots$ 表示各个交战阶段之后蓝方剩下的战斗单位数量；则可以得到

$$R_{i+1} = R_i - E_b B_i$$
$$B_{i+1} = B_i - E_r R_i$$

其中，$R_i \geqslant 0$，$B_i \geqslant 0$（$i=0,1,2,\cdots$）。

由上式可以看出，只要给出红蓝双方初始战斗单位数量及双方击毁效率的数据，就可以用这两个递推计算公式计算出红方和蓝方的交战结果。如果最后某方战斗单位数量变成负数，就令其为 0，并在此阶段终止交战，表示数量为 0 的一方已被全歼。

设红蓝双方当前时序 i 的战斗单位数量分别为 R_i、B_i，并设

$$P_i = R_i / B_i$$

则称 P_i 为第 i 个时序的红蓝双方的存量比。据此，经过 i 个时序的作战后，第 $i+1$ 个时序的存量比为 P_{i+1}，假设从第 i 个时序起，双方的击毁效率都保持不变，则有如下结论。

（1）当 $P_{i+1} > P_i$ 时，$P_{i+2} > P_{i+1}$，最终红方获胜。

（2）当 $P_{i+1} = P_i$ 时，$P_{i+2} = P_{i+1} = P_i$，最终双方战成平局。

（3）当 $P_{i+2} < P_{i+1}$ 时，$P_{i+2} < P_{i+1}$，最终蓝方获胜。

由此可以看出，当战斗进行时，不能仅仅从绝对数量上看消灭了敌方多少战斗单位，而应当计算双方的存量比。如果存量比朝着有利于己方的方向变化，最终己方就会获胜；反之，己方就会失败；如果存量比在战斗过程中不发生变化，则双方最终战成平局。

下面讨论更复杂的情况，即双方各自的击毁效率都是变化的。此时，记红方在不同时序上的击毁效率为 E_i^r，蓝方在不同时序上的击毁效率为 E_i^b（$i=1,2,\cdots$），则可以得到

$$R_{i+1} = R_i - E_i^b B_i$$

$$B_{i+1} = B_i - E_i^r R_i$$

这时，要想对红蓝双方作战力量做一步预测，就必须对红蓝双方的击毁效率进行预测。可以通过对时间序列数据 E_i^r 和 E_i^b（$i=1,2,\cdots$）的考查确定选用的统计模型，通常采用最小二乘法获得 E_i^r 和 E_i^b 的一步预测值 $\hat{E}_{i+1}^r$ 和 $\hat{E}_{i+1}^b$。据此可以得到红蓝双方作战力量的一步预测计算公式为

$$\hat{R}_{i+2} = R_{i+1} - \hat{E}_{i+1}^b B_{i+1} \quad (i=1,2,\cdots)$$

$$\hat{B}_{i+2} = B_{i+1} - \hat{E}_{i+1}^r R_{i+1} \quad (i=1,2,\cdots)$$

类似于前述讨论，也可获得相应的红蓝双方作战力量的存量比及其一步预测结果

$$\hat{P}_{i+2} = \hat{R}_{i+2} / \hat{B}_{i+2} \quad (i=1,2,\cdots)$$

在获得上式中的作战势能比的基础上，6.2.1 节中的结合主动权指数计算公式，可以实现对战场主动权，即战场局势优劣的定量分析和预测。

上述两种基于作战时间的战场局势发展趋势预测方法，可以提供作战能力指数定量分析的结果，为指挥人员进行战场态势的趋势判断提供一定的量化分析依据，具有重要的参考价值。需要指出的是，基于联合作战战役的复杂性，不可能提供一个通用的作战方程或时间序列模型来解决战场局势预测问题，而需要应用者根据具体的作战特点，研究适用的数学模型进行严格的分析，也许只有通过大量的作战仿真试验、实兵演习和战例分析等获取相应的模型参数，才能提供相应的解决方案。这里仅仅作为案例介绍量化分析方法的基本过程。

3. 基于广义集对势的方法

战场局势预测不仅可以采用基于作战进程（时间）的预测方法，而且可以采用态势要素分析方法，特别是在战役布势阶段，通过对敌我双方的战役布势优劣研判战场局势优劣，是指挥人员进行战场态势分析的一种十分常用的方法。这类方法常见的有比值分析法、历史趋势分析法、结构分析法和相互对比法等。集对分析作为一种处理复杂系统定量分析的系统分析方法，可通过集对的同一度与对立度的比较形成集对势，将态势优劣程度与演化趋势统一于一个数学表达式，具有天然的优越性。为叙述方便，下面以防空作战态势为例，阐述一种基于集对分析理论的战场局势预测方法。该方法简便易行，为战场局势发展趋势预测，特别是战前战役布势分析提供了一种非常实用的量化分析方法。

1）集对分析方法及其特点

集对分析（Set Pair Analysis，SPA）是一种关于复杂系统定量分析的系统分析方法。所谓集对是指具有一定联系的两个集合所组成的对子。从系统的角度看，集对既可以是

系统内任两部分要素组成的对子，也可以是系统与环境组成的对子。集对分析的基本思路是在具体的问题背景下，对集对的某一特性展开分析，对集对在该特性上的联系进行分类定量刻画。该理论认为不确定性是事物的本质属性，并将不确定性与确定性作为一个系统的固有属性进行综合考查。集对分析将确定性分为"同一"与"对立"两个方面，而将不确定性看作"差异"，从"同一""差异"和"对立"（简称同异反）三个方面进行整体分析并研究其转化。这里引入"联系数"这一概念来描述同异反三个分量，将其统一于一个数学表达式。

假设根据问题 W，对集 A 和集 B 组成的集对 H 展开分析，共得到 N 个特性，其中，有 S 个为集对中两个集合所共有的，而集对在另外 P 个特性上对立，在其余 F 个特性上关系不确定，则在不计各特性权重的情况下，称 S/N 为集 A 和集 B 在问题 W 下的同一度，简记为 a；F/N 为集 A 和集 B 在问题 W 下的差异度，简记为 b；P/N 为集 A 和集 B 在问题 W 下的对立度，简记为 c。由于同一度、差异度、对立度是从不同侧面刻画两个集的联系状况，故总的联系数 μ 为

$$\mu = \frac{S}{N} + \frac{F}{N}i + \frac{P}{N}j$$

即
$$\mu = a + bi + cj$$

式中，i 为差异度标记符号或相应系数，$-1 \leq i \leq 1$；j 为对立度标记符号或相应系数，规定 $j = -1$。按照定义，a、b、c 满足归一化条件 $a+b+c=1$。联系数 μ 一般仅是一种结构函数，只有在特殊情况下才是一个数值。可见，集对分析有效地刻画了复杂系统的对立统一关系，符合辩证法和人类思维方式，在自然科学、人文科学和军事领域中都受到广泛的关注和应用。

2）防空作战态势主要影响因素

如图 6-10 所示，从我方因素、敌方因素和环境因素三个角度分析防空作战态势。假定我方因素考虑作战兵力、武器装备、作战部署和作战策略，如果有友邻部队支援，还考虑友邻部队的因素；而敌方因素同样考虑（空袭）作战兵力、武器装备、作战部署和作战策略；战场环境因素主要包括自然环境、气象条件和电磁环境。作战指挥人员需要对比双方作战兵力、武器装备、作战部署方案优劣、作战策略优劣（特别是作战方法优劣），以及战场环境的有利程度，只有进行逐项分析和综合研判，才能得出正确的态势评估结论。

3）态势影响因素的联系数

防空作战态势评估需要先对敌我双方的作战兵力、武器装备、作战部署、作战策略及环境因素进行对比，构建相应的集对分析联系数计算模型。下面以构建作战兵力对比优势的联系数为例说明联系数的构建方法。

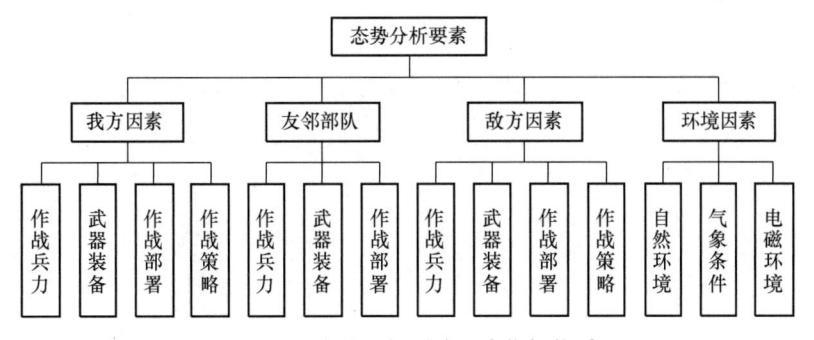

第6章 面向体系的战场态势要素认知方法

图 6-10 态势分析影响因素指标体系

作战兵力对比是对敌我双方的兵力、兵器数量进行的比较，是作战计算中的重要指数，也是交战双方作战实力的客观指标，包括敌我双方兵力的人数、主要武器装备数量和建制单位数量的对比[29]。假定我方作战兵力的能力指数为 O^{cs}，敌方作战兵力的能力指数为 E^{cs}，友邻作战兵力的能力指数为 F^{cs}，则我方作战兵力优势最保守（最不利）的情形是友邻作战兵力在实际作战中未发挥任何作用，此时我方兵力优势比最小（记为 a^{cs}），其计算公式为

$$a^{cs} = \frac{O^{cs}}{E^{cs} + O^{cs}}$$

而我方作战兵力优势最激进（最有利）的情形是友邻作战兵力在实际作战中充分发挥作用，此时我方兵力优势比最大（记为 A^{cs}），其计算公式为

$$A^{cs} = \frac{O^{cs} + F^{cs}}{E^{cs} + O^{cs} + F^{cs}}$$

类似地，可以得到相应作战情形下，敌方作战兵力优势比的最大值 C^{cs} 为

$$C^{cs} = \frac{E^{cs}}{E^{cs} + O^{cs}}$$

敌方兵力优势比的最小值 c^{cs} 为

$$c^{cs} = \frac{E^{cs}}{E^{cs} + O^{cs} + F^{cs}}$$

因此，从敌我双方作战兵力优势比的视角来研判战场态势，我方的兵力优势比至少可以达到 a^{cs}，而敌方的作战兵力优势比至少可以达到 c^{cs}，这中间可能影响到敌我双方兵力优势比变化的不确定因素就是友邻部队是否发挥了作用，据此分析可以构造以下三元联系数。

$$\mu^{cs} = a^{cs} + b^{cs}i + c^{cs}j$$

式中，$b^{cs} = 1 - a^{cs} - c^{cs}$；$i$ 为差异度的标识，$-1 \leqslant i \leqslant 1$；$j$ 为对立度的标识，$j = -1$；其他影响因素使用同样方法构建。

武器装备优势比的联系数 $\mu^{we} = a^{we} + b^{we}i + c^{we}j$。其中，$b^{we} = 1 - a^{we} - c^{we}$；$a^{we}$ 为我方武器装备优势比的最保守估计值；c^{we} 为敌方武器装备优势比最小值。

作战部署优势比的联系数 $\mu^{op} = a^{op} + b^{op}i + c^{op}j$。其中，$b^{op} = 1 - a^{op} - c^{op}$；$a^{op}$ 为我方武器装备优势比的最保守估计值；c^{op} 为敌方武器装备优势比最小值。

作战策略优势比的联系数 $\mu^{bs} = a^{bs} + b^{bs}i + c^{bs}j$。其中，$b^{bs} = 1 - a^{bs} - c^{bs}$；$a^{bs}$ 为我方武器装备优势比的最保守估计值；c^{bs} 为敌方武器装备优势比最小值。

环境因素从自然环境、气象条件和电磁环境三个方面进行评估[29-30]。自然环境优势比联系数 $\mu^{ne} = a^{ne} + b^{ne}i + c^{ne}j$，气象条件优势比联系数 $\mu^{we} = a^{wc} + b^{wc}i + c^{wc}j$，电磁环境优势比联系数 $\mu^{ee} = a^{ee} + b^{ee}i + c^{ee}j$。

在构造了我方因素、敌方因素和环境因素三个方面共七个态势分析影响因素的三元联系数的基础上，采用加权求和的方法构建防空作战态势综合评估的联系数。根据参考文献[31-33]的研究结果，直接给出作战兵力的权重 w^{CS}、武器装备技术水平的权重 w^{WE}、作战部署的权重 w^{OP}、作战策略的权重 w^{BS}、自然环境的权重 w^{NE}、气象条件的权重 w^{WC} 和电磁环境权重 w^{EE}，分别取 0.15、0.35、0.12、0.08、0.10、0.05 和 0.15。

据此可得防空作战态势综合评估的联系数 μ^S。

$$\mu^S = w^{CS}\mu^{CS} + w^{WE}\mu^{WE} + w^{OP}\mu^{OP} + \\ w^{BS}\mu^{BS} + w^{NE}\mu^{NE} + w^{WC}\mu^{WC} + w^{EE}\mu^{EE}$$

4）广义集对势及其等级划分

由于集对势在实际应用中存在失真，甚至明显错误的现象，这里采用文献[34-35]中的广义集对势进行态势排序。

定义1 在联系数 $\mu = a + bi + cj$ 中，定义集对在指定问题背景下的广义集对势为

$$\text{SHI}(\mu) = e^{a-c}$$

特别地，当 $e^a > e^c$（或 $a > c$）时，称广义集对同势；当 $e^a = e^c$（或 $a = c$）时，称广义集对均势；当 $e^a < e^c$（或 $a < c$）时，称广义集对反势。三类特殊联系数广义集对势等级划分如表6-3所示。

表6-3 三类特殊联系数广义集对势等级划分

项 目	等 级	名 称	a、b 和 c 的关系
广义集对同势	一级	广义全同势	$a = 1$，$b = c = 0$
	二级	广义强同势	$a > c, a > b, b \neq 0, c = 0$
	三级	广义弱同势	$a > c$，$a = b$，$c = 0$
	四级	广义微同势	$a > c$，$a < b$，$c = 0$
广义集对均势	一级	广义全均势	$a = c$，$b = 0$
	二级	广义强均势	$a = c$，$0 < b < 1$
	三级	广义弱均势	$a = c = 0$，$b = 1$

(续表)

项　目	等　级	名　称	a、b 和 c 的关系
广义集对反势	一级	广义准反势	$c=1$，$a=b=0$
	二级	广义强反势	$a<c$，$b<c$，$a=0$
	三级	广义弱反势	$a<c$，$b=c$，$a=0$
	四级	广义微反势	$a<c$，$b>c$，$b\neq 0$，$a=0$

5）防空作战态势变化趋势分析

在应用集对分析联系数对战场态势进行综合评估过程中，不确定项 bi 是分析态势变化趋势的关键，其变化主要由 i 的不同取值造成，因此提出以下关于 i 的函数来刻画不确定项对态势变化的影响

$$\mathrm{SHI}[\mu(i)] = \mathrm{e}^{a+bi-c} \qquad (-1 \leqslant i \leqslant 1) \tag{6-2}$$

式（6-2）通过 i 的不同取值获得集对势的变化曲线，可用于对战场态势变化趋势的分析[36-38]。特别地，定义如下广义集对悲观势和乐观势。

定义 2 在联系数 $\mu = a + bi + cj$ 中，当 $i = -1$ 时，定义集对在指定问题背景下的广义集对悲观势为

$$\mathrm{SHI}[(\mu)_\mathrm{P}] = \mathrm{e}^{a-b-c} \tag{6-3}$$

此时，差异度 b 均转变为对立度，为最不利情形。

定义 3 在联系数 $\mu = a + bi + cj$ 中，当 $i = 1$ 时，定义集对在指定问题背景下的广义集对乐观势为

$$\mathrm{SHI}[(H)_\mathrm{P}] = \mathrm{e}^{a+b-c} \tag{6-4}$$

此时，差异度 b 均转变为同一度，为最有利情形。

广义集对势、广义集对悲观势和广义集对乐观势可通过式（6-2）联系在一起，通过对式（6-2）表示的函数曲线的直观分析，有利于掌控态势转化条件和变化的总体趋势。

6）实例分析

假设现有 4 种战场态势状况，每种态势状况中各影响因素的数据如表 6-4 所示。

表 6-4　态势中各影响因素的数据

态势	我方因素							敌方因素				环境因素		
	作战兵力	武器装备	作战部署	作战策略	友邻部队			作战兵力	武器装备	作战部署	作战策略	自然环境	气象条件	电磁环境
					作战兵力	武器装备	作战部署							
S_1	500	0.7	0.8	0.6	250	0.5	0.6	35	0.7	0.6	0.5	0.7	0.5	0.6
S_2	400	0.9	0.6	0.7	150	0.8	0.7	42	0.6	0.5	0.7	0.6	0.6	0.5
S_3	650	0.6	0.9	0.5	100	0.7	0.5	50	0.9	0.8	0.8	0.8	0.7	0.8
S_4	350	0.8	0.8	0.8	200	0.9	0.8	40	0.8	0.7	0.6	0.9	0.4	0.7

以态势情形 S_1 为例，依据联系数计算公式，可以得出如下结果。

作战兵力优势比的联系数 $\mu_1^{CS} = 0.9346 + 0.0208i + 0.0446j$

武器装备优势比的联系数 $\mu_1^{WE} = 0.5 + 0.1316i + 0.3684j$

作战部署优势比的联系数 $\mu_1^{OP} = 0.5714 + 0.1286i + 0.3j$

作战策略优势比的联系数 $\mu_1^{BS} = 0.5455 + 0.0i + 0.4545j$

战场自然环境对我有利的优势比联系数 $\mu_1^{NE} = 0.7 + 0.0i + 0.3j$

气象条件对我有利的优势比联系数 $\mu_1^{WC} = 0.5 + 0.0i + 0.5j$

电磁环境对我有利的优势比联系数 $\mu_1^{EE} = 0.6 + 0.0i + 0.4j$

再根据联系数计算公式，可以得到态势状况 S_1 的态势综合评估联系数为

$$\mu_1^S = 0.6124 + 0.0095i + 0.3781j$$

类似地，可以得到态势情形 S_2 的态势综合评估联系数为

$$\mu_2^S = 0.6107 + 0.0237i + 0.3656j$$

态势情形 S_3 的态势综合评估联系数为

$$\mu_3^S = 0.6085 + 0.0176i + 0.3738j$$

态势情形 S_4 的态势综合评估联系数为

$$\mu_4^S = 0.6236 + 0.0301i + 0.3436j$$

再根据式（6-2）进行态势变化趋势分析，可以得到实例中 4 种态势情形下广义集对势函数 $\text{SHI}[(\mu(i)]$ 的变化曲线，如图 6-11 所示。

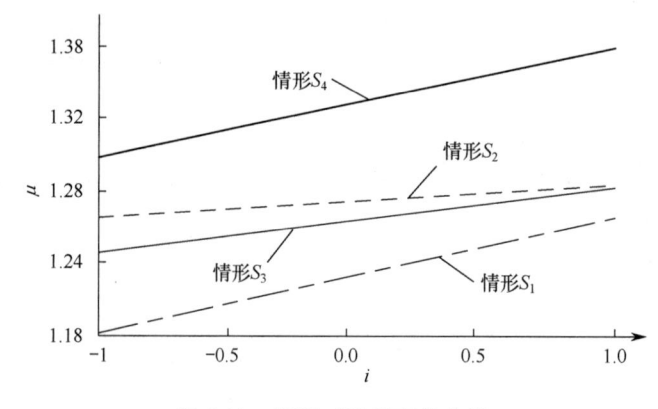

图 6-11　$\text{SHI}(\mu(i))$ 的变化曲线

由图 6-11 可见，态势情形 S_4 的广义集对势函数曲线明显高于其他 3 种态势情形；态势情形 S_2 的集对势函数曲线高于态势情形 S_1 和 S_3；态势情形 S_3 的集对势函数曲线高于情形

S_1，态势情形 S_1 的集对势函数曲线最低。

基于广义集对势的态势趋势预测方法具有简便实用的特点，虽然该方法在构造联系数上存在一定的主观性，以及在联系数计算上存在不足，但从实例分析中可以看出，作为一种战场态势综合研判定量化处理的新途径，它还是具有一定优势的，值得深入研究和推广。

6.3 本章小结

体系作战是信息化战争的基本作战形式。本章首先对体系建模进行分析，并分别从体系拓扑结构和体系效能两个方面对关键节点进行评估；其次运用作战势能比、战场主动权等概念，从整体上对战场的局部态势和全局态势进行了量化分析，并结合兰彻斯特方程、时间序列分析和集对分析理论研究了战场局势发展趋势预测方法。然而，面向体系的战场态势认知涉及的要素众多，其中的关系也十分复杂，后续还有大量的研究工作有待进行。

本章参考文献

[1] 蓝羽石，毛少杰，王珩．指挥信息系统结构理论与优化方法[M]．北京：国防工业出版社，2015.
[2] 高松，滕克难，金哲，等．体系结构关键技术研究发展综述[J]．舰船电子工程，2020，40(3)：1-5.
[3] MICHAEL J，GAGLIARDI. System of System Quality Attribute Specification and Architecture Evaluation[R]. Carnegie Mellon Software Engineering Institute，2010.
[4] 本书课题组．美军《联合目标工作条令》（JP 3-60）[M]．北京：军事科学出版社，2016：12-14.
[5] 雷梓烽．基于OODA环的作战体系对抗博弈建模研究[D]．武汉：华中科技大学，2020.
[6] 张昱，张明智，杨镜宇，等．一种基于OODA环的武器装备体系建模方法[J]．系统仿真学报，2013(S1)：7.
[7] 张小可．基于作战环的武器装备体系发展建模与优化方法研究[D]．长沙：国防科学技术大学，2016.
[8] 徐爽．面向多任务的作战体系结构智能构建技术研究[D]．南京：南京大学，2021.
[9] 孔江涛．面向目标体系分析的知识推理与复杂网络节点评估技术研究[D]．长沙：国防科技大学，2019.
[10] 王志平，王众托．超网络理论及其应用[M]．北京：科学出版社，2008.
[11] 束哲．体系架构超网络建模与优化方法研究[D]．长沙：国防科技大学，2018.
[12] 刚建勋，叶雄兵，王玮．航母编队作战体系超网络建模[J]．舰船科学技术，2019，41(5)：6-11.
[13] 聂俊峰，陈行军，史红权．面向任务驱动的海上编队云作战体系动态超网络模型[J]．兵工学报，2021，42(11)：2513-2521.
[14] 任晓龙，吕琳媛．网络重要节点排序方法综述[J]．科学通报，2014，59(13)：1175-1197.
[15] 马涛，索琪．基于超图的超网络研究综述[J]．运筹与管理，2021，30(2)：232-239.
[16] 周丽娜．超网络关键节点识别方法研究[D]．西宁：青海师范大学，2021.

[17] 杨国利，黄金才，张维明. 基于 FINC 模型的作战体系定量评估方法[J]. 计算机工程，2011，37(10)：287-290.

[18] 茹伟，高晓光. 基于效费比的武器目标分配[J]. 火力与指挥控制，2012，37(2)：57-60.

[19] 欧峤，贺筱媛，陶九阳. 协同目标分配问题研究综述[J]. 系统仿真学报，2019，31(11)：2216-2227.

[20] 申卯兴，李为民，陈永革. 防空战略作战的势战模型研究[J]. 空军工程大学学报(自然科学版)，2001，3(2)：16-18.

[21] 申卯兴，李为民，王凤山. 防空战略势函数的 PDG 模型研究[J]. 空军工程大学学报(自然科学版)，2002，3(2)：31-33.

[22] 于淼，杜正军. 基于作战势能比值的态势评估方法[J]. 军事运筹与系统工程，2012，26(3)：23-26.

[23] 孙儒凌，韩林，靳小凤. 联合作战计算[M]. 北京：国防大学出版社，2014，63-68.

[24] 孙儒凌. 战场态势的描述[J]. 军事系统工程，1998（1）：2-6.

[25] 徐国成，曹正荣. 试论信息化战争的战局控制[J]. 指挥学报，2006(6)：35-37.

[26] 张羽，刘四海，夏成效. 论信息化战争的战局控制艺术[J]. 中国军事科学，2010(2)：25-32.

[27] 伊山，张健. 基于作战能力的战局控制分析方法研究[J]. 军事运筹与系统工程，2014，28(4)：11-15.

[28] 张最良. 军事运筹学[M]. 北京：军事科学出版社，1993.

[29] 王凤山，李孝军，马拴柱，等. 现代防空学[M]. 北京：航空工业出版社，2008：322-325.

[30] 汤扣林. 电磁态势的气象环境影响分析[J]. 指挥信息系统与技术，2014，5(5)：20-24.

[31] 陈绍顺，王君，李云. 战场态势的定量分析模型[J]. 情报指挥控制系统与仿真技术，2004，26(6)：28-32.

[32] 刘佳昀，张琳. 防空作战战场态势的定量化分析模型[J]. 现代防御技术，2005，33(6)：17-21.

[33] 陈绍顺，宁伟华，张琳. 防空战斗中的态势评估模型[J]. 空军工程大学学报(自然科学版)，2004，5(4)：29-33.

[34] 伟华，张琳. 防空战斗中的态势评估模型[J]. 空军工程大学学报(自然科学版)，2004，5(4)：29-33.

[35] 李德顺，许开立，张喜嘉，等. 集对分析集对势的研究及其应用[J]. 工业安全与环保，2009，35(9)：8-9.

[36] 金菊良，张浩宇，崔毅，等. 联系数伴随函数的若干问题探讨[J]. 黑龙江大学工程学报，2020，11(2)：1-10.

[37] 余国祥. 对联系数中的不确定性数 i 的研究[J]. 辽宁师范大学学报(自然科学版)，2002，25(4)：349-352.

[38] 覃杰，周生明. 基于联系数的态势排序方法[J]. 广西师范大学学报(自然科学版)，2003，21(3)：41-44.

第 7 章 战略形势研判方法

战略形势研判是态势认知的核心任务之一,其目标是分析所处的战略环境及其影响,把握联合作战的战略背景及可能面临的有利条件和制约因素,从而从全局找准战略定位,深化战略意图理解。在个体层面,其聚焦于重大的战略事件,通过跨事件的关联分析,复盘事件的发展演化过程,研判对手的战略手段和意图,并对事件发展走势进行预测;在全局层面,其关注对重点国家的国内现状及敌我双方政治、经济、军事等的交往情况进行研判,评估我方可联手的对象、敌方的盟友等,形成双方利益阵营的判断,为作战时机选择提供指导。

7.1 战略形势研判概述

本节对战略形势研判的概念内涵进行剖析,并且对当前计算机辅助战略形势研判中发展最快的事件认知方法进行介绍,从其发展历史和现状中提炼出基于事件认知的战略形势研判技术框架。

7.1.1 概念内涵

在《中国人民解放军军语》中,战略形势定义为"战争双方在一定时期内形成的,总体上的强弱、攻守等情况的综合态势;国家或政治集团之间矛盾关系在一定条件下形成的总的格局和态势"[1]。相似的概念是"战略态势",定义为"敌对双方在总体力量对比、战略部署和战略行动等方面形成的状态和形势"。两者相比,战略态势更倾向于军事战略,而战略形势则是政治、经济、军事、外交、科技等领域矛盾斗争的综合反映,更具复杂性。

战略形势研判的主要目标是研判世界主要国家和国家集团等战略力量相互联系和斗争所形成的全局状况及总体趋势,对国家安全和发展所处的外部局势、可能面临的战争威胁、战争的不利条件和有利条件形成认识,从而找准战略定位、理解战略意图、支撑作战筹划。

从总体上看,战略形势研判涵盖对国际战略形势、地缘政治环境、地区博弈格局的分析,下面介绍其主要内容。

(1) 重大事件分析:对全球的热点、冲突事件及地区的重大战略事件,梳理其发展脉络，分析事件的影响。

（2）危机预测预警：对可能发生的冲突、战争等战略问题及其发展趋势进行评估和推测。

（3）国家关系分析：分析主要国家、国际组织与我方的关系，研判主要政治实体的立场态度，评估我方可联手的对象、敌方的盟友等，形成对各方利益阵营的判断。

（4）安全形势分析：对国内及全球的安全形势进行分析，评估恐怖主义活动、严重群体性事件、海外军事冲突、国际社会舆论等事件对国内稳定和海外利益的影响。

长期以来，战略形势研判都需要由专家通过人工整理文献、报告、新闻等各种来源的素材，借助海关、联合国公开的统计数据，根据个人经验或数学分析模型得出研判结论。这存在以下问题。

（1）统计数据存在滞后性，在国家关系、安全形势的分析中尤为明显。

（2）需要花费大量时间去人工整理数据，难以对突发事件进行及时响应，以及对战略形势进行实时掌握。

（3）随着国际局势的复杂化，专家越来越难以对各种影响因素进行全盘考虑，容易得出片面的研判结论。

计算机技术的发展为自动、实时、准确的战略形势研判带来了机遇。目前，大数据、人工智能等技术已经在重大事件分析、危机事件预测等方向得到了应用，典型方法包括事件认知、时间序列分析、因果模型等，其中又以事件认知发展得最为成熟，应用最为广泛。该方法用事件来刻画国际上各行为体的活动，并认为战略形势是事件相互作用和积累的总和。该方法首先对影响战略形势的事件进行梳理，为事件的类型和表示方法制定规范；然后遵循事件规范，通过人工或机器自动抽取的方式由各种各样的数据源生成事件库；最后以事件数据为输入，构建国家关系、事件预测等分析模型，生成研判结论。

7.1.2 技术框架

美国自20世纪70年代便开始了事件认知技术的研究，早期完全依靠人工收集和整理事件，典型代表是1980年阿萨尔（Edward Azar）构建的冲突与和平数据库（Conflict and Peace Data Bank，COPDAB）[2]；到了20世纪80年代末，随着计算机技术的发展，美国国家科学基金会资助了国际关系中的数据发展（Data Development in International Relations，DDIR）项目[3]，将自动抽取和编码技术应用到事件认知中，并发展出以堪萨斯事件数据系统（Kansas Event Data System，KEDS）[4]为代表的自动编码事件库。

进入21世纪后，自然语言处理技术的蓬勃发展、算力的大幅提升、互联网数据的爆炸式增长均为计算机主导的大规模事件库构建创造了条件。由洛克希德·马丁公司承研的综合危机早期预警系统（Integrated Crisis Early Warning System，ICEWS）[5]，能够对全球新闻和社交媒体进行实时采集和事件抽取，对全球安全形势进行可视化展现，并对国际和国内危机、种族和宗教暴力、叛乱等风险进行预测；由 Kalev Leetaru 启动的全球事件数据库（Global Database of Events，Language and Tone，GDELT）项目[6]，已经积累了从 1979 年至 2022 年 6 月的近 7 亿条事件数据，是迄今为止全球最大的事件数据集。

近五年，随着深度学习技术的发展，跨模态事件抽取、可解释事件预测都得到大力发展，事件认知进入一个全新的阶段。2017 年，DARPA 资助了不同方案的主动解释（Active Interpretation of Disparate Alternatives，AIDA）项目[7]，能够从视频、图像、元数据、语音及文本等多模态信息中抽取事件，梳理事件脉络，并为每条事件罗列各方观点，实现对事件更为全面和客观的刻画。2019 年启动的知识导向人工智能模式推理（Knowledge-directed Artificial Intelligence Reasoning Over Schemas，KAIROS）项目[8]，更是能够从具体的事件关联中归纳学习事理模式，从而帮助用户理解和解释现象背后的深层规律，开展可解释性预测。

基于事件认知的战略形势研判大致遵循图 7-1 所示的技术框架，总体可划分为事件库构建和事件库应用两个阶段。

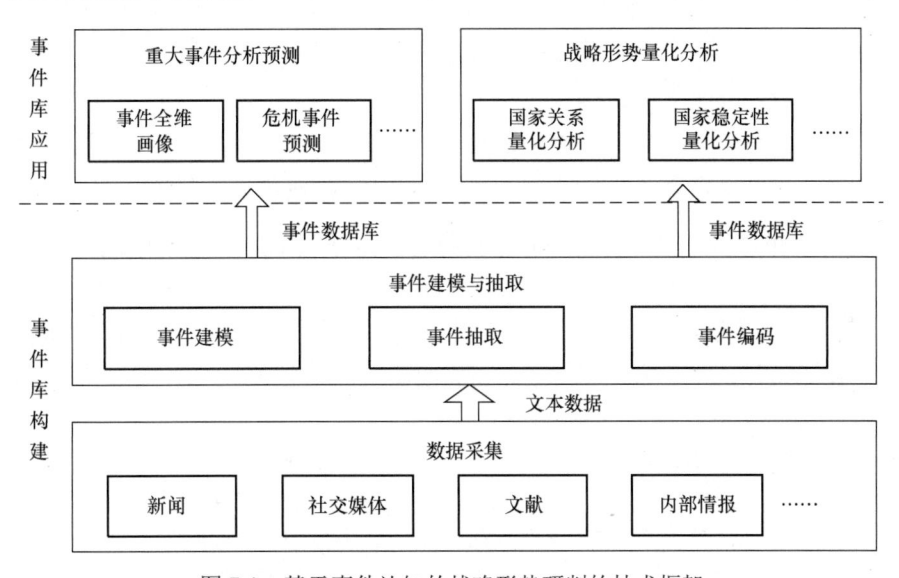

图 7-1　基于事件认知的战略形势研判的技术框架

事件库构建阶段包括数据采集及事件建模与抽取两部分。数据采集通过互联网爬虫从新闻、社交媒体等网站持续采集数据，并对数据进行预处理，数据类型以文本为主。事件建模与抽取是将非结构化的文本数据转化成结构化、标准化的事件，形成事件库，包括事件建模、事件抽取和事件编码三部分。其中，事件建模定义了战略形势研判应该关注哪些类型的事件、每个事件关心哪些要素；事件抽取负责从文本中发现这些事件，并提取核心要素；事件编码将抽取的事件用规范化的形式进行表示，使其能够更加方便地参与计算。

事件库应用可以划分为两大类：一类是重大事件的分析预测，即针对某个或某类能够产生较大影响的事件（如美舰过航台湾海峡、朝鲜试射高超声速导弹等），对其基本信息、发生背景、发展过程、发展趋势等进行分析和预测，以支撑重要事件的提前发现、持续跟踪、影响评估、全面复盘；另一类是战略形势量化分析，考虑海量事件的相互作用和积累对战略形势的总体影响，借助最新的人工智能技术，构建以事件库为输入的量化分析模型，对国家关系、国家稳定性等指标进行定量分析。

本章将在接下来的三节对事件库构建及其应用中的典型方法进行介绍。

7.2 事件库构建方法

高质量、规范化的事件库是开展战略形势研判的基础。战略形势研判关注的事件范围非常广泛，涉及军事、政治、经济、社会等多个领域。从新闻、社交媒体等文本数据源构建可用于统计分析的事件库分为以下三个步骤。

步骤一，事件建模：从待研判的目标出发对关注的事件进行分析，明确"事件有哪些类型""由哪些要素构成""每类要素如何表示"，并制定规范，实现对相关活动的刻画，为事件的自动抽取提供指导框架。

步骤二，事件抽取：运用规则匹配、深度学习等技术，从各类文本中发现事件、抽取事件要素信息。此步骤是事件库构建的关键，也是目前自然语言处理领域的一个研究热点。

步骤三，事件编码：对抽取出的事件要素进行编码，如将时间转换到标准时间轴、获取地点的行政区划和经纬度、获取事件参与者的正式名称和国家代码等，从而对事件要素进行拓展，获得规范化表示的结构化事件。

本节将按照以上顺序，对其中涉及的核心技术分别进行介绍。

7.2.1 事件建模方法

事件建模是对事件的类型体系、要素及其取值等制定规范的过程，是事件抽取和编码的前置条件和指导框架，目标是通过规范化的事件表示，支撑细粒度的量化分析和预测。构建的具体事件模型取决于具体的任务，例如，重大事件复盘和国家关系分析所关注的事件类型、要素、粒度就存在很大差别。事件复盘宜针对不同类型的事件进行差异化建模，以更好地支持对事件内部细节的表达；国家间关系分析则需要数百种不同领域、不同类型的事件作为支撑，宜提炼核心要素进行统一建模。事件模型主要包括事件分类体系、事件表示模型及事件要素编码体系，下面分别进行介绍。

1. 事件分类体系

事件分类体系的目标是对关心的事件范围进行限定，并对性质和影响进行描述。分类体系覆盖的领域、划分的粒度与事件性质的评分与应用场景密切相关。GDELT 和 ICEWS 均采用了国际政治领域权威的冲突和调停事件观察（Conflict and Mediation Event

Observations, CAMEO) 体系。CAMEO 体系将事件按照和平和冲突的性质划分为 20 大类，并对每个大类进行细化和扩展，最终形成包含 3 个层次共 298 个细分类别的事件分类体系。此外，CAMEO 体系为每类事件都指定了一个-10~10 的分值，用于标识事件的和平与冲突程度，以支持定量的分析。

CAMEO 体系定义的 20 大类事件如表 7-1 所示，覆盖了政治、军事、经济、社会等多个领域，目前已经被美军广泛应用于国家关系、地区冲突等战略形势的分析与预测。对于战略形势分析，可以借鉴该分类体系，在综合各类任务需求的基础上，有针对性地进行扩展，构建更为全面的分类体系，从而满足多样化的应用需求。

表 7-1　CAMEO 体系定义的 20 大类事件

类型编号	英 文 名 称	中 文 名 称
01	Make Public Statement	公开声明
02	Appeal	呼吁
03	Express Intent to Cooperate	表达合作意向
04	Consult	商议
05	Engage in Diplomatic Cooperation	进行外交合作
06	Engage in Material Cooperation	进行实质合作
07	Provide Aid	提供援助
08	Yield	让步
09	Investigate	调查
10	Demand	要求
11	Disapprove	不赞成
12	Reject	拒绝
13	Threaten	威胁
14	Protest	抗议
15	Exhibit Military Posture	展示军事姿态
16	Reduce Relations	降低关系
17	Coerce	强迫
18	Assault	侵犯
19	Fight	作战
20	Engage in Unconventional Mass Violence	进行非常规、大规模暴力活动

CAMEO 体系还针对每个大类定义了细分类型，以第 19 类"Fight"（作战）为例，所定义的细分类型如表 7-2 所示。可以看到，该类型进一步细分为 190 "使用常规军事力量"、191 "实施封锁、限制行动"等。

表 7-2　Fight（作战）的细分类型

类型代码	英 文 名 称	中 文 名 称	分值
19	Fight	作战	−10
190	Use conventional military force, not specified below	使用常规军事力量	−10
191	Impose blockade, restrict movement	实施封锁、限制行动	−9.5

（续表）

类型代码	英 文 名 称	中 文 名 称	分值
192	Occupy territory	占领领土	−9.5
193	Fight with small arms and light weapons	用小型武器和轻武器作战	−10
194	Fight with artillery and tanks	用大炮和坦克作战	−10
195	Employ aerial weapons, not specified below	使用航空武器	−10
1951	Employ precision-guided aerial munitions	使用精确制导航空武器	−10
1952	Employ remotely piloted aerial munitions	使用无人遥控航空武器	−10
196	Violate ceasefire	违反停火协议	−9.5

2．事件表示模型

事件表示模型用来对事件的组成要素进行描述。根据事件库设计和表达粒度的要求，事件表示模型具有较大的差异，可以划分为两大类，一类是所有类型的事件都用相同的方式进行表示，称为全局型事件表示模型；另一类是根据事件性质的不同定义不同的表示方式，称为差异型事件表示模型。在实践中，类型多、大规模、以支撑大数据分析为主要目标的事件抽取往往倾向于使用全局型事件表示模型，如国际关系分析、各国稳定性分析；类型少、规模小、以支撑事件本身的分析研判为主要目标的事件抽取更倾向于使用差异型事件表示模型，如事件画像。

1) 全局型事件表示模型

GDELT、ICEWS等超大规模事件库均采用全局型事件表示模型，用五元组（发起者、承受者、时间、地点、事件类型）及若干数据管理字段来描述事件，对五元组中的每一个组成要素均定义了多个字段，来对其属性进行细粒度描述。如表7-3所示，每个ICEWS事件都由20个字段进行表示。尽管同样采用了"五元组+数据管理字段"的表示框架，GDELT的字段数量却达到了60个，一方面是因为其引入了能够标识事件影响的字段（事件论调、报道次数等）；另一方面是为了方便数据分析而引入了大量细分字段，如对于事件类型，在原有EventCode的基础上，又引入了EventRootCode和EventBaseCode等，如EventCode0251（"呼吁放宽行政制裁"），其EventRootCode是02（"呼吁"），EventBaseCode是025（"呼吁让步"）。

表7-3　ICEWS事件表示模型

序号	要素种类	字段名称	含　　义	示　　例
1	发起者	SOURCE_NAME	发起者名称	Vladimir Putin
2	发起者	SOURCE_SECTORS	发起者的职务、行业、宗教等属性	Parties, Ideological, (National) Major Party, Center Right, Elite, Executive, Executive Office, Government
3	发起者	SOURCE_COUNTRY	发起者的国家	Russian Federation
4	承受者	TARGET_NAME	承受者名称	Veterans (Russia)
5	承受者	TARGET_SECTORS	承受者的职务、行业、宗教等属性	General Population, Civilian, Social
6	承受者	TARGET_COUNTRY	承受者的国家	Russian Federation

(续表)

序号	要素种类	字段名称	含义	示例
7	时间	EVENT_DATE	事件发生日期	2021.5.9
8	地点	COUNTRY	发生国家	Russian Federation
9		PROVINCE	省份	Moskva
10		DISTRICT	郡/大区	—
11		CITY	城市	Moscow
12		LATITUDE	纬度	55.7522
13		LONGITUDE	经度	37.6156
14	事件性质	EVENT_TEXT	事件性质名称	Praise or endorse
15		CAMEO_CODE	事件性质的 CAMEO 代码	51
16		INTENSITY	事件和平与冲突程度的评分	3.4
17	数据管理字段	EVENT_ID	事件的唯一 ID	36092759
18		STORY_ID	事件来源文本的唯一 ID	53029291
19		SENTENCE_NUMBER	事件来源语句在文本中的序号	1
20		PUBLISHER	事件发布者	Xinhua News Agency

2）差异型事件表示模型

差异型事件表示模型以自动内容抽取（Automatic Content Extraction，ACE）测评会议的定义最为典型。ACE 于 2005 年起纳入事件抽取任务，是国际上公认的最具影响力的事件抽取公开测评之一。如表 7-4 所示，用于测评的事件抽取数据集定义了 8 大类、33 小类事件[9]。需要注意的是，该事件模型的目标是支撑算法测评，没有限定具体的领域和场景。

表 7-4 ACE 的所有事件类型

事件类型	子事件类型
生命（Life）	出生（Be-born）、结婚（Marry）、离婚（Divorce）、伤害（Injure）、死亡（Die）
移动（Movement）	运输（Transport）
联系（Contact）	会面（Meet）、打电话/写信（Phone/Write）
冲突（Conflict）	袭击（Attack）、游行（Demonstrate）
商务（Business）	合并机构（Merge-org）、声明破产（Declare-bankruptcy）、成立机构（Start-org）、终止机构（End-org）
交易（Transaction）	金钱转移（Transfer-money）、所有权转移（Transfer-ownership）
人事（Personnel）	选举（Elect）、职位开始（Start-position）、职位结束（End-position）、提名（Nominate）
司法（Justice）	逮捕（Arrest-jail）、执行（Execute）、赦免（Pardon）、假释（Release-parole）、罚款（Fine）、宣告有罪（Convict）、控告（Charge-indict）、听证（Trial-hearing）、开释（Acquire）、判决（Sentence）、起诉（Sue）、引渡（Extradite）、上诉（Appeal）

由于不同类型的事件有不同的关注重点，因此 ACE 为其定义了不同的字段，典型事件类型和字段如表 7-5 所示。

表 7-5　ACE 中的典型事件类型和字段

事件类型	字　段
出生（Be-born）	人员（Person-Arg）、出生时间（Time-Arg）、出生地点（Place-Arg）
袭击（Attack）	袭击者（Attacker-Arg）、袭击目标（Target-Arg）、武器（Instrument-Arg）、袭击时间（Time-Arg）、袭击地点（Place-Arg）

3．事件要素编码体系

事件要素编码体系的目标是为事件表示模型中各个字段的取值设定标准，从文本中提取的事件要素，只有将编码体系转换成标准化的形式才能被机器所理解。事件要素编码体系的核心在于设定一套编码标准，并针对领域重点关注的人物、组织、装备等实体构建一套符合标准的编码知识图谱。

GDELT 采用 CAMEO 规范对事件要素进行编码，在此基础上构建了文本形式的编码库，对全球政要、国际组织、军事机构等参与者进行了编码，可以看作是知识图谱的特殊形态。参与者按照特定的编码层序规则，根据 CAMEO 定义的编码表，以国家、角色、宗教、民族等多个维度进行编码，并将结果进行拼接。例如，将"中国教育部"编码为"CHNGOVEDU"，将"国际红十字会"编码为"NGOHLHIRC"。表 7-6 截取了国家编码表的一个片段。国家编码采用 ISO—3166 标准，用三位字母表示。

表 7-6　国家编码表片段

国家英文名称	国家中文名称	国家代码
United States	美国	USA
Russia	俄罗斯	RUS
France	法国	FRA

表 7-7 截取了角色编码表的一个片段。此外，针对宗教和民族，CAMEO 也定义了详细的、层次化的编码表，此处不再赘述。

表 7-7　角色编码表片段

角色代码	说　明
COP	警察部队、警官、刑事调查单位，如公安部门、国家安全局
GOV	政府：行政、执政党、联盟伙伴，行政部门及其工作人员，如美国民主党、国家主席、总统
INS	叛乱分子：所有企图推翻现政府的叛军，如猛虎组织（目的是推翻现政权，而不是谋求地区独立）
JUD	司法：法官、法院，如人民法院、美国司法部
MIL	军事：军队、军事人员、装备，如海军、国防部长、航空母舰
EDU	教育：教育工作者、学校、学生、教育或处理教育问题的组织，如教育局、大学、教授、学生
BUS	商业：商人、公司和企业，不包括跨国公司，如总经理、中石油
MED	媒体：媒体从业者，报纸、电视台、互联网服务提供商和其他形式的大众信息传播媒介，如《新华早报》、美国电信局
CVL	笼统地指没有其他相应编码的人和民用组织，如公民、市民、青年、职工

7.2.2 事件抽取方法

事件抽取方法是指从开源情报、动向情报、空海情等不同格式的战场数据源中发现事件、提取事件要素。尽管近些年已经出现跨图文多模态的事件抽取研究，但准确率较低，难以实际应用，当前的研究还是以基于文本的事件抽取为主。因此，本小节以文本为例对事件抽取方法进行介绍。

根据所采用的方法，事件抽取方法可分为基于规则匹配的方法及基于机器学习的方法。GDELT 和 ICEWS 等大型事件库均采用基于规则匹配的方法从新闻中发现事件。这种方法具有准确率高、可解释性强的优点，但存在适应性差、维护复杂等问题。学术界以机器学习，特别是深度学习为主流解决方案，具有自动化程度高、适应性强的优点，但作为一种数据驱动的方法，其性能高度依赖训练数据的质量、规模和覆盖率，往往难以区分微小的语义差别，在抽取的准确性上相比于基于规则匹配的方法有较大的差距。

因此，事件的抽取是一个需要多技术手段综合运用的问题，常用方案是将规则匹配与深度学习算法相结合。可以根据事件类型决定采用何种算法，对于无法获得足够标注数据（如太空战、生化攻击）或描述具有明显语法特征（如外交活动）的事件类型用规则匹配进行处理，而对于描述方式比较多样，很难用规则匹配进行穷举的事件类型采用深度学习的方式进行处理；还可以根据事件要素决定采用何种算法，例如，对时间、经纬度、数量等事件要素基于规则匹配识别，而对于发起者、承受者等要素采用深度学习的方法识别。以下对这两种方法分别进行介绍。

1. 基于规则匹配的事件抽取

基于规则匹配的事件抽取是在一些规则模板指导下识别文本中事件要素的启发式方法，其核心由规则库和规则引擎两部分组成。如图 7-2 所示，规则库指明事件要素的上下文约束条件；规则引擎负责将文本与规则库匹配，从中提取出事件。基于规则匹配的事件抽取方法对语言表达规范或领域知识积累丰富的文本非常有效。

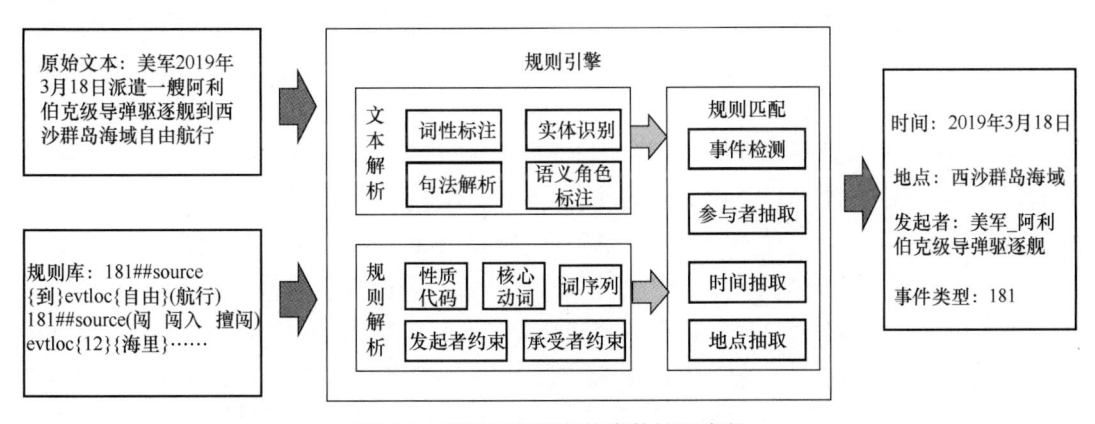

图 7-2　基于规则匹配的事件抽取流程

1）规则库构建

规则库构建核心在于规则语法的定义，需要在准确率与泛化能力之间进行折中，这就要求在提取描述事件的特征时尽可能有代表性。影响到事件提取的特征从大类上可以分为词表特征（上下文关键词）、词性特征（关键词是动词，还是名词）、实体特征（参与者的实体类型限制，要求参与者是人物、国家、装备等）、句法特征（关键词之间的依赖关系）。对以上特征进行细化，可构建一套语法规则。表 7-8 定义了一种遵循 CAMEO 分类体系的事件抽取规则语法及样例。每条事件规则都由规则主体和事件约束两部分构成，其中第一行是规则主体，后续以@符号开头的行代表事件约束。

表 7-8　事件抽取规则语法及样例

样例序号	事件类型	规则
1	外交合作	050##source{与 和 同 跟}target(建立 恢复){外交}{关系} @source:{dep:sbjt;ner:country,region} @target:{dep:objt;ner:country,region; directdep:1} @event:{exchange:050}
2	侵犯	180##target(遭 遭受)source{开火 袭击 袭扰 射击 枪击 侵犯 夹击} @target:{dep:sbjt} @source:{dep:sbjt;coreverb:3}

规则主体由核心动词、关键词、事件角色标签构成。在表 7-8 的样例 1 中，050 是"外交合作"事件在 CAMEO 模型中的类型代码。包含在"( )"中的内容称为核心动词，用来对事件模板进行高效的组织和检索，以及作为约束的锚点。包含在"{}"中的内容称为关键词，用于定义除核心动词以外句子中其他必须包含的词。每个"{}"中可以包含一个或多个用空格分隔的词，它们之间为"或"的关系。事件角色标签（source、target）是事件要素的占位符，分别代表 CAMEO 中定义的发起者和承受者要素。

事件约束按照约束的对象可以分为两大类，即对事件角色的约束及对事件整体的约束。对事件角色的约束的格式为"@事件角色标签:{角色约束标签 1: 角色约束内容 1; 角色约束标签 2: 角色约束内容 2}"；在表 7-8 的样例 1 中，第二行和第三行均是对事件角色的约束，具体含义如下：@source 后定义对发起者的约束，dep 标签定义其相对核心动词的语义角色，sbjt 表示发起者作为核心动词的主语成分，ner 标签定义其实体类型，country,region 表示发起者的实体类型可以是国家或地区。@target 后定义对承受者的约束，dep:objt 表示承受者需要是核心动词（建立或恢复）的宾语；directdep:1 表示承受者与模板中位置为 1 的元素（{与 和 同 跟}）在句法树中有直接依赖关系，其中模板中所有的核心动词、关键词、事件角色标签都参与排序，针对这个样例，source 是 0，{与 和 同 跟}是 1，依次类推。对事件整体的约束格式为"@event:{事件约束标签 1:事件约束内容 1;事件约束标签 2:事件约束内容 2}"，exchange:050 代表将发起者和承受者进行交换，可以形成一个新的类型为 050 的事件。

2）规则匹配引擎构建

规则匹配引擎分别对文本和规则库进行解析，并按照一定的策略将解析后的文本和规则进行匹配，从而检测出事件，并获得满足约束条件的事件要素，其大致遵循以下流程。

（1）预先对每条规则都进行解析，将其按照核心动词和优先级等条件在内存中进行高效的组织。

（2）采用自然语言工具包（如哈尔滨工业大学开发的 LTP 工具、美国斯坦福大学开发的 Stanford NLP 等）对文本进行预处理，包括分段、分句、分词、实体识别、句法解析、语义角色标注等，获得半结构化的文本，目的是生成可用来匹配约束的特征。

（3）按照在文中出现的顺序获取下一个句子，根据句法解析所生成的语法树，从根节点出发，按照广度优先搜索的方式查找所有动词，对每个动词执行（4）；如所有句子都已处理完毕，则整个流程结束。

（4）根据指定动词获取候选规则列表。对每条规则都尝试匹配规则主体中的关键词序列，如果关键词序列无法匹配，则丢弃规则；如果关键词序列能够匹配，则获取到 source、target 等事件要素在句子中的范围，执行（5）。

（5）通过规则中定义的实体类型、语义角色、句法依赖关系等约束条件，筛选事件要素，对每个事件要素都执行（6）。

（6）根据句法解析结果对要素进行填充，获得其国家、职务等描述，从而使后续的要素编码任务能够更加准确地执行。以哈尔滨工业大学开发的 LTP 工具输出的句法依赖关系为例，在语句"美海军卡尔文森号航母在西太平洋航行"中，"卡尔文森号航母"到"海军"、"海军"到"美"都存在 ATT（attribute，定中关系）类型的依赖关系。填充后的全部要素输出到（7）。

（7）根据规则中对事件整体的约束，通过变换生成事件列表。例如，将发起者和承受者交换生成新的事件，将有多个参与者的事件进行两两配对、拆解成多个事件等。

2．基于机器学习的事件抽取

基于机器学习的事件抽取需要构建神经网络，并标注大量数据来训练模型。在标注语料充足的情况下，该类事件抽取方法比传统模型（如条件随机场 CRF、最大熵马尔可夫模型 MEMM 等）有大幅度改进。图 7-3 所示是一种典型的基于神经网络的事件抽取模型[10]，其工作主要分为两步：首先利用 BERT-BiLSTM-CRF 识别可能的触发词及其类型；然后对每个触发词都利用注意力机制，将其输入论元角色识别模型，抽取每个论元角色对应的论元。

1）网络结构

图 7-3 所示的事件抽取模型主要分为以下五部分。

（1）BERT 编码层：采用 Google 提出的 BERT 预训练语言模型[11]对输入句子中的词进

行语义编码。给定句子 $S = \{w_1, w_2, w_3, \cdots, w_{n-1}, w_n\}$，编码输出为 $x = \{x_1, x_2, x_3, \cdots, x_{n-1}, x_n\}$，其中，$x_1$ 为词 w_1 经过语义编码之后的向量。

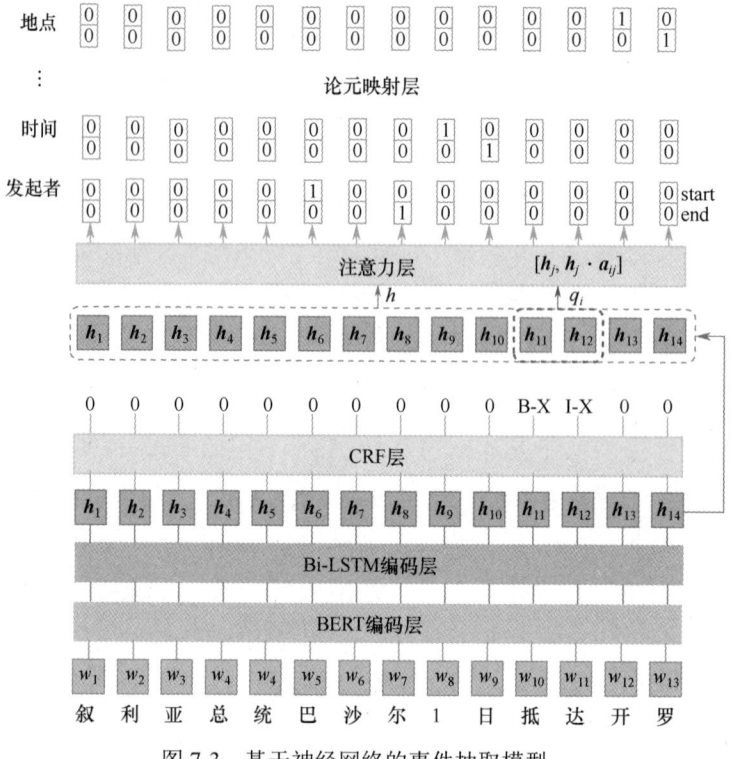

图 7-3 基于神经网络的事件抽取模型

（2）Bi-LSTM 编码层：采用双向 LSTM (Bi-LSTM)对句子进行全局信息编码，为每个单词学习上下文信息。句子编码表示 $x = \{x_1, x_2, x_3, \cdots, x_{n-1}, x_n\}$ 在经过前向 LSTM 和后向 LSTM 编码后，对前/后向编码结果进行拼接，句子的编码结果可表示为 $h = \{h_1, h_2, h_3, \cdots, h_{n-1}, h_n\}$。

（3）CRF 层：识别句子中的触发词及其类型，用于后续论元识别输入。将触发词及类型的识别看作序列标注模型，采用 B-X、I-X、0 的标注方案。其中，B-X 中的 B 表示触发词的开始位置，X 表示触发词的事件类型；I-X 中的 I 表示触发词的中间位置或者结束位置；0 表示非触发词结果。然后给每个词都打上对应的标签，实现触发词及其类型的识别，输出触发词集合 $T = \{t_1, t_2, t_3, \cdots, t_m\}$。

（4）注意力层：基于触发词集合 T，利用注意力机制，分析句子中每个词与触发词之间的相关性，并与 Bi-LSTM 编码层的输出进行拼接，作为后续输入。具体计算过程如下。

对于每个触发词 t_i，进行如下操作：

$$q_i = \text{sum}([h_{\text{start}} : h_{\text{end}}])$$

式中，[:]表示向量截取；sum()表示向量相加；start 表示触发词 t_i 的开始位置；end 表示触

发词 t_i 的结束位置；q_i 表示触发词 t_i 在 h 中的表示。因此，对于触发词集合 T，可以得到 $Q = \{q_1, q_2, q_3, \cdots, q_m\}$。

对于第 i 个触发词的表示 q_i，利用注意力机制进行以下计算：

$$a_{ij} = \frac{h_j \cdot q_i}{\sum_j h_j \cdot q_i}$$

得到句子中第 j 个词和第 i 个触发词的相关性，然后计算句子中第 j 个词相对于第 i 个触发词的注意力表示 $h_j \cdot a_{ij}$，并和原始表示进行拼接，即

$$h'_{ij} = \{h_j, h_j \cdot a_{ij}\}$$

最后获得句子中每个词相对于第 i 个触发词的隐藏层表示 $h'_i = \{h'_{i1}, h'_{i2}, h'_{i3}, \cdots, h'_{in}\}$。

（5）论元映射层：利用层级网络结构进行论元角色识别，分别为每种论元角色（如时间、地点、参与者）建分类模型，识别每个触发词对应论元角色的论元开始位置及结束位置。通过全连接层，将模型输入 h'_i 映射为二分类，即

$$O_{\text{head}} = \text{sigmoid}(hW_{\text{head}} + b_{\text{head}})$$

$$O_{\text{tail}} = \text{sigmoid}(hW_{\text{tail}} + b_{\text{tail}})$$

式中，W_{head}、b_{head} 为预测开始位置的权重参数；W_{tail}、b_{tail} 为预测结束位置的权重参数。

2）损失函数

这里将 CRF 的损失函数与论元映射层的损失函数相加，作为最终的损失函数，定义为

$$\text{loss} = P(y|s) + \text{binary\_loss}$$

式中，$P(y|s)$ 为 CRF 的损失函数；binary_loss 为论元映射层的损失函数，是一个二分类交叉熵损失函数（Binary Cross Entropy，BCE），公式为

$$\text{binary\_loss} = \sum_i -y_i \log \hat{y}_i - (1-y_i)\log(1-\hat{y}_i)$$

式中，y_i 为标签真实值分布；$\hat{y}_i$ 为标签预测值分布。

3）试验与结论

采用 ACE 2005 中文数据集进行试验，该数据集包括 8 大类、33 子类事件类型，共 28 种不同的论元角色。

采用 Adam 优化算法对模型进行参数优化学习，以上模型在 ACE 2005 数据集上事件分类的 F1 分数能够达到 65.22%，论元分类的 F1 分数能够达到 44.72%。这是目前学术界中文事件抽取的主流水平。

7.2.3 事件要素编码与规范化方法

事件要素编码是对抽取出的时间、地点、参与者等事件要素进行规范化的技术。基于语言表述的多样性,事件要素往往存在歧义性和多义性。例如,时间有"1日凌晨""3天以前";地点有"东经12.32度,北纬45.32度""钓鱼岛以东";卡尔文森号航空母舰在事件A中被称为"卡尔文森号航母",在事件B中被称为"文森号航母";等等。这一特性导致抽取的事件无法被直接应用于分析,需要将事件要素转换为标准的表达形式。根据要素的不同,事件编码技术包括时间编码、地点编码和实体编码。

1. 时间编码

时间编码的目标是根据某个基准时间,将以字符串描述的时间转换为标准的时间点、时间区间或时间长度。从公开的研究成果来看,时间规范化一般采用基于规则匹配的方法来实现。表7-9展示了一种时间编码规则语法及样例,并以2020年6月22日为基准时间,给出了不同的时间字符串应用规则后的规范化结果。timestring 字段代表待转换的字符串,timeperiod、timelength、timepoint 分别代表将其转换为时间区间、时间长度、标准日期所需进行的操作。其中,timeperiod 中的 start、end 分别表示时间区间的开始和结束时间;start 或 end 中的 year 表示年, month 表示月, day 表示日, −1、+1 分别表示获取的数字−1 和+1。例如,如果今年是2020年,那么去年就表示为"year":"−1",即2019年。

表7-9 时间编码规则语法及样例

规则	时间字符串	期望类型	规范化时间

{
"timestring": "去年 (?<monthstart>\d{1,2}) 月份?到 (?<monthend>\d{1,2})月份?(之间)?",
"timeperiod": {"start":{"year":"−1","day":"1"},
"end":{"year":"−1","month":"+1","day":"1"}},
"timelength":{"month":"$monthend-$monthstart+1"}
}
	去年1月到6月	timeperiod	2019-01-01 ,2019-07-01

		timelength	6M
		timepoint	—

{
"timestring": "明(天|日)",
"timeperiod": {"end": {"day": "+2"},"start": {"day": "+1"}},
"timelength": {"day":1},
"timepoint": {"day":"+1" }
}
	明天	timeperiod	2020-06-23 , 2020-06-24

		timelength	1d
		timepoint	2020-06-23

{
"timestring":"过去(?<dlength>\d{1,2})[天日]",
"timeperiod": {"start":{"day":"−$dlength"} },
"timelength": {"day":"$dlength"}
}
	过去3天	timeperiod	2020-06-19, 2020-06-22

		timelength	3d
		timepoint	—

对事件时间进行编码时,一般采用文本的发布时间作为基准时间,但这一约定在某些时候并不成立。例如,在"美海军※航母 1 月 31 日过航※海峡,此前于 27 日从※离岗"中,"27 日"的基准时间是"1 月 31 日"。说明基准时间随着行文在不断变化,且依赖前序的编码结果。可以综合考虑上下文进行时间推理,在推理过程中保留基准时间的变化。如何为每个时间字符串都选择合理的基准时间,并且避免在该过程中造成的错误传递,仍然是一个技术挑战。

2. 地点编码

地点编码的主要目标是根据地点的名称获取经纬度,以及国家、行政区代码等额外的地理信息。在 GDELT 中,地理信息包括地点全称、地点的 ADM1 编码(其所属一级行政区划的编码)、地点的 ADM2 编码(其所属二级行政区划的编码)、国家/地区代码(ISO 3166—1 Alpha—2)、经纬度。以"南京市"为例,地点编码化后将获取表 7-10 所示信息。

表 7-10 地点编码样例

名称	值	备注
地点全称	南京市,江苏省,中国	格式为"地点,一级行政区划名称,国家名称"
ADM1 编码	CN04	江苏省的编码为 CN04,其中,CN 是中国的国家代码,04 是江苏省在中国的 ADM1 编码
ADM2 编码	1799960	二级行政区划的全球唯一编码
国家/地区代码	CN	ISO 3166—1 Alpha—2
经度(°)	118.87	
纬度(°)	31.96	

地点编码的核心是地理信息库和编码引擎的构建,GDELT 采用开源的 Geonames[12]为底层地理信息库,该库包含 1100 余万条全球地理信息,支持 200 多种语言。编码引擎面临的核心挑战是歧义和多义问题。例如,"南海"既可以指代"南中国海",又可以指代"佛山市南海区",而"佛罗里达州"还有"佛罗里达""佛州"等多个别称,这就为正确编码带来挑战。地理编码引擎需要充分考虑事件地点的上下文,利用共现的其他地点来消除歧义。例如,经常与"南中国海"共同出现在同一篇文章中的地点包括南沙群岛、西沙群岛、永暑礁等,而经常与"佛山市南海区"共同出现的地点包括"广东省""顺德"等。

3. 实体编码

实体编码的目标是将事件的发起者、承受者等要素映射到唯一实体,获取其标准名称,并对其国家、角色、宗教等属性进行编码。例如,将"美国总统拜登"编码为 USAGOV,名称规范化为"约瑟夫·拜登";将"洛马公司"编码为 USABUS,名称规范化为"洛克希德·马丁公司"。

实体编码的核心是构建记录实体与编码映射关系的实体要素编码库,以及用于将事件要素链接到特定实体的编码引擎。目前,GDELT 和 ICEWS 的实体要素编码库均由人工构建,记录在文件中。以 Petrarch[13]开源事件编码工具为例,其实体要素编码库由一系列文本文件构成，表 7-11 截取了其中的一个片段。可以看出，该语法能够表示实体别称，如乔治 W. 布什（GEORGE_W._BUSH）也可称总统布什（PRESIDENT_BUSH）；也能够分时段编码，如布什在 2001 年 1 月 20 日到 2009 年 1 月 20 日是美国总统，因此编码为[USAGOV 010120-090120]。Petrarch 的编码引擎采用精确词典匹配的方式，依据事件的发生时间将事件要素映射到特定的实体，从而获得正式名称和编码结果。

表 7-11　实体编码样例

对应实体	编码表片段
洛克希德·马丁	LOCKHEED_MARTIN_ [USABUS]
联合国前秘书长科菲安南	KOFI_ANNAN_ +SECRETARY-GENERAL_KOFI_ANNAN_ +UNITED_NATIONS_SECRETARY_GENERAL_KOFI_ANNAN_ +SECRETARY-GENERAL_KOFI_ANNAN_ +KOFI_ATTA_ANNAN_ 　　[IGOUNO 970101-061231] 　　[ELI]
欧佩克（石油输出国组织）	ORGANIZATION_OF_PETROLEUM_EXPORTING_COUNTRIES_ +OPEC_ 　　[IGOOPC]
阿富汗	AFGHANISTAN_　[AFG] +AFGHAN_ +AFGANISTAN_ +AFGHANSITAN_ +SOVIET_OCCUPIED_AFGHANISTAN_
美国前总统布什	GEORGE_W._BUSH_ +PRESIDENT_BUSH_ +US_PRESIDENT_GEORGE_W._BUSH_ +THE_BUSH_ADMINISTRATION_ 　　[USAELI 640101-010120] 　　[USAGOV 010120-090120] 　　[USAELI]

尽管实体编码方法以简单、高效的优点得到了广泛的应用，其仍然存在以下缺陷。

（1）实体编码库难以自动更新：一方面，实体的编码会随着时间变化，如政治人物在任时角色为 GOV（政府角色），卸任后只能编码为 ELI（知名人士）；另一方面，新的实体会源源不断地出现，如新成立的组织、新出现的武器装备等。当前完全依赖人工构建的方式会导致编码库难以满足时效性要求。

（2）无法解决实体的歧义性问题：同一个实体有多种描述方式，而同一种描述方式也可能指代不同实体。例如，"约翰逊"在不考虑上下文时很难确定指代的是哪个实体，在时政类新闻中可能指代的是某国首相约翰逊，在娱乐新闻中可能指代的是演员斯嘉丽·约翰逊。

考虑到军事领域对事件编码精度的要求较高，需借助智能化手段解决实体消除歧义和编码库的机器辅助更新问题。在实体编码库构建方面，运用实体抽取和实体关系抽取技术，能够发现新的实体或已有实体的新属性，从而实现编码库持续自动更新。在编码引擎构建方面，可采用实体链接的方法来替代传统的词典匹配。实体链接是一种将有歧义的实体指称项链接到给定的知识图谱中，从而实现消除歧义的技术。目前，面向 Wikipedia 知识库的实体链接准确率可以达到 85%以上[14]，面向特定领域时更高，已经得到了非常广泛的应用。与基于词典匹配的方法相比，实体链接能够充分考虑到实体的上下文从而消除歧义。

7.3 重大事件的分析、预测方法

对重大事件的发现、跟踪和预测是战略形势研判的重要组成部分，一方面，要求对事件的发生原因、发展过程、造成的影响、外界的反应等进行全面掌握；另一方面，还需要从历史中总结规律，并根据当前的形势，对危机事件是否会发生进行提前预测，从而为作战时机的选择和处置措施的制订提供依据。

7.3.1 重大事件的全维画像分析方法

事件全维画像分析的目标是从各种来源的文本数据中获取重大事件各个维度的信息，从而支撑全面了解，其主要维度包括基本信息、事件脉络、原因影响、各方评论、同类事件等，如图 7-4 所示。

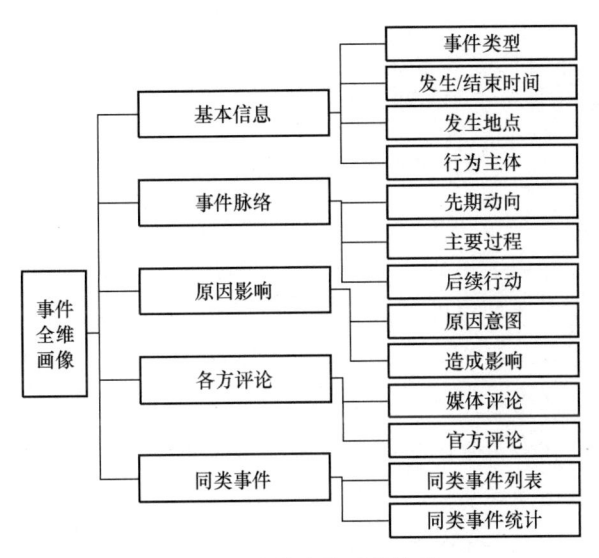

图 7-4 事件全维画像体系

事件全维画像并不是简单使用事件抽取技术就能解决的。其主要面临以下难点和问题。

（1）原因影响、各方评论等要素不再是简单的实体，而是长度不一的一句话，甚至一段话，如何抽取这些变长的复杂要素。

（2）事件脉络包含了事件的主要过程、前期动向、后续行动等子事件，如何发现这些子事件并梳理其先后关系。

（3）同一事件可能由多个文档描述，如何对分布于多篇文档的事件进行关联融合。

针对以上难点和问题，我们提出事件全维画像生成流程，如图 7-5 所示。对于一个叙事性的文本文档（如新闻报道），首先使用标题及前两句进行事件抽取，得到事件基本信息；然后使用其他语句进行复杂要素抽取，得到原因影响、各方评论等各类复杂要素；接着对描述事件经过的语句进行子事件的抽取，并判断子事件之间的先后顺序，生成事件脉络；最后对分布于多篇文档的事件进行共指消解，形成全维画像。下面分别从复杂要素抽取、事件脉络生成、事件共指发现这三个方面进行介绍。

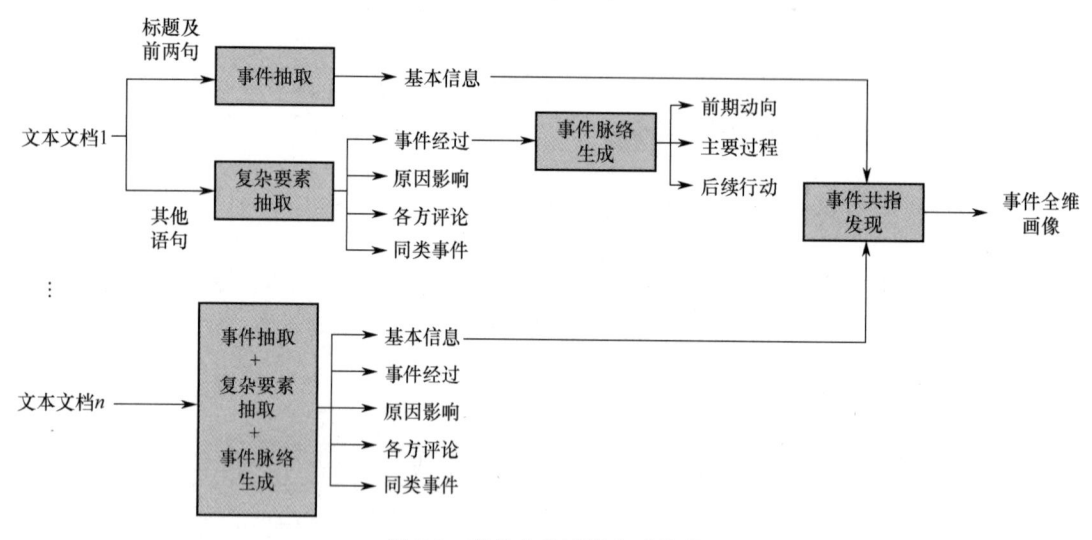

图 7-5 事件全维画像生成流程

1. 复杂要素抽取

事件的复杂要素包括原因影响、各方评论、同类事件等。与事件库构建方法中介绍的参与者、时间、地点等实体型事件要素不同，复杂要素往往是句子、段落等更大粒度的。为了抽取这些要素，需要对每个语句进行分类，从而识别其是否是复杂要素。

对于语句分类，最简单的做法是用 TextCNN[15]等文本分类器基于文本内容进行分类。但是，很多时候语句表达的含义不全面，单看某句话很难进行准确的分类，需要结合上下文对其描述的含义进行全面理解。这种考虑前后语句对自身分类影响的技术称为序列语句分类[16]（Sequential Sentence Classification）。

BERT 使用多层 Transformer，在无监督的文本上预训练，使用遮蔽词或下一句预测构建语言模型，由于能通过大量文本的学习，将词、句的上下文语义进行准确理解，因此在下游任务中，只需要少量的参数微调就能达到很好的效果。因此，我们希望能够在序列语句分类任务中使用 BERT。

但是，BERT 本身只支持单句分类、句子对分类、阅读理解及序列标注等四大下游任务。为了支撑序列语句分类，需要对其输入和输出进行调整。

BERT 的输入使用两个特殊的 token：[CLS]和[SEP]。其中，[CLS]用在文本的开头部分，代表整个输入；[SEP]用在两个句子中间，作为语句分隔符。为了在序列语句分类任务中使用 BERT，我们提出一种特殊的输入表示：给定一系列语句 $S=<S_1, \cdots, S_n>$，将第一个句子后面拼接上[SEP]分隔符，并对每个句子重复这样的过程，形成包含多个句子的序列，最后在整个序列开头插入[CLS]，如图 7-6 所示。

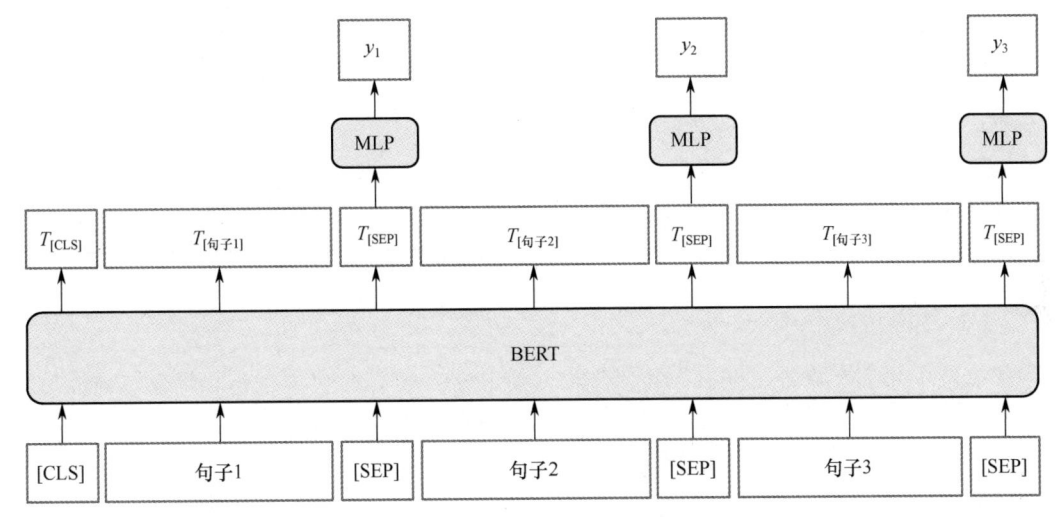

图 7-6　复杂要素抽取模型

序列语句分类的目标是对文章的每个语句都进行分类。BERT 使用[CLS]进行分类，而我们使用[SEP]的编码来对每个句子进行分类。在直觉上，通过 BERT 的预训练，[SEP]学习了句子本身的信息及和其他句子的上下文关系，从而可以充分捕获其语义，用于分类任务。因此，我们在每句话的[SEP]上都使用一个多层前馈神经网络（MLP），输出就是这句话对应的分类结果。

最后，该模型在语句分类任务的训练数据上进行微调，其中大多数模型参数可以使用 BERT 预训练的参数，只有面向分类的 MLP 网络参数需要学习调整。

因为发布的 BERT 只支持输入 512 个 token（中文是 512 个字），限制了模型处理大文档的能力，所以需要对文档进行分割。考虑到语句的含义通常更依赖于其前后的一两句话，而不是其他更远的语句，直接分割的方式除了边缘的语句会受一定影响，对其他语句含义的完整性基本不会产生影响。我们对文档按句子数量进行切割（如每次输入 10 句），保证总 token 数不超过 512，然后对每个分割都进行序列分类，最后将各部分结果进行汇总得到最终分类结果。

2．事件脉络生成

事件脉络生成的目标是识别出事件的各类子事件，并按照时间先后顺序进行梳理，从而形成整个事件的发展过程。通过前文中的复杂要素抽取，我们可以识别出描述事件脉络子事件的语句，下面需要对这些语句进行要素抽取，并判断子事件之间的先后关系。其中，要素抽取可以使用事件抽取技术解决，以下重点介绍如何识别子事件间的先后关系。

为了生成事件脉络，需要对子事件进行排序，即识别子事件之间的时序关系。不仅一篇文章中的多个子事件存在排序问题，而且多篇文章的子事件在合并到同一脉络时也需要排序。为了排序，我们可以综合利用时间表达式比较、时序连接词、事件类型对及时序关系传递性等。

1）时间表达式比较

时间信息对时序关系识别起着至关重要的作用，如果能够比较出两个子事件的时间论元关系，就很容易确定它们之间的时序关系。

要比较两个时间表达式，就要将它们统一成标准的格式，具体方法参见 7.2.3 节。假设子事件 e_i 和 e_j 的规范化时间表达式分别为 T_i 和 T_j，若 $T_i > T_j$，则 e_i after e_j；若 $T_i < T_j$，则 e_i before e_j。

2）时序连接词

如果两个相邻子事件之间存在特定的时序连接词，则往往可以根据该连接词确定它们之间的时序关系。例如，e_i 和 e_j 之间存在时序连接词"之后"，那么就有 e_i before e_j。可通过构造时序连接词与时序关系映射表（如表 7-12 所示）来约束存在时序关系的子事件对。

表 7-12 部分时序连接词与时序关系映射表

时序连接词 cw_k	子事件时序关系 r_k
之后	before
造成	before
之前	after
是因为	after
……	……

3）事件类型对

事件类型对往往具有特定的配对关系，如"地震→受伤→救援""逮捕→审理→判决"等，随着时间的推移，这些特定类型的事件一个接一个发生。通过构造如表 7-13 所示的事件类型对与时序关系映射表来约束符合某些特定类型的事件对之间的时序关系。

表 7-13 部分事件类型对与时序关系映射表

前序事件	后序事件
逮捕	审讯
审讯	审判
地震	受伤
袭击	死亡
……	……

4）时序关系传递性

事件时序关系存在传递闭包的性质。如果已知relation(e_i,e_j)且relation(e_j,e_k)，就有可能推出relation(e_i,e_k)，即relation(e_i,e_j) + relation(e_j,e_k) $\Rightarrow$ relation(e_i,e_k)。

如果待比较的两个事件的原始语句中均存在明确的时间描述，则可以优先使用事件表达式的比较方法；如果不满足该条件，则可以通过时序连接词、事件类型对、传递性等进行推理判断。

3. 事件共指发现

同一个事件在不同文章中被多次提及的现象非常普遍，通过事件共指发现技术可以识别这些不同的提及，从而达到消除冗余并丰富事件信息的目的。下面首先介绍事件共指关系判别方法，然后对发现的事件共指关系利用传递性进行推理。

事件共指关系可以基于事件的文本特征和要素特征，使用基于相似度的计算方法，或者基于神经网络的分类模型[17]进行判别。下面以基于相似度的计算方法为例进行介绍。

1）基于相似度计算的事件共指关系判别

事件包含时间、地点、参与者、类型等要素，如果两个事件共指，则这些要素有相同的取值，因此可以利用这些要素度量两个事件的相关性。

（1）时间相关度：事件往往都有一个从开始到结束的持续过程，其时间可能是整个过程中的任何一点，因此，两个共指事件的时间并非完全相同的。要判断两个事件在时间维度是否相似，就需要使用两个时间的间隔来进行度量。如果两个事件的时间差值在一定的范围内，则认为这两个事件的时间是关联的。具体计算公式为

$$\mathrm{Rel}^{\mathrm{T}}(e_1,e_2) = 1 - \frac{\mathrm{time}(e_1) - \mathrm{time}(e_2)}{\mathrm{window}_{\mathrm{T}}}$$

式中，time(e_i)是事件的时间；window$_{\mathrm{T}}$是一个可以设置的时间窗口常量，如3天。

（2）地点相关度：同样，地点也存在不唯一性。为度量事件在地点上的相关度，一方面可以利用地点的名称，在地域的从属关系上进行判断，如果相交则认为是相关的；另一方面，对于不存在包含关系的地点，可以通过地点间的距离来衡量其相关度，如果在一定范围内，则认为两个事件的地点是关联的。关联的强度与地点间的距离有关，地点间的距离越近，关联的强度越强。具体计算公式为

$$\mathrm{Rel}^{\mathrm{P}}(e_1,e_2) = \begin{cases} 1 - \dfrac{\mathrm{dis}(\mathrm{Pos}(e_1),\mathrm{Pos}(e_2))}{\mathrm{window}_{\mathrm{P}}}, & \mathrm{Pos}(e_1) \cap \mathrm{Pos}(e_2) = \varnothing \\ 1, & \mathrm{Pos}(e_1) \cap \mathrm{Pos}(e_2) \neq \varnothing \end{cases}$$

式中，Pos(e_i)是事件的地点区域；dis()是区域中心点间的距离；window$_{\mathrm{P}}$是一个距离常量。

（3）参与者相关度：参与者相关度有助于分析事件的参与者是否存在联系。事件往往包含多个参与者，如果两个事件中涉及的参与者相同或存在包含关系，则认为这两个事件

的参与者是关联的。关联的强度以交集的个数确定。具体计算公式为

$$\mathrm{Rel}^A(e_1,e_2) = \frac{\mathrm{actor}(e_1) \bigcap \mathrm{actor}(e_2)}{\mathrm{actor}(e_1) \bigcup \mathrm{actor}(e_2)}$$

式中，actor(e_i)是事件中参与者的集合。

（4）类型相关度：如果两个事件的类型是相同或相近的，则认为这两个事件的类型是关联的。可以通过两个事件在分类体系上的距离度量关联的强度，以相同类型为最强，记为 $\mathrm{Rel}^C(e_1,e_2)$。

（5）总体相关度：事件的相关度，通过将事件在时间、地点、参与者和类型这四个方面的相关度加权求和获得，具体为

$$\mathrm{Rel}(e_1,e_2) = \alpha\mathrm{Rel}^T(e_1,e_2) + \beta\mathrm{Rel}^P(e_1,e_2) + \gamma\mathrm{Rel}^A(e_1,e_2) + \delta\mathrm{Rel}^C(e_1,e_2)$$

2）共指传递性推理

使用前述方法对事件共指关系预测时，每次只考虑单一的事件对数据，认为事件对相互独立，没有考虑分类结果数据（共指事件链）的一致性。这种基于事件对的研究忽略了事件对之间的内在关系，容易造成分类结果矛盾、共指事件链不一致等逻辑性问题。如图 7-7 所示，分类器结果具有逻辑上的矛盾，因为事件 e_1 与事件 e_2 共指，事件 e_2 与事件 e_3 共指，则根据传递性可知 e_1 与 e_3 共指，但分类器判断为不共指。

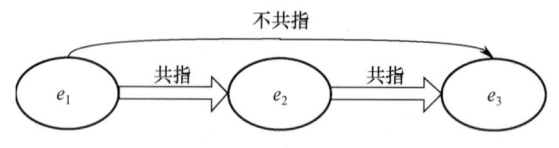

图 7-7 事件共指关系推理存在的矛盾

为此，我们使用参考文献[18]中提出的整数线性规划（Integer Linear Programming，ILP）方法，对事件共指结果进行全局优化与推理。从事件共指的定义考虑，共指关系具有唯一性、对称性和传递性，利用这三个性质，整数线性规划的思想类似于枚举所有可能的结果，然后根据优化目标与约束条件，计算出最优的分类结果。使用全局优化方法可以消除部分识别错误的共指事件，并能根据共指事件的传递性推理出分类器未识别的共指事件，从而提升共指关系识别的召回率。

7.3.2 危机事件预测方法

危机事件预测是指对战场内外的危机事件在未来一段时间的发生概率和发展趋势进行预测。基于事件认知的危机事件预测方法以大规模事件库为输入，运用数学统计、时间序列分析、深度学习等手段对具体问题进行建模，从而实现对恐怖袭击、低烈度冲突等危机事件的预测。

在过去数十年间，美军在计算机辅助危机事件预测方面资助了大量的项目。具有代表性的是 ICEWS，其以事件库为基础，针对内乱、政变等危机预测问题构建混合预测模型，在虚警率低于 20%的情况下，准确率达到 90%以上，在美军南方司令部、太平洋司令部都得到了广泛应用[19]。此外，美军还举办了大量事件预测比赛，如开源指标挑战赛[20]（Open Source Indicators，2012 年）、地缘政治预测挑战赛[21]（Geopolitical Forecasting Challenge，2018 年）等。参赛者基于包括事件库在内的各种数据，运用人工智能技术对军事行动、传染病等重大事件进行预测。由弗吉尼亚理工大学主导研制的 EMBERS 软件获得了开源指标挑战赛冠军，其能够进行 7×24h 实时预测，每天为拉丁美洲的多个国家/地区产生 45～50 条警报，成功预测了阿根廷和智利的汉坦病毒疫情、委内瑞拉暴力抗议等事件，平均准确率达到 80%～90%，比真实事件发生平均提前 7 天[22]。

恐怖袭击是一类具有代表性的危机事件。自 2014 年起，以 IS 为代表的恐怖势力在全球迅速蔓延，给中东、北非、欧洲等地区带来深重灾难。恐怖袭击风险预测对于我国掌握全球安全态势、保护海外利益有着重要意义。针对以上需求，笔者团队于 2015 年开启恐怖袭击事件预测技术研究，以 GDELT 和全球恐怖主义数据库（Global Terrorism Database，GTD）[23]事件库为基础，运用智能化技术对全球 200 多个国家在未来一段时间（1 个月或 1 年）内发生恐怖袭击的可能性或频次进行预测[24]。本小节将以恐怖袭击为例，对基于事件数据库的危机预测方法进行介绍。

1. 恐怖袭击预测算法

恐怖袭击预测能够被建模为回归问题，这里介绍一种综合运用集成学习思想和核极限学习机（Kernel Extreme Learning Machine，KELM）的方法，以月为单位的预测原理如图 7-8 所示。以年为单位的预测原理相同，只是将学习数据集构建的周期从 1 个月变为 1 年。

步骤一，从原始事件库中提取特征。对 C 国 M 月的特征提取过程如下：分别统计当月 GDELT 数据库中与 C 国相关的 298 种事件的数量，记为 $x_1 \sim x_{298}$；统计 GTD 中 C 国在过去 5 年中每个月发生的恐怖袭击事件的数量，记为 $x_{299} \sim x_{358}$；最终拼接形成一个向量，作为 C 国在 M 月的特征，记为 $\boldsymbol{X}_C^M = [x_1, x_2, \cdots, x_{358}]$。

步骤二，从原始事件库中提取预测目标。统计 GTD 中 C 国第 M+1 月的恐怖袭击次数作为预测目标，记为 Y_C^M。对选定学习区间内的每个国家、每个月份都重复步骤一和步骤二，形成学习数据集。

步骤三，利用随机子空间方法，从学习数据集中随机选择 S 组特征子集。其中，随机子空间方法是一种用来在集成学习中进行特征选择的经典的方法，通过从数据的整体特征中随机选择多个相同大小的特征子集（特征子集的个数小于整体特征的个数），以有效避免在对高维数据分类时遇到"维数灾难"问题。

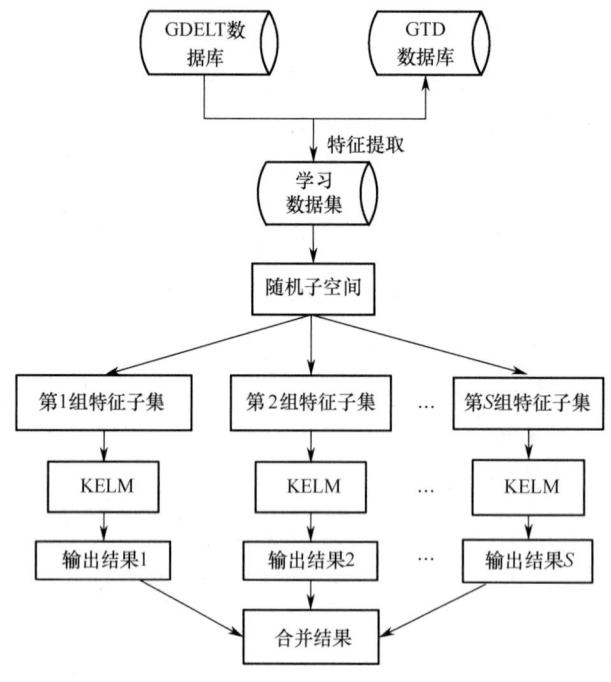

```
        ┌─────────┐   ┌─────────┐
        │ GDELT数  │   │  GTD    │
        │ 据库     │   │ 数据库   │
        └────┬────┘   └────▲────┘
             │   特征提取   │
             ▼              │
          ┌─────────┐
          │ 学习    │
          │ 数据集  │
          └────┬────┘
               ▼
          ┌─────────┐
          │随机子空间│
          └────┬────┘
     ┌────────┼─────────────┐
     ▼        ▼             ▼
 第1组特征子集 第2组特征子集 ... 第S组特征子集
     │        │             │
     ▼        ▼             ▼
  KELM     KELM    ...    KELM
     │        │             │
     ▼        ▼             ▼
 输出结果1  输出结果2  ...  输出结果S
     └────────┼─────────────┘
              ▼
          合并结果
```

图 7-8　恐怖袭击事件预测原理

步骤四，对每组特征子集都构造一个核极限学习机（KELM），并运用历史数据对其参数进行学习，从而生成 S 个基础模型。通过取平均值的方式对 S 个基础模型进行整合，得到集成学习模型。其中，极限学习机（Extreme Learning Machine，ELM）是一种特殊的单隐层前馈神经网络，具有训练速度快、泛化性能好的特点[25]。而核极限学习机则通过为 ELM 引入核矩阵，在提高模型精度的同时，还能够增强输出的健壮性[26]。

步骤五，模型应用。对于 C 国和待预测的月份 W，按照步骤一对 C 国在 $W-1$ 月的特征进行提取，将得到的特征向量输入步骤四的集成模型，获得预测结果，即为 W 月 C 国发生恐怖袭击事件的预期次数。在对所有国家预测完成后，按照模型输出的频次从高到低进行排序，并取前 N 名作为恐怖袭击高风险国家进行预警。通常，以月为单位进行预测时，$N=10$；以年为单位进行预测时，$N=20$。

2．试验结果

下面以 2011—2015 年的数据为训练集，以 2016—2018 年的数据为测试集，分别以年和月为单位进行恐怖袭击预测。

1）年度预测试验

以年为单位的试验结果如图 7-9 所示，选取模型输出的前 20 名作为预计会发生恐怖袭击的国家。图 7-9 中的"预测国家"列是模型输出的结果，按照发生恐怖袭击事件的可能性从高到低排列，"恐怖袭击次数"指当年实际发生的恐怖袭击事件的次数。

第 7 章 战略形势研判方法

	2016				2017				2018	
是否命中	预测国家	恐怖袭击次数		是否命中	预测国家	恐怖袭击次数		是否命中	预测国家	恐怖袭击次数
命中	叙利亚	311		命中	伊拉克	582		命中	伊拉克	371
命中	土耳其	22		命中	叙利亚	141		命中	叙利亚	215
命中	阿富汗	239		命中	巴基斯坦	171		命中	阿富汗	485
	伊朗			命中	阿富汗	295		命中	尼日利亚	185
命中	伊拉克	800		命中	尼日利亚	193		命中	巴基斯坦	133
命中	沙特阿拉伯	28		命中	索马里	110		命中	印度	84
命中	(比利时)	6		命中	利比亚	10		命中	索马里	108
命中	巴基斯坦	200		命中	也门	71		命中	泰国	35
命中	埃及	94		命中	泰国	41		命中	埃及	29
命中	以色列	20		命中	埃及	81		命中	马里	48
命中	印度	65		命中	印度	83		命中	也门	37
命中	尼日利亚	146		命中	(英国)	9		命中	利比亚	26
命中	索马里	97		命中	(西班牙)	4		命中	肯尼亚	20
命中	泰国	82		命中	苏丹	12		命中	以色列	14
命中	也门	68		命中	马里	35		命中	喀麦隆	15
命中	利比亚	56		命中	菲律宾	30		命中	菲律宾	14
命中	菲律宾	37		命中	孟加拉	10			土耳其	
命中	马里	32		命中	(德国)	6		命中	沙特阿拉伯	7
命中	孟加拉	32		命中	以色列	18		命中	(法国)	9
命中	肯尼亚	20		命中	喀麦隆	33		命中	尼日尔	10

图 7-9　2016—2018 年年度预测结果与实际发生情况对比

通过试验对比，能够得出如下结论。

（1）模型能够准确预测恐怖袭击风险长期处于高位的国家，如中东地区的叙利亚、土耳其、伊拉克，非洲的索马里、尼日利亚，亚洲的印度、泰国、菲律宾等。在试验周期内，仅有伊朗和土耳其两个国家产生了虚警，预测平均准确率达到 96.6%。

（2）模型对各国恐怖袭击风险的排序与各国实际发生恐怖袭击事件次数的排序具有较高的一致性。

（3）模型呈现一定的对偶发性事件的预测能力。例如，2016 年成功预测到首个遭 IS 袭击的欧洲国家（比利时），2017 年预测到英国、德国、西班牙等多个欧洲国家的恐怖袭击事件，2018 年预测到法国的恐怖袭击事件。

2）月度预测试验

选取 2017 年的月度预测结果进行能力评估。每个月以模型输出排名前十的国家作为恐怖袭击高风险国家，并对实际发生情况进行统计，结果如表 7-14 所示，月度预测的平均准

· 229 ·

确率为71.6%，平均虚警率为28.4%。可以看出，月度预测准确率相比于年度预测的96%有一定差距，这是因为月度预测以1个月为预测窗口，时间窗口更短。虽然有些国家表现出明显的冲突征兆，说明近期发生恐怖袭击的可能性很大，但在未来一两个月内发生都有可能。事实上，如果将预测窗口放宽到2个月，准确率就能提升到83.3%。未来，为了进一步提升短期预测的准确率，可以在现有事件数据的基础上，强化数据获取手段，通过对恐怖袭击重点人群的通信、行为、联系等进行细粒度数据分析，深入挖掘其行为诱因以指导预测。

表 7-14 恐怖袭击预测结果

月份	预测命中数	命中率	虚警率
1	8	80%	20%
2	6	60%	40%
3	6	60%	40%
4	6	60%	40%
5	7	70%	30%
6	6	60%	40%
7	6	60%	40%
8	7	70%	30%
9	8	80%	20%
10	7	70%	30%
11	9	90%	10%
12	10	100%	0%
平均值	7.16	71.6%	28.4%

年度和月度的预测试验表明，本小节提出的基于事件数据库的恐怖袭击预测方法具有较高的准确率，同时具备对偶发性事件的预测能力，而传统的基于时间序列分析的预测方法则很难实现。这是因为该方法不仅考虑了历史上恐怖袭击事件发生的真实情况，还通过引入 GDELT 事件库而考虑了战争、侵犯、抗议等相关冲突事件对恐怖袭击的影响，继而通过潜在征候提前发现恐怖袭击风险。

进一步地，由于危机事件往往是海量相关事件积聚后的集中爆发，而事件库中涵盖了大量引发危机的关联事件，因此基于事件库的预测方法对各类危机事件都具有一定的普适性。在选取的特征、预测的目标、回归/分类算法进行适当改变后，上述方法还能够用来进行朝鲜射导、国家间冲突等危机事件的预测。

7.4 战略形势量化分析方法

战略形势往往是抽象的，难以客观评估和量化。为了对战略形势指标进行计算，需以事件库为输入，面向具体的研判任务构建统计和学习模型。本节以各国稳定性、国家关系两个任务为例，介绍事件认知技术在总体战略形势量化分析中的应用。

7.4.1 各国稳定性分析方法

对世界各国稳定性的分析有助于评估当前敌我双方的国内社会、政局、民族主义情绪等状况，分析敌方行为的国内背景，为作战决策提供指导。基于事件数据库的国家稳定性计算方法可以分为两个步骤：第一步，由专家建立评估框架，并据此从事件库中筛选出对稳定性有影响的事件；第二步，构建稳定性计算公式，基于一段时间内的事件计算其综合影响分值，实现稳定性的量化分析。

1．构建评估框架

评估框架用于将影响稳定性的因素划分到几个维度，并将各个维度映射为事件库中的事件类型，如表7-15所示。其中，"评估项目"是评估稳定性所考虑的几个维度，"事件类型"是CAMEO体系中与之对应的事件类型。

评估项目列入五项：核心领导人、经济发展、宗教极端势力、公民群体、军队稳定性。核心领导人分析核心领导层的变动对政治局势的影响程度；经济发展分析经济发展对政治稳定性的作用；宗教极端势力分析极端势力通过破坏活动、武装袭击等方式影响社会稳定的可能性；公民群体分析公民群体通过游行示威、街头暴力、武装叛乱等方式影响稳定性的程度；军队稳定性分析军队部署和调动对国内稳定的影响。

表 7-15 与稳定性相关的事件类型

序　号	评估项目	事件类型
1	核心领导人	同意领导层变更的要求
		拒绝领导层变更的请求
		以示威或集会争取领导层变更
		以绝食抗议争取领导层变更
		以罢工或抵制争取领导层变更
		以阻碍交通要求领导层变更
		参与暴力抗议争取领导层变更
		要求领导层变动
		呼吁领导层变动
		表达领导层变动意向
2	经济发展	减少或停止经济援助
		经济调查（反倾销等）
		签署经济合作协议（如自贸协议）
		经济地位认可
		经济部门参与的协商
		要求经济合作
		要求经济援助
		要求放宽经济制裁、抵制、禁运

(续表)

序号	评估项目	事件类型
2	经济发展	呼吁经济合作
		呼吁减少经济制裁、抵制或禁运
		拒绝经济援助的请求
		拒绝放宽经济制裁、抵制或禁运
		经济合作
		提供经济援助
		放宽经济制裁、抵制、禁运
		拒绝经济合作
		呼吁经济援助
		表达经济合作意向
		表达提供经济援助意向
		表达放宽经济制裁、抵制或禁运的意向
3	宗教极端势力	执行自杀式、汽车式或其他非军事类炸弹袭击
		执行汽车炸弹袭击
		执行自杀式炸弹袭击
		执行定点炸弹袭击
4	公民群体	示威或集会
		以示威争取权利
		以示威争取机构、政权变更
		非暴力威胁
		威胁实施非常规大规模暴力
		暴力抗议、暴乱
		参与暴力抗议要求政策变更
		参与暴力抗议要求权利
		使用暴力
		参与暴力抗议要求机构、政权变更
		大规模暴力
5	军队稳定性	提供军事保护和维和
		呼吁军事保护或维和
		要求军事保护或维和

2. 稳定性指标计算模型

我们假设本月稳定性既与上月的稳定性有关，也与本月国内冲突事件的占比相关，即

$$S_i = \alpha \frac{\text{pre}}{\text{pre}+\text{cur}} S_{i-1} + (1-\alpha) \frac{\text{cur}}{\text{pre}+\text{cur}} \sum_{t=1}^{5}\sum_{j=1}^{m} (X_{tj} N_{tj}) W_t$$

式中，S_i 为第 i 个月的稳定性；X_{tj} 为第 t 个稳定性指标中第 j 类事件的分值；N_{tj} 为第 t 个稳定性指标中第 j 类事件出现的次数；m 为第 t 个稳定性指标中事件的类别数；W_t 为第 t

大类评估项目的权重；pre 为前 2 个月的事件总数；cur 表示本月的事件总数；α 为上月稳定性对本月的影响系数；X_{ij}、W_t 及 α 为需要确定的参数，需借助于相关领域的专家，一方面确定事件的打分标准及每大类评估项目的权重，另一方面通过对系统结果评估（包括横向和纵向的对比）判断正确性，并商议得出准确数值。

3. 稳定性风险预警等级

前述计算模型的输出值是(-10,10]，通过表 7-16 可以将该值映射为稳定性风险预警等级。其中，(6,10]为理想状态，(2,6]为良好状态，(-2,2]为一般状态，(-6,-2]为较差状态，(-10,-6]为危险状态。

表 7-16 稳定性风险的综合判别标准

等级	量化分值	表征状态
Ⅰ	(6,10]	理想状态
Ⅱ	(2,6]	良好状态
Ⅲ	(-2,2]	一般状态
Ⅳ	(-6,-2]	较差状态
Ⅴ	(-10,-6]	危险状态

7.4.2 国家关系分析方法

国家间关系分析是指通过两个国家之间互动行为的分析，对其友好和敌对程度进行综合评价。长期以来，国家关系分析都以定性研究为主，缺点在于容易受学者主观影响，且难以衡量程度的变化。而定量分析通过将国家关系转化成标准化数值，使得对程度变化的研究成为可能，不仅能够增强对关系变化趋势的敏感度，还能够对不同的双边关系进行比较[27]。

当前国家关系定量分析方法以事件数据分析法为主。该方法认为国家间复杂的互动行为能够分解为一系列基本的构成单元，如访问、威胁等，通过对这些单元进行赋值和计算，能够将其互动的"事实"进行量化。清华大学国际关系学院阎学通团队对这一思想进行了深化，提出了一套中国与若干重点国家双边关系量化分析的方法。该方法定义了事件赋值标准，人工搜集、整理事件并按照标准对事件进行打分，根据考虑事件累积效应的公式进行逐月的分值计算。经过检验和应用，相比于定性分析方法，该方法虽具有较强的客观性、可重复性和准确性，但仍然存在以下不足。

（1）时效性差：完全依靠人工对事件进行整理和评分，工作量较大，因此分数通常会有几个月的滞后，无法满足实时分析的需求。

（2）可扩展性差：所构建的事件赋值标准中有很大一部分事件类型为我国所特有的，且依赖于将我国与其他国家的初始关系作为先验知识，难以扩展到任意两个国家。

（3）数据完整性难以保证：受人力限制，主要考虑来源于《人民日报》和外交部公开报道的事件，可能存在一定的片面性。

针对以上问题，本小节提出了一种基于大规模事件库的国家关系量化分析方法，运用大数据分析的思想来解决传统方法中存在的时效性、可扩展性、完整性问题。该方法包含一个有监督的模型和一个无监督的模型，其中，有监督模型是对上述清华大学阎学通团队公布的双边关系分值的拟合，覆盖范围是我国与指定的12个国家，而无监督模型可以扩展到任意两国。该方法可帮助指挥人员实时掌握全球重点国家关系的变化，从而对战略态势进行较准确的评估。

1. 基于线性回归的国家间关系量化分析

1）方法描述

将国家关系量化分析问题建模为回归问题，以清华大学阎学通团队公布的双边关系分值为标准值，以 GDELT 事件库作为特征来源，学习出定量分析模型，以月为单位对标准分值进行拟合。

标准分值包括1950年以来全球12个重点国家与我国关系的分值，以月为单位，取2015年2月～2020年9月共68个月的数据进行训练和验证，具体国家包括美国、日本、英国、法国、德国、印度、澳大利亚、印度尼西亚、越南、韩国、俄罗斯、巴基斯坦。在因变量的选择上，由于当月的事件往往反映的是分值的变化，而不是绝对分值，因此取当月标准分值相对于上月的变化量作为因变量。在自变量的选择上，从 GDELT 事件库中提取能够反映和平与冲突程度的统计量作为自变量。以中美关系的计算为例，搜索当月发生在两国之间的所有事件，事件的 GOLDSTEINSCALE 评分（取值范围为-10～10）表达了正面或负面程度。选择表7-17中的3个特征。

表7-17 事件特征详情

序号	特征名称	含义
1	GDELT_PROPPOS	正面事件占当月所有事件的比例
2	GDELT_AVG_FULLSCORE	当月所有事件的平均得分
3	GDELT_FULL_EVENTNUM	当月所有事件的数量，取以10为底的对数

在回归算法的选择上，对简单线性回归、套索回归、岭回归、多项式回归等算法进行了尝试，采用五折交叉验证的方式进行模型训练，最终选择了均方误差（Mean Squared Error，MSE）最小的线性回归算法。

在偏差计算上，模型输出的结果是本月相对于上月的双边关系变化，为了验证模型在长期预测双边关系绝对分值时的能力，需要将预测的结果不断累加以获得绝对分值，并与标准分值进行对比，计算偏差。由于标准分值最大为9、最小为-9，因此将偏差定义为

$$d = \frac{\sum_{i=1}^{\text{count}}(p-s)}{18\text{count}}$$

式中，p 是线性回归模型预测出的值累加后的结果；s 是标准分值；count 是测试集中的全部样本数量。

2）试验结果

为每个国家训练一个专用的线性回归模型，结果显示 12 个国家相比于标准分值的平均偏差为 1.7%。在 3 个特征中，GDELT_PROPPOS（正面事件占比）是最重要的特征，对于所有的国家来说都是正影响，且关系越不确定的国家，该特征的权重越大，这一发现符合已有的研究结果[28]。GDELT_FULL_EVENTNUM（事件总数量）是影响第二大的特征，对于与我国没有战略伙伴关系的国家，如英国、印度、澳大利亚等，该特征对双边关系的影响为负，猜想对这些国家来说，事件数量的突然增加往往意味着恶性事件的爆发，如印度与我国的边界冲突、英国航母到南海巡航、我国与澳大利亚在经贸方面的冲突等；而对于与我国有战略伙伴关系的国家（如巴基斯坦），事件数量的增加往往代表往来更加频繁，通常是正面影响；事件总数量对于中美关系没有影响，观察数据也发现近些年中美长期处于冲突状态，事件数量本身就特别多，且数量基本平稳，针对数量发生较大变化的几个月，可以发现有的是由商议、谈判、让步等事件引发的正向变化，有的是由贸易战、制裁华为、疫情溯源等事件引发的负向变化，且基本持平。

图 7-10 和图 7-11 分别展示了该模型对中美、中日关系预测的结果与标准分值的对比。可以看出，虽然模型对短期内的剧烈变化表现不佳，曲线都比较平滑，通常需要几个月的周期才能达到与标准分值相同的效果，但在长期走势上与标准分值高度相似。其中，中日关系的皮尔逊相关系数值达到 0.95，说明有较高的相关性。因此，基于 GDELT 和大数据分析的方法对长期的双边关系具有较好的指示作用。

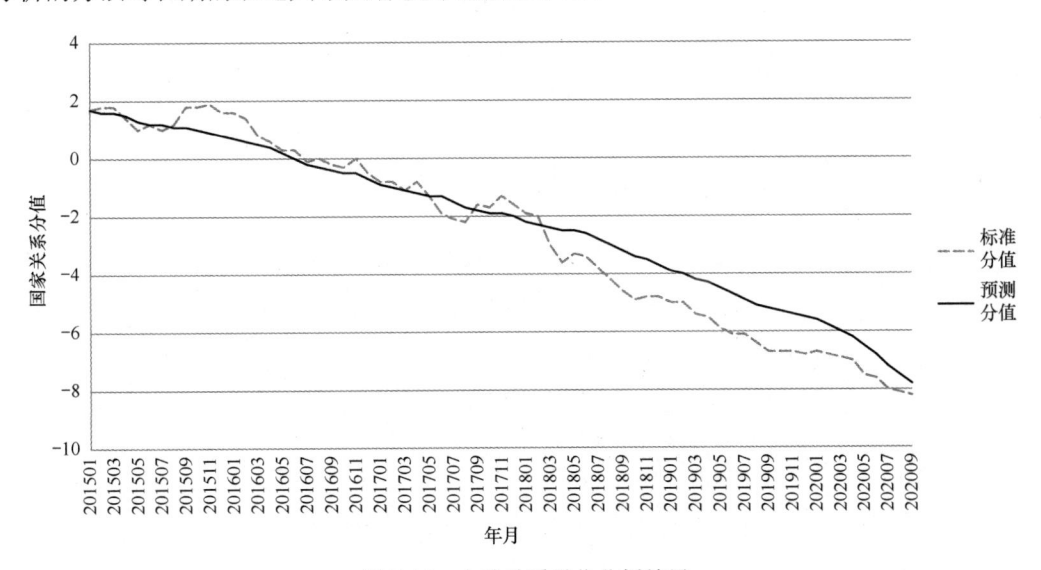

图 7-10 中美关系量化分析结果

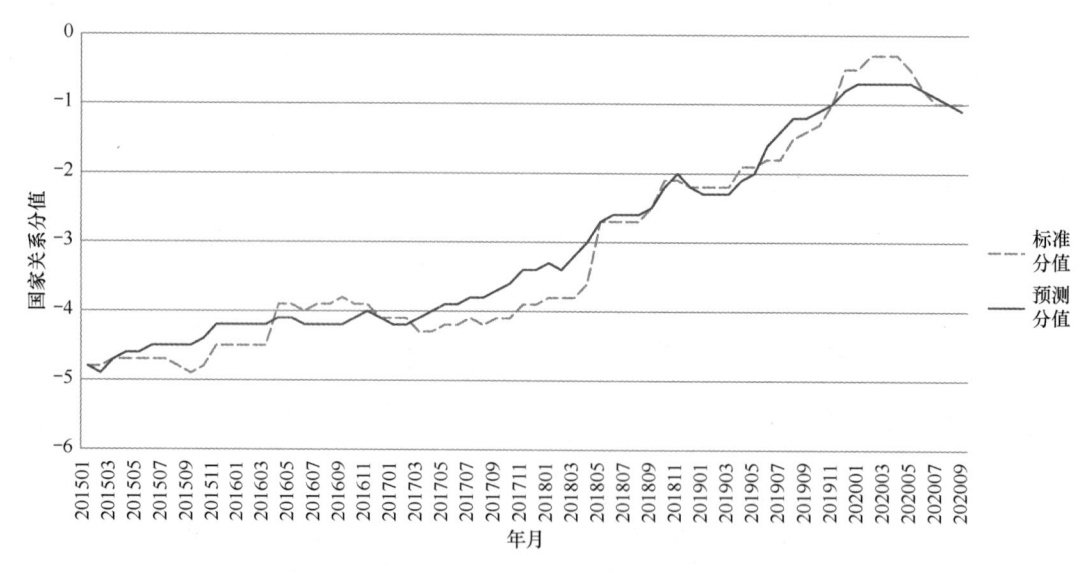

图 7-11 中日关系量化分析结果

2. 无监督的国家间关系量化分析方法

线性回归模型能够对我国与 12 个重点国家的关系进行计算,但在实际进行战略形势研判时,关注的范围往往更广,需要在不同国家之间进行对比,如对美国及其盟友、中国与美国盟友之间关系的对比分析,这就要求模型能够扩展到任意国家。有监督模型的构建需要两个先决条件:一是需要为待分析的国家给定历史标准分值,用来训练模型;二是由于模型预测的是关系的变化,因此需要给定一个基准分值,以计算绝对关系分值。这两点在现实中都很难满足,因此模型很难被扩展。

1)方法描述

试验发现,正面事件占比是标志两国关系变化的最重要特征。为此,我们提出了一种无监督的方法,以正面事件占比为基准,通过数学计算规范化到-10~10 之间。此外,采用当月数据计算出的分值只能反映关系的变化,并不能反映关系的绝对分值,因此我们参考搜索评价指标 NDCG[29] 的做法,采用过去 1 年的数据进行加权平均,时间越近的月份权重越高,以使结果更加平滑,更能看出长期趋势。加权计算公式为

$$\text{score}_{\text{weighted}} = \frac{\text{proppos}_i \times \frac{1}{\log_2(i+1)}}{\text{weight}_{\text{total}}} \times 20 - 10$$

$$\text{weight}_{\text{total}} = \sum_{i=1}^{12} \frac{1}{\log_2(i+1)}$$

式中,i 为以当月为基准向前数的第 i 个月,如当月 $i=1$、上月 $i=2$;proppos_i 为第 i 月所有事件中正面事件所占的比例,数值区间为 0~1;$\frac{1}{\log_2(i+1)}$ 为第 i 月分值的权重,由于其和不为 1,因此采用 $\text{weight}_{\text{total}}$ 进行归一化,保证加权值为 0~1。最后,将分值从 0~1 区间

转换到-10～10区间。

2）试验效果

我们针对以上方法设计了两个试验，分别对中美两国与美国的盟国（以下简称美盟）的关系，以及俄罗斯与中国、美国、乌克兰三国的关系进行了分析。

（1）中国、美国与美盟的国家关系分析。

采用以上方法计算2015年2月～2022年6月中国、美国与22个美盟的国家关系，并从纵向和横向两个维度进行对比分析。通过对历史发展过程的纵向分析，能够看出国家关系的重要转折点和长期发展趋势。

图7-12显示了中国、美国与加拿大的国家关系的历史变化。可以看出，加拿大与美国的国家关系分值一直稳定维持在较高水平，而与中国的国家关系分值自2018年12月孟晚舟事件发生之后产生了断崖式下跌，2021年8月达到最低点，在2021年9月孟晚舟返回祖国后开始回升。

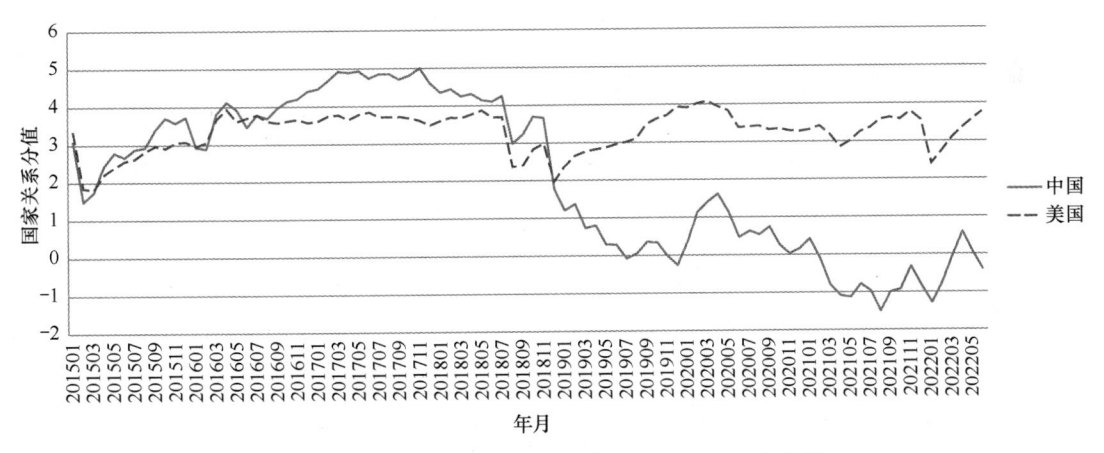

图7-12 中国、美国与加拿大的国家关系的历史变化

图7-13显示了中国、美国与韩国的国家关系的历史变化。2016年2月7日美韩开始磋商萨德系统的部署问题，2016年7月8日正式宣布落实，部署的具体行动则在2017年3月6日开始进行。可以看出，这期间中韩的国家关系分值迅速下滑，至萨德实施时到达低谷。2017年11月，随着韩国总统文在寅上任，韩国在萨德问题上态度急转，做出"三不一限"的承诺，此后中韩的国家关系分值迅速回升。美韩的国家关系分值也在文在寅上任初期出现了较大的提升，但在2019-2020年出现了一定程度的下降，后又逐步回升。

采用柱状图的形式对中国、美国与美盟的国家关系进行横向对比。如图7-14所示，在22个国家中，有12个国家与美国的国家关系分值更高，10个国家与中国的更高。进一步分析可知，在美盟中，日本、印度、澳大利亚、加拿大、菲律宾与中国和美国的国家关系分值差最大，可以视为美国较为坚定的盟友。新加坡、阿富汗、以色列、韩国则与两国的国家关系分值相差不大，左右摇摆。欧盟中的法国、德国、意大利与中国的国家关系分值甚至略高于与美国的，显示其虽为美盟，但与澳大利亚、加拿大不同，其利益与美国并不完全一致，不会完全被美国所裹挟。

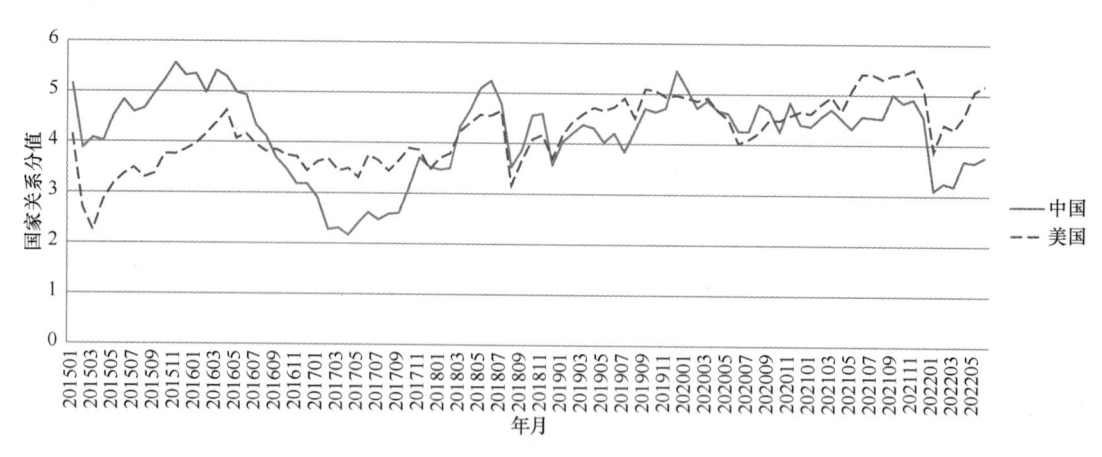

图 7-13 中国、美国与韩国的国家关系的历史变化

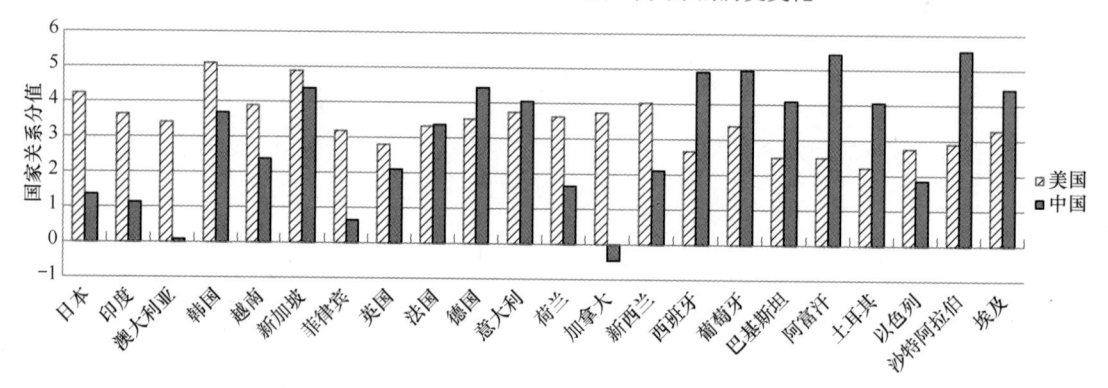

图 7-14 2022 年 6 月中国、美国与美盟的国家关系对比

(2) 俄罗斯与中国、美国、乌克兰的国家关系分析。

以 ICEWS 和 GDELT 为数据源，对俄罗斯与中国、美国、乌克兰 1996 年 1 月—2022 年 3 月的国家关系分值进行逐月计算，基于 ICEWS 数据的分析结果如图 7-15 所示，基于 GDELT

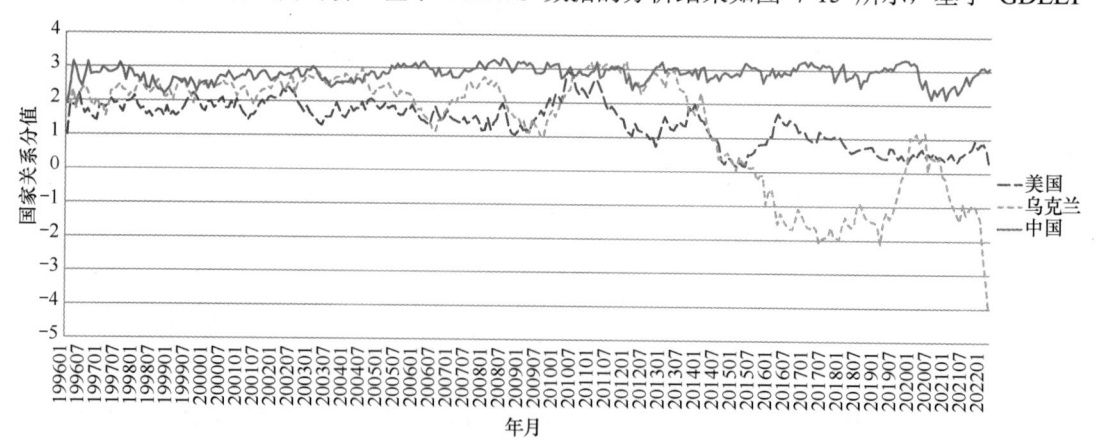

图 7-15 俄罗斯与中国、美国、乌克兰的国家关系对比（基于 ICEWS 数据）

的分析结果如图 7-16 所示,并与公开发布的研究成果(如图 7-17 所示)进行对比,该成果来自澳大利亚经济与和平研究所(Institute for Economics & Peace,IEP)[30],以 ICEWS 为数据源。

图 7-16　俄罗斯与中国、美国、乌克兰的国家关系对比(基于 GDELT 数据)

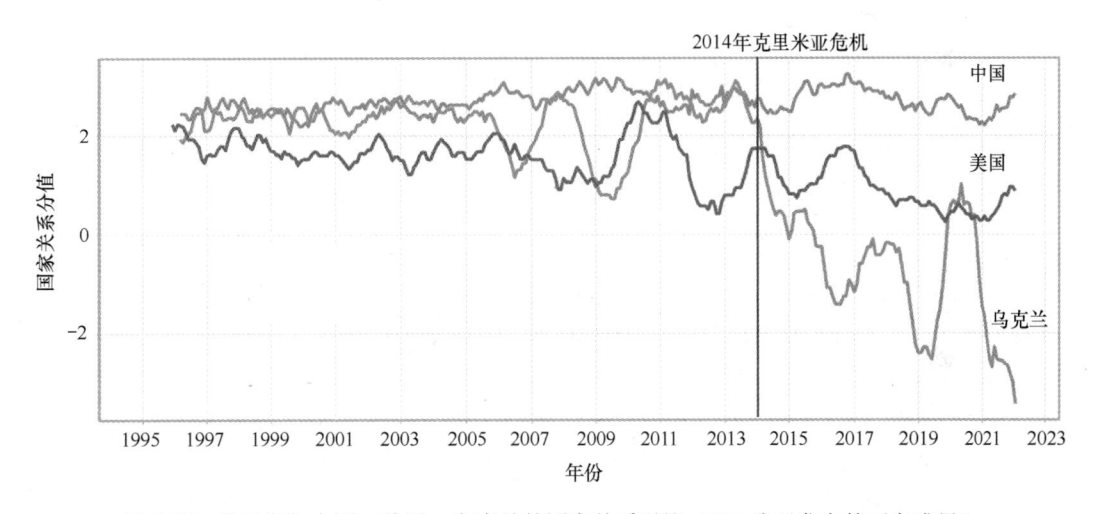

图 7-17　俄罗斯与中国、美国、乌克兰的国家关系对比(IEP 公开发布的研究成果)

可以看出,按照前述方法计算出的结果与 IEP 公布的研究成果在长期走势上具有高度一致性,具体表现在:俄罗斯与中国的国家关系分值近二十几年长期稳定在高位;俄罗斯与乌克兰的国家关系分值自 2014 年克里米亚危机以来下降明显;俄罗斯与美国的国家关系分值也在 2014 年之后振荡下降;2019 年起,俄乌关系出现重大反弹,在短暂超过俄美国家关系分值后又急速回落,直至 2022 年 2 月俄乌冲突爆发。

以上试验表明,本小节提出的分析方法使战略形势分析人员能够实时掌握全球各国两两之间的关系,并通过横向和纵向的对比来洞察长期趋势,捕捉态度变化。但是,将国家间复杂的互动行为简化为一个数值显然太过简单。针对军事、经济、文化、科技等细分领域,对合作研发武器、气候变化、意识形态等重点议题构建更细粒度的关系量化分析模型,将更加具有价值,也是相关研究的发展方向。

7.5 本章小结

事件认知技术为战略形势研判提供了一种全新的量化分析手段，通过采集全球政治、经济、军事等领域的情报信息，建立面向战略形势研判的事件分类体系和表示模型，智能化提取并构建全球事件数据集，建立基于事件数据的领域认知模型，对重大事件的发生发展进行分析，并对宏观安全指标进行实时评估，可实现战略态势的实时感知和危机的早期预警。

实际上，战略形势研判的研究内容十分广泛，除本章介绍的内容外，还包括国家综合实力分析、战争潜力分析，乃至战略层面的博弈对抗等。未来不仅需要对事件认知技术进一步深化，还需要引入战略兵棋、博弈论等更多技术，通过各种技术手段的综合应用全面提升对战略环境及其影响的整体把握能力。

本章参考文献

[1] 全军军事术语管理委员会. 中国人民解放军军语[M]. 北京：军事科学出版社出版，2011.

[2] AZAR E E. The Conflict and Peace Data Bank (COPDAB) Project[J]. Journal of Conflict Resolution，1980，24(1)：143-152.

[3] MERRITT R L，ZINNES D A. Data Development for International Research[J]. International Interactions，1988，14(2)：95-100.

[4] GERNER D J，SCHRODT P A. The Kansas Event Data System：a Beginner's Guide with an Application to the Study of Media Fatigue in the Palestinian Intifada[C]. Poster Session Presented at the American Political Science Association meetings，1996.

[5] O'BRIEN S P. Crisis Early Warning and Decision Support：Contemporary Approaches and Thoughts on Future Research[J]. International Studies Review，2010，12(1)：87-104.

[6] LEETARU K，SCHRODT P A. Gdelt：Global Data on Events，Locations，and Tone，1979—2012[C]. ISA Annual Convention，2013，2(4)：1-49.

[7] WILLIAM C. Active Interpretation of Disparate Alternatives[EB/OL].

[8] WILLAIM C. Knowledge-directed Artificial Intelligence Reasoning Over Schemas (KAIROS)[EB/OL]. [2019-1].

[9] AGUILA R J，BELLE R C，MCNAMEE P，et al. A Comparison of the Events and Relations Across ACE，ERE，TAC-KBP，and FrameNet Annotation Standards[C]. Proceedings of the Second Workshop on Events：Definition，Detection，Conference，and Representation，2014：45-53.

[10] 刘亚军，陆辰，葛唯益，等. 基于层级神经网络的事件联合抽取[C]. 第十届 C4ISR 理论与技术高端学术论坛，2020.

[11] DEVLIN J，CHANG M W，LEE K，et al. BERT：Pre-training of Deep Bidirectional Transformers for Language Understanding[C]. Proceedings of NAACL-HLT，2019：4171-4186.

[12] GeoNames[EB/OL]. 来自 GeoName 官网.

[13] SCHRODT P A, BEIELER J, IDRIS M. Three'sa charm?: Open Event Data Coding with EL:DIABLO, PETRARCH, and the Open Event Data Alliance[C]. ISA Annual Convention, 2014.

[14] RAVI M, SINGH K, MULANG I O, et al. CHOLAN: A Modular Approach for Neural Entity Linking on Wikipedia and Wikidata[C]. the 16th Conference of the European Chapter of the Association for Computational Linguistics, 2021.

[15] GUO B, ZHANG C, LIU J, et al. Improving Text Classification with Weighted Word Embeddings via a Multi-channel TextCNN Model[J]. Neurocomputing, 2019(363): 366-374.

[16] ARMAN COHAN, IZ BELTAGY, DANIEL KING, et al. Pretrained Language Models for Sequential Sentence Classification[C]. Proceedings of the 2019 Conference on Empirical Methods in Natural Language Processing, 2019: 3693-3699.

[17] 陆震寰, 孔芳, 周国栋. 面向多语料库的通用事件指代消解[J]. 中文信息学报, 2018, 32(1):8.

[18] 腾佳月, 李培峰, 朱巧明. 基于全局优化的中文事件同指消解方法[J]. 北京大学学报（自然科学版）, 2016(1):7.

[19] Lockhead Marin. Integrated Crisis Early Warning System (ICEWS)[EB/OL]. [2014-1-21].

[20] IARPA. OSI Open Source Indicators[EB/OL]. [2011-8]. 来自洛克希德·马丁公司网站.

[21] IARPA. IARPA Announces the Geopolitical Forecasting Challenge to Improve Crowdsourced Forecasts[EB/OL]. [2018-1-16]. 来自美国国家情报局网站.

[22] MUTHIAH S, BUTLER P, KHANDPUR R P, et al. Embers at 4 Years: Experiences Operating an Open Source Indicators Forecasting System[C]. Proceedings of the 22nd ACM SIGKDD International Conference on Knowledge Discovery and Data Mining, 2016: 205-214.

[23] LAFREE G, DUGAN L. Introducing the Global Terrorism Database[J]. Terrorism and Political Violence, 2007, 19(2): 181-204.

[24] ZIJUAN L, SHUAI D. Research on Prediction Method of Terrorist Attack Based on Random Subspace[C]. 2017 International Conference on Computer Systems, Electronics and Control, 2017: 320-322.

[25] HUANG G B, ZHU Q Y, SIEW C K. Extreme Learning Machine: Theory and Applications[J]. Neurocomputing, 2006, 70(1-3): 489-501.

[26] HUANG G B, ZHOU H M, DING X J, et al. Extreme Learning Machine for Regression and Multiclass Classification[J]. IEEE Transactions on Systems, Man and Cybernetics, Part B, 2012, 42(2):513-529.

[27] 阎学通, 齐皓, 等. 中国与周边中等国家关系[M]. 北京:社会科学文献出版社, 2015.

[28] 池志培, 侯娜. 大数据与双边关系的量化研究:以 GDELT 与中美关系为例[J]. 国际政治科学, 2019, 4(2): 67-88.

[29] JÄRVELIN K, KEKÄLÄINEN J. Cumulated gain-based evaluation of IR techniques[J]. ACM Transactions on Information Systems, 2020, 20(4): 422-446.

[30] Institute for Economics & Peace. Ukraine Russia Crisis: Terrorism Briefing[EB/OL]. [2022-3]. 来自经济与和平研究所官网.

第 8 章 战场态势要素组织运用和可视化方法

信息和认知革命显著改变了战场的运作和指挥决策方式，态势认知生成的各类态势要素呈快速增长趋势，巨大的信息量可能掩盖真正需要的关键信息。同时，战场环境的瞬息万变使得态势认知和决策需求更加复杂。那么，如何围绕作战需求，将种类繁多、数量庞大的态势要素进行有效组织、生动形象的展现，生成高度聚焦的态势图，为用户提供精准态势保障？战场态势要素组织运用和可视化旨在解决上述问题，提供一套辅助指挥人员快速认知战场态势的方法。

8.1 战场态势要素组织运用方法

战场态势要素组织运用是指在海量态势要素和复杂多变的战场环境中，充分利用户需求与态势要素的关系，形成以用户为核心的态势要素精准运用。本节将对战场态势要素组织运用现状和过程展开讨论，并针对大数据和人工智能时代战场态势要素组织运用的特点和面临的问题，分别重点讨论基于情境感知和基于注意力机制的战场态势要素组织运用方法，前者侧重于回答"当前战场是什么情境"及"如何灵活组织异构态势要素"，后者侧重于回答"当前用户需求是什么""用户需求会如何变化"，两种方法为战场态势要素组织运用提供了不同的思路。

8.1.1 组织运用现状

根据第 4 章内容，战场态势要素涵盖海陆空域、太空域、赛博域、电磁域、战场环境的诸多要素，其中涉及态势认知的结果，这些态势要素以信息的形式存在。因此，战场态势要素组织运用的本质是为用户提供信息服务[1]，在这个过程中，用户（态势要素）需求是关键。基于用户角色、职务、经验等的差异，不同用户在执行同一任务时，所需的态势要素也存在差异。例如，在执行空地联合对地打击任务时，除关注被打击目标外，空中部队指挥人员可能还需要关注任务区域内的气象、机场状态等要素，而地面部队指挥人员可能还需要关注任务区域内的地形等要素。在战场情境发生改变时，相同用户所需的态势要素也不尽相同。例如，当发生敌方战斗机突然消失事件时，指挥人员可能需要关注相关区域我方重要部署、敌方行为意图等态势要素；当需要完成战略投送任务时，指挥人员可能更需要任务区域内的气象、任务区域可用资源等态势要素。由于用户类型差异大、战场情境复杂多变等情况的存在，对态势要素需求的捕获一直是战场态势要素组织运用的难点和核心。

战场态势要素组织运用的最终目的是实时为用户提供所需的态势要素，涉及需求捕获、需求解析、态势要素筛选等的方方面面。目前，主流的运用方式包括按需拉取和主动推荐两种。

1. 按需拉取

按需拉取是以模板、问卷、配置等方式，为用户提供直观的态势要素订阅服务或需求配置服务，系统实时监控战场动态，并匹配用户需求，确定满足订阅/配置条件后，触发态势要素的筛选和取用。该方式在系统中使用较为普遍，可能存在以下问题：一是由于使用场景、战场情境难以枚举，以模板、配置等方式定制的内容可能泛而不精，因此难以真正做到"量身定制"；二是由于高度依赖人工推进流程，问卷等方式难以在瞬息万变的场景中，在恰当的时间点为用户精准提供态势保障。

《美军联合参谋部发布的指挥员关键信息需求（第四版）》[2]（Commander's Critical Information Requirements，CCIRs）指出，确定的信息需求对及时决策至关重要，指挥员的信息需求随着任务、优先级和环境的改变而改变。为精确捕获支撑军事决策的关键信息需求，美军联合参谋部建立了一套指挥员驱动的信息需求流程，如图 8-1 所示，流程始于指挥员必须做的决策，由指挥员确定决策所需关键信息，以指导后续参谋长和参谋围绕 CCIRs 开展监控、传播、报告和维护等工作。

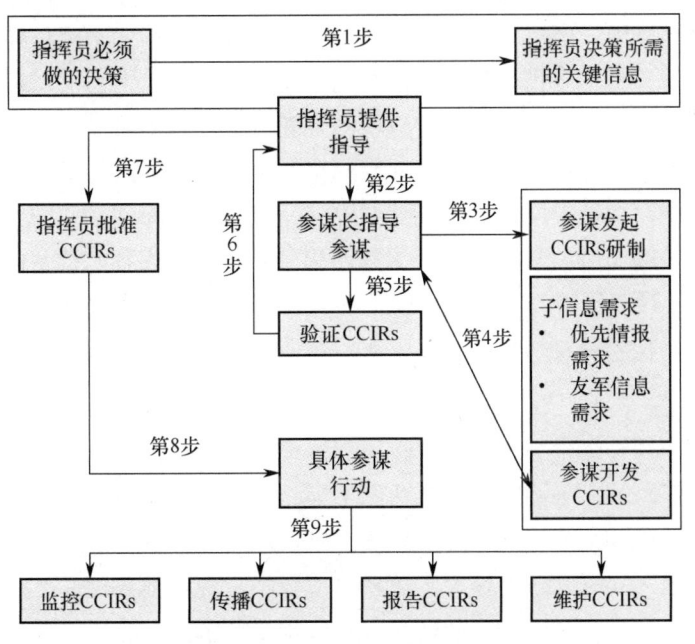

图 8-1 指挥员关键信息需求流程

CCIRs 对态势要素的组织运用以指挥员需求的开发为重心，需求来源包括任务、评估、战场环境、与其他人的互动等，通过回答"为什么""所以会怎样""如果会怎样""下一步会怎样"这一系列问题而推动需求的开发。需求的开发涉及众多人员,过程复杂,存在高度依赖人工推进流程的问题。

2. 主动推荐

主动推荐是根据用户信息和历史行为数据挖掘用户需求,并通过一定的算法从海量态势要素中筛选出用户需要或感兴趣的对象,主动将这些筛选出的态势要素推荐给用户。主动推荐技术在民用领域广泛用于音乐、视频、广告、购物等场景。在大数据的冲击下,战场态势要素组织运用面临要素数据庞大、数据类型多样化等挑战,而人工智能技术在主动推荐中越来越广泛的尝试为战场态势要素组织运用问题的突破带来了新机遇。主动推荐模型可以分为基于内容、协同过滤和混合推荐三大类。

基于内容的推荐重点在于通过学习模型,由用户关联的推荐对象特征得到用户偏好特征信息,再从候选集中推选出与用户偏好特征相似度较高的对象。基于内容的推荐可有效利用推荐对象的特征,不依赖于用户对推荐对象的评价和反馈,推荐结果直观,能有效解决新对象和不常用对象的推荐问题,但存在新用户未产生偏好信息而无法开展有效推荐,以及复杂场景中推荐对象内容特征提取难度较大等问题。

协同过滤是最经典的推荐模型,可以理解为协同使用大量用户对推荐对象的反馈、评价,过滤用户不感兴趣的对象。其关键步骤是用户偏好与推荐对象相似度的计算,常用的参数包括余弦相似度、皮尔逊相关系数。为增强模型泛化能力、提升稀疏数据处理能力,在协同过滤思想基础上,衍生出矩阵分解模型,即构建用户行为矩阵,将用户和推荐对象映射到同一空间中,基于内积运算实现对推荐对象评分预测;为考虑特征信息,又逐步引入机器学习模型,如引入逻辑回归融合情境、推荐对象、用户特征,将推荐转换为分类问题。近年来,随着循环神经网络、卷积神经网络等深度学习模型的不断创新和突破,深度学习逐步应用于推荐系统中,极大提升了推荐性能,Wide&Deep、FNN(Factorization Machine Supported Neural Network)等模型的提出和应用更是标志着推荐系统全面进入深度学习时代[3]。与传统推荐算法相比,深度学习模型的表达力更强,且模型结构更加灵活,能更好地适配应用场景。深度学习在主动推荐中的典型应用包括神经协同过滤、多层感知机、图神经网络等。

混合推荐是通过策略将多个推荐算法模型混合形成整体,包括加权混合、交叉混合、切换混合、层叠混合等,可规避单一算法的不足,满足用户多样化的需求。例如,将协同过滤和基于内容的推荐混合使用,既能解决过度依赖用户评价的问题,也能解决将新对象推荐给用户的问题,同时具有良好的可解释性。当然,混合推荐也并不完美无瑕。比如,目前很多混合推荐方法存在模型复杂度高、对数据量要求大,选型、调参等人工工作量大等问题,学术界和工业界在持续探索和优化推荐模型。在实际工程应用中,还需针对场景和具体需求设计合适的技术方案。

8.1.2 组织运用过程

战场态势要素组织运用以用户为中心，在战场情境的驱动下，从用户开展业务操作、使用态势、配置模板等系统交互记录中获取用户态势要素需求，再将态势要素与用户态势要素需求进行匹配，生成态势要素清单，基于清单即可生成生成聚焦态势图，从而高效、精准地保障用户完成作战任务。如图 8-2 所示，战场态势要素组织运用过程可以概括为战场情境感知、态势要素需求获取、态势要素需求匹配、态势要素清单生成四个步骤。

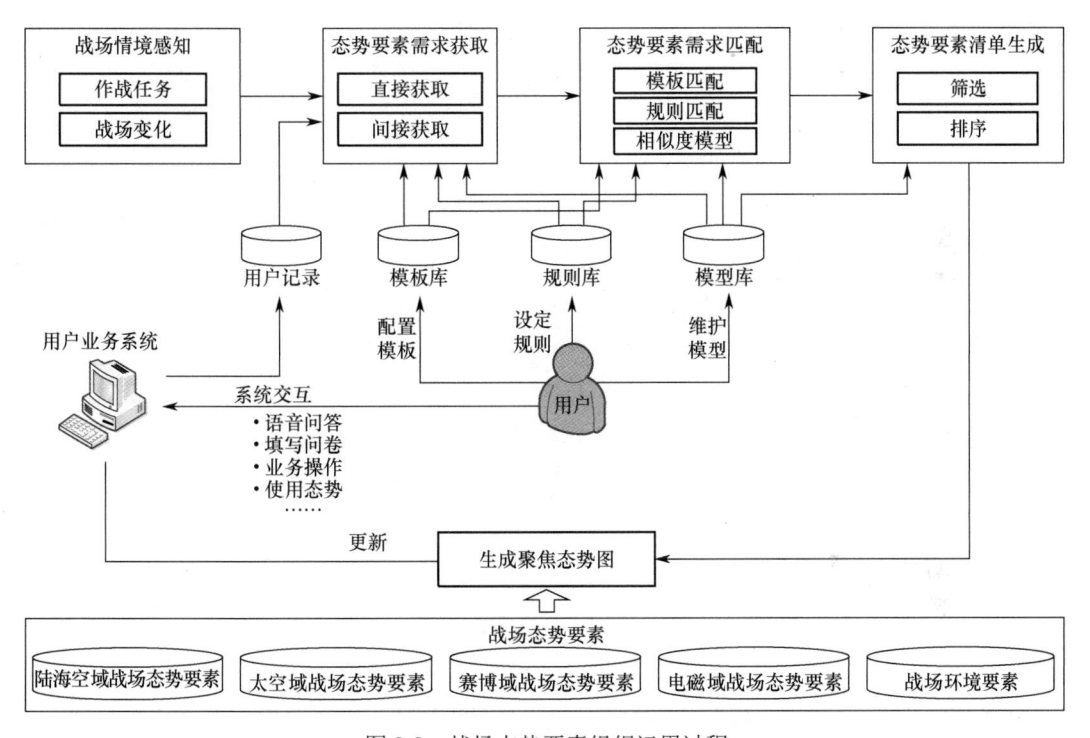

图 8-2 战场态势要素组织运用过程

情境是能够对某些事情产生影响的条件和环境[4]。战场情境主要包括作战任务、战场变化。战场情境感知则是从系统层面获取战场情境，将其转化为支撑态势要素需求的信息。战场情境感知始于用户登录时刻，系统需要监控作战任务及战场变化，匹配和识别情境特征，适时触发态势要素需求的生成与获取。

态势要素需求获取主要是从用户（指挥人员）与系统交互中提取用户的需求状态，包括直接和间接两种方式。直接获取包括采用语音问答、配置、模板等方式直接告知需求，按需拉取的态势要素组织运用中常采用该方式，如用户使用语音交互助手告知系统"展示××编队作战能力及威胁"这一需求，再如用户在准备阶段通过配置页面将"当××区域出现不明空中目标时，查看我方在空兵力及周边气象"需求告知系统；间接获取主要是对用户基础信息、用户业务操作和使用态势等系统交互行为进行分析，挖掘特定情境中的用户需求，主动推荐的态势要素组织运用中常采用该方式。

态势要素需求匹配主要是根据用户态势要素需求对候选态势要素库中的态势要素进行匹配，为用户筛选出需要的态势要素。态势要素需求获取与态势要素需求匹配关系紧密、难以割裂，一般需要使用配套的方法。从系统实现的角度而言，需求匹配主要有基于模板、基于规则，以及基于相似度模型的三大类方法。基于模板和规则的态势要素需求匹配主要通过模板和规则的方式建立需求至态势要素间的映射关系，再从要素库中挑选出指定的态势要素，实现态势要素组织运用的自动化。这两种方式都依赖于人工建立用户—需求—态势要素映射知识。其中，规则方式较模板方式更为灵活。但事实上，用户—需求—态势要素关系千丝万缕且千变万化，涉及战略、作战运用、兵力博弈等诸多方面，构建完备的模板和规则的难度都非常大。基于推荐模型的需求匹配则是基于在态势要素需求获取阶段得到的用户态势要素需求状态，通过相似度模型等方式计算用户态势要素需求状态与候选态势要素的匹配度。

态势要素清单生成主要是根据态势要素与需求的匹配度对态势要素进行筛选和排序，从而生成最终的清单。在现实中，多个需求可能同时存在，且用户的某一需求往往对应多个态势要素。因此，在某段时间内，用户需要的态势要素可能数量较大，这就更需要对这些要素进行排序，以更精准地切合用户认知需求。态势要素清单可以简单地由要素与需求匹配程度排序结果截取匹配度高的要素，也可以采取某种策略将多种匹配方法得到的多个态势要素清单进行综合，生成最终的清单。根据得到的态势要素清单，借助可视化技术即可生成用户所需的聚焦态势图。

大数据为战场态势要素组织运用带来了极大挑战，而战场态势要素组织运用方法中的主动推荐方法与人工智能技术的结合为战场态势要素组织运用的突破提供了新的可能，智能程度和灵活程度都比按需拉取方式更高，因此，本节主要对主动推荐方法进行深入探讨。

在选择主动推荐模型前，需注意战场态势要素组织运用的特点，一方面，组织运用对象（态势要素）的结构形式多样，包括结构化、半结构化、非结构化数据；另一方面，用户需求与作战需求紧密结合，战场复杂性导致组织运用的情境难以捉摸，同时需求变化也更加难以捕获。下文将重点介绍基于情境感知和基于注意力机制的战场态势要素组织运用方法。其中，基于情境感知的战场态势要素组织运用方法对情境进行建模和分析，并用标签的形式处理态势要素结构形式多样的问题；基于注意力机制的战场态势要素组织运用方法则采用深度学习方法模拟人脑思考过程，以解决用户需求变化的问题。

8.1.3 基于情境感知的方法

基于情境感知的战场态势要素组织运用方法的首要任务是对情境进行建模，以支撑情境识别，然后将态势要素以标签形式描述和向量化，基于用户历史行为数据，计算用户的情境化态势要素需求，进而在特定情境中主动为用户推荐与其需求最匹配的态势要素。本小节重点讨论该方法中的战场情境感知、态势要素需求获取、态势要素需求匹配这三个关键步骤。

1. 战场情境感知

战场情境感知强调用户所处环境的变化,进而提高主动推荐的质量,包括捕获和识别可能影响用户需求变更的环境因素。以辅助用户作战指挥过程的视角,态势认知应该从感知战场情境开始,如此才能与作战需求紧密结合,达到"呈现的永远是当前最需要的态势"的目的,以减少指挥人员的态势认知负担。在实际作战应用场景中,简单的用户–态势要素二维关系难以产生理想的推荐效果。可以说,离开战场情境的态势要素组织运用是没有意义的,通过战场情境感知可以丰富态势要素推荐场景,使得态势要素主动推荐模型更加精细化。

战场情境主要包括作战任务、战场变化两大部分。

1)作战任务

作战任务是作战力量为达成预定作战目的而承担的任务,面向不同作战任务的战场态势认知的侧重点存在较大差异。由于受领作战任务的不同,同一个用户所需要的态势可能千差万别。作战任务通常以文书形式下达给用户,为让态势系统能理解和利用作战任务,需以预定义的标准格式生成文书,描述作战任务。由于作战任务的粒度粗细不一,计划文书内容也有粗有细,既有任务号令,也有详细行动计划,因此需约定计划文书中不可缺少的要素信息,如任务类型、时间、地点、作战目标等。若满足上述约束条件,则用户在受领任务/计划文书时,系统即能通过计划文书的解析捕获其中的关键信息。

2)战场变化

战场变化主要包括战场关键事件和战场时空变化。

战场关键事件是战场变化的重要标志,也是作战行动推进的动因,一些关键事件的发生甚至是牵动战场形势变更的主因。针对不同类型的关键事件,所需的态势要素也不相同。例如,发生敌机抵达敏感区域事件时,需要关注敌机型号、挂载,以及其可能的群组和意图等信息;而发生导弹来袭事件时,需要关注导弹位置、型号、运动状态、落区等信息。战场关键事件需要进行建模和实例化,并通过规则引擎等方式建立事件触发与响应机制。通过对战场实体进行扫描和监控,当实体动作符合事件预设条件时,系统即捕捉到该事件发生。

战场对抗在特定的时空环境中发生,作战阶段的推进和作战行动的实施都是在一定的时空条件下进行的;同时,敌我对抗反过来也会导致战场时空变化,两者相辅相成。因此,战场时空变化也是用户态势要素需求的重要来源。典型的战场时空变化有战场气象、机动通道、障碍物等。战场时空发生的变化一般会被上报,并触发战场环境数据的变更,系统即捕捉到该时空变化情况。

在捕获战场情境变化后,还需要对战场情境进行识别,以精准把握当前态势要素组织运用的场景。基于机器学习模型,战场情境识别可以视为"先聚类、再分类"的过程。"先聚类"是指通过情境数据探寻众多情境的关联结构，定义若干不相交的情境类；"再分类"是指用聚类结果训练分类模型，识别新的情境数据。因此，将战场情境识别分为情境聚类和情境分类两个阶段，分别以 k-均值和朴素贝叶斯模型为例实现战场情境识别。

（1）阶段一，基于 k-均值（k-means）的情境聚类。

k-均值聚类是一种无监督学习，由人工定义簇数量值 k，并随机选定 k 个样本点作为初始簇的中心，再根据距离将数据集中的点分配到各个簇中，同时使用簇内样本均值更新簇中心。

给定情境样本集 $\boldsymbol{x}=[x_1,x_2,\cdots,x_m]$，得到的 k 个簇划分记为 $\boldsymbol{y}=[y_1,y_2,\cdots,y_k]$，$k$-means 聚类用平方误差 E 衡量簇内样本的紧密程度，计算公式为

$$E=\sum_{i=1}^{k}\sum_{x\in y_i}\|\boldsymbol{x}-\boldsymbol{\mu}_i\|_2^2.$$

式中，$\boldsymbol{\mu}_i$ 是簇 y_i 的均值向量。k-means 聚类的目标是考查所有的可能簇划分，平方误差 E 越小则簇内情境相似度越高，聚类效果越好，E 取最小值对应的簇划分即为最终聚类结果。算法可采用贪婪策略，通过迭代优化来近似求解使得平方误差 E 最小的簇划分。

（2）阶段二，基于朴素贝叶斯分类器（Naive Bayes Classifiers，NBC）的情境分类。

朴素贝叶斯分类是一种简单实用的贝叶斯分类，其基本原理是，假设分类依据特征独立，基于训练集估计各分类的先验概率，并计算每个特征的条件概率，在新的情境出现时，选出最有可能（概率最大）的那个分类。情境聚类最终得到的簇划分记为 $\boldsymbol{y}=[y_1,y_2,\cdots,y_k]$，情境识别依赖的 q 个特征变量记为 $a_1,a_2,\cdots,a_q$，那么朴素贝叶斯分类器定义为

$$\text{classify}(\boldsymbol{a})=\arg\max P(\boldsymbol{y})\prod_{i=1}^{q}P(a_i\mid\boldsymbol{y})$$

式中，$P(\boldsymbol{y})$ 为 k 个分类的先验概率；$P(a_i\mid\boldsymbol{y})$ 为第 i 个属性的条件概率。

2. 态势要素需求获取

用户态势要素需求获取即根据用户历史对态势要素的操作，计算用户在特定情境中的态势要素需求。

为了较为灵活地适应结构化和非结构化态势要素，充分挖掘态势要素隐含信息，要先将态势要素进行标签化处理。标签是对态势要素的标记，可以当作用户对态势要素的理解，隐含用户对态势要素的需求。一个标签可以用于标记多个态势要素，一个态势要素往往需要用多个标签描述。

标签的生成主要有人工标注和自动提取两种方式。人工标注生成态势要素标签对人的要求比较高，需要大量各领域专家对态势要素进行分析和拆解，从而构建高质量的标签。态势要素中的大量文本、视频等非结构化对象一般需要先通过算法自动提取标签。比如，采用自然语言处理技术从文本中提取关键词作为标签，通过目标检测技术从视频提取目标

对象作为标签。战场态势要素标签均有明确的特定含义，为保证推荐效果，在使自动提取标签后，还应确保提取和使用的标签被限定在一定的标签体系框架中。此外，态势要素中大部分结构化态势要素有固定的属性特征，数据存放在关系型数据库中，可以通过一定策略自动生成标签使用。

在生成标签的基础上，态势要素可以转化为标签向量，向量的每个维度都对应一个标签，那么，态势要素向量 s 可以描述为

$$s = [s_1, s_2, \cdots, s_v]$$

式中，v 为标签维度。

假设情境识别模块将所有的情境划分为 k 类，用户 u 在某类情境 $t(t \in T)$ 中的需求向量记为

$$r = \sum_{j \in D} w_j s_j$$

式中，D 为用户 u 在 t 类情境下操做过的态势要素集合；s_j 为第 j 个态势要素向量；w_j 为操作类型对应的权重，一般由人工设定。最终，向量 r 中标签的权值即为用户对该标签的需求程度。

3. 态势要素需求匹配

态势要素需求匹配过程即为将用户态势要素需求与候选态势要素进行匹配的过程。最简单直观的做法是基于用户需求向量与态势要素向量进行余弦相似度计算，即

$$\text{sim}(r, s) = \cos(r, s) = \frac{r \times s}{\|r\| \cdot \|s\|}$$

在战场情境变化触发用户需求变化后，对用户需求与态势要素相似度进行排序，即可截取 $topK$ 态势要素推荐给用户。

但是，上述用户需求的计算仅依赖于用户自身历史操作数据，难以发现用户潜在需求，推荐结果缺乏多样性。在战场态势要素推荐中，同类用户的共性需求往往具有较大的参考价值，因此，可以借助协同过滤思想，利用相似用户有相似需求的原理，为用户推荐同类用户需求的态势要素。此时，可以对用户特征加以利用，即根据用户特征构建用户向量，然后根据余弦相似度计算用户 u 与其他用户 u_i 的相似度，即

$$\text{sim}(u, u_i) = \cos(u, u_i) = \frac{u \times u_i}{\|u\| \cdot \|u_i\|}$$

根据用户 u_i 对态势要素 s 的需求评分 $c_{u_i,s}$，即可计算用户 u 对态势要素 s 的需求度

$$\text{sim}(u, s) = \text{sim}(u, u_i) \times c_{u_i,s}$$

对用户–态势要素需求度进行排序，可取 $topK$ 态势要素作为补充推荐。但是，该计算

依赖于用户对态势要素需求情况的评分反馈,需要构建用户对态势要素的评分体系。

4. 实例分析

在分类问题中,通常采用对数损失、准确度、F1分数等指标对推荐模型进行评估。

对数损失(LogLoss)是分类任务中常用的评估指标,对数损失越小则模型表现越好。若样本数量记为M,那么二分类问题的对数损失为

$$\text{LogLoss} = -\frac{1}{M}\sum_{i}^{M}[y_i\log\hat{y}_i + (1-y_i)\log(1-\hat{y}_i)]$$

式中,y_i为真实类别;$\hat{y}_i$为模型预测为正样本的概率。

准确度(Accuracy)是指预测正确的样本在总样本中的占比,即

$$\text{Accuracy} = \frac{n_c}{n_t}$$

式中,n_c为正确分类的样本数量;n_t为样本总数。

F1分数(F1-score)是用于衡量分类模型精确度的指标,其计算公式为

$$F1 = 2\times\frac{\text{Precision}\times\text{Recall}}{\text{Precision}+\text{Recall}}$$

式中,Precision为精确率,是预测为正例的正样本在所有预测为正例的样本中的占比,反映推荐的样本中有多大比例是用户真正需要的,其计算公式为

$$\text{Precision} = \frac{\text{TP}}{\text{TP}+\text{FP}}$$

Recall为召回率,是预测为正例的正样本占所有正样本的比例,反映用户真正需要的样本中有多大比例被推荐,计算公式为

$$\text{Recall} = \frac{\text{TP}}{\text{TP}+\text{FN}}$$

精确率和召回率计算基于表8-1所示的混淆矩阵,TP代表系统推荐且用户真正需要的样本,FP代表系统推荐但实际非用户需要的样本。

表 8-1 混淆矩阵

实际为正例或负例	预测为正例	预测为负例
正例	真正例(TP)	假负例(FN)
负例	假正例(FP)	真负例(TN)

精确率和召回率具有矛盾统一的关系,为提高推荐精确率,需要将可能性更大的样本预测为正样本,这样可能会漏掉一些可能性不大的正样本,导致召回率下降。因此,单独看任何一个指标都难以准确衡量模型效果。而F1分数综合考虑精确率和召回率的影响,最大值为1,最小值为0,其值越高,则模型效果越好。

为验证方法的可行性，可在战场情境感知的驱动下，依次完成态势要素需求获取、态势要素需求匹配等过程后，适时推送各类态势要素，形成聚焦态势图，根据用户操作（包括查看、关闭、搜索态势要素）对态势要素组织运用模型进行评估。分别取一周内用户产生的 21 万条有效原始样本数据进行分析，样本覆盖近百类战场情境，采用余弦相似度进行匹配计算，取 top$K$ 项要素形成推荐列表，当推荐列表长度 K 分别取 10、20 时，得到表 8-2 所示试验结果，可见，K=10 时的模型总体效果更佳。

表 8-2 基于情境感知的战场态势要素组织运用方法试验结果

K 值	对数损失	准确度	F1 分数
10	0.37	0.75	0.72
20	0.35	0.70	0.71

8.1.4 基于注意力机制的方法

基于注意力机制的战场态势要素组织运用方法思路是，基于行为序列挖掘用户需求随时间动态变化的规律，抽取用户需求，并引入注意力机制模拟用户注意和思考过程，获取用户需求与候选态势要素相关的演化过程，以精细化预测用户实时态势要素需求，再基于匹配度计算模型实现相关候选态势要素的主动推荐，帮助用户提高对重要态势要素的关注，降低无效信息的干扰。

态势用户无论进行业务操作还是对态势要素的使用，其行为都呈现明显的时序特征，前后行为存在不同程度的依赖和关联关系，而传统推荐模型（如基于用户的协同过滤）大都只是对大量历史数据进行笼统分析，丢弃了时间这一重要信息。序列模型可以有效提高模型表达能力，但一般的序列模型，如循环神经网络模型，对每一时刻的输入信息同等对待，会导致重要信息无法充分利用。而注意力机制模拟用户思考过程，通过用户关注需求与候选态势要素的关联计算，模拟用户需求演化过程，将用户注意力投射到真正重要的态势要素上，从而达到屏蔽无关信息干扰的效果，进一步提升推荐的精准度。

注意力机制源于人脑的选择性处理信息的习惯。针对呈现的大量信息，人脑会有意或无意选择关注其中的少部分有用信息，而忽略其他信息。例如，用户在浏览网页时，会选择性地注意其中某块特定区域的信息，这即是典型的视觉注意力机制。同样，在态势要素需求的支撑下，用户不会也无法关注所有的态势要素，因此在一段时间内操作和浏览态势要素的行为必然有侧重点，且在这段时间内可能存在多个侧重点。此时，利用注意力机制对用户当前需求演化过程进行模拟，针对候选态势要素精确计算用户"下一步"需求，屏蔽不相关需求对当前候选态势要素的影响，对精细化的态势要素组织运用有着重要意义。

近年来，注意力机制被广泛用于深度学习的各个领域，在自然语言处理、机器翻译、计算机视觉等领域取得了显著成效。在态势要素主动推荐中引入注意力机制可以使得系统对用户真实思考过程的模拟更逼真，从而达到提升态势要素组织运用效果、提升用户体验的目的。

如图 8-3 所示，基于注意力机制的战场态势要素组织运用方法以用户行为序列、候选态势要素特征、用户特征、情境特征为原始输入，主要通过态势要素需求提取、需求演化、需求匹配三大步骤实现对态势要素的精准推荐。

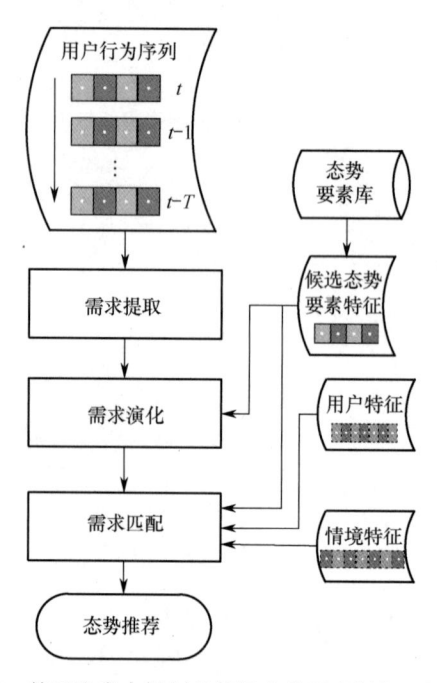

图 8-3　基于注意力机制的战场态势要素组织运用方法

1. 态势要素需求提取

态势要素需求提取旨在通过序列模型提取出每个时刻用户行为背后隐藏的需求状态。循环神经网络（Recurrent Neural Network，RNN）因对序列关系有着较强的建模能力，被广泛用于序列推荐任务，也是本方法的模型基础。

循环神经网络在神经网络的基础上加入了记忆单元，如图 8-4（a）所示，X 代表输入层，隐藏层记为 H，输出层记为 Y，连接权重记为 W。RNN 延时间线展开可以得到图 8-4（b）所示结构图，模型输出可以用下式计算：

$$y_t = g(W_{hy}h_t + b_y)$$

式中，g 为 softmax 函数；W_{hy} 为隐含层至输出层的连接权重；b_y 为偏置项；h_t 为 t 时刻的隐藏状态，计算公式为

$$h_t = f(W_{hh}h_{t-1} + W_{xh}x_t + b_h)$$

式中，f 为激活函数，常用 sigmoid 或 tanh 函数；$W_{hh}h_{t-1}$ 即为记忆存储单元，用于记忆上一时刻的输入信息；W_{hx} 为输入层至隐藏层的连接权重；b_h 为偏置量。

第 8 章　战场态势要素组织运用和可视化方法

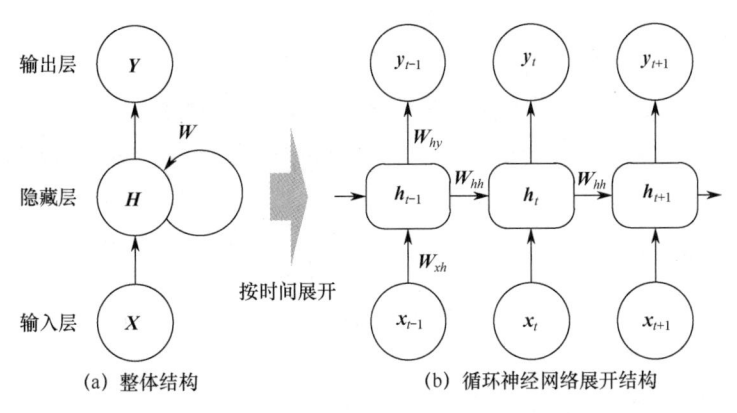

图 8-4　循环神经网络

由此可知，RNN 的输出由"过去"状态和"当前"状态共同决定，且距离"当前"越久远的状态对输出的影响越小。确切地说，RNN 在处理每个时刻 t 的信息时都会将上个时刻的信息状态丢弃一半，随着输入序列的增长，在反向传播进行梯度更新时，RNN 存在梯度消失问题。

门控循环神经网络即为解决 RNN 的梯度消失和爆炸问题而生，其中门控循环单元（Gated Recurrent Units，GRU）网络表现最突出。GRU 在 RNN 基础上引入了重置门和更新门的概念，具备更加合理的遗忘和记忆机制，从而逐步成为循环神经网络的重要分支。

GRU 网络的整体结构与 RNN 保持一致，如图 8-5（a）所示，区别在于引入了重置门与更新门，如图 8-5（b）所示。

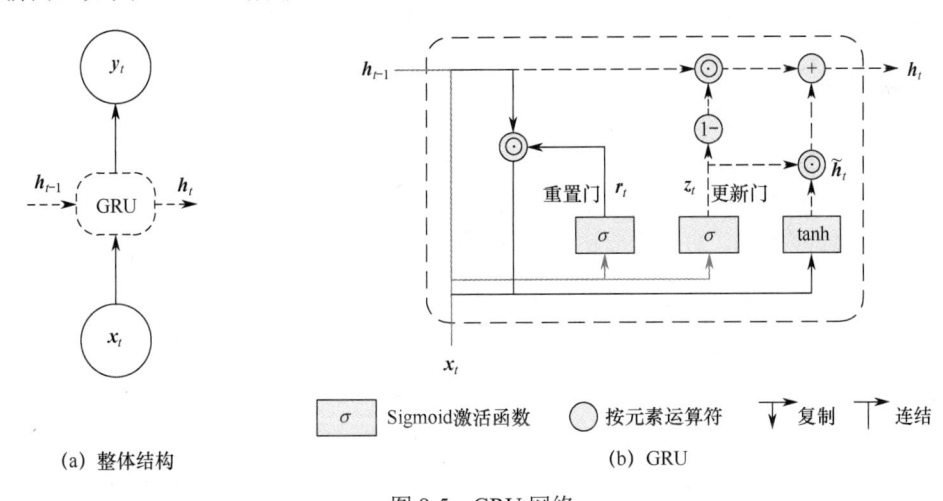

图 8-5　GRU 网络

重置门 r_t 与更新门 z_t 的计算与 RNN 隐藏状态 h_t 的计算公式相同，即

$$r_t = \sigma(x_t W_{xr} + h_{t-1} W_{hr} + b_r)$$

$$z_t = \sigma(x_t W_{xz} + h_{t-1} W_{hz} + b_z)$$

利用重置门对 $t-1$ 时刻的隐藏状态进行重置操作，再用当前输入数据与重置后的隐藏

状态进行状态更新，得到候选隐藏状态 $\tilde{h}_t$

$$\tilde{h}_t = \tanh(x_t W_{xh} + (r_t \odot h_{t-1}) W_{hh} + b_h)$$

式中，$r_t \odot h_{t-1}$ 为重置操作；重置门 $r_t \in [0,1]$。r_t 值越小，意味着候选隐藏状态丢弃越多 $t-1$ 时刻的隐藏状态；r_t 值越大，则意味着候选隐藏状态保留越多 $t-1$ 时刻的隐藏状态。

那么，GRU 网络中的 t 时刻隐藏状态 h_t 为

$$h_t = (1 - z_t) \odot h_{t-1} + z_t \odot \tilde{h}_t$$

其中，更新门 $z_t \in [0,1]$。

2. 态势要素需求演化

态势要素需求演化主要是基于注意力机制与 GRU 模型，筛选并利用与候选态势要素相关的需求状态，模拟与候选态势要素相关的需求演化过程，得到用户与候选态势要素相关的需求向量。

在用户需求提取的基础上，为何还要有需求演化呢？这主要由需求的多样化及漂移现象导致。

需求多样性指的是，同一时刻用户存在多种需求状态。比如，指挥人员可能会同时存在"区域 A 内战局及趋势研判"和"区域 B 内中立方群组情况研判"的需求。在多样化需求支撑下，用户行为也是多样化的，可能在浏览区域 A 内"敌方体系""局势量化评估"等多个态势要素的同时，也浏览区域 B 内"中立方群组""群组威胁"等态势要素。当候选态势要素类属于支撑"区域 B 内中立方群组情况研判"时，"区域 B 内中立方群组情况研判"的演化路径明显更重要，即此时该需求相关行为数据的利用价值更高。

此外，可能还存在需求漂移现象。例如，用户在"局势研判"这一需求支撑下，首先查看了多个体系态势要素，后发现某个目标（如某型侦察机）非常关键，于是演化出对"某型侦察机"相关态势要素的需求，产生对群组识别、行为意图等态势要素的浏览行为。这时，针对候选态势要素"某型侦察机威胁估计"而言，显然"某型侦察机"这一需求演化路径比"局势研判"这一需求演化路径更重要。

在实际情况下，用户需求的多样化和漂移现象，使得用户需求动态捕捉比较关键，然而在需求提取过程中都没有针对性措施，不具备对需求演化路径筛选能力。注意力机制的引入可以帮助解决这一问题。

如图 8-6 所示，注意力机制可以类比于寻址过程加以理解：将信息视为存储器中的内容，存储器元素由键-值（Key-Value）组成，针对查询任务 Query，通过 Query 与 Key 的相似度计算每个 Value 的权重，对 Value 加权求和即得到注意力值。

注意力值可通过下式计算：

$$a = \sum_{i=1}^{L_x} \text{similarity}(q, k_i) \times v_i$$

式中，L_x 为信息序列长度。在上式求解过程中，相似度 similarity(q,k_i) 求解是关键，可以通过点积、余弦相似度、神经网络模型等方式求解。

将注意力机制运用到 GRU 中，构建图 8-7 所示的 AUGRU（GRU with Attentional Update Gate）模型[5]，可以降低对无效（不相关）信息的关注度，获取当前最相关的兴趣的演化路径，使得模型更具针对性，达到提高模型效率和准确性的目的。

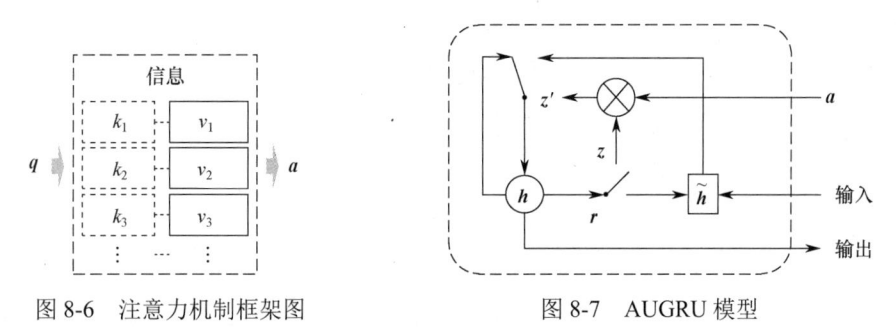

图 8-6　注意力机制框架图　　　图 8-7　AUGRU 模型

如图 8-7 所示，AUGRU 模型在 GRU 更新门 z_t 的基础上加入了注意力得分 a，更新门 z'_t 为

$$z'_t = a_t z_t$$

那么，AUGRU 模型中 t 时刻的隐藏状态 h'_t 为

$$h'_t = z'_t \odot \tilde{h}'_t + (1 - z'_t) \odot h'_{t-1}$$

由此可见，AUGRV 模型的结构与 GRU 网络一致，只是将更新门的计算进行了调整，却能够使得候选态势要素相关的需求合理演化。

3. 态势要素需求匹配

态势要素需求匹配主要通过多层感知机实现对候选态势要素与需求、情境、用户的关联计算。如图 8-8 所示，多层感知机以态势要素需求演化得到的需求向量、候选态势要素特征、用户特征、情境特征为输入，以用户点击/不点击候选态势要素的概率为输出，即得到用户对候选态势要素的需求匹配度，根据当前情境中各候选态势要素的需求匹配度进行排序，即可取出 top$K$ 个态势要素推荐给用户。

在该模型中，战场情境通过构建情境特征向量的方式，与用户特征、用户需求和态势要素特征一起作为多层感知机的输入，通过模型的学习模拟众多特征到输出之间的关联关系。

基于注意力机制的态势要素推荐通过行为序列将时间因素纳入模型中予以考虑，基于注意力机制模拟了用户需求演化过程，算法模型较传统方法更加精细，能有效针对用户"下一次"点击/查看的态势要素产生精准推荐。也正是模型的精细度较高，对用户需求的考虑较为细致全面，使得该方法的训练复杂度较高，在使用时，可根据系统要求及实际数据特征进行选用。

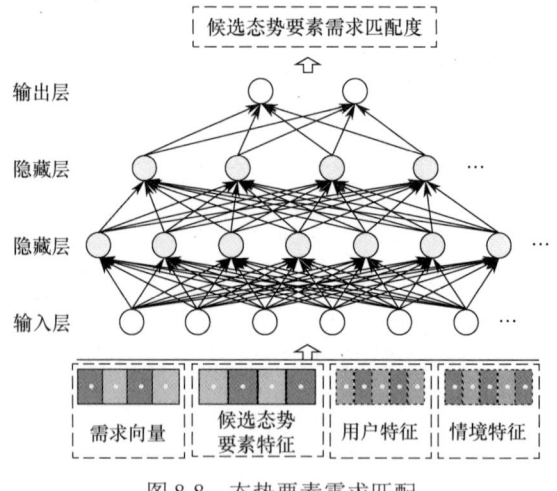

图 8-8 态势要素需求匹配

4. 实例分析

为验证本方法的可行性，采集一周内用户频繁操作形成的大量行为记录数据，分别筛选出其中 6 万条、21 万条有效数据对基于注意力机制的态势要素组织运用方法中的模型进行训练，其效果如图 8-9 所示。从试验结果可以看出，当初始样本量达 21 万条时，模型的总体效果更佳。

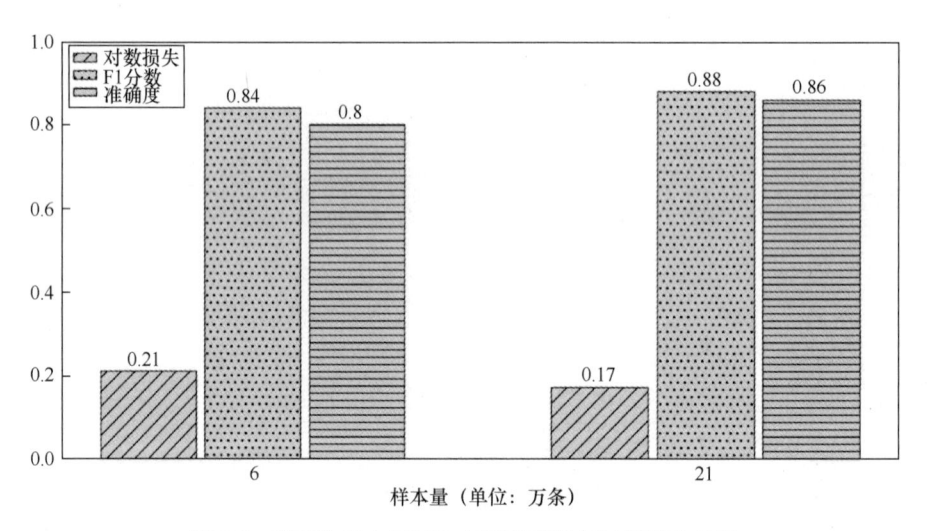

图 8-9 基于注意力机制的态势要素组织运用试验结果

总体而言，基于情境感知的战场态势要素组织运用方法原理简单，结果直观且可解释性强，通过标签的设计能有效避免新态势要素无法被推荐的问题，但态势要素复杂、内容特征提取效果不佳可能会导致模型推荐效果降低；基于注意力机制的战场态势要素组织运用模型复杂度较高，模型效果对样本依赖较大，且训练过程复杂，结果的可解释性不高，工程部署和应用难度较大，但是能够在复杂场景中、大量样本条件下取得较好的推荐效果。在实际应用时，应该根据具体需求进行选择。

8.2 战场态势要素可视化方法

面对现代化战场态势中的海量数据和信息，如何将数据、信息有效可视化，从而有效地辅助指挥人员做出更好的决策？战场态势要素的可视化方法就是借助位置、颜色、长度、形状、大小等直观可见的可视化策略表达数据，以帮助指挥人员更快地识别数据中的关键信息，发现数据背后的逻辑关系，从而做出更好的决策。良好的可视化方法能够极大地缓解认知片面与偏差问题，提高指挥人员的认知效率，减轻认知负担，缩短决策时间。

8.2.1 可视化概念与现状

"可视化"一词源于两个英文单词 Visualize 和 Visualization，第一个是动词，意为生成符合人类认知的图像；第二个是名词，表达使某物或某事变为可见的动作或事实[6]。在计算机学科的分类中，利用人眼的感知能力对数据进行交互的可视表达以增强认知的技术，称为可视化，它将不可见或难以直接显示的数据转化为可感知的图像、符号、纹理等，增强数据识别效率，传递有效信息。可视化借助人眼快速的视觉感知和人脑的智能认知能力，可以起到清晰有效地传达、沟通并辅助数据分析的作用。

战场态势要素可视化是利用计算机图形学及可视化等技术，将抽象的态势数据转换为符合视觉认知特征的图形、图像和动画等形式，对战场态势要素进行凝练表达和直观呈现，帮助指挥人员快速洞察重要态势信息，从而高效地做出决策。战场态势最终要为指挥人员所用，最直观有效的方式是以丰富多样的可视化方式从各个角度、各个层次展现，让指挥人员对当前形势一目了然，同时对下一步的发展趋势进行预测[7]。

目前，可视化在不同领域发展迅速，在生命科学领域，可视化技术应用于计算机断层扫描，推动了医学影像的发展；在网络安全领域，网络安全分析师通过有效的信息可视化工具，提升其在解决网络安全问题过程中的感知和认知能力，从而发现模式、识别异常和掌握趋势[8]；在商业智能领域，数据本身就蕴含着巨大的商业价值，通过可视化可以更好地分析商业数据，及时发现商业异常，捕捉市场需求。同样地，在军事科学领域，可视化也发挥着巨大作用。

"宙斯盾"系统是美国研制并装备的一个自动化指挥作战系统[9]。图 8-10 所示是"宙斯盾"系统界面。左侧为综合态势图，展现整个战场态势，可以进行目标叠加和信息标注。左侧菜单栏用于展示系统状态和控制信息，如地图放大倍率、工作状态等。右侧是单个目标详情和应对处置方案。整个界面的最下方是按威胁大小排序的 16 个目标。这个看似普通的界面是美军优化完善十几年的结果，具体包括：使用 2D 代替 3D 展现方式，3D 显示虽然更形象，但是容易产生遮挡，造成视觉混淆，增加了识别难度；使用直观展示代替详细表格，如图 8-11（a）所示，通过排序展现威胁度较高的目标，并在标牌中显示重要信息，而不是如图 8-11（b）所示在表格中显示所有信息；使用眼动技术优化页面布局，对大量用户进行眼动测试，分析用户视线焦点，优化页面布局。就这样，美军在不改动"宙斯盾"系统任何武器和计算机硬件的情况下，仅通过对系统的可视化界面进行优化，就达到了缩短人的认知和决策时间的效果。在一个拦截波次中将人的反应时间缩短了 4 秒，相当于 MK 41 系统多发射 8 枚导弹，直接促使战斗力提升 10%。这种"软功夫"带来的性能提升相比于研发硬件带来的性能提升，效费比高得多。

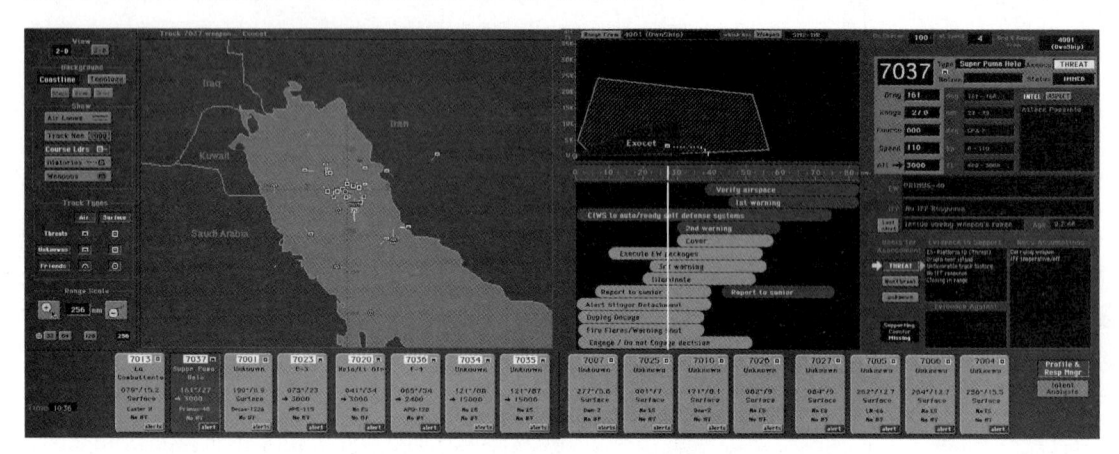

图 8-10 "宙斯盾"系统界面

（a）威胁排序标牌

（b）威胁排序表格

图 8-11 "宙斯盾"系统威胁目标展现界面

目前，以美国为代表的西方国家已将战场态势可视化技术作为未来信息化战争的核心技术，正在加紧开展相关领域的研究工作。例如，2019 年，美国陆军启动"赛博态势理解"（Cyber Situational Understanding，Cyber SU）项目，旨在帮助指挥人员更好地感知网络和电磁态势，从而做出更明智的决策；2021 年，美国空军与 DARPA 与美国查尔斯河分析公司

(Charles River Analytics Inc）签订合同，设计制造"联合、自适应、可视化与交互系统"，旨在结合用户的专业知识与设计直觉，以及机器探索、表征巨大搜索空间的能力，寻求新型网络物理系统设计，有望在减少人类设计师偏见的同时，将其见解与创造力纳入设计。

8.2.2 可视化原则与方法

战场态势要素的可视化属于数据和信息可视化的范畴，在进行态势要素可视化设计时可以参考和遵循数据和信息可视化的原则与方法。

1. 视觉展现策略与设计原则

在对战场态势要素进行可视化展现时，本质上是将数据以一定的变换和视觉编码原则映射为可视化的视图[6]。在对态势数据进行可视化映射的过程中，需要符合一定的可视化原则。遵循这些原则能够在一定程度上使得指挥人员更容易理解和认知数据；相反，如果违背这些原则，则可能会阻碍，甚至误导指挥人员理解态势信息，进而影响作战指挥整体效能。

1）视觉展现策略

常见的视觉展现策略主要包括颜色、角度、形状、纹理、颜色（亮度、饱和度、色调）、位置等。从视觉感知模式角度，视觉展现策略一般可以划分为定量、定性和分组三种策略，而不同类型的数据信息往往适合采用不同的视觉展示策略[6]。

定量视觉展现策略用于展现对象的某一属性的具体数值为多少。在态势要素展现时，定量展现策略的目的在于使指挥人员能够通过视觉模糊感知值的数量属性。常用的定量展示方法有色彩对比、线条宽度长度、平面位置等。例如，在过去 1 个月内，日舰在钓鱼岛海域的活动次数为 23 次，在春晓油气田海域的活动次数为 16 次，在赤尾屿的活动次数为 18 次。对于这些数据，指挥人员需要定量地感知日舰在钓鱼岛海域相较于其他海域的活动最为频繁，在赤尾屿海域的活动频繁度次之，在春晓油气田海域的活动频繁度最低，而并不需要记住这些具体数值。因此，可以使用热力图来表示日舰活动的频繁度，通过色彩对比展现活动频繁度的差异。

定性视觉展现策略用于描述对象本身的特性，即描述对象是什么。常用的定性展现方法有形状、空间位置等。例如，军标就是一种典型的使用图形形状来定性表征敌我目标的实例。对于驱逐舰、导弹驱逐舰、护卫舰、导弹护卫舰，不同类型目标的军标略有不同，但都是船的形状。指挥人员在看到态势图上的导弹驱逐舰军标之后，就能直观感受到什么位置出现了一个导弹驱逐舰目标。使用军标来定性描述目标类型，能够使指挥人员快速理解敌我目标类型属性，减小指挥人员的认知负荷。

分组是指将多个对象组合展现。从心理学角度来说，这种展现方式符合格式塔理论中的接近性。格式塔理论的接近性是指人类在视觉感知过程很容易将相似的部分理解为属于同一分组[10]。常用的分组展现方法包括颜色相近性、位置相近性、显示连接、显示包围。

例如，态势图在展现敌方、我方、不明等目标时，通常采用的方法是敌方目标全部采用蓝色军标，我方兵力全部采用红色军标，不明目标采用黄色军标。不论军标的位置如何，指挥人员从心理认知上会迅速根据颜色相似性，将态势图上的红色兵力归为一组，认知为我方，蓝色目标归为一组，认为是敌方。

2）设计原则

对于高维复杂的态势数据进行可视化展现时，往往需要使用多种视觉展现策略构建多种视图展现。对于多视图的交互展现，需要视觉交互原则来指导多页面的呈现方式。视觉交互设计原则主要包括交互一致性原则、减小用户记忆负荷原则、需要即呈现原则。

交互一致性原则是在指态势要素展现界面与用户交互过程中，无论是同一页面还是前后多个页面，都要遵循统一的表征方法。对于一个可视化图形的认知，需要将图形与已经建立的认知图式进行模式匹配，如果匹配就能很快完成认知，如果不匹配则需要重新建立认知图式进行认知。因此，在态势要素展现时，多个视图的表征形式越接近，需要的认知努力越少；相反，多个视图的差异性越大，则需要指挥人员花费更多时间认识视图。因此，在态势图中不同视图中的颜色使用、形状使用、操作方式、术语表达都必须具有一致性。

减小用户记忆负荷原则是指由于工作记忆是有限的，所以在对多元、高维、海量数据可视化展现时，要尽可能减小工作记忆的负荷。工作记忆是临时存储处理信息的"加工厂"，它从感知记忆和长时记忆中提取有效信息来理解可视化所提供的视觉信息。该原则要求尽量减少需要用户临时记忆存储内容的种类、数量。例如，在态势要素展现时尽量不使用大段文字描述某个态势要素，而应使用简单的信息语义。另外，难以理解的术语、晦涩的图形编码会占用指挥人员的大量工作记忆，应尽量不使用。

需要即呈现原则是可视化交互设计的高阶设计原则，是指在页面中能够按照认知需要呈现必要有用的信息，避免或屏蔽显示与当前任务无关的信息。面对众多需要展现的态势要素，在呈现给指挥人员的过程中，需要根据指挥人员的需求进行组织展现。使用 8.1.3 节和 8.1.4 节中的基于情境感知的方法和基于注意力机制的方法等进行态势展现能够在一定程度上体现该原则。

2. 视觉表征方法

视觉表征方法是数据信息与用户之间沟通的桥梁。面对纷繁复杂的数据信息，可视化除能够满足信息的基础表征功能外，还能辅助用户感知数据内蕴含的信息内容[11]。例如，1 个月内美军"本福德"号驱逐舰在南海活动的原始数据是一堆时间序的经纬度点。这些数据包含着非常多的数据维度和类别，如果将这些信息直接展现给用户，那么信息过载，超出用户的负荷，会造成用户认知效果下降甚至认知错误。因此，需要用可视化表征方法来处理复杂、高维、多元的数据信息。可视化视觉表征方法的具体流程如图 8-12 所示，先对数据信息进行信息层级分析，然后进行视觉呈现设计，最后通过视觉呈现给用户，并支持交互式信息获取。

信息层次分析的主要作用是对原始数据和信息进行整理、分类、分层，是实现数据和信息可视化的基础。在信息层次分析过程中，需要对信息元分类、信息维度分层，实现对信息层级结构的梳理，整理成待表征的信息架构。如图 8-13 所示，通过信息层次分析可确定信息之间的层次关系，降低信息的维度，进而能够实现人的认知上的降维。

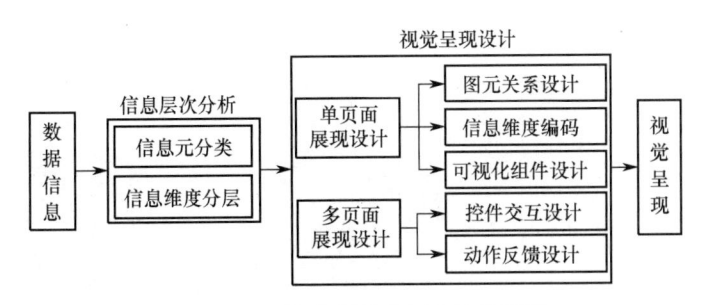

图 8-12　可视化视觉表征方法的流程

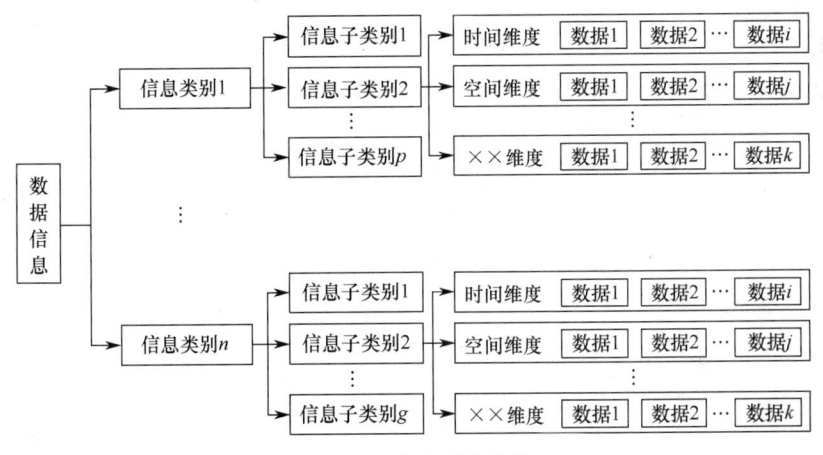

图 8-13　信息层次分析

在完成信息层次分析之后，确定了展示的层级，就需要进行视觉呈现设计。单页面展现设计需要图元设计、信息维度编码设计、组件设计。图元设计是确定页面基本信息显示架构，信息维度编码设计是将页面内信息维度进行科学映射，组件设计则是实现页面内有效功能分配。多页面展现设计是为了满足数据交互式显示的特性，需要完成控件交互设计、动作反馈设计。通过一系列视觉呈现设计，就能够将复杂多元的数据信息呈现给用户。

在视觉呈现设计的过程中，需要依据表征数据的基本特点用不同类型的图进行数据表征，常用的图包括柱状图、树状图、散点图、雷达图、气泡图、词云图、甘特图、平行坐标图、网络图等，如图 8-14 所示。在使用这些图进行数据表征的过程中，还需要考量任务需求。例如，对于基础设施数据，分析设施位置、关联作战的空间场景时，可以使用地图散点图来展现；若需要分析设施（如基地指挥所、基地机场/港口、基地后勤仓库等）之间的关系，则可忽略空间信息，构建形似知识图谱的网络化数据，使用网络关系图来展现。

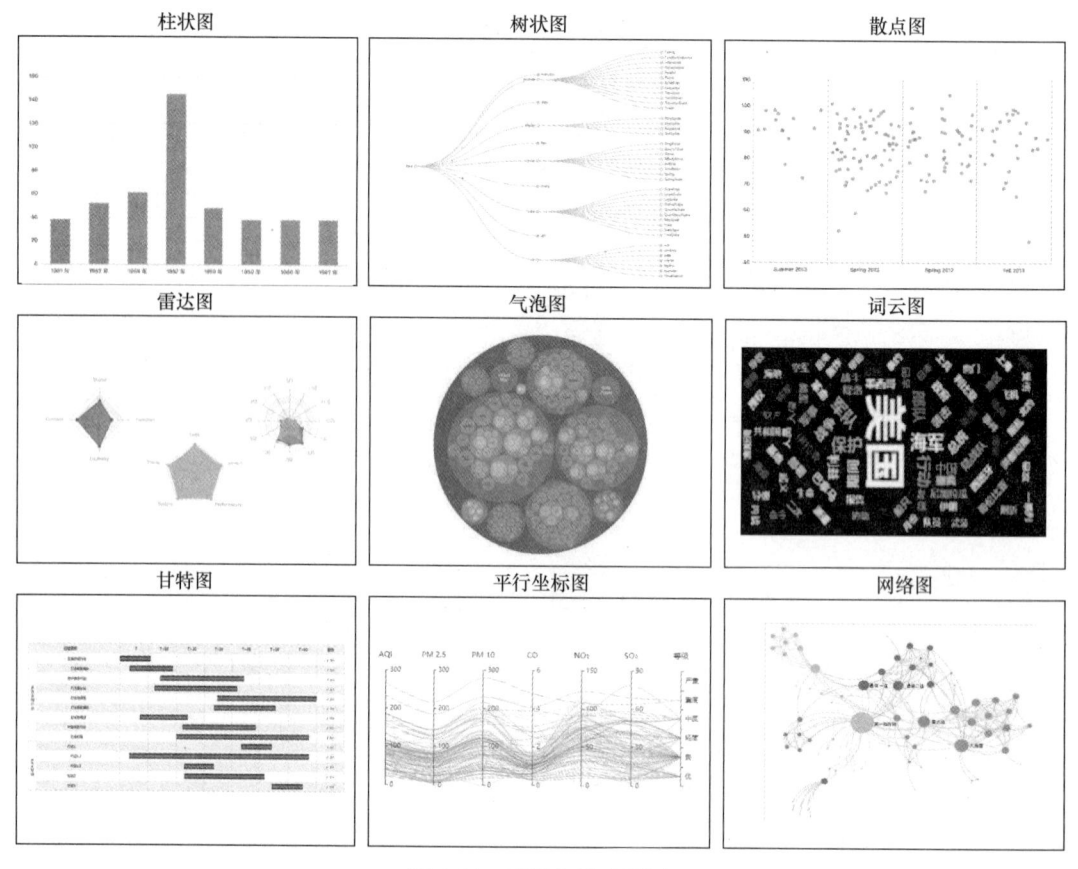

图 8-14 可视化图表示例

8.2.3 战场态势要素可视化方法

战场态势要素种类多、范围广、结构复杂，如何充分利用可视化方法向作战指挥人员提供清晰、客观、经过分析的战场态势信息是十分重要的。本小节对态势基础数据和态势认知要素的特点进行分析，从数据特点出发，总结态势要素的可视化方法。

1. 态势基础数据可视化方法

态势基础数据种类较多，涉及战场环境、装备设施、行动部署等，这里主要分析几类常用的数据：空海情数据、设施类数据、兵力编成数据和行动类数据。

1）空海情数据

空海情数据是各路信源数据经融合、汇总后不断滚动更新的"数据池"，因而同时具有地理相关、离散、时变、高维、网络化等特性，是一种复合数据，需要根据分析问题的场景，截取不同的维度进行分析。以空海情目标的展现方式为例，主要考虑的是数据的空间特征，可以使用地图散点图，以颜色区分敌我，以军标形状区分目标类型，配以文字标签说明目标的其他信息（如国家、型号等）。

2）设施类数据

设施数据是经统计、整理的静态数据库，因而同时具有地理相关、离散、高维、网络化等特性，是一种复合数据。设施类数据的关系比较复杂，设施之间存在关联。例如，某机场停靠某架飞机，飞机携带某款武器，这样机场、飞机和武器之间就存在关系，可以通过网络图展现设施之间的关系。

3）兵力编成数据

兵力编成数据包括部队名称、装备型号、数量、人员、地点、上级和下级单位等信息，最显著的特征是具备层次性，可以使用树状图展现兵力的层次关系。

4）行动类数据

行动数据用于描述兵力作战行动，如打击行动、掩护行动、预警行动、侦察行动。其主要包含行动兵力、行动装备、行动时刻、主要阵位地点、打击目标等数据。不同行动类型的数据结构有所差别，具有异构、有序的特点，可以使用航路和甘特图展现。

基于上述态势数据的不同特点，对其进行层次分析，如图 8-15 所示，具有不同特点的态势数据可以采用对应的可视化方法，且同类型数据考虑展现不同属性时使用的方法也不相同。例如，对于行动类数据，当分析行动序列时，可忽略空间信息，认为它是一种时变数据，以甘特图展现；当分析行动阵位、进行航路调整时，需考虑地理空间信息，可以使用在态势图上标绘航线的方式展示。

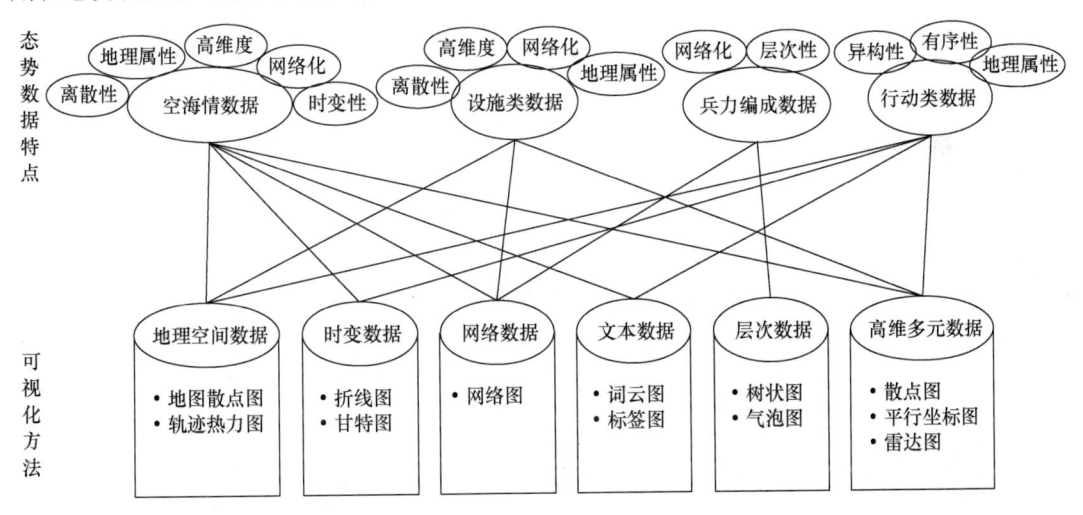

图 8-15 态势数据可视化方法

2. 态势认知要素可视化方法

态势认知要素是态势数据经过算法处理得到的，是加入了人的认知理解的更高层次的数据。下面主要对群组态势认知要素和体系态势认知要素进行分析。群组态势认知要素包括群组行为意图、群组作战能力和威胁估计等，体系态势认知要素包括作战体系关键节点、战场局势等。

1）群组态势认知要素

群组行为意图包含两个或多个群组之间的关系（包括战略空袭意图、压制敌防空意图等），适合采用定性的展现策略，在态势图上连接识别出来的行为意图关系群组，并结合文字标签显示。

群组作战能力包含火力打击能力、机动能力、情报侦察能力、电子对抗能力和指挥控制能力及防御（护）能力，需要展现具体的量化值，适合采用定量的展现策略，可以使用具有量化能力的图展示，如柱状图、折线图、平行坐标图和雷达图等。按照不同的展现需求，采用的可视化方法不同，如考虑单个群组的作战能力时，作战能力值是最重要的维度，采用柱状图、折线图和平行坐标图可以直观展现能力值大小；考虑多个群组的作战能力时，关注的是多个群组作战能力的比较，可以使用雷达图进行展现，雷达图的各个维度展现了作战能力值，可方便进行比较，雷达图面积还可以表征综合能力的大小；考虑时间维度时，关注的作战能力的变化，可以展现变化趋势的图有折线图、主题河流图等。

威胁估计包含敌方对我方的威胁关系和威胁估计值的大小，适合采用定性和定量结合的展现策略。威胁关系与行为意图的展现方法类似，可以采用关系图，结合文字标签说明关系。威胁估计值的量化展现关注的是威胁排序，可以参考"宙斯盾"系统界面的排序标牌，威胁估计值越大，标牌越靠前，也可以使用排序的柱状图展现；考虑时间维度时，关注威胁估计值的变化趋势，使用折线图展现。

2）体系态势认知要素

作战体系是由目标关系组成的网络，可使用网络图对其拓扑结构进行定性展现。网络图中可以使用不同样式的图标区分不同类型的节点（如指挥节点、通信节点等）；对于目标体系关键节点，可以使用颜色展现节点的关键度，关键度越高，颜色越深。

战场局势反映的是敌我战场态势优劣的变化，可以采用定性和定量结合的展现策略，可以使用热力图定性地表征局势变化，颜色越深表示区域内目标越多，颜色越淡表示区域目标越少。作战势能比值和战场主动权是战场局势量化指标，适合使用定量的图表征，如折线图和柱状图。如果考虑时间维度，关注作战势能比值和战场主动权的变化趋势，则可以使用折线图，把预测的结果也展示在图上，使用虚线表示。

态势认知要素有很多种可视化方法，上述只是对群组和体系的典型态势认知要素进行分析，总结一些可视化方法，如图 8-16 所示，供读者参考。在实际应用中，还是需要根据不同的数据特点和任务需求，选择合适的可视化方法。

3. 活动规律可视化方法

指挥人员在对敌方海空目标或群组的行为分析研判时，往往需要通过对比分析历史活动规律与目标实时情况，进而发现目标的异常行为。在此过程中，指挥人员需要一种可视化的方式直观地展现出目标或群组的历史活动规律。目标或群组的历史活动数据是大量的、离散的、带有地理信息的坐标点。将这些数据进行有效的展现，帮助指挥人员快速理解发现目标的活动规律，可以借助热力图来实现。

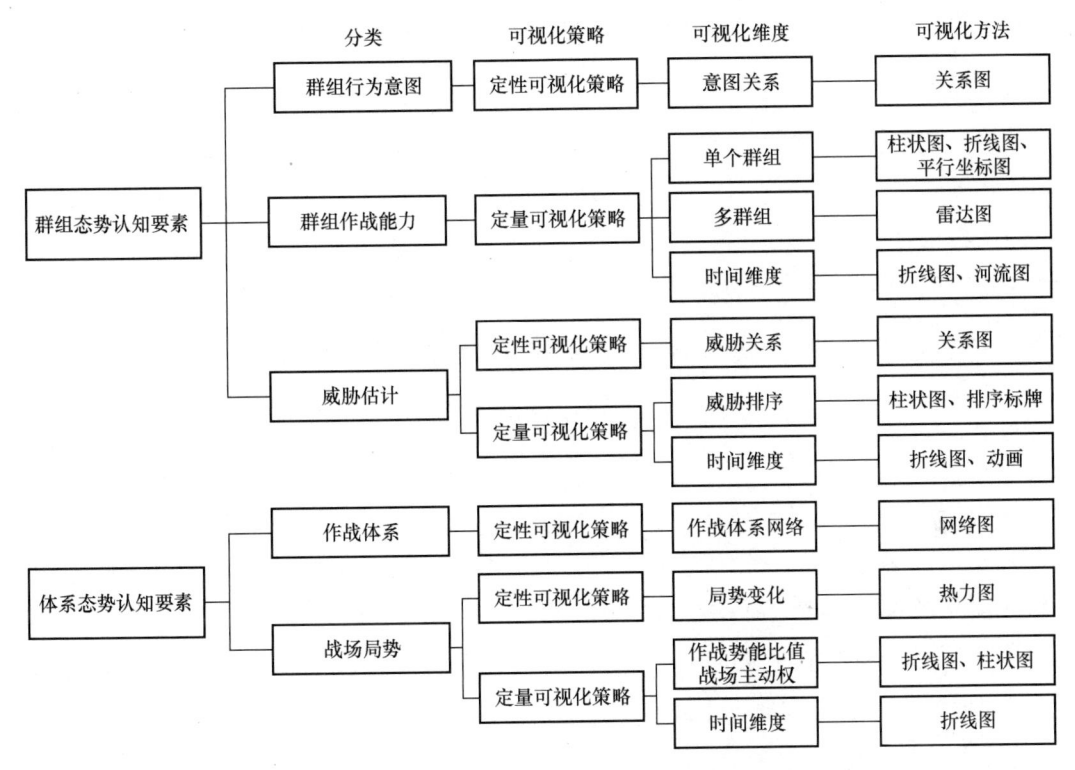

图 8-16 态势认知要素可视化方法

热力图最早由微软公司提出，是数据可视化的一种常用方法，能够在视觉上直观反映对象的空间分布[12]。使用热力图能够较好地展现敌方目标活动时间/空间分布的规律性，不同的颜色区块展现敌方目标或群组不同的活动频繁度。下面采用基于核密度估计的热力图绘制方式来展现活动规律[13]，具体绘制流程如图 8-17 所示。

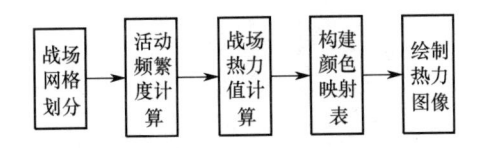

图 8-17 活动规律热力图绘制流程

1）战场网格划分

划分战场网格的目的是将连续的战场空间离散化，以便于统计每个战场网格内目标历史活动的频繁度，进而绘制热力颜色。当然，网格划分得越小，显示效果越精细，同时处理起来越复杂，因此在实际处理中需要考虑目标的数量和分布，合理划分战场网格。这里假设战场空间被划分为 $m \times n$ 个网格。

2）活动频繁度计算

不同目标活动的频繁度对战场网格热力值的贡献度是不同的，因此需要先对目标在选择的时间段内的活动次数进行分类统计，然后计算活动频繁度，公式为

$$W_k = N_k / \max(N_1, N_2, \cdots, N_k, \cdots, N_{m \times n})$$

式中，W_k 为第 k 个战场网格在一定时间内的目标活动频繁度；N_k 为第 k 个战场网格在一定时间内的目标活动次数。

3）战场热力值计算

热力图绘制的关键是战场热力值 R 的计算。在战场网格热力值矩阵 $\boldsymbol{R} = (r)_{m \times n}$ 中，r_{ij} 表示某一网格点的热力值。使用核密度估计函数来计算网格热力值，计算公式为

$$\begin{cases} r_{ij} = \sum_{d_k < L} g_k \\ g_k = \dfrac{w_k}{L^2} f(d_k, L) \end{cases}$$

式中，d_k 表示第 k 个到网格点 r_{ij} 的距离；L 为距离的阈值；w_k 表示选择的目标或群组的活动活动频繁度；g_k 是目标或群组对网格点 r_{ij} 的密度贡献值；因此 r_{ij} 可以理解为距离满足小于 L 的所有群组的密度贡献值之和；$f(d_k, L)$ 是关于 (d_k, L) 的核密度估计函数，需要满足单调性、最大值性和非负递减性。

不同的密度估计函数对结果的影响很小，为了简化计算，常用的函数是四次多项式函数[14]

$$f(d_k, L) = \dfrac{3}{\pi} \left(1 - \dfrac{d_k^2}{L^2}\right)^2$$

因此，r_{ij} 的计算公式为

$$r_{ij} = \sum_{d_k < L} \dfrac{3w_k}{\pi L^2} \left(1 - \dfrac{d_k^2}{L^2}\right)^2$$

从上式中可以看出，群组距离越远，对热力值的影响力越小，当 $d_k \geqslant L$ 时，$r_{ij} = 0$。当 $d_k < L$ 时，群组的活动频繁度 w_k 越高，热力值越大。

4）构建颜色映射表

根据色彩学原理，将颜色分为暖色调（红、黄）和冷色调（绿、蓝），当活动频繁度较大时采用暖色调，当活动频繁度较小时使用冷色调，符合人的心理学认知。由此，我们使用红、黄、绿、蓝四种颜色来绘制热力图，红色代表最高频繁度，蓝色代表最低频繁度，中间使用黄色、绿色渐变过渡，最后将颜色值归一化映射到数值区间[0, 1]。

5）绘制热力图像

根据计算的热力值矩阵 $\boldsymbol{R}=(r)_{m\times n}$ 和颜色映射函数，将网格热力值映射为热力图像。通过热力图可以展示空中目标或群组在一段时间内的活动规律，且能够进一步分析出敌方目标或群组经常飞行的习惯空域、习惯航线及目标的行为样式，进而辅助指挥人员分析研判战场态势。

4．目标体系可视化方法

目标体系是由作战目标及其关系组成的网络，拓扑结构复杂，直接展现网络拓扑结构不直观，而且连边交错，很难直接获取有用信息。使用力引导图布局算法可以减少连边的交叉，让节点充满整个布局，达到整体或局部对称的效果。

力引导图布局算法借鉴了弹簧模型的原理，将整个作战体系看作一个含有能量的系统，两个点距离过近受到弹簧斥力会被弹开，距离过远受到弹簧拉力会被拉近，通过不断调整节点的位置，使整个系统的能量最低，图布局达到平衡状态。大部分力引导算法是在 Eades 力引导算法[15]的基础上改进的。Eades 力引导算法将弹簧的拉力 f_a 和斥力 f_r 定义为

$$\begin{cases} f_a = c_1 \log\left(\dfrac{d}{c_2}\right) \\ f_r = \dfrac{c_3}{d^2} \end{cases}$$

式中，c_1、c_2、c_3 是常数；d 是弹簧上两点间的距离。

下面使用的 FR 算法[16]是由 Fruchterman 和 Reingold 提出的，它是对 Eades 力引导算法进行了改进，在计算节点的拉力和斥力的时候，仅考虑相连节点间的引力和不相连节点间的斥力。拉力 f_a 和斥力 f_r 的定义为

$$\begin{cases} f_a = \dfrac{d^2}{k} \\ f_r = -\dfrac{k^2}{d} \end{cases}$$

式中，d 是两点间的距离；k 是平衡距离，也称理想距离，是一个常数，计算公式为

$$k = \sqrt{\dfrac{ab}{|V|}}$$

式中，a、b 分别是布局区域的长和宽，ab 即区域面积；$|V|$ 是图中节点个数。在得到节点间的拉力和斥力后，就可以调整节点的位置，以达到系统能量最小，算法的伪代码如图 8-18 所示。

在图布局的计算过程中，影响位置调节的参数是 l，它的计算公式为

$$l = \dfrac{v \min(a,b)}{\max(f_a, f_r)}$$

式中，v 是一个速度调节参数（一般小于 0.1），其值越大，节点偏移的距离越大。

```
DO {
    isEnd = true    // 循环结束标志
    FOR 每一个节点 node
    {
        FOR 每一条边 edge
        {   // 节点在边上
            IF (edge.source == node or dege.target == node)
            {   //根据公式计算引力 fa 和斥力 fr
                fa = d²/k
                fr = -k²/d
                IF (fa > 阈值 or fr > 阈值)
                {   // 更新节点位置
                    node.position += (fa + fr) · l
                    isEnd = false
                }
            }
        }
    }
} WHILE ( ! isEnd )
```

图 8-18　FR 算法的伪代码

8.3　本章小结

本章针对战场态势认知中的态势要素组织运用和可视化问题，完成了以下工作。首先，分析了战场态势要素组织运用现状，并从整体上梳理了战场态势要素组织运用过程，结合战场态势要素组织运用特点，有针对性地提出了基于情境感知的方法和基于注意力机制的方法，解决了异构数据的灵活组织、战场情境识别及态势要素需求的精准捕捉等问题；其次，阐述了视觉展现策略、可视化交互原则、视觉表征方法等理论，在理论与方法的指导下重点针对态势要素的可视化展开了论述。

本章参考文献

[1] 陈洪辉，陈涛，罗爱民，等. 指挥控制信息精准服务[M]. 北京：国防工业出版社，2015.

[2] Deployable Training Division(DTD) of the Joint Staff J7. Fourth Edition of the Commander's Critical Information Requirements (CCIRs) Insights and Best Practices Focus Paper[R]. Joint Staff J7. 2020.

[3] 王喆. 深度学习推荐系统[M]. 北京：电子工业出版社，2020.

[4] FRANCESCO RICCI，LIOR ROKACH，BRACHA SHAPIRA. Recommender Systems Handbook，Second Edition[M]. Berlin: Springer，2010.

[5] GUORUI ZHOU，NA MOU，YING FAN，et al. Deep Interest Evolution Network for Click-Through Rate Prediction[C]. Proceedings of the AAAI conference on artificial intelligence，2019，33(1)：5941-5948.

[6] 陈为，沈则潜，陶煜波. 数据可视化[M]. 北京：电子工业出版社，2019.

[7] 肖圣龙，石章松，吴中红. 现代信息条件下的战场态势感知概念与技术[J]. 舰船电子工程,2014，34(11)：13-15.

[8] 赵颖，樊晓，平周芳，等. 大规模网络安全数据协同可视分析方法研究[J]. 计算机学与探索,2014，8(7)：849-853.

[9] 练学辉，郭琳琳，庄雷. 美国"宙斯盾"系统及主要传感器进展分析[J]. 雷达与对抗,2016，36(3)：14-19.

[10] 程焱辉，张立，王必安. 格式塔理论在数字图像处理中的应用[J]. 信息技术，2012(4)：138-139.

[11] 周小舟. 基于用户认知的大数据可视化视觉呈现方法研究[D]. 南京：东南大学，2018.

[12] 卢丹，吴文涛. 战场目标分布热力图构建方法研究[J]. 信息化研究，2019，45(3)：11-16.

[13] 董浩洋，张东戈. 战场态势热力图构建方法研究[J]. 指挥控制与仿真，2017，39(7)：1-8.

[14] BORRUSO G. Network Density Estimation：A GIS Approach for Analysing Point Patterns in a Network Space[J]. Transactions in GIS,2008,12(3)：377-402.

[15] PETER EADES. A heuristic for graph drawing [J]. Congressus numerantium，1984(42)：149-160.

[16] THOMAS M J FRUCHTERMAN，EDWARD M REINGOLD. Graph drawing by force-directed placement[J]. Software：Practice and experience，1991，21(11)：1129-1164.

第 9 章 战场态势认知发展趋势和技术挑战

未来的战争形态向体系化、智能化、无人化发展，使得战场态势更加复杂、决策时间大幅压缩，给战场态势认知带来极大的挑战。战场态势认知能力的强弱已成为影响作战成败的关键因素之一，成为交战双方争夺的一个重要领域。为适应未来新型作战样式需求，战场态势认知呈现更全面、更高效、更准确、更智能的发展趋势，同时也给战场态势认知技术提出了新的挑战。

9.1 战场态势认知发展趋势

在新的战争形态下，对战场态势认知的广度、速度、深度要求不断提升。各类侦察感知手段的智能组网，全方位、多维度捕获战场态势信息，形成战场态势大数据。态势认知要从海量数据中挖掘敌方意图、关联主要行动、判断主要威胁、分析关键节点、评估战局走向等，由战场"态"的信息形成各类"势"的要素，利用计算机的高效计算、知识推理、智能认知能力辅助作战指挥人员获得快、全、准、深的战场态势认知结果。

（1）战场空间范围更广，态势感知手段更多样。"多域作战""混合作战"等作战概念的兴起，加速了战场空间的扩展，战场空间已由传统的陆、海、空向电磁、航天、网络攻防，以及舆论、心理战等混合作战样式发展，战场态势感知手段也呈现多样性。在伊拉克战争中，美军基本上建立了一个太空、空中、地面、海上、水下等各种感知手段相结合，图像、信号、人力、公开情报、反情报等多源情报相补充的全天时、全方位、全天候的立体态势感知网络。各种战场感知手段并用，充分发挥整体优势，可实现多方向、多渠道、多层次的战场感知能力。通过这张侦察网络，美军实现了对战场上重大威胁情报准确、及时、系统的侦察。战场态势大数据急剧增加，使得对战场大数据的处理成为关键，机器在海量图像、视频中的目标检测、识别与跟踪、文本提取与理解等智能化处理等技术由于成熟度较高，已率先在战场情报处理领域得到广泛应用。在伊拉克战争中，美军使用了先进的计算机智能分析系统，以人机双重智能确保了对海量战场情报资料高速度、高效率、高质量的分析，从而快速得出准确的情报产品。

（2）高级人工智能技术将广泛应用于战场态势认知，提升战场态势认知时效性。在未来战争中，有人、无人混合编队将逐渐成为主流，使得战场态势更加复杂，决策时间急剧压缩，这些都对准确、高效的战场态势认知能力提出了更高要求。人工智能技术由感知智能逐步走向认知智能的高级阶段，有望提升对复杂战场态势认知的深度和时效性。例如，综合运用知识推理、认知计算等先进技术，提升对敌方潜在行动威胁的推理能力；运用人机融合、智能博弈和仿真推演等技术，从海量异构数据中自动提取、关联和融合有用信息，形成跨时空、跨领域和跨任务的信息体系，并将信息体系与实际战场环境相关联，自动生成战场局势和趋势的研判结果及支撑证据，辅助指挥人员快速识别敌方意图和准确预测态势变化，提升态势演化掌控能力；借助先进虚拟仿真技术构建与真实系统一致或平行的仿真战场态势环境，快速推演未来不同时刻敌我体系化对抗的可能态势和走向，为辅助指挥人员超前决策和临机调整提供时间窗口，提升战场态势塑造能力。

9.2 战场态势认知技术挑战

面向未来以体系化、智能化、无人化为特征的作战形态，战场态势认知是一个开放性、超前性、创新性的军事领域。创新战争认知技术体系是打赢未来战争的必然要求，也必然会面临着许多严峻的挑战。

1. 战场态势认知知识表征技术

智能化的军事信息系统将传统的计算更多地转变为自动化的知识发现、知识推理，并基于知识辅助指挥人员进行态势分析与决策，以实现人脑功能的延伸。因此，基于知识的战场态势感知、分析和辅助决策是实现指挥控制智能化首先要解决的问题。然而，态势认知使用的数据和信息是大容量、异构和异类的，既有结构化数据，又有半结构化和非结构化数据，只有将这些不同模态数据产生的知识进行互补和共享，才能真正获得战场态势的全面信息，从而更准确地认知态势。因此，开展战场态势认知知识表征技术研究十分具有挑战性。

（1）态势知识分类方法研究。作战指挥时，指挥人员不仅要知道目标的位置、运动要素等基本内容，更需要掌握目标的作战目的与行动企图、不同战术群之间的战术关联等深层作战态势。态势分析是在一级数据处理基础上的知识处理，并满足知识处理的"数据—信息—知识"层次结构，一方面可以从作战OODA环中"判断"和"决策"两个环节所涉及的知识内容进行类型分析，结合指挥人员的态势研判和参谋人员的业务工作内容，以联合战场态势要素的视角，从实体知识、行为/行动知识和关系知识等方面，对战场态势认知知识进行分类研究；另一方面，可以从作战层级、态势处理流程和态势认知对象视角等，对战场态势要素的知识表示问题展开研究，为人机之间、机器与机器之间相互理解领域知识提供共同的语义基础。

（2）态势知识表示方法研究。基于本体的态势知识表示方法是国内外在该领域的研究热点。本体有三个明显的特征：概念体系规范性、形式化、可共享。概念体系是指对客观世界的现象的有关概念进行描述，并建立概念之间的关系所形成的抽象模型。形式化是指计算机的可读和可理解。基于本体的知识表示方法具领域性、精确性、层次性及可理解性好等特点，尤其适合在网络化条件下实现知识共享与重用。目前，实体、行为/行动和关系等态势诸要素的本体表征方法已经有成熟的成果，但是一些态势信息具有灰色性、模糊性和未确知性等不确定性，这些态势要素的本体表征方法仍未得到很好的解决，使得基于知识的态势认知推理，特别是意图和作战行动等智能推理还具有很大的局限性。

2. 战场态势智能理解技术

综合国内外相关研究成果可以看出，目前虽基本形成了对目标航迹预测、意图识别、威胁估计、关键节点识别等某些特定领域的"点"态势智能理解，但仍难形成横跨海、陆、空、天、网络等多域的"体系"态势智能认知。如何利用现代科学技术的相关成果研究战场态势智能理解问题极具挑战性。

（1）开展算法赋能的异构信息处理技术研究，提升态势信息的综合处理能力。面对不断增长的战场数据量，综合运用人工智能、认知计算等技术，发挥机器在海量图像、视频中的目标检测与跟踪，文本的提取与理解等智能处理上的优势，大幅提升情报处理效率和对军事目标的理解能力。例如，综合运用仿生智能算法、边缘计算、机器学习和人机融合等技术，解决战场目标/低小慢目标的及时发现、准确识别和全程跟踪，海量图像、视频数据及时处理与有效利用等难题。美军在"算法战"等新概念的推动下，着力推动加快美国国防部融入人工智能与机器学习技术的速度，将国防部海量数据快速转换为切实可用的情报。"Maven"等项目已帮助美国特种作战司令部的情报分析人员准确识别出"扫描鹰"无人机所拍视频中的物体。

（2）开展可解释事件认知推理技术研究，提升对战场态势演化的总体掌控能力。不论是战略形势还是战场态势，都可以看成是海量事件相互作用和不断积累的结果，对事件及其发展规律的深刻理解能够帮助指挥人员更好地认知和预测战场态势。尽管目前以大规模事件数据库为核心的事件认知技术已经在危机预测、稳定性评估等领域取得了一定进展，但其仍然存在对内在规律认识不足、可解释性差、可干预性差等问题，大大限制了其在作战中的应用。因此，亟须研究以事理图谱为核心的可解释事件认知推理技术。首先研究多模态事件抽取和关联融合技术，从信号情报、文本、图像、视频等数据中准确挖掘敏感事件，建立因果、时序、包含等关联；然后研究事理模式归纳技术，运用频繁模式挖掘、图神经网络等方法从海量历史事件中总结规律，构造大规模的事理图谱；最后研究基于事理模式的认知推理技术，将事理模式与真实或模拟的战场态势相匹配，实现可干预、可解释的战场态势认知、敌方意图分析、发展趋势预测。

（3）开展人机融合的态势聚焦与推送技术研究，提升态势信息的精准服务能力。态势图精准服务与群体共享是指在伴随多军兵种的协同作战过程中，主动学习用户的作业行为，实现态势图生成精细化、高准确度服务与共享群体态势认知。开展人机融合技术、小样本学习和沉浸式技术等研究，充分发挥机器计算能力和人类综合与创造能力，提供伴随作战过程的态势精准保障与人机理解能力，让指挥人员对所关注的战场情况更加一目了然，实现多层多域的综合态势生成、聚合与解聚。例如，美军为满足了不同态势信息用户需求提出的 UDOP 概念，旨在提供用户定义的态势精确认知，而互关联通用作战态势图（Inter Related COP，IR-COP）则侧重于实现对 ISR 信息、情报信息及作战计划信息的整合、组织与高效利用，以实现指挥控制能力的最大化。

3．战场态势推演预测技术

面向未来信息化战争，迫切需要指挥控制系统辅助指挥人员和参谋人员更好地进行作战决策，提供更准确的分析、预测与控制方法，从而得到更可靠的结果，有效提高决策的可靠性、灵活性和前瞻性，降低决策风险，取得更好地作战效能。

面向作战的嵌入式/平行仿真是在动态不确定环境中辅助决策的一种有效方法。所谓平行是指在作战过程中作战仿真模拟系统与实际作战同步运行，仿真系统从实际作战中获取及时真实的战场数据，并不断变更仿真方向，更新仿真状态，通过仿真系统的超实时运行能力快速预测未来战场态势，并反馈给作战指挥系统，辅助指挥人员进行作战指挥决策，进而影响实际作战效能。美军在海湾战争中深刻认识到，作战仿真不仅可以用于战前筹划，而且在战时可以发挥更大作用，可以根据最新的战场态势和及时预测的敌方意图和行动，进行快速推演决策并实施相应行动。

美军在"深绿"项目的"水晶球"模块中开展了基于战场实际情况的快速模拟推演，并通过对未来作战方案的可能选项实现对未来态势的生成、评估和监测。"水晶球"是"深绿"的控制系统，从作战指挥系统中实时捕获当前战场态势，并利用这些态势信息对多种可能的未来战场态势进行估计。其具有以下特点。

（1）运用实时态势捕获技术实现与作战过程保持一致的平行推演。仿真系统将直接从指挥控制系统获取最新态势信息、兵力资源信息，并基于最新态势和目标信息进行仿真评估。

（2）运用多分支推演技术实现多个作战行动方案（Course Of Action，COA）并行推演。针对当前多个备用作战行动方案，进行超实时的并行仿真推演，推演过程中，不断通过辨识分支点得到不同的未来态势，并估计每种态势发生的可能性，从而使指挥人员能够透视未来，并迅速理解和开展新的军事行动。

（3）运用预测态势估计技术实现快速辅助生成作战行动方案。对推演产生的预测态势总图进行管理，利用更新后的可能性指标裁剪未来态势中的部分态势，辨识出即将到来的决策点，从而辅助指挥人员快速生成作战行动计划。

4．态势数据可视分析技术

随着人工智能与计算机技术的发展，指挥人员与指挥信息系统的交流将逐步拟人化，草图、口语和手势交流将会成为指挥系统人机接口的配置，虚拟现实和增强学习设备等将成为指挥所重要的人机交流装备，智能化移动终端将普及所有装备和人员，用于定位和导航。基于人机交互的态势认知可视化技术是态势认知技术重要的发展方向。态势数据可视化分析技术至少可以解决以下三类问题。

（1）态势信息按需的智能展现：由于指挥人员或信息用户的层级与扮演的角色不同，因此他们所关注的态势要素或态势信息往往也不同，这就需要适当的人机交互提供帮助，UDOP 或称用户定义作战态势图的来源即基于此。因为战争的复杂性告诉我们，事先不可能想到一切可能的人类需要，也许只有身临其境的指挥人员才会想到一些意料之外的事情，当处理这类事情需要态势信息提供支持时，通过人机交互手段让态势图上显示指挥人员需要的态势信息，似乎是满足指挥人员"随心所欲"的最佳方式。

（2）三种可能态势的深度认知：战争的历史经验表明，在通常情况下，指挥人员对以下三种战场态势的认知需要给予特别的关注。一是敌方最有可能采取的作战行动将导致出现什么样的战场态势，二是敌方可能采取的最有危险性的作战行动将会导致出现什么样的战场态势，三是敌方可能采取的最疯狂的作战行动将会导致出现什么样的战场态势。显然，在这三种态势认知中，通常科学逻辑能够给出明确答案的也许只有第一种，尽管这本身也是十分艰难的，因为运用不确定性推理方法推断出最有可能出现的战场态势并非易事。而对于其余两种战场态势的认知或推断/预测，目前也许只有在人机交互环境中才能得到最好的答案。

（3）作战行动模式的智能识别：就目前的人工智能技术水平而言，没有大量的样本或数据作基础，机器智能是难以实现的，尽管作战仿真提供了一种获取样本的手段，但是作战对手、战场环境、作战方法和作战过程等存在的诸多可能性，客观上使得运用机器自动进行"战事不复"的作战样式或模式的识别与推断几乎是不可能的。因此，机器只有在人的指导下进行敌方作战行动模式的发现与识别才有可能变得更有效率，也许这才最有好的解决方案。

9.3 本章小结

对智能化战场态势认知的研究虽然取得了一定的进展，但总体上仍处于初级阶段，还存在大量的科学问题和技术难题有待解决。正如"制空权"之父杜黑所言："胜利只向那些能预见战争特性变化的人微笑，而不是向那些等待变化发生才去适应的人微笑。"智能化战场态势认知已成为决胜信息化战场的锁钥之一，需要也值得广大科研工作者为之努力，形成体系化的战场态势认知理论，为打赢信息化条件下的局部战争提供理论支撑。

外军战场态势认知大事记

时间	1990年	1995年	2000年	2005年	2010年	2011年	2012年	2013年	2014年	2015年	2016年	2017年	2018年	2019年	2020年	2021年	2022年
阶段	概念发展阶段			第一代系统装备研发阶段			系统装备更新与新技术探索阶段				智能化态势认知研究阶段				智能化态势认知验证和应用阶段		

概念和理论

- ▲美国前空军首席科学家Endsley提出态势认知理论
- ▲Endsley提出通用态势认知三级模型
- ▲美国国防部颁布"信息共享战略",提出增强部队态势认知能力
- ▲美军提出共用作战图概念
- ▲美军推行可互操作态势图
- ▲美国国防部"联合作战条令"对COP定义
- ▲美军提出用户定义作战图概念
- ▲俄军提出持续推进统一信息空间建设构想
- ▲俄军发布2009版国家武器纲要,加快提升态势认知能力
- ▲美军提出共用战术图和单一合成图概念
- ▲俄军将信息纳入保护国家的工具之一,以确保信息主导权
- ▲俄军发布"空天防御构想",制订空天态势保障路线图
- ▲美国海军发展综合通用作战态势图概念
- ▲俄罗斯发布2025年前军事科学构想,应用智能化技术
- ▲俄罗斯发布"军用机器人综合系统使用构想"
- ▲北约发布拱顶石概念,强调认知优势
- ▲北约发布太空政策,侧重太空支持与太空域认知
- ▲美军采用天域认知术语取代太空态势认知
- ▲美国陆军提出先进态势认知概念
- ▲美国智库提出在JADC2中需要发展新一代共用作战图

系统装备

- ▲俄军为空降兵部队开发"飞行-K"自动化指挥系统
- ▲伊拉克战争中,美军首次部署FBCB2系统
- ▲北约海上指挥和控制信息系统投入使用,提供可识别海事图
- ▲1992—2009年,美军联合全球指挥控制系统处于研发和全面部署阶段,其组件可提供态势认知,即情报支持
- ▲俄军"洋槐-M"军队指挥自动化系统列装各军区
- ▲德国陆军接收首批FüInfoSysHeer指挥控制系统
- ▲法国海军部署新型指控系统SIC21
- ▲美军在NECC项目中开发UDOP模块
- ▲美军NECC项目取消,UDOP纳入GCCS-J
- ▲北约ACCS开始研制
- ▲美国陆军研发测试"奈特勇士"单兵穿戴式态势认知系统
- ▲俄军研制Strelets现代化侦察、控制和通信综合体
- ▲俄军装备"星座"M2新一代战术级指挥自动化系统
- ▲北约开始部署陆地指挥控制信息服务系统
- ▲俄军列装"仙女座-Д"新一代自动化指挥系统
- ▲美军研发联合作战指挥平台(JBC-P)
- ▲北约ACCS通过作战测试 ▲俄罗斯成立国防管理中心
- ▲法国陆军部署新型战术级作战管理系统,可实时共享战术态势图
- ▲洛克希德·马丁公司为美国空军研制多域指控系统
- ▲俄军统一信息空间建成
- ▲北约激活首个ACCS站点
- ▲美国海军NIFC-CA系统首次部署,实现编队统一态势认知
- ▲俄军推出步兵作战系统"战士"
- ▲法国陆军首套"蝎子"系统完成实际部署
- ▲美国海军利用AI提升海上战术指挥控制系统的态势认知能力
- ▲美国海军F/A-18战机加装"尖端神经中心"为飞行员提供态势认知能力
- ▲美国空军开发ABMS多域态势认知应用omniaONE
- ▲北约指挥控制卓越中心发布多域作战指挥控制演示平台白皮书
- ▲美国陆军、陆战队、特战队全面部署JBC-P
- ▲俄军部署金合欢-M战役级自动化指挥控制系统

重要计划与项目

- ▲美国启动海域态势认知国家计划
- ▲法国启动"蝎子"计划
- ▲北约启动"人鱼海神"计划,以提高海上态势认知
- ▲美国启动"爱因斯坦"计划,监控网络态势
- ▲北约通信与信息局成立
- ▲美国国防部首席信息官战略计划提出加强网络综合态势认知
- ▲DARPA启动赛博X计划项目,实时动态认知网络环境
- ▲美国国防部启动作战快速响应太空计划,集中增强空间态势认知能力
- ▲美国推出国家网络空间安全计划
- ▲美国空军提出联合太空作战中心任务系统升级项目,提升空间指控和数据分析能力
- ▲DARPA启动班组X试验项目,提供无人态势认知
- ▲DARPA启动复杂作战环境的因果探究项目,以促进环境理解
- ▲DARPA启动海洋物联网项目,以实现持续态势认知
- ▲俄罗斯国防指挥中心正式运行
- ▲DARPA启动CDMaST项目,实现跨域态势认知
- ▲俄罗斯成立空天军,设立空间态势认知中心
- ▲DARPA启动标记项目,提供太空动态态势认知
- ▲DARPA启动对抗环境中的目标识别与自适应项目
- ▲DARPA启动分布式作战管理项目,实现分布式态势认知
- ▲DARPA启动世界建模师项目,提高对安全问题理解
- ▲美国空军启动轨道阿特拉斯项目,增强太空态势认知和预测
- ▲DARPA启动"指南针"项目,以理解对手意图
- ▲法国启动"2040地面作战系统"计划
- ▲"指南针"项目推出系统原型
- ▲DARPA启动机器常识项目,提升AI理解场景的能力
- ▲俄军AI系统可预测冲突
- ▲俄罗斯启动Bylina项目,研制电子战指控平台
- ▲DARPA启动空域快速战术执行全认知项目,在JADC2场景中提供动态空域的实时COP
- ▲美国特战司令部开展全球态势认知任务指挥系统/通用作战图项目集成工作
- ▲DARPA启动觉知赋能的任务指导项目,开发具有觉知功能的AI
- ▲北约共用作战图项目进行增量2开发
- ▲DARPA启动学习内省项目,改进态势认知共享与引导方式
- ▲俄罗斯研制智能化侦察和打击系统

演习试验

- ▲美国陆军数字化师顶层演习测试系统敌我识别能力
- ▲美国空军2010联合远征演习实现网络化态势认知能力
- ▲美国陆军NIE12.1演习测试WIN-T提供态势认知能力
- ▲美国陆军NIE16.2演习测试指挥所计算环境COP访问能力
- ▲美军网络卫士2015演习提高机构间共享态势认知水平
- ▲俄中海上联合-2016军演,首次启用海上专用指挥信息系统共享态势
- ▲美军分布式作战管理软件飞行测试验证有人/无人态势认知
- ▲美国海军ANTX演习验证车载COP为小型部队提供目标级数据
- ▲全球哨兵演习推演美军与盟国联合太空态势认知能力
- ▲洛克希德·马丁公司测试美国空军多域指控系统COP能力
- ▲俄军测试自动控制系统减少认知负担
- ▲美国陆军赛博闪电战演习测试赛博态势认知能力
- ▲俄军测试苏-57航电设备战场态势自动认知
- ▲美军GIDE2演习测试Gaia工具战役级全球全域认知能力
- ▲美军机动卫士21演习用ABMS实现多平台间态势认知共享
- ▲美军GIDE3演习测试Matchmaker工具预测事件能力
- ▲美国陆军项目融合2021演习测试联合全域态势认知
- ▲"勇士之盾"2020演习展示多域态势认知
- ▲美国陆军网络探索演习测试网络态势认知技术
- ▲ABMS首次演示通过cloudONE等实现多军种态势共享
- ▲ABMS第二次演示测试omniaONE备选产品